普通高等教育“十一五”国家级规划教材

北京高等教育精品教材
BEIJING GAODENG JIAOYU JINGPIN JIAOCAI

新编21世纪社会学系列教材

# 组织社会学

第四版

Sociology of Organizations

于显洋 著

中国人民大学出版社
·北京·

## 作者简介

**于显洋** 黑龙江密山人，社会学博士，中国人民大学社会与人口学院社会学教授、博士生导师，中国人民大学体育与社会发展研究中心主任。主要兼职为民政部中国社会组织促进会专家委员会委员、中国连锁经营协会特许经营分会和连锁餐饮委员会委员。曾先后在莫斯科大学、香港中文大学、图宾根大学、杜伊斯堡-埃森大学等做访问学者。主要著作包括《企业形象制胜》《工商企业管理基础》《组织行为学》《社区概论》《城市社会管理与公共服务连锁化模式》《社区管理与矛盾化解机制——创新社会管理 维护和谐稳定》等十余部。主要研究领域包括特许企业的运作模式研究、加盟商选择及其关系维护研究、体育社会学、城市社区研究、不同类型组织发展与比较研究等。

## 内容简介

本书以社会学理论为基础，全面分析和阐述了组织理论，组织的结构、运转及其发展变迁的历程，帮助读者理解复杂组织的构成要素及其意义，并试图从方法论上建立起整体分析组织现象的视角和能力，同时能够为组织实际发展提供解决问题的方案。

第四版修订为了让读者更好地理解相关内容并跟上时代的变化，更新了若干实践案例，读者可以从不同类型组织的创新发展过程中学习，为自己经营和参与的组织的创新与发展提供参考，并加深对内容的理解；同时，根据学科最新发展更新了部分研究数据，丰富并完善了组织理论，以及团队建设、互联网时代的组织冲突、网络组织结构、新时代背景下的中国社会组织变化之特点等理论。

本书不仅适合作为社会学、行政学、商业及管理学本科生和研究生的教材，对各类组织领导者与管理者的实际工作也有较高的参考价值。

# 第四版序

组织就是为了实现既定目标而协调许多人的行为所形成的社会团体，也可以称之为实现目标的手段和工具。按照结构功能主义理论，行动者在实现目标的过程中除了受内部资源、结构及文化因素的影响之外，更多地受来自外部环境的多重因素的影响。组织社会学的学习也是一种体系化思维方法的训练，在组织设计与发展中将每一个组成部分与整体相联系，如此才能打造出卓越组织。

那么，什么样的组织既可以保持活力又能够长久地持续发展就是研究者和实践者最为关心的问题。我很认同华为公司任正非的一个观点，他认为在当下的互联网社会中，那些不具有耗散结构的组织必将死亡。这里所说的耗散结构是指组织需要满足三个条件：开放、失衡、正反馈。这就说明，在目标确定之后，内部运转始终与外部环境进行资源交换，开放带来活力，失衡带来震荡，正反馈推动进化。这种耗散结构适用于各种类型的组织。现在，无论是企业还是社会组织都处于一种开放状态，权力下放实施扁平化管理方式，让更多的人参与到管理和经营中来，失衡成为一种常态化，不断总结由此带来的效益，逐步形成正反馈机制，这样，整个企业或社会组织就能高效运转下去。

对于如何对待以往组织社会学理论观点，一般来说，理解不同理论观点的发展变化离不开三个维度，即组织的制度结构、个体人的变化和组织的环境因素，以及它们的相互作用。现代组织结构建立在以互联网为代表的一系列高新技术广泛应用的场景下，不再是以精细分工、等级序列和严格规章制度为基础的强组织形式，而是为了应对高度不确定、无法预测的事件随时发生的激活个体的强个体形式，它可以使个体在组织中成就卓越。

《组织社会学》进入第四版修订，补充完善哪些新数据、新资料、新观点、新内容值得我们深入思考与讨论。教材修订的目的就是保证它能够与时俱进，对教学经验进行新的归纳与提升，并不断吸收学生和读者在学习过程中的意见和建议。由于现在教学方式发生了改变，不再是以教师讲授为主，而是课堂讨论交流与授课相辅相成，更多的是与学生讨论课程内容并帮助他们理解与实践，因此我们主张在基本原理不做较大改变的前提下，寻找各类组织创新案例对教材内容进行更新。教师可以通过这些案例与学生进行交流，由此可以使理论更加贴近鲜活的生活实践，更好地让学生理解组织的基本原理，并使学生对组织社会学的研究与实践产生兴趣，也能够展现出组织结构、体系设计与运转过程是如何依据背景和环境的改变而发生改变的。

第四版修订补充更新了一些新材料和案例。第一章内容进行了部分调整，丰富了单位研究的主题及文献，更新了 NGO 研究数据；第二章第五节行动者系统组织理论补充了米德等人的符号互动理论对行动者系统组织理论的贡献，补充了以克罗齐埃等人为代表的法国学派的理论观点；第三章增加了组织研究其他方法中的博弈模型和 SWOT 分析模型；第四章引入了中式正餐企业西贝莜面村对战略目标调整的思考；第五章“组织结构”部分引入了具有创新的京东集团的积木型组织形式；第六章丰富了团队建设内容；第七章增加了对阿里巴巴的企业文化的讨论；第八章对组织冲突的原因进行了深入分析，丰富了互联网时代的组织冲突情境及原因；第九章丰富、更新并补充了决策理论观点，增加了云计算研究方法以及华为决策案例；第十章增加了在互联网条件下对沟通的更深入理解；第十一章第四节对原内容进行了修订和删减，增加了领导力相关内容并引入了李开复对领导力的感悟；第十二章更新了“互联网＋”时代无边界组织的内容；第十三章第一节丰富了网络型组织结构的内容，并调整了第一节的内容，增加了在新时代背景下中国社会组织的变化及特点。通过更新，学生可以在学习过程中讨论、参考最新的实践案例，可以学习借用不同类型组织的创新发展经验，加深对教材内容的理解。

《组织社会学》这本教材先后参与编写的人很多。第一版参与者是曾在北京市民政局工作的祁锦松，第二版邀请了中国人民大学的宋雪飞修订完善第十三章内容，广西大学的闭伟宁教授和广西壮族自治区区委党校张银岳共同修订撰写第二章内容；第三版邀请了东北财经大学的马军加盟（丰富了第一章的内容，增加了 NGO 组织部分内容）；第四版主要由中国人民大学的任丹怡负责修订编写的大量工作，第二章组织社会学理论部分依然由广西大学的闭伟宁教授负责修订完善（理顺内容，更正一些不太准确的提法），第四版还特别邀请了清华大学的郑路副教授参与编写第十三章，增加和丰富了网络型组织结构的内容。

对于任何作品来说，出版都只是暂时状态，它们一直走在不断改进和完善的路上。本教材的不当之处敬请读者提出，以便下次修订时进行更正，同时希望更多有兴趣的学者参与后续的修订。谢谢！

**于显洋**

2020 年 3 月 25 日

# 第三版序

近年来，随着国家经济实力及国际影响力的不断增强，我国各类社会组织发展迅速，活力十足，呈现出爆发式的发展态势。尤其是非政府非营利的社会组织快速增长，大大拓展了社会包容力与多元化格局。同时，各类借助互联网而兴起的新型组织模式，突破了传统企业组织的有形界限，具有很强的市场应变能力及优势，引起了学界的高度重视。因此，面对当下各类组织已经发展变化的现实，本书也进行了相应内容的增减。

主要修订内容包括：第一，修订补充了非政府组织的概念、类别和特点，介绍了我国非政府组织的发展现状，阐述了其在我国社会发展中不可或缺的重要性，并进一步探索了其未来发展路径；第二，宗族组织是中国传统农本社会和儒家思想与制度结合的产物，它以血缘伦理为纽带组织村民，以儒家理念和礼制为根基构建乡村秩序，缓和了邻里冲突，促进了社会整合，在乡村社会政权建设中发挥着重要作用，此次修订增加了我国宗族组织的发展历程，并论述了它曾经如何以强大的内在凝聚力和绝对纵向型的组织结构产生影响；第三，修订补充了有关公民社会组织在我国发展与变迁的内容，增加了对虚拟组织的论述。此外，本次修订不仅更新了各章的推荐书目，还更新了湘鄂情集团发展的典型实践案例，以帮助读者更好地理解组织目标研究的相应内容。

关于社会组织的基本概念和内涵，学院派及教科书中的定义是：许多人为了一个共同目标而将其行为彼此协调与联合起来所形成的一个社会团体。但目前社会上流行的社会组织概念大多符合狭义的概念，即非营利非政府的组织。我们在补充材料中也进行了说明，指出了概念混乱给不同类别人员的沟通所带来的困境。

在每个学期的课堂上，我们都会寻找一些典型事件或某种组织现象进行讨论，包括联想内耗事件、国美电器之争、太阳神衰落事件、淘宝事件、众筹现象等，关注点基本都是组织结构、人才配置、产品及环境等因素。将学生分成不同小组并各持一种极端观点进行讨论，感觉每次效果都很好，有助于学生对组织内涵的理解，培养学生探究思考组织现象的兴趣。

同时，我们希望学习这门课程及阅读这本书的人都能够更多地理解社会组织，支持社会组织发展，积极参与社会组织活动，并乐于构建新型社会组织。这种学习和实践活动必将丰富人们的社会生活并促进其工作更上一层楼。

除此之外，本次修订对全书的行文语言进行了细致全面的校对，以便增强可读性。在更新内容、文献及案例方面，马军同学做了大量工作，再次表示感谢。

于显洋

2015 年 8 月

# 第二版序

组织是开展任何工作的一种手段（或工具），能够创造并掌握先进组织的社会或个人就可能领先于他人而获得快速发展，这类组织包括经济、政府、军队以及其他各类社会组织。历史上任何一次经济飞跃都伴随着新型经济组织的出现。例如，工业社会以工业组织的出现为前提，日本在第二次世界大战后的经济奇迹也是由于日本找到了适合工业发展的经济组织，这就是大家熟知的那种按功能等级制组织起来，根据公司的经营业绩进行分红，公司人事部门权力集中，基层经理经营决策权很小，注重团队的生产方式，以大企业为核心形成分工协作之体制，等等。但是，这种组织制度在信息化和数字化时代却没有再次带领日本创造奇迹，相反，美国能够在这个时代超越日本正是因为硅谷创造了有别于工业时代的信息化组织。硅谷的组织类型以合作与竞争为前提，在宽松的制度环境下，硅谷的企业家们摒弃了传统的企业模式，力图把企业建成不存在社会差别的共同体，采用灵活的工作制，这是推动硅谷发展奇迹的重要因素。

组织现象是社会学研究的传统领域，在发达国家，人们的职业生活越来越处于组织中或者通过组织来进行。社会学家也一直对各类组织如军队、学校、企业和行政机构等有浓厚的兴趣，对这些组织进行着各种各样的研究。例如默顿的科层制理论、拉扎斯菲尔德（1901—1976）的经验分析理论、列文的等级关系概念模型等。此外，组织社会学的很多命题受到了韦伯和托克维尔理论的影响。在韦伯的科层制和世界科层化的研究进程中，研究人员一般都把组织现象作为特别的命题来分析。尤其是最近20年来，人们逐渐开始意识到“组织”命题是社会学专业的重要研究领域，有些人甚至倾向于把它作为迄今人们认识现实社会的最有效范例。其原因一方面是组织领域中取得的研究成果较易于与实践经验中的现实性做比较，另一方面是这些成果有利于进一步深入了解社会学研究的中心现象之一，即在共同的、集体的事业中个体自由行为的整合。[①]

1978年以来，我国在经济体制改革过程中，曾推行过股份制、现代企业制度及家族制组织形式等，这些组织类型不存在好坏优劣，只要适合特定的群体，能够促进企业发展就是有效的组织结构。在政府组织变革过程中，无论是建设“小政府大社会”，还是实现责任政府、效能政府及服务政府的目标，都涉及政府

---

① 克罗齐埃．法国组织社会学．国外社会学，1986（4）．

结构设计与政府公务人员的配备，以及各级政府之间的关系，尤其是中央政府与地方政府的关系，这些都是需要进行研究的重大组织课题。此外，2007 年中国共产党十六届七中全会上提出了经济建设、政治建设、文化建设和社会建设四位一体的理论，其中的社会建设领域里的社会组织工作为组织社会学的发展提供了新的研究领域和实践平台，例如社区民间组织、枢纽型组织、“两新”组织（新经济组织和新社会组织）及社会领域的党组织建设等，都为组织社会学提供了新的发展和研究空间。这里值得注意和应当清楚的是，不同领域里的组织具有不同特点，实践表明，创新型组织通常最先出现于新经济领域，尤其 IT 行业或其他一些朝阳产业领域，之后才会逐渐扩展并应用到政府及其他公共服务领域，非政府和非营利组织也可以积极主张创新发展，但是政府组织领先创新则具有很大的危险性，因为政府组织不具有独立改变的权力和特征。

在国内，组织社会学引起学界的广泛重视还可以从每年召开的“组织社会学工作坊”研讨会得到认证。这一活动是由著名学者周雪光倡议召开的，第一次会议于 2004 年在广州中山大学召开，之后分别在上海大学（2005 年）、中国人民大学（2006 年）、北京大学（2007 年）、中山大学（2008 年）和华中科技大学（2009 年）召开，从历次会议来看，参与会议的年轻学者越来越多，提交论文的质量越来越高，引发的影响也越来越广泛。在社会学研究领域，像这样以一个分支社会学命名的学术会议并不多见，尤其是还能每年持续进行下去。究其原因，一是这门学科有较高的理论研究价值和实际指导意义，二是和参与这一领域的诸多专家教授有密切关系，他们分别是美国斯坦福大学的周雪光，美国纽约城市大学的彭玉生，上海大学的李友梅、张文宏、刘玉照，中山大学的蔡禾、张永宏，中国人民大学的李路路、王水雄，北京大学的刘世定、邱泽奇，华中科技大学的雷洪，清华大学的沈原，香港中文大学的陶林，广西大学的闭伟宁，吉林大学的李晓玲，等等。

组织社会学是一门交叉学科，内容涉及管理学、行政学、公共政策和科技社会学等方面的知识。本书以组织理论为基础，以组织结构、组织运转过程和组织发展为线索，全面考察了组织的产生、发展到衰落的过程，可使读者在熟悉组织理论的同时，学会组织诊断和处理组织问题的能力，增进领导者的组织管理能力，使他们掌握商业伦理道德和组织原理的知识，以及同组织成员一起工作的艺术，等等。

组织社会学的内容包括许多方面，分类的方式也各不相同，有的是按照组织所包含的具体内容来分类，有的是从组织发展的特点等来分类。我们在这本书中主要从组织运转规律的特点上将内容分为四个部分：一是绪论，内容主要包括组织理论、组织分类和组织学的研究方法；二是组织系统的构成要素，主要考察组织内部的各方面因素，包括组织目标、组织结构、组织文化、组织群体等是如何相互作用和相互影响的；三是组织的运转过程，是指在第二部分内容基础上的运转过程，组织内部各要素是如何在实际工作中运转的、遇到的问题是什么以及如何解决这些问题等；四是组织的变迁与发展，主要包括两个方面，即组织变迁和组织发展。

组织的理论发展可以分为四个阶段，它们分别关注不同的焦点。第一阶段是流行于19世纪末期到20世纪初期的古典组织理论，这时的理论家们相信有一种最好的理性技术，他们关注组织内部的分工、结构、制度以及管理跨度等；第二阶段是20世纪20年代后期的新古典或行为学派观点，这个时期的理论观点与行为科学的发展有着密切关系，人们开始怀疑制度结构，转而关注个人因素对组织活动的影响，由此出现很多关于人的需要与行为激励的理论观点；第三阶段是流行于20世纪40年代之后的现代组织理论，从这一时期开始的全球化进程使人们开始关注组织的外部环境，组织研究不再局限于内部的结构和个人因素，而是把组织看成一个有机系统，这种观点主要来自帕森斯的研究；第四阶段应该是20世纪末期开始的信息化和网络化时代，随着网络化和数字化的发展，人们的工作和生活更多地依赖网络，社会的连接方式发生了根本的变化，但是社会组织化的趋势并没有改变，网络组织的功能越来越显著，组织化的程度比以往任何时代都更强烈地影响着我们生活的一切。因此，任何单一因素都无法解释当下的组织问题，这也就使得组织研究成为最难也最前沿的攻关课题。

组织研究作为一种分析视角具有方法论意义，它是社会学关于整体性和全面性分析理论观点的最好体现，同时也可以提供指导组织运行实践的操作建议。例如，在分析某一具体组织时可以首先从组织结构入手，因为不同的工作需要特殊的组织形式（结构或称之为工具）；其次，如果依然未能实现目标的话，接着就要审视组织内部的工作人员是否具备扮演角色的能力和意识；最后，如果前两者都具有正确性，那么组织环境就可能成为影响组织运作的重要因素，应审视组织内外环境与结构设计或人员配置是否相适应，是否进行了有效整合，等等。基于此，人们就可以对组织发展和运行状况做出准确判断。组织研究的这三个变项既是我们在教学和研究中的重点和难点，也是理论研究与实际工作的结合点。

本书除了作为社会学专业学生的必修课程教材之外，还可作为经济管理学、行政管理学和人力资源与管理等专业学生的参考用书，也是从事此类研究与教学的工作人员的重要参考书。同时，该书还对那些处于组织领导岗位上的管理者的实际工作具有一定的指导和帮助作用。

本书是作者多年教学和研究工作的结果。我从1989年开始在社会学系本科生和研究生中讲授该门课程，与学生一起研究和交流。其中一些学生细心阅读发现了许多错别字、不通顺和不够规范的字词句，以及晦涩难懂的地方，这次修订版中都进行了修正，在此对我的学生们表示感谢。

本书修订再版的目的是更易于教师讲授和学生理解，为此保留了原来的结构，只是对原来书中的一些说法进行了规范，逻辑上重新进行了梳理，去掉了一些不必要的内容（如第四章中的目标管理、第六章中关于群体分析的内容、第十三章第五节以及第十章第四节的部分内容等）；增加和丰富了一些内容（例如第一章中关于组织社会学概念和组织与社会的关系的论述，第三章第二节关于社会组织部分的补充）；对第五章中组织结构图形、第七章中关于组织文化的概念和类别、第八章第三和第四节的内容、第十章中第一和第二节的内容进行了调整；简化了第十章第四节的内容。此外，本书依然保留上一版在每章后面的“本章要点”和“本章推荐阅读书目”，删除了原来部分章节后面的附录，统一增加了每章后面的“案例分析”，这样更有助于学生理解本章的内容。

本书在形成过程中曾参阅了大量的文献资料，有些注释可能不完整或无意中漏掉注释，在此恳请谅解并对那些给我帮助的学者一并表示感谢。尽管如此，本书仍会存在诸多缺憾和不足，恳请细心的读者指正释疑，作者一定虚心接受批评意见。

本书第二章特别邀请广西大学的闭伟宁教授和广西壮族自治区区委党校张银岳共同修订撰写，第十三章由我的博士生宋雪飞负责修订和写作，在此一并表示感谢。此外，在这里还要特别感谢出版社的潘宇女士，她的督促和耐心是我完成修订工作的重要因素。

于显洋

2009 年 3 月

# 第一版序

只有组织起来的人，才有可能去成就各种社会工程。在自然界，碳元素因其内部结构的差异，演变成两种截然不同的物质——钻石和石墨。而人类社会也同样存在着类似现象，社会的进步和发展取决于创新组织规则的完善程度和效率的高低。同样，在一个社会里，为什么有的组织效率高、力量强，另一些则刚好相反？其中的奥妙何在？本书的宗旨就是力求提供这方面的答案。

组织社会学是社会学中一门较新的、独立的分支学科。在发达国家，人们的职业生活越来越处于组织中或者通过组织来进行。社会学家也一直对各类组织，如军队、学校、企业和行政机构等有浓厚的兴趣，对这些组织进行着各种各样的研究。例如，R. K. 默顿的科层制理论、P. 拉扎斯菲尔德（1901—1976）的经验分析理论、K. 列文的等级关系概念模型等。此外，组织社会学的很多命题受到了 M. 韦伯的科层制理论和 A. 托克维尔理论的影响。在韦伯的科层制和世界科层化的研究进程中，研究人员一般都把组织现象作为特别的命题来分析。尤其是最近 20 年来，人们逐渐开始意识到“组织”命题是社会学专业的重要研究领域，有些人甚至倾向于把它作为迄今人们认识现实社会的最有效范例。一方面是由于组织领域中取得的研究成果较易于与实践经验中的现实性做比较，另一方面是由于这些成果有利于进一步深入了解社会学研究的中心现象之一，即在共同的、集体的事业中个体自由行为的整合。①

近年来，我国在经济体制改革过程中，曾推行过股份制、现代企业制度及公司制组织形式等，这些组织类型都是一种新型的组织模式，民营、私有、公有及合营企业，都存在着严重的组织问题。例如，企业主要领导层一旦发生变化，企业组织的经营和生存就要经受重大考验。或者一些企业每隔几年便会发生不同程度的“组织震荡”。此外，中国社会无论在哪个行业和哪一级组织都会滋生小宗派、小团体和小集团。这也是我国组织社会学学者需要研究的一个重要问题。

组织社会学是一门交叉学科，内容涉及管理学、行政学、公共政策和科技社会学等方面的知识。本书以组织理论为基础，以组织结构、组织运转过程和组织发展为线索，全面考察了组织的产生、发展到衰落的过程。可使读者在熟悉组织理论的同时，学会组织诊断和掌握处理组织问题的能力，也可增进领导者的组织

① 克罗齐埃．法国组织社会学．国外社会学，1986（4）．

管理能力，使他们掌握商业伦理道德和组织原理的知识，以及同组织成员一起工作的艺术，等等。

组织社会学的内容包括许多方面，分类的方式也各不相同，有的是按照组织所包含的具体内容来分类的，有的是从组织发展的特点来分类的，等等。我们在这本书中主要从组织运转规律的特点上进行区分，把本书内容分为四个部分：一是导论，内容主要包括组织理论、组织分类和组织学的研究方法；二是组织系统的要素分析，主要考察组织内部的各方面因素，包括组织目标、组织结构、组织文化、组织群体等是如何相互作用和相互影响的；三是组织系统的运行过程，是指在第二部分内容基础上的运转过程，组织内部各要素是如何在实际工作中运转的、遇到的问题是什么以及如何解决这些问题等；四是组织系统的变迁与发展，主要包括两个方面，即组织变迁和组织发展。

本书的创新之处是划分了组织社会学的领域和研究任务，在每一章的后面增加了“本章要点”，相关章节还增加了附录内容，以增强学生的实践感受。

本书除了作为社会学专业学生的必修课程教材之外，还可作为经济管理学、行政管理学和人力资源与管理等专业学生的参考用书，也是从事此类研究与教学的工作人员的重要参考书。同时，该书还对那些处于组织领导岗位上的管理者的实际工作具有一定的指导和帮助作用。

本书是作者多年教学和研究工作的结果。作者从 1989 年开始在社会学系本科生中讲授该门课程。与学生一起研究和交流，对作者帮助很大，在此对学生们表示感谢。

本书在形成过程中曾参阅了大量的文献资料，有些注释可能不完整或无意中漏掉注释，在此恳请谅解并对那些给我帮助的学者一并表示感谢。尽管如此，本书仍会存在诸多缺憾和不足，也恳请细心的读者指正释疑，作者一定虚心接受批评意见。

本书第十三章由我的研究生祁锦松编写。

**于显洋**

2000 年 8 月于寓所

# 目　录

## 第一部分　绪论


**第一章　组织的概念及其运行** …………………………………… 3
第一节　组织社会学概述 …………………………………… 3
第二节　组织的概念及其运转过程……………………………… 11
第三节　我国社会组织研究状况………………………………… 22

**第二章　组织社会学的理论发展**………………………………… 40
第一节　组织理论发展过程概述………………………………… 40
第二节　理性系统组织理论……………………………………… 45
第三节　自然系统组织理论……………………………………… 52
第四节　开放系统组织理论……………………………………… 58
第五节　行动者系统组织理论…………………………………… 68

**第三章　组织分类与研究方法**…………………………………… 85
第一节　一般组织的分类原则…………………………………… 85
第二节　我国社会组织的分类…………………………………… 90
第三节　组织研究的系统方法…………………………………… 96


## 第二部分　组织系统的要素分析


**第四章　组织目标** ……………………………………………… 107
第一节　组织目标概述 ………………………………………… 107
第二节　影响组织目标制定的因素 …………………………… 112
第三节　组织目标制定的方法与原则 ………………………… 116
第四节　目标评估指标 ………………………………………… 118

**第五章　组织结构与设计** ……………………………………… 123
第一节　组织结构概述 ………………………………………… 123

第二节　组织结构的分化与整合 …… 128
第三节　组织结构的基本特征 …… 138
第四节　组织设计的性质、原则与程序 …… 141
第五节　组织设计的基本形式 …… 149

**第六章　组织群体及相互关系** …… 162
第一节　群体概述 …… 162
第二节　群体结构 …… 171
第三节　群体之间的关系 …… 173
第四节　组织内的非正式群体 …… 183

**第七章　组织文化** …… 191
第一节　组织文化概述 …… 191
第二节　组织文化的研究 …… 198
第三节　组织文化的调查与实施 …… 201

## 第三部分　组织的运转过程

**第八章　组织权力与冲突** …… 211
第一节　组织权力概述 …… 211
第二节　权力的制约因素及影响 …… 220
第三节　组织冲突 …… 226
第四节　组织冲突的影响与解决方法 …… 232

**第九章　组织的决策过程** …… 241
第一节　决策概述 …… 241
第二节　组织决策的程序 …… 246
第三节　影响个人决策的因素 …… 251
第四节　群体决策的特点与问题 …… 252
第五节　组织决策的方法和技术 …… 257

**第十章　组织的沟通过程** …… 265
第一节　组织沟通概述 …… 265
第二节　组织沟通的类型 …… 271
第三节　信息沟通的障碍 …… 277
第四节　改善沟通的技术方法 …… 283

**第十一章　组织的领导过程** …… 291
第一节　领导概述 …… 291

第二节　领导学的研究重点 …… 295
第三节　领导模式理论 …… 302
第四节　领导工作与领导力 …… 312

## 第四部分　组织系统的变迁与发展

**第十二章　组织变迁** …… 323
第一节　组织变迁概述 …… 323
第二节　组织变迁的过程 …… 334
第三节　组织变迁的方式 …… 337
第四节　组织变迁应注意的问题 …… 340

**第十三章　组织发展** …… 348
第一节　组织发展概述 …… 348
第二节　科层制的发展前景 …… 355
第三节　未来网络组织的特征 …… 358
第四节　组织发展对管理者的要求 …… 362
结　语　未来组织模式与社会秩序 …… 366

研究文献与参考资料 …… 370

# 第一部分

# 绪论

本部分涵盖三个方面的内容：组织的概念及其运行、组织社会学的理论发展、组织分类与研究方法。通过绪论部分的学习，应能够对组织现象有充分的理解，明确组织现象在整体社会结构中的地位和作用；能够从组织社会学的理论发展中把握这门学科的研究方法、研究成果及研究领域，掌握以往理论的基本观点；同时能够对组织的分类和研究方法有较为全面的认识，把握组织社会学的学科特点，以及它与其他学科的区别和联系。这将有助于理解其后的研究内容。

# 第一章
# 组织的概念及其运行

社会学的研究特点是通过对某一个社会现象的观察而扩展到整体社会，即通过观察和想象你会发现这个个别的事例也许就是一个普遍的经济现象、社会现象或者政治现象。组织社会学就是通过不同类别的组织表象透视和理解整体社会的发展和变化。通过本章的学习，读者应掌握三方面内容：(1) 了解组织社会学的研究对象、基本任务、研究特点及其意义；(2) 掌握组织的概念及其运转条件；(3) 认识我国社会组织研究状况。

## 第一节 组织社会学概述

组织社会学是社会学的一个分支学科，涉及多学科的内容，体系复杂庞大，缺少统一的分类标准，因为作为研究客体的组织本身就是一个复杂的社会现象。本节主要说明组织社会学的研究对象、基本任务、研究特点及其意义，以区别于其他学科。

### 一、组织社会学的研究对象

任何一门学科的研究对象都是社会存在的一部分。对组织现象进行研究的学科，除了社会学之外，还有经济学、管理学和政治学等，而每门学科的研究角度和内容都存在着差别。

关于组织社会学的研究对象，不同学者有不同的观点。张家麟编著的《组织社会学》认为，组织社会学是一门关于具体的社会系统、社会结构、社会过程以及它们组成成分的形成、发展和发挥作用的规律的科学①。书中还进一步认为，组织社会学通过研究人与组织、组织与组织、组织与社会的相互关系，以揭示社

---

① 张家麟．组织社会学．合肥：安徽人民出版社，1988：1.

会组织及其活动的规律性。

苏联应用社会学家达维久克认为，组织社会学是研究组织的结构、活动和发展规律的科学。其主要任务是研究组织系统的结构和活动的原理，确定衡量组织系统效率的标准，制定完善组织系统的方法，以及阐明个人与非个人组织因素及个别与一般因素之间的相互关系。[①]

周雪光认为，组织社会学就是从社会学角度去研究组织现象的一门学科[②]。

杨伟民认为，组织社会学是了解、解释、预测如何更好地建构社会组织以实现其特定目标的一门学科，其研究对象是社会组织中的正式组织。社会组织指的是社会的各个构成部分的相互依存性。其范围既可以是整个社会、社区，也可以是社会群体。[③]

《中国百科大辞典》中认为，组织社会学是社会学的分支，它用社会学原理和方法研究企业、政府、社会团体的结构，组织目标、行为和功能，内部、外部关系及其变化，以提高组织效率，推动组织发展[④]。

《社会科学新辞典》中认为，组织社会学是一门年轻的社会学分支学科，主要从社会学角度研究作为一个社会系统的组织，它与行为科学、管理科学、社会心理学和集体行为社会学等有密切联系。它从20世纪50年代开始在西方迅速发展，20世纪70年代以后成为苏联和东欧国家社会学的重要分支。[⑤]

综合各方面观点，我们认为，组织社会学是指对社会组织（包括企业及各类机构）的结构、功能及其运转规律和问题的研究之科学。在这一定义中主要包括三个方面的内容：一是组织社会学的研究客体，二是组织社会学的研究内容，三是组织研究的基本变项。

## （一）组织社会学的研究客体

组织社会学的研究客体是指社会组织形式，其一般可以区分为两种类型——行政组织（包括企业和机关）和一般的社会组织；而一般的社会组织又可以分为两类，即有章程的、联合的组织形式和没有章程的、自愿的组织形式。在这里，组织社会学重点研究前一类组织形式，即各类企业（机关）等专业组织形式。这类组织形式既是一种正式的组织形式，也是社会系统中最活跃、最具有创新能力和影响力最大的一种组织形式。

组织作为社会系统的一部分，与其他社会系统的组成有着密切的关系，因此，在分析组织现象时也离不开社会系统的相关概念。这些概念通常包括：

角色（role）。组织就是一个角色集，即组织由一组或一系列相互关联的角色构成，组织内的每个成员都在扮演着某种角色。同样，在社会生活中，每个人也

---

① 达维久克．应用社会学词典．哈尔滨：黑龙江人民出版社，1988：315－316.

② 周雪光．组织社会学十讲．北京：社会科学文献出版社，2003：14.

③ 杨伟民．组织社会学的产生和发展．社会学研究，1989（1）.

④ 中国百科大辞典编委会．中国百科大辞典．北京：华夏出版社，1990：278.

⑤ 中国社会科学院文献情报中心．社会科学新辞典．重庆：重庆出版社，1988：1251.

在社会关系网络中占据一个位置或地位，并必须尽到角色扮演的本分。角色包括活动及态度，角色模式决定了人们的权利、义务、赏罚、关系等。

角色期望（role expectation）。这一概念源自角色集（role set），其内容关于自我是否要做的信念和态度。角色期望可分为三类：一为功能式，指关于工作表现的规定及限制，即大家要求自我这样做；二为规范式，指非技术性的规定及限制，它是针对群体团结及关系的；三为支持式，源自互相依赖、互相安慰的需要。尽管组织成员各自的角色都有明确的权利和义务，但成员相互间仍存在一种期望。

角色压力（role pressure）。角色集要求自我改变，这些要求成为自我的心理负担。测量角色压力的变项主要有：符号（sign）——指规定或禁制；分量（magnitude）——指力量大小；专一性——指具体性或详细性；强度——指有无选择。

角色紧张（role strain）。这是组织内角色扮演比较常见的现象。组织成员在尽角色扮演本分时，可能会感到困难，其主要原因，或者是对角色扮演的准备不足（教化失败），或者是在角色转换过程中产生困难，从而导致角色冲突。

冲突的解决。主要有四种削弱冲突的方法：第一，对每个角色的扮演程度不同，并尽量减少角色活动；第二，缓和角色集中各个角色之间的关系，给每个角色以更多的自主余地；第三，把一些角色活动和角色关系对外保密，可能会减少冲突；第四，在角色集内部自己解决，诸如通过互补角色谈判，解决角色间的矛盾。

性格。组织内部的活动是人的活动，人本身的特性既对角色能否成功扮演起关键作用，也直接影响到组织效率。性格是指人与所处环境互动的行为倾向，既包括行为模式、态度、信仰、价值，亦包含气质（脾气）、能力、动机及社会态度等。

价值（value）。它是指一种价值模式，组织成员在组织内部选择行动途径的标准，如“好工人”“好学生”。价值有助于成员更好地扮演角色，因此，价值是组织分析的一个重要因素。

社会规范。角色期望界定行为准则，规范界定行为、限制行为，并对行为做出要求。一个社会组织的组织规范要符合社会规范的要求，否则这个社会组织就很难与其他社会组织相整合。

文化。人类为了生存和生活而设计和创造的系统，包括行为模式、价值观念和传统。文化是人生意义和价值的信息仓库，只有掌握了文化提供的价值规范，我们才能扮演社会角色。尽管组织有严密的规则，但组织成员由于受各种文化因素的影响，也可能不遵守组织规则，而按照既定的文化模式行动。

社会行动（social action）。它是指以他人为取向，或受他人影响的行动。社会行动预期到他人的反应。韦伯（Max Weber）说，预期到他人不悦而不行动，亦是一种社会行动。组织行动也是一种社会行动。

社会关系。它是指互动的对等模式，此模式通常是在互动一段时间，稳定的期望出现之后形成的。组织内的互动有多种形式，每一种互动都是按照规则进行的，规则是组织效率的保障。

群体（group）。它是指互动且扮演成员角色的一定数量的人。群体的分析层次包括行为层次、感情层次、规范层次、目标层次及价值层次。组织由许多群体构成，群体之间的关系将影响组织成员的满意度和组织效率。

社会关系与组织关系。一般的社会关系都是全面的关系，具体包括：第一，认知方面可分为理性和传统取向；第二，社会成员准则方面可区分为普遍和特殊取向；第三，实质定义方面可区分为功能特殊性和功能广泛性取向；第四，感情方面可区分为逃避的和亲密的关系；第五，目标取向方面有个体和集体之分；第六，社会分层方面具有分层次的和不分层次的之别。组织关系基本上是单方面的关系，具体包括认知都是理性的，规则都是普遍的，情感遵守非人格化，群体和个人都是功能专门化的。

社会系统。社会结构由基本的社会组织构成，这些组织之间相互作用和相互影响（见图 1－1），对社会的稳定和发展起着重要的推动作用。一个社会能否继续生存和发展，在很大程度上取决于作为次级制度的组织形式。每一种组织都有自己的运行机制，彼此之间虽然不能混淆，但可以进行比较（见表 1－1）。著名社会学家帕森斯（T. Parsons）曾把社会组织分为四种类型，即大学、医院、实业组织和军队组织，并分析了每一种组织的特点及其在社会中的作用，比较了它们的异同点。

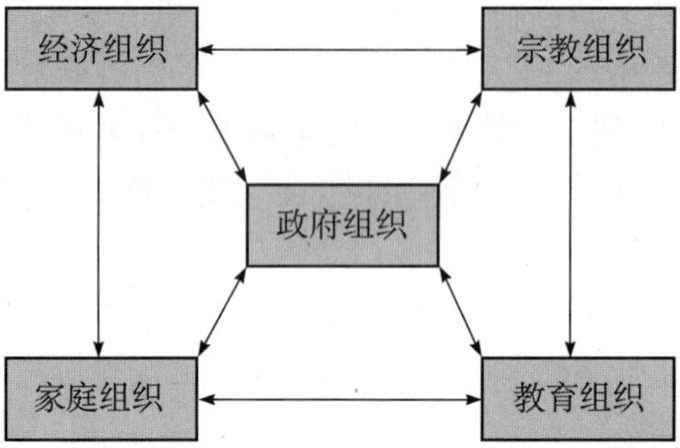


**图 1－1　组织分析框架：组织网**

**表 1－1　不同组织之间的比较**

| 制度层次 | 家庭组织 | 经济组织 | 政府组织 | 宗教组织 | 教育组织 |
|---|---|---|---|---|---|
| 社会基础（例） | 中层阶级父母 | 有文化的市民 | 贫下中农 | 信众 | 校友 |
| 群体（例） | 核心家庭 | 派系 | 会社 | 团契（fellowship） | 学校次文化 |
| 社会关系（例） | 父子 | 管理工人 | 君臣 | 神女善信 | 师生 |
| 人（角色）（例） | 父亲 | 消费者 | 公民 | 牧师 | 教师 |
| 价值（例） | 孝 | 诚 | 忠 | 信 | 先天下之忧而忧 |
| 目标（例） | 光宗耀祖 | 丰衣足食 | 公正廉明 | 平安 | 治国平天下 |
| 程序（例） | 晨昏定省 | 行规 | 官箴 | 祭礼 | 学制 |

## (二) 组织社会学的研究内容

根据组织社会学的研究对象，该学科的研究内容主要包括三个方面：一是对组织的结构与设计的认识；二是对组织基本结构的功能进行分析；三是对组织的运转过程、问题与规律的研究。

(1) 基本结构形式。组织现象作为社会结构最复杂的现象之一，有其确定的结构。在分析组织现象时，一方面要了解组织的内部结构形式（见图 1-2），另一方面要充分认识组织在整个社会结构中的地位和作用，以及组织与内外环境系统之间的交换关系（见图 1-3），只有这样才能更好地研究组织现象。

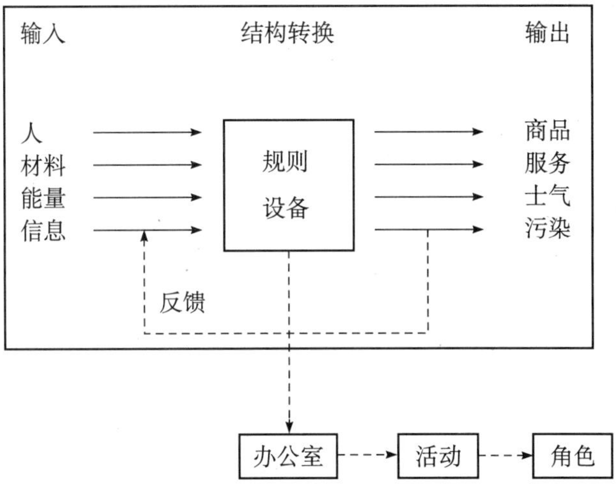


**图 1-2　组织内部结构：微观模型**

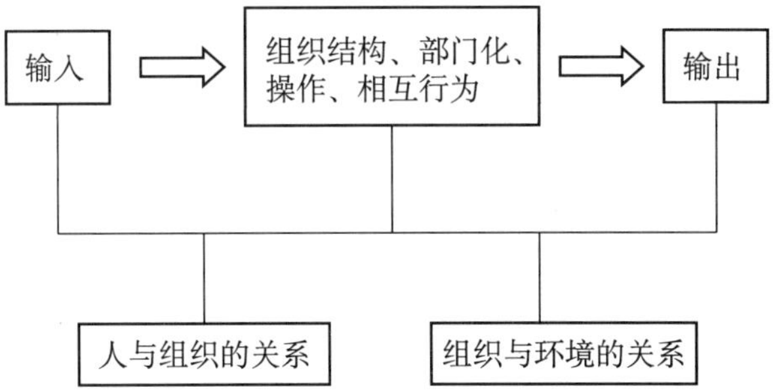


**图 1-3　组织与内外环境系统**

组织结构：是指设计的结果，它包括组织的政策、功能、地位、责任、权威、授权等。组织就是有结构的整体活动。

部门化：是指组织内部的分工过程，是组织结构的一部分。它包括组织内的生产、营销、采购、人事、财务等部门。

操作：是指组织的表现，包括个人表现、合作表现和技术过程，是角色表现的具体过程。

相互行为：组织内的所有行动都是相互作用和相互影响的。这些活动主要包括两个方面：一是指组织内的人事、互动、沟通、情感等因素；二是指组织内的结构、角色、政策、沟通、群体规范等因素。

输入：是组织从外界吸收资源的过程。这一过程一般包括三个部分：首先是人的因素，包括人的技巧、努力、期望、时间、知识、动机等；其次是材料，包括机器、设备、地理位置及资金状况等；最后是能量和信息，这是现代社会组织运转的最重要资源，包括信息的数量和质量、传递方式、使用情况等。

输出：它是与环境进行交换的过程，是组织生存的基础，包括输出生产力、产品，输出社会团结或整合要素，输出高昂的士气，满足组织成员或社会大众的需要。

人与组织的关系是输入项与组织之间的关系。在输入项中对组织影响最大的因素是人，是人造就了千差万别的组织形式。人的因素包括三个方面：一是人本身的特征，包括体力、外表、知识、才能、性格、价值、参考群体、专业、社会地位等；二是认同组织的因素，包括位置、角色、工作群体成员、次级工作群体成员、组织以外所属等；三是人与组织的交换，包括的因素有角色表现、互动、期望、激励等。

组织与环境的关系也包括三个方面：一是组织的生存机制，包括感觉、沟通、适应、发明、吸引、影响；二是组织的外部限制，包括天气、规范、法律、政策、经济规范、专业规范、慈善行为的规范、家庭社区法规；三是组织与环境交换，包括组织结构、人事、操作、输入、输出、效用、关系、名气等。

(2) 组织结构的功能分析。每一种组织结构都具有某种功能，但是有功能的结构并不一定就是组织需要的结构。无论组织设计出怎样的结构，都包含四种可能，即正功能与反功能，显功能与潜功能。正功能是指该结构发挥出的作用有利于组织目标的实现，是组织有意设计的功能；反功能是指这一结构出现了妨害组织目标实现的功能，与组织发展目标相背离；显功能是指组织有意设计并公开宣扬的功能，是为组织目标服务的功能；潜功能是指该结构潜在的功能，不是组织设计的功能，但并不是说这种功能一定对组织发展有负面作用。

因此，研究组织就要分析其结构的各种可能性，并非结构越严密越好，组织结构应随着环境的变化而变化；增加或减少某种组织结构，都必须考虑到由这种变化所带来的反功能和潜功能。

(3) 组织的运转过程、问题与规律。无论是组织结构还是功能设计都是静态的，以科学性和合理性为出发点。但是由于组织内外环境因素的不断变化，组织运转往往可能脱离设计者的思路，并表现出独特的组织人格。研究组织就要掌握这种变化的规律，分析不同阶段遇到的不同的矛盾，提供组织诊断并给出可能的解决方案。

## (三) 组织研究的基本变项

在社会科学研究中，除了组织社会学以组织为研究对象之外，其他许多学科，如管理学、组织行为学、人事心理学及人力资源管理学等也以组织为研究对象。组织社会学的研究方式与以上这些学科的区别则表现在对研究变项的运用上。组织社会学通过这些变项对组织进行研究，并以此作为研究组织的基本出发点。其研究变项包括三个方面。

（1）人的变项。在组织内部，人的因素既是一种可变性最大的因素，也是对组织运转影响最大的因素。从韦伯开始，人们在设计组织结构时都竭力限制人在组织内部的随意性，并以此作为制定规则的基本前提。组织内人的变项主要指人的需要、动机、态度、信仰与价值体系等。这些因素决定了人在组织内的表现程度，决定了组织结构的设计与运转。

（2）组织变项。组织变项与人的变项是一组相对概念，它对人的因素进行控制和影响，主要包括组织的目标、基本结构、可调动的资源、领导者的素质与能力、科技信息的收集与处理、权力状况等。

（3）环境变项。环境变项是前两种变项的条件和基础，任何人的因素与组织因素都受环境变项的影响。因此，环境变项已经引起越来越多学者的注意。它主要包括宏观和微观两类。宏观环境变项包括组织所处的社会政治、经济、文化环境及历史等；微观环境变项是指组织工作所面临的市场、内部关系、人力资源等。

组织社会学就是通过这些变项形成了不同的研究领域，例如探讨人与组织的关系，组织与环境的关系，以及人、组织与环境三者之间的关系。通过对这些变项的研究可以解释组织的形成发展对社会制度的影响，对人类生活的影响等。

## 二、组织社会学的基本任务

组织社会学的基本任务之一就是研究组织运用新设施或出现新的变化后，对组织内外各要素产生的影响。一般来说，这些任务可被归纳为：研究组织的系统结构及其原理，确定衡量系统效率的标准，制定完善组织结构的方法，以及说明个人与组织及个别与一般组织因素之间的相互关系。通过对这些变化的研究，可以把握组织发展的总体脉络，从而加深对社会制度结构的理解。如果从研究领域的角度来看，组织社会学的研究任务可表现为如下几个方面。

第一，在行政系统中，对政府行为的可行性、中央集权的局限性，以及整体社会控制方式的研究。对企业及大型组织进行分析，并确定它们在整体社会结构中的角色和作用等的研究。在这里，组织社会学与政治学及政治社会学有着密切的关系。

第二，在营利性组织中，对组织规则的形成过程、复杂程度及其与组织发展的关系，规模与效益之间的关系，交易费用的概念及其影响因素的研究；对不同类型的经济组织结构的比较研究；等等。经济组织是最活跃的组织形式，现代社会中任何一种类型的组织形式都是首先从经济领域里发展出来，然后才被逐步推广到其他领域的。在这里，组织社会学与劳动社会学和职业社会学有密切关系。

第三，关于组织过程的研究，即对等级关系、水平关系、正式和非正式、上下左右的关系机制的研究。这些机制指挥着个人的活动，构成一种达到目的的途径和信息传递的过程。这些过程受到通信技术变化特别是信息论的深刻影响，并且随着人们相互关系的变化而演变。

第四，关于各类新型组织的研究。新型组织是社会活力的体现，谁能率先发展并使用新型组织，谁就会获得最大的效益。这一点可以从工业组织出现所带来的影响，及美国最早发展出的公司制度组织形式的作用得到印证。例如，福特汽车公司生产效率的提高并不是由于市场的需要，而是由于福特公司发明了最新的生产线组织形式。我国自 1978 年改革开放之后，一方面单位组织形态剧烈分化，单位组织研究已经越来越引起学者的关注，另一方面新型企业组织，尤其是各类新型的经济组织，如股份制、乡镇企业组织等的出现极大地冲击了原有的组织形式，提高了效率。

## 三、组织社会学的研究特点

组织社会学是一门交叉学科，与许多学科，如劳动社会学（研究组织成员的激励与工作问题）和管理社会学（研究组织内管理者的角色和企业发展方面的问题）存在联系。组织现象本身就是一个交叉领域，除组织社会学外，还涉及管理学、行政学、公共政策、科学技术和科学社会学等方面的研究。尤其是在教学过程中，常常会碰到与其他分支社会学相同或相近的内容。值得注意的是，对同一现象往往有许多不同的表达方式和角度，换一种说法可能更容易让人理解。例如，组织社会学中有关人的研究，就与心理学和一般行为学存在很大区别，组织社会学把人看成一个角色或组织人，他的行为表现与组织的存在息息相关，而心理学研究的则是一个社会人或自然人的心理状态。因此，组织社会学与其他学科的研究对象相同是很自然的事，遇到这类问题时注意加以区别，从中便可体会组织社会学的特点。

组织的特点与其他社会现象不同，尤其是在我国社会中，组织结构图所表现出的组织与实际运行的组织可能会有很大的区别。这就是人们常说的显性与隐性组织形式。因此，若想得到组织运转的真正资料，只有去组织内部进行长期的观察，从人们的行为方式中观察组织的运转模式，并勾画出实际的组织结构。纵观组织社会学的发展历程，也可以看到许多组织理论来自工作实践，如泰罗（Frederick W. Taylor）的科学管理理论、梅约（George Mayo）的人际关系理论、巴纳德（Chester I. Barnard）的非正式组织理论等。

## 四、组织社会学的意义

组织现象是最复杂的社会现象之一，涉及多学科知识，组织社会学是一门交叉性和综合性较强的学科。因此，人们常说，组织社会学是社会学研究领域的最高成就。组织现象的分析常常需要学者有深厚的知识基础，并花费大量精力，揭示现象背后的社会意义。通过对组织社会学的学习，一般可掌握如下技能。

第一，学会整体思考问题的方法。通过这种学习，不仅能够对利益对立的整体加以思考，而且可以将思考的结果进行推理，以便更进一步地了解对立人群的特点。

第二，掌握实际操作技巧。在把握了整体思考问题的方法之后，可由此学会为组织制定一种策略，以采取一种行动和变化，或者对外发展战略。人们虽然经常使用策略的概念，但不一定知道怎样制定和实施这些策略。多数人只是从狭窄的合理概念，而不是复杂的个人角度出发来观察问题。其实，在所有社会问题中，首先摆在人们面前的是复杂的人际关系问题。不同参加者的运动方向和他们的意愿是最基本的问题，他们的需要虽然只是表象，却是最重要的东西。如果人们想发动一项组织行动，对周围环境产生影响，或者让大家接受某种新的东西，那么，就必须理解其他参加者的自由活动、意愿和策略。只有在分析了具体情况以后，人们才能制定变化的策略和引导这种变化的行动，人们不可能在不了解所有组织内外发生的事情时，就制定策略。一家企业、某个机构或行政部门在一定时间内采取的行动都以策略的制定为前提，这个策略也给组织内外存在的一定数量的关系带来某些变化。

# 第二节
# 组织的概念及其运转过程

组织现象是组织社会学分析的客体，对组织现象的认识以及组织现象的特点是组织社会学研究的基本内容，因此，本节主要包括三方面内容：组织的概念、组织的运转过程及组织与社会的关系。

## 一、组织的概念

对组织现象进行研究的关键在于认识组织的概念，这是研究的出发点。组织社会学中所使用的组织概念基本上是指正式组织，它对社会结构具有稳定和持久的影响，从而区别于那些无结构的非正式群体和非正式组织（属于心理学研究的内容）。

### （一）社会中的组织

在社会交往中，人们首先要知道“你是谁”“你是哪个单位的”，身份的确定是通过组织来进行的。现代社会有许多规则和限制，原因是现代社会依靠一个庞大而复杂的组织来达到共同的目标，如美国的登月计划、现代航天技术等。

詹姆斯·伯纳姆（Tames Burnham）认为："现代社会正在呈现一种趋势，社会集团或管理者阶级，正在获取对社会的支配，正在获取权力和特权，正在获取统治阶级的地位。"① 肯尼斯·博尔丁（Kenneth E. Boulding）认为："任何一个组织都是为实现某种目标而创造出来的。常常，组织因为无法实现这一目标而难以生存下去。"②

美国密歇根大学经济学教授博尔丁在《组织上的革命》一书中，对组织和伦理体系之间的关系进行了研究。博尔丁把这一组织上的"革命"看作过去的一个世纪中发生的主要事件之一。在这一个世纪中，社会中存在的组织数量增多了，范围扩大了，力量增强了。越来越多的活动领域变成有组织的了。在当今社会中，存在工商企业、工会、雇主联合会、政党、农场主集团以及国家等各种各样的社会组织，而且它们的组织性特别强。在博尔丁看来，这一组织上的革命，一方面可以归结为人们在习惯和需求上发生了变化，另一方面则是组织技巧和组织技术的发展。如福特公司成批量地生产汽车，就是由于获得了组织汽车生产的最新知识。

然而，这种组织的发展导致了许多伦理道德方面的问题。基督教的理想被博尔丁称为"田园诗般的"人与人之间的关系，博尔丁认为这种建立在友爱和关怀基础上的、人与人之间的完满而又亲密的关系，是理想的人际关系。人类主要的美德是友爱，而家庭则是获得友爱的最有效场所。然而，基督教的这种理想常常与组织生活的要求发生冲突。建立在契约基础上的经济组织，在个人与组织之间的关系上所要求的是比友爱更为低级的美德，即诚实的美德。对于一个庞大的组织来说，它若想继续生存下去，就必须把人与人之间的关系要求降到最低程度。结果，工商企业组织所面临的一个特殊的伦理道德问题，是维持友爱与要求之间的平衡。"在工商企业中，个人与组织之间的关系主要是建立在忠诚和希望的基础上的。假如组织不能为个人提供更为温暖的博爱，那么，它必须倡导友爱和关怀。"③

## （二）正式组织的概念

正式组织是指人们为了达到某种共同目标，将其行为彼此协调与联合起来所形成的社会团体。组织活动是一种整体性和结构性活动，它具体包括：第一，每一组织都有其确定的目标，组织内的每个人也有各自的目标；第二，组织有一定的独特心理结构，不同的组织有不同的心理结构；第三，每一个组织都有其技术结构；第四，组织是一种有结构的整体活动。

简单地说，组织就是被正式组织起来的群体。群体中人们之间的关系是被正

---

① 皮尤．组织管理学名家思想荟萃．北京：中国社会科学出版社，1986：209.

② 同①.

③ 同①221.

式规定的，社会组织就在这种群体中发展，但并非所有的群体都可被称为组织。正式组织就是通过确定的标准来协调各种各样的、追求不同目标的次群体。如果组织成员之间的关系和他们的所有活动完全由正式程序（规则）规定了，那么，对组织进行科学探索就没有任何意义了。看上去，关于组织的所有事情都可以通过简单的检查行政计划和程序手册而弄清楚，而实际上，组织中的社会互动和活动从来都不能与行政指令完全相符。因此，矛盾在于，被正式组织起来的群体所产生的科学效益与预先设计的形式不完全一致。

组织内部还有一套管理机器，有一支专门化的管理队伍负责保持组织的继续发展以及协调其成员的活动。例如，在一家工厂里，不仅有直接从事生产的产业工人队伍，而且有由经理、监工、办事员以及其他人员组成的行政机关。这便是我们通常所说的“科层制”。科层制在社会学理论中是一个中性词，是指具有大量分工、等级和规章制度的组织形式。在这个术语的通俗的和科学的意义中共同的因素是两者都显示了为了保持组织运转、完成基本目的所投入的大量精力。在组织内部，并不是所有成员都参加“实战”，例如生产企业中的雇员并不都是产业工人，警察局的警员并不都是“外出巡逻者”。在组织中，每个成员都按照分工的原则，担负着不同的职能。

正式组织包括学校、机关、医院、工会等，家庭、社区、友好团体、市场等就不属于正式组织的范畴。正式组织是通过正式制定的程序，而不是仅仅通过自然形成的力量而产生的社会制度。作为正式组织确定的标准，正式程序规定了所有成员的互动方式及其关系，尽管组织在实际运转过程中会对其有所偏离。

在理解组织概念时，还要考虑这样几个方面的内容：第一，从技术角度来看，正式组织的存在弥补了人类自身能力的不足。例如，当外在环境产生需要而个人的体力、速度和耐力达不到客观要求时，正式组织便会应运而生。因此，组织就成为有意识地协调两个或两个以上的人的活动或力量的系统，而且这一系统的力量远远超出了个人能力的总和，从这个意义上来说，组织就是一种实现目标的工具或手段。第二，从社会角度来看，人们加入组织，是为了实现自身的目标。只要组织的报酬大于成员的贡献，组织成员就会留在组织内部，组织便可能生存。第三，从理性角度来看，布劳（P. M. Blau）和斯克特（W. R. Scatt）认为组织是有意识的集合体，组织成员为共同的目标而努力，只有共同目标实现了，每个人的具体需求才能够获得满足。第四，从效率角度来看，与单独的个人相比，组织之所以能够存在，是因为它有较高的社会活动效率。这种观点的代表人物是科斯（P. H. Coase）和威廉姆森（O. E. Williamson），他们认为组织的生存依赖于协调成员的经济交换，在此花费的交易成本较市场机制所花费的成本低廉。若市场有效率（比组织做得好），则必淘汰组织。因此，组织要生存，必须要做得比市场好。

## （三）组织的任务

正式组织取代初级群体的意义在于它提高了人们的社会活动效率，延伸和扩展了人类自身的能力。随着社会的发展，组织的作用也越来越大，具体表现在以下几个方面。

（1）应对环境和技术的挑战。现代社会由于交通和通信技术的飞速发展，环境变化越来越快，并越来越难以预测，个人的能力在现代科学技术面前显得越来越渺小。在环境迅速变化的背景下，人们只有组织起来，才能够应对外在环境和技术变化对组织事务的影响。

（2）满足组织成员的社会需要。现代社会是一个高度组织化的社会，由于初级群体的消失，正式组织的兴起，社会成员的各种需要，甚至包括情感需要，都是通过各种形式的社会组织来满足的。例如，现代社会中的那些特色酒吧、俱乐部等。

（3）统一成员的认识，以实现集体目标。通过组织的形式统一组织成员的认识，在实现组织目标的同时满足个人的需要。只有统一认识才能实现组织目标。

（4）有效率，至少要做得比市场好。组织活动必须有效率，以最少的费用实现最大的目标。组织与市场是两个极端，一方是高度规则化和程序化的组织，另一方是自由化和不可预测的市场。因此，组织比市场有效率是其存在的合理性基础。

## （四）组织的边界问题

组织环境是指组织周围决定组织及其成员的行为之所有外部力量的总和，包括组织所必须应付的各种群体和规范。例如，政治系统、文化系统、经济系统、宗教系统、教育系统等都是在影响组织的同时又反过来受到组织影响的系统，都属于环境因素。

组织必须与环境相互作用，因为环境给组织提供必要的输入，以使组织能输出环境所必需的产品和服务。为了保持与环境的和谐，组织应当谨慎建立并维护这种关系，得到所需要的信息和资源，以进行有效的决策。这就要求有明确的边界网（boundary network）。

在传统社会里，组织与环境之间有着明确的边界网。每个组织都围绕着自身的核心技术而建立，并区别于其他组织。组织的这种核心技术就是组织为生产其基本有用之物而采用的系统。对汽车制造厂来说，核心技术是生产线；对大学来说，核心技术是教室、图书馆和实验室。① 组织就是围绕着这个核心技术而建立的，组织之间的关系则是在总体制度规则下的一种相互约定。

但是，这种边界在现代企业组织中出现了一系列新的变化。比尔·盖茨曾说，信息技术与交流方式的变化，从根本上改变了个人与组织工作的方式，以及跨越组织边界做商务的方式。互联网技术的出现，使各种规模的组织边界都出现了新的问题，在改变边界的过程中，无论是对于组织还是对于个体来说，使用数字工具和过程的“万维网工作方式”均能使其重新定义自己的角色。②

---

① 鲁品越．社会组织学．北京：中国人民大学出版社，1989：119－127.

② 盖茨．未来时速．北京：北京大学出版社，1999.

### （五）反组织的倾向

反组织的倾向（anti-organizational bias）如同逆城市化现象一样，是组织发展到一定阶段的产物。正式组织提高了人们的活动效率，对经济与社会的发展起到巨大的推动作用，做出了不可磨灭的贡献。但是，这种组织形式也有它的弊端：对人的自由形成极大的限制，非人格化也是人们拒绝大型组织的原因。现代社会的人们大多希望从事专门性的自由职业，而不喜欢到政府或企业这种大型组织里去工作。因为这种组织缺乏对人的关心，个人在组织中也很难找到归属感。

20 世纪以来，互联网技术的发展和成熟加速了反组织的倾向，组织结构和运行方式都发生了显著的变化。如组织越来越朝向网络化、平等化、小型化和暂时性等方向发展，其实质也是一种反组织的倾向。

## 二、组织的运转过程①

美国社会学家帕森斯是组织分析的先行者，他对组织分析的出发点是组织的价值模式，这种价值模式决定了组织对其所在情境的基本取向，因而指导个人参与活动，并能够给予组织合法性的地位。就一般意义而言，组织的价值模式使组织作为一个子系统存在合法性。

对组织结构较为常见的研究，是通过分析组织的成员和他们在组织发挥作用过程中扮演的角色来进行的。例如，除组织的“管理部门”或“行政部门”外，还有它所控制的各种活动群体，从上到下延伸至权威线最低层。当然，一些具有“参谋”功能的群体，如专家群体、秘书群体等，并不行使“直线”权威。

为加强对组织现象的认识，帕森斯侧重于对组织制度结构的分析，主要讨论了三个问题：一是取得实现组织目标或发挥组织功能所需要的资源，即适应条件，这些资源的获得模式将成为制度化的主要要素；二是组织自身必须有制度化的程序，通过这个程序，把所获得的这些资源提供给具体的达标过程（目标实现）；三是在以上两个步骤的基础上，制定一套制度化的模式，以确定和控制对组织的义务界限，使它与包括同一个人和其他资源控制者的义务区别开来。

### （一）资源的获得与流动

组织必须获得资源，这些资源是组织发挥功能、达到社会结构情境要求所必需的生产要素。生产要素是经济学的概念，即土地、劳动、资本和组织（在经济学意义上是指组织生产、组合方式）。这些资源可能来自遗产、借贷及合资合作等。

获得资源主要通过合同。合同有产品合同与就业合同之分，由此也产生了双重雇佣。例如，教师和医生都是在双重意义上被雇用的，教师同时为学校和学生

---

① 帕森斯．现代社会的结构与过程．北京：光明日报出版社，1988：20－23.

所雇用，而医生同时为医院和病人所雇用。

在我们的社会里，组织对流动资源的需求在同一意义和层次上是以货币支付的形式来满足的，也即通过组织安排提供货币资金来取得流动资源。这一点既适用于物资设施、设备、材料、建筑，也适用于人事服务的就业安排。实际上，取得文化资源的专利使用权利也要通过购买。因此，对组织来说，资金始终是一个关键问题（对大学、教会等都是一样的）。

可是，对不同类型的组织来说，获取资源的方式是千差万别的。其中，贷款投资是最重要的机制。此外，还有税收和自愿捐款两种机制。

## （二）组织自身的制度化程序（资源的实施机制）

组织制度化过程也是资源的实施机制。组织获得资源的目的是有效地使用它，并从中获得效益。在这里，流动资源的流通问题涉及组织与其活动情境之间的外部关系的一个主要方面。若要掌握对必要资源的控制，就必须建立一套机制。通过这套机制，可以将资源有效地分配到目标实施的实际过程。这个过程有两个方面：第一是与外部情境的关系，“让渡”组织活动的“产物”，包括估计工作规模的基点以及与要货人达成协议的基点，既可谓之商品销售业务，也可谓之组织运行的全部产物；第二是为了实现目标的资源流通的内部机制。

所有这些功能的实现通常依赖一系列的“决策”过程。一般来说，有三种决策维持组织的运行。

（1）政策决策。政策决策直接支配整体组织的目标，并且与组织的首要功能即实现目标有直接联系，它涉及组织发展的关键问题，如决定产品的性质与质量标准，改变工作规模，研究产品或劳务对象和确定组织内部活动的规模，等等。例如，一家汽车制造厂的政策决策包括所生产汽车的性能与类型、质量标准及年生产量等。它是组织发展的首要功能，组织内部的所有机构设置和人力资源配置都要围绕着这个决策来进行。

（2）部署决策。部署决策是在政策决策基础上制定的决策，它包括那些关于组织资源的有效利用和实施的决定。它所涉及的主题是，按照政策决策的要求，在全体工作人员（即子组织和个人）中派定责任，再根据这些责任部署流动资源（即人力、资源和物资设施）。这意味着行政管理功能的专门化，消除在贯彻涉及组织目标的主要技术程序过程中出现的功能重叠现象，从而在“工作”层次上做出重要的活动决策。

部署决策过程包括两个方面：其一，主要涉及人事（组建子组织，如“科室”设置）、财务以及必需的物资设施的分配过程，例如组织内部成立什么样的科室、成立多少个科室以及每个科室人员的配备等，目的是能够高效率地完成各自分派的任务。其二，主要涉及预算，包括部署流动资金和资源的过程，这种资源可依次交付具体人员“使用”，即用其来换取物资设施和安排人员就业，预算的目的是使资源能够得到有效的利用，而不是无目的地浪费资源。

（3）协作决策。协作决策是通过促进合作和加强组织内部关系的动力，以此来保证组织的整合。巴纳德称前两种决策涉及组织的“有效性”问题，而协作决策则涉及组织的“效能”问题。

整合组织是协作的目的，它使组织内部的子单位和个人的操作尽可能符合组织的要求。协作决策在组织运转过程中是最重要的一环，缺少协作决策的组织很难保证组织目标和组织效率。通常，组织协作决策的方式有三种：一是强制，即对不协调的行为进行处罚。在组织内部，成员与组织之间的关系是一种合作关系，双方都有各自的利益和目标，但是组织目标高于个人目标，如果个人不能按照组织要求的方式去做，就会受到处罚，处罚措施主要包括使用负强化物、警告、处分直至开除职务等。二是诱导，即对有价值的操作行为给予奖励。每个成员进入组织之后不可能完全理解组织的规则，奖励某些操作行为的目的是希望更多的组织成员能够按照这种行动方式去做，它是组织普遍采用的正强化手段。三是治疗，即采用科学的方法，在寻找个人陷入困境的原因的基础上，排除其动机障碍，满足组织的要求。组织成员由于社会化程度的差异，在组织内的表现会各不相同，当前两种方式都不能改变某成员的行为时，就说明使他陷入困境的原因不是组织方面的，而很可能是个人人格方面的。为了达到整合组织的目的，必须对该成员进行单独的咨询和治疗，以便使他的角色行为能符合大多数成员的期待。

## （三）组织结构中的制度因素

组织在确定内部整合条件之后，接下来面临的是如何与社会制度结构相整合，即组织与组织之间的关系如何协调的问题。这就需要更大的社会结构参与其中，且必须有一套制度模式，以便确定和控制组织之间的义务界限。

本部分前两个方面讨论的是情境和机制问题。现在讨论的是组织通过何种机制与总体社会系统的其他组织、其他类型的集体相整合的问题。而这种整合与适应存在着根本的区别。

这里主要涉及制度模式的协调问题，即在社会制度层面上，组织之间是否整合的问题。中心问题是制度化的规范，这种规范可以有效地把个人的行动结合起来去承担组织的义务。在现代社会，人们大多扮演多种社会角色，从这一点来看，跨组织水平整合的中心问题是鉴定参与者个人对组织的忠诚问题：一方面是他对具体组织（例如雇用他的组织）忠诚的层次和基础；另一方面，这种忠诚被融合进更大的社会系统的方式，以及他扮演的多元化角色（例如，对国家、家庭、工作）的责任平衡方式。这种忠诚的分配是在社会中集体环境之间进行的。

这些整合的模式有三个主要的综合体，其中每一综合体都有互相联系的同一等级秩序。由此看来，在先赋地位要素较少的社会里，中心的整合制度是合同制度。就组织而言，主要涉及雇佣合同。雇佣合同包括两方面的意义，即公开成文的合同和涂尔干所说的“非合同”要素（指影响合同制定与实施的规范）。在这里，决定具体人员雇用是组织的特权，而合同制度的界定理所当然不可能是某个组织的特权。而且，界定合同制度必须采取多种形式，以便能协调社会上的每一个组织的运行。

雇佣合同除了涉及人事机构之外，还有以财产权为对象的合同。其实，投资合同与各种类型的租借合同都直接涉及忠诚问题，原因是财产所有者通过他们的“权利”要求对组织运行施加影响，而这种影响是深刻的。显然在组织之间，这些合同模式不可能任由具体组织自由决定，而必须在更广泛的基础上被制度化。就人事与财产来说，强制的因素会限制“合同的自由”。它有两种类型：其一是先赋地位；其二是组织在一定时期内，可能行使权力强制一部分人，例如“兵役制”。

另一种基本整合制度是强制合同。权威制度化是在超出组织本身的活动以及比规章制度范围更广泛的基础上形成的，它决定了活动者个人或集体，可以在组织地位上通过某个人的决策来约束其他人的活动方式和活动领域，也即个人的活动受其他人决策的影响。当组织的地位建立在“自由”合同的基础上时，放弃权利是防止权威滥用的限制性保护，反之是被控制而不允许放弃权利，例如军队内部。

除此之外，规章制度或规范控制任何具体组织成员独立的行为。它普遍适用于整个社会或社会结构的跨组织部门。这主要是指组织管理基本上与社会制度化的“模范”管理相一致。最一般的原则是：任何人违反这些规范而签订合同都是不合法的，同时也不能行使权威强迫人们违反规范。

以上讨论的问题都涉及组织之间的整合及社会组织制度化的过程，参见图1-4。

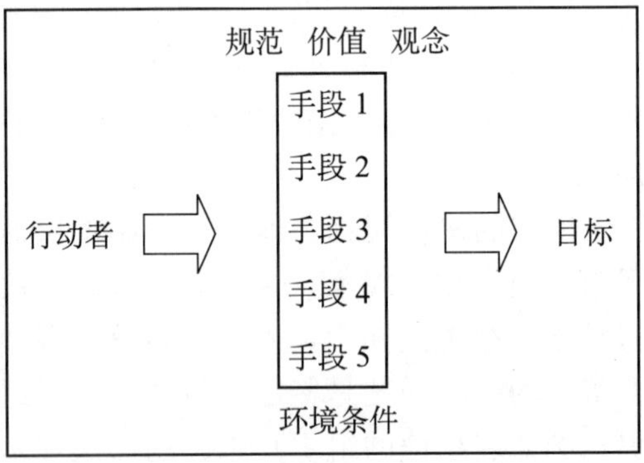


**图1-4 帕森斯的行动结构模式**

## 三、组织与社会的关系

组织与社会有明显的界线，各自发挥不同的功能。组织利用社会制度提供的机会获取利益。一个现代化的社会是高度分化的社会，其中主要的分化形式就是组织分化。社会不能由单一的组织构成，组织也不应当承担社会的功能。

## （一）组织是社会的基本结构

只有组织起来的人，才有可能去成就一系列社会工程；同样，选择不同的制度结构会导致组织集团内部及其外在特征的巨大差异。在自然界，碳元素因其内部结构不同，会组合成两种截然不同的物质——钻石和石墨。在人类社会的组织中，有些组织效率很高，行动能力强，另一些则刚好相反，其中的决定因素也是其基本结构的差异。

组织化程度的高低是社会复杂性与进步性的标志。早期社会主要由家庭和亲属等社会群体构成，当时人口和生产力等因素的制约，使得早期社会并不需要专门化的组织形式。但是，当几次社会大分工之后，尤其是工业化革命之后出现了大量的专门化组织，承担并取代了家庭组织的某些功能，在社会中扮演了重要的角色。它有效地解决了人口增长所带来的大量就业问题，满足了对社会活动效率的要求。

## （二）现代社会是组织化的社会

美国人阿姆斯特朗是第一个登上月球的人，他的这一举动与哥伦布发现美洲大陆具有同样的意义。虽然 20 世纪的宇航员和 15 世纪的航海家都是勇敢和技术高超的探险家，但他们采取了两种截然不同的方式。哥伦布探险是去一个不为人知的地方，仅凭着一种传说和想象，认为只要西行就可以到达遥远的印度。他所使用的三只小船全都没有受过检验，他的船员也都胆小和迷信。哥伦布的家人认为哥伦布不会成功，哥伦布自己也不知道前面将会有什么样的危险，他将会发现如何新奇的大陆和文化。同样，马德里的有关机构对他的探险也没有给予任何帮助。与此相反，阿姆斯特朗是美国国家宇航局的一名雇员，而美国国家宇航局是一个庞大、复杂和集约化程度很高的组织。而且，他在航行中很少碰到未知的危险，也几乎没有单独做过决定，因为他同时受到几百名技术专家的支持和协助。在 15 世纪能够或有胆量航海的只有哥伦布一个人，但是在 20 世纪至少有 10 名以上的宇航员能够完成阿姆斯特朗的工作，因此，阿姆斯特朗认为，美国国家宇航局的科学家们的贡献远比他大得多。

在哥伦布所生活的 15 世纪，人们更多地在个人基础上行事，而在 20 世纪，一个英雄更像一个组织的人。哥伦布直接要求西班牙国王和王后为他的任务提供资金，他不需要政府机构指挥他的船，他与雇员们直接打交道。但是，如果哥伦布生活在 20 世纪，他的行动就要依托一个大型而复杂组织的允许和支持，否则就寸步难行。例如，他要通过各种渠道提请政府研究，做出批准；他还要填写各种表格，等待负责此事的政府官员做出答复；要有一个大型公司负责建造他所需要的船只，并提供全套的设备；他的船员都要在某个航海学校里通过资格考查，他们都要具有航海的技术证书；如果没有政府官员检查船只的许可证，或者没有船主的护照，或者没有去外国旅行的护照，或者没有货船的海关通行证，乃至任何一个船员若缺少了接受预防传染病的免疫证明，他们都不能离开码头。

之所以有这么多的规则和限制，是因为现代社会是依靠庞大而复杂的组织来达到共同目标的。而在哥伦布时代，绝大多数人受教育的场所是一个由亲戚或邻居传授知识的短期的私塾。普通的工人只在短期内学习一些他们必需的技术，然后再把这些技术传授给其他人。但是，这种教育制度在现代的城市社会中是不可能实现的。在现代社会中，绝大多数居民是彼此陌生的，成千上万的工人需要多种不同的技术。在这种情况下，初级群体的关系已经远远满足不了社会的需要。要满足每个人的教育需求，必须有一个根据确定的规章制度，由专门化的教师和管理者任职的正式组织。在过去，所有社会生活都发生在初级群体内，由家庭和邻里提供绝大部分生活必需品，诸如食物、衣物、教育、福利、工作、娱乐等。但是，在现代社会，所有这些需要都是通过陌生人而得到满足的，人们的社会生活建立在次级关系的基础上，而且越来越依赖于大型组织，如公司、公立大学、互联网、电视网、政府机构和科学文化机构等。

现代社会是一个高度组织化的社会，每个人都不可能逃避组织的影响，个人总要受雇于某一组织，否则就可能一无所有或寸步难行。

但是，现代社会也有特例，如我国社会中的家庭，从性质上它属于初级群体范畴，而不是正式组织形式，自然也不属于组织社会学的研究范围。但是家庭在我国，无论过去还是现在都有着特殊的地位，有自己的规则和发展轨迹，而且是在社会生活中人们忠诚的最重要对象，许多组织问题和特殊现象都源于家庭。因此，组织社会学也应对中国社会中的家庭组织给予足够的重视。

### （三）组织是化解矛盾的工具

在全球化时代，无论是解决国际争端，还是化解国内矛盾，组织化和制度化都已成为重要和有效的手段，社会组织的迅速发展是不可阻挡的历史趋势。中国也已经不可避免地卷入了这个时代，社会需要一个最大的公约数作为个人身份，让整个社会有整合的基础，这个身份就是“公民”。而对执政党而言，社会组织是一把双刃剑，在构建社会主义和谐社会的过程中，只有因势利导，社会组织才能有助于形成社会力量与政府力量互补的社会矛盾化解机制。

现在全球有大大小小 4 万多个国际组织，这些国际组织不断协调着各种事务，避免各种矛盾加剧。美国学者詹姆斯·N. 罗西瑙在《没有政府的治理》一书中指出：“在国际体系中，关于合作与规制发展的一种表现形式是国际组织数量的增加——其中绝大多数对其成员做出了各种各样的常规性管制。在 1909 年，全世界共有 37 个政府间协定组织（IGO）和 76 个非政府组织（NGO）；1951 年相应数字分别为 123 个和 832 个；1986 年分别达到 337 个和 2 649 个。由这些组织所发起的各类会议的数量也有显著增加。在 1838—1860 年，每年召开 2～3 次这类会议；在 1900 年后的 10 年中，每年召开约 200 次；到 20 世纪 70 年代，每年召开超过 3 000 次。”鉴于国际组织及其活动数量的快速增长，他还指出：“在过去的半个世纪中国际组织的增长，无论在质还是量的方面，都已成为国际体系中的一种主要现象。它们虽没有改变国际体系，但对于国家来说，国际组织已经是不可或缺的。”[①]

此外，罗西瑙还指出，第二次世界大战后生效的国际条约的数量显著增加，“一项研究表明，在 1946—1955 年的 10 年间，有 6 351 个双边条约生效；在 1956—1965 年为 10 456 个，而在 1966—1975 年间则攀升至 14 061 个。值得注意的是，同样也被列入名单的多边条约，大约占双边条约数量的 10%。另一个显示国际组织重要性日益增加的数字是，在第二次世界大战后的第一个 10 年，与国家或国际组织签订 623 个条约的缔约方是国际组织；在第二次世界大战后的第二个 10 年间条约数量达到1 051个；在战后第三个 10 年间条约数量达到 2 303 个”[②]。

在这样一个逐步组织化和机制化的时代，各国完全可以通过谈判来解决相互之间产生的各种矛盾与问题，无须诉诸武力[③]。

解决国际问题的途径正在向组织化和机制化转变，同样，解决国内的矛盾和问题也需要组织化和机制化。建设和谐社会的根本就在于建设一个组织化的、体系化的社会。我们现在存在的种种不和谐的原因就在于在改革的过程中把人从“单位人”变成“社会人”后，“社会人”失去了组织性，解决问题的关键在于把人从“社会人”变成“组织化的人”[④]，使之在各种组织的框架内活动和提出自己的要求。

胡锦涛在 2005 年省部级主要领导干部提高构建社会主义和谐社会能力专题研讨班上的讲话中指出：“要充分发挥基层党组织和共产党员服务群众、凝聚人心的作用，发挥城乡基层自治组织协调利益、化解矛盾、排忧解难的作用，发挥社团、行业组织和社会中介组织提供服务、反映诉求、规范行为的作用。”在这三种组织中，社团和社会中介组织的作用是非常重要的，可以说，没有成熟的社团及社会中介组织，构建一个真正意义上的和谐社会就是一句空话。社会能否保持稳定，从而处于有序和谐的状态之中，很重要的一个条件是有没有足够的手段和途径及时化解各种社会矛盾，使其不致达到激化和对抗的程度。如果缺乏这种化解途径，问题越积越多，摩擦愈演愈烈，矛盾激化，那么必然引起较强烈的社会震荡。[⑤]

而社会组织在构建和谐社会中的重要作用就体现在：其一，在利益已经多元化的现实条件下，构建和谐社会最大的挑战来自各种各样的利益冲突和利益矛盾。从社会稳定的角度看，社会组织可以起到安全阀的作用。社会组织既可以最先觉察社会冲突的发生，也可以避免把局部矛盾酿成全局性冲突。在社会冲突发生以后，社会组织又可以作为化解矛盾的润滑剂、稀释剂而发挥重要作用，为

---

① 辛向阳．社会组织与构建和谐社会的关系．(2005-08-14)［2020-04-10］. http://www.sina.com.cn.

② 同①.

③ 同①.

④ 同①.

⑤ 同①.

“化干戈为玉帛”做出贡献。其二，就性质和地位而言，民间组织是连接政府与公民的纽带和桥梁。政府与公民的合作，既是社会和谐的实质性要素，也是所谓善治的本质。政府与民间组织的合作，特别是对社会政治生活的共同管理，既是民主政治的基本要求，也是解决政府与公民直接或间接冲突的重要途径。其三，社会组织是社会管理的重要主体。民间组织深深地植根于民众之中，它们既是公民自治的主体，也是社会管理的主体。和谐社会是一个民主的社会。正如公民的参与是有序的参与一样，公民的自我管理或公民自治，也不是无组织的，而是井然有序的，至少要求有一个管理或自治的主体，这个主体在许多情况下就是公民社会组织。

在国际上，拥有社会组织的多寡早已成为衡量一个国家和谐程度的重要指标。参与社会组织的多寡也已成为衡量一个人的社会地位的尺度。西方福利国家的改革时期同时也是社团组织大发展的时期，如法国在20世纪60年代每年只有11 000个组织成立，而到1990年有60 000多个民间社团成立；在德国，每10万人口的社团数量从1960年的160个增加到1990年的475个，增加了近2倍；瑞典公民的社会参与率世界最高，创建了一个每10万人口就有2 300个社团的稠密的社会网络。①

# 第三节 我国社会组织研究状况

## 一、传统组织结构的特点

对1949年以前的中国社会组织结构的分析，可采取多种分析方法。从总体上看古代中国封建社会的基本结构，给人的印象一方面是高度封闭等级制的金字塔形结构，另一方面是表现多样化的组织结构。

对古代中国社会组织的分析，尤其是对金字塔形组织形式的理解，可以从古典小说《水浒传》中得到一些启发。

在《水浒传》里，众多梁山英雄好汉之间，上下层次、左右关系清清楚楚。宋江高居第一把交椅，俯视梁山众英雄好汉。令人奇怪的是，坐第一把交椅的宋江，论智谋不及吴用，论武功远在武松、鲁智深之下，论在朝中的官位不如卢俊义，等等。一个黑脸衙役，为什么能被众英雄如此厚待？究其原因，也容易理解：宋江能够苦口婆心，他待人所表现出的至诚至真，吸引了一群莽汉如李逵、

① 辛向阳．社会组织与构建和谐社会的关系．(2005-08-14)［2020-04-10］．http：//www.sina.com.cn.

鲁智深等；他对人才的珍惜、礼遇吸引了吴用和一大批在朝廷中不得志的官员。而李逵、鲁智深、吴用等人又具有他们各自吸引人的品格和资质，从而吸引了另一批英雄好汉，而这些英雄好汉，又会带动其他的绿林豪杰入伙。正如一副多米诺骨牌，形成一个人影响人的传递链，梁山山寨的势力迅速膨胀。这就是金字塔形组织发展的精髓之所在。金字塔形组织结构也称纵向型组织结构，在这种结构中，权力的行使和传递都是由高到低，即从上一级到下一级的。

而且，维系纵向型组织结构的动力来源于人与人之间的关系。下级对上级的绝对服从，多是因为上级的经历、人格气度等个人魅力所产生的综合效果而生出来的敬畏，或由长期依附而产生的感恩心理使然。因此，这种权力的替代性较低。

纵向型组织结构靠人与人之间的关系来维系，决定了它必须采取以人治为主的运作方式。如师傅命令弟子，弟子再命令他的弟子，从而逐步把上层领导的意志扩大并实施。这种以人的情感为联系纽带及执行命令丝丝入扣的运作方式，同时又造就了纵向型组织结构的强大战斗力。

在中国社会，纵向型组织结构占有绝对的优势地位。在传统的中国乡村，传统的宗族是最重要和最基本的社会组成单位。早在周代，中国社会就是一个典型的宗法社会，通过严格的宗法制控制着乡村的思想和政治行为，确定维系社会秩序的制度。而经过春秋战国先秦两汉的战争洗礼，宗法制的基础被动摇，宗法制逐渐解体。隋唐时期国家权力开始向乡村渗透，又在一定程度上打击了士族。直至宋元时期，在朱熹极力恢复和加强封建人伦关系的倡导下，宗族组织得以恢复发展。明清、民国时期，宗族组织普遍出现，宗族祠堂政治盛行于长江流域及其以南地区。特别是民国政府对地方宗族中的士绅非常重视，推行乡村自治，借助地方士绅来加强其统治，使血缘与地缘有机地结合在一起。新中国成立后，宗族的发展经历了比较曲折的过程。20 世纪 50 年代初，农村实行土地改革，宗族受到严重冲击；50 年代中期至 80 年代初期，宗族基本上销声匿迹；80 年代后期，农村实行包产到户，宗族活动日益增多。

在古代中国，宗族组织以其基于血缘关系的强大的内在凝聚力和绝对纵向型的组织结构影响着每个人，曾发挥过重要的作用。

第一，宗族组织协助或代替乡里基层行使行政管理权，如赋税催收、徭役征发、治安维护以及户籍管理等。这不仅平衡了政权和族权在乡里基层的运作，也强化了宗族管理的权威性和强制性，进而加强了对其成员的控制。

第二，宗族组织通过家庭、宗族等背景单位对家庭或宗族成员进行伦理道德、文化知识等多方面的教育培养。宗族组织强化对宗族成员的道德教化，培养宗族子弟的良好品行以及宣扬等级观念，以维持社会基本秩序。

第三，宗族组织以其共有财产或宗族成员以其私人财产，在一定情况下，对宗族的特定成员或全体族众给予物质帮助。这在一定程度上避免了宗族成员因贫困或灾荒而流离失所，客观上维系了宗族组织的稳定，避免了社会的动荡。在战乱时期，宗族组织扮演了宗族成员保护者的角色，为抵抗外来侵扰，保护族众安全，通常采用在宗族聚落周围修建寨堡、组建宗族武装等手段。

在 1949 年后的城市社区，基本的社会结构是由各种类型的单位组织构成的。这些单位不同于西方社会的公司组织形式，单位内部人员之间的组合、依赖程度也远远超出一般组织的范围。例如，住房、福利待遇、工资都是按照某种身份或“辈分”进行分配的，其中的等级、层次十分明确，如对于什么样的级别该拿多少工资、乘坐什么标准的轿车都有明确的规定，表现出纵向型组织结构的所有特点。这种结构的基本形式如图 1－5 所示。对于单位组织，将在下一部分进行详细介绍。

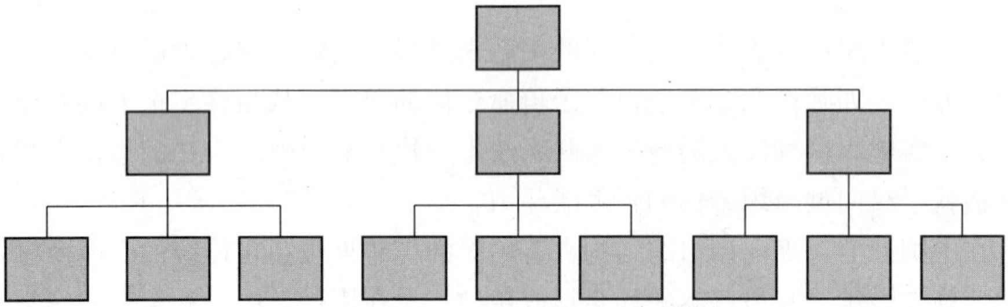

**图 1－5　单位组织的组织结构图**

此外，其他组织结构形态则呈现出两极化的特征：一极是掌握国家资源的、以皇权为授权来源的行政官僚组织；另一极是以血缘和地缘关系为纽带的家族组织。而介于这两极之间的、以劳动分工和契约关系为基础的专业组织，如工业、商业等公用事业组织，却没有能发展起来，即便其在近代社会中有所发展，也基本上依附于官僚组织，并依托于家族组织，而且主要集中于城市社区。因此可以说，除了单位组织外，影响中国社会的组织形式只有官僚组织和家族组织两种。

在 1949 年新中国成立之后，随着推行工业化和现代化的发展战略，国家迫切需要建立一系列新型的强有力的组织结构。在当时的历史条件下，通过把苏联的经验与中国实际相结合，创立了以行政管理为职能的各级政府组织和以社会分工为基础的各类专业组织，如企事业单位组织、农村生产组织等。国家对整个社会实行分层次、分部门的管理，即采取了“条块”式管理方式及一种中央集权下的分权制。地方各级政府在由中央政府管辖的同时，又代表各个地区的独立利益，而其他所有单位都直接或间接地隶属于某一级政府组织，它们的资源来自政府机构的分配和调节。

由于每个单位都由中央政府直接或间接地管辖，而中央政府又进行分级式的行政管理，因此每个单位都在金字塔形组织系统中占据一个固定的位置。此外，国家还通过这些单位实现对个人的调控，并对其生活资源实行分配，从而使专业组织取代了 1949 年前的家族组织而成为社会生活和经济生活的基本单位。在这里，每个单位都要满足成员在经济、福利、保障和安全等方面的需求，同样，个人也要对单位负责。

## 二、单位现象

单位是我国特有的社会组织形式，是科层制的一个变种。它与西方学者研究的目标明确、功能单一的组织形式有很大的差别。因此，在研究组织现象时，既不能把我国的“单位组织”等同于一般组织，也不能把每个单位都看成是一个单一机构进行个别的研究，而要把它放置于一个大背景中（例如社会结构、国家体制范围内）或作为特殊现象加以考察。

单位制度是1949年以来中国城市社会的一个独特和关键的制度形式。在这种体制中，一切社会组织都是单位，单位是控制和调节整个社会运转的中枢系统。在这种制度结构中，国家成为主宰和管理公民生活的组织机器。单位制度构成了现代社会独特的两极结构，一极是权力高度集中的国家与政府，另一极是大量相对分散和相对封闭的单位组织。因此，单位越来越引起国内外学者的重视，成为解释中国城市社会诸多现象的不可缺少的关键要素。

### （一）单位的概念与类别

单位组织是中国城市社会生活的基本单元，包括社会的各个方面，而且功能的多元化使它成为一个复杂的社会现象。许多学科从自己的角度对单位组织进行了卓有成效的研究。社会学把单位组织作为社会结构的一个组成部分进行研究，考察它在社会结构中的作用及影响等。

从单位的概念来说，它有各种称呼，例如单位制度、单位组织、单位体制、单位社会、单位机制等。它是中国自1949年以来一段时间里城市社会最基本的组织形式，既是一个“就业场所”①，也是一种再分配体制②。这种组织形式也是整合社会成员的有效机制，它使社会成员的基本需要得到满足，给予社会成员权利、身份和地位，左右和控制社会成员的行为。单位是一个小型社会，个人不能脱离它而独立生存，而单位自身是通过依靠国家来得以生存和发展的。同时，单位也是中国社会主义社会特有的现象，它的形成反映了新中国领导人在中国的特殊历史条件下为建设社会主义社会所实行的有关政策和制度安排。

划分单位类别是研究单位现象遇到的一个主要问题。严格地讲，只有国有部门的机构才具备最完整的单位形式。它们包括：(1) 党和国家的机构、合法的民主党派和人民团体，如工会、共青团和妇联组织机构等；(2) 各类事业单位，即所谓不创造物质财富的机构，如各类研究所、教育机构、医疗卫生机构和文化团体等；(3) 国有企业组织，即所谓创造物质财富的机构，包括各类国有企业和集体企业。上述三类机构即人们常说的行政单位、事业单位和企业单位，它们被统

---

① 路风．中国单位体制的起源和形成．中国社会科学季刊（香港），1993（11）．

② 李猛，等．单位：制度化组织的内部机制．中国社会科学季刊（香港），1996（16）．

一纳入国家财政预算。

## （二）单位组织的特点①

单位组织的存在和发展有它自身的特征和合理性。人们普遍认为单位组织有两大主要特征：一是行政化，二是功能多元化。具体表现为：

（1）单位资源的公有制或国有制。1949年以后，中国社会制度的性质逐步转变为社会主义公有制，一切资源均归国家所有，即国家所有制。尽管单位组织有全民和集体之分，但它们本质上是一致的。国家不存在也不需要资源的流动，因为这种流动并不一定能提高生产效率。每个组织和公民都仅通过单位从国家那里获得应得的资源份额。

（2）非独立性。因为单位内部的资源归国家所有，所以单位的行动必然受制于国家。单位组织不是独立法人，它无法承担独立的民事责任。每一个组织都有自己的上级部门，并接受上级部门的管理和监督。单位领导的合法性也来自上级部门，他自己没有独立处理单位事务的权力，只能接受上级部门的“指示”和“命令”。

（3）功能多元化。单位作为社会组织形式，承担着经济、政治、社会等各方面功能。一个单位既是“小社会”，也是一级政府机构（代行政府的功能）。中国城市市民几乎都有各自的单位，只有进入某个单位，才能够享受到各种待遇，即社会成员的地位和权利才能有所保障，没有单位或被单位开除的人就会失去这种待遇。因此，社会成员对自己所在的单位有着极强的依附性。

（4）单位之间的“行政”差别。单位是中国社会使用极普遍的一个概念，无论什么样的组织都可被称为单位，它们具有很强的同构性和相似性。单位与单位之间的差别与整合则通过行政关系的手段。同时这种行政上的差别也成为国家分配资源的主要依据。每个单位都根据自己在国家权力体系中的地位，获得和具有一种支配不等资源的权力，由此出现了两种情况：一方面，单位的行政级别越高，相对获得的资源份额就越多；另一方面，单位所具有的权力和资源特征，也是决定单位地位的主要因素。如果单位所拥有资源的稀缺性程度较高，或者具有不可替代的性质，单位的地位和级别就相对较高，获得和支配资源的能力就相对较强。

## （三）单位组织研究的意义②

1949年以后，饱受战乱之苦的中国人迫切希望社会稳定和安全，单位制度正好可以满足这一要求。它作为一种制度安排，在一定时期内对中国社会面貌产生了决定性的影响，为中国社会主义建设和现代化进程起到了积极的推动作用。通过这种组织形式，“一盘散沙”般的中国人被高度组织起来，并表现出前所未

---

① 李路路，等．中国的单位现象与体制改革．中国社会科学季刊（香港），1993（11）．

② 同①．

有的效率。但是，单位组织本身也有致命的缺陷，需要不断地调整和创新才能适应社会发展的需要。

单位组织的产生和发展与毛泽东等老一辈革命家的战争经验有密切关系。在抗日战争中，毛泽东注意到除非中国有什么致命的东西被摧毁或征服，否则偌大的中国是不可征服的。即便日本人只派一名士兵驻守一个村庄，中国也仍有一半的村庄无日本兵把守。毛泽东的战争经验使他注意到地区的自给自足。每个地区都生产所有的东西——手表、自行车、粮食等。“庭院炼钢厂”便是这种战略的一个部分。尽管这样做成本规模巨大，但是由此形成的小规模经济比较容易开展私有化的进程①。

此外，单位研究的方法论也是一个引人注意的问题。单位现象是中国社会特有的社会现象，它体现着中国社会和中国人的许多行为特征。因此，在研究单位时不能仅用一般的组织研究方法。首先，虽然从表面上来看，单位组织的基本结构具有很多的一致性特征，但其实不然，单位的行政级别、地域分布、所属行业、人员构成等诸多因素的影响，又使单位组织千差万别，每个单位的显性结构的背后都存在着起主导作用的隐性运行机制。因此，只有通过个案分析，按不同单位类别选样进行参与式调查，掌握单位内部每一个环节的实际运转状况，并以此形成关于单位的印象，确定准确的问卷变量，再进行小规模的调查，方能进一步验证判断的准确性。其次，对单位的研究应该进行动态的历史性考察，以权力分配和资源分配为基点进行政策文献分析，作为单位分析的背景资料。因为每一个单位运行的规则都是该单位与其他单位或单位内部成员之间长期相互作用的结果。

## （四）相关研究的热点问题

### 1. 单位与国家之间的关系

单位是国家的单位，它的生存与发展完全取决于国家提供资源的状况。实际上，国家与单位之间的关系是一种利益及资源的占有与分配的关系。

首先是资源所有关系。在公有制条件下，一切资源（包括人力资源）都归国家所有。国家是唯一拥有处置这些资源的权力的主体。下一级单位（包括事业单位和企业单位）都要接受上一级单位的管理和支配，它们实际上在扮演着委托经营者的角色。在单位组织中，政府和事业单位的行政事业费和资产大部分来自国家的直接拨款。企业单位的固定资产来自国家投资及由此而带来的经济效益。

其次是资源供给关系。企事业单位的资源主要来自政府组织，虽然这种情况随着改革开放已经发生了很大的变化，单位获得资源的方式越来越多元化，国家指令性计划部分逐渐缩小，但是单位依赖国家的状况没有彻底改变。这是因为那些关系到企业生存发展的借贷和投资渠道，例如各类银行和金融机构并非完全市场化。

---

① 瑟罗．资本主义的未来．周晓钟，译．北京：中国社会科学出版社，1998.

最后是权力支配关系。国家占有资源，并具有支配资源的权力。这种资源不仅包括物质资源，还包括人力资源。单位领导的任免与合法性都来自上级单位。由于单位领导只是某个上级单位的“委托人”，因此支配关系是非常清楚的。在改革开放后，如果单位组织成为独立的法人，产权关系明确，在企事业单位中就不再存在支配关系。

**2. 单位成员与组织的关系**

只要单位依附于国家的关系不发生变化，社会成员依附于单位的状况就不会改变。国家通过单位来管理个人，并为个人提供各种福利待遇。单位是个人从事社会、经济、政治等一切活动的合法场所。单位成员与组织的关系具体表现如下：

首先是保障基本生活的国家-单位分配体系。在传统的计划经济时期，单位履行国家职能，担负着社会保障（包括失业、医疗和养老等）的责任。个人离开单位就意味着他丧失了国家提供的生活保障。虽然改革开放使这一状况产生了一些变化，但社会保障制度并没有发生根本性的改变，因此才会出现所谓“一家两制”① 的现象。单位制度有两方面的社会意义：一是满足了社会成员的基本生活需要，二是对社会成员构成了相当大的约束力。

其次是福利单位化。福利单位化也是单位的一个重要特征。个人在单位，不仅工资收入来自单位，而且住房、医疗、保育、食堂等各种物质和服务都来自单位。单位通过这种方式实际上把人完全控制了，单位内部福利化的程度越强，外界的服务设施和保障就越弱，人们不能从单位以外的其他机构中得到满足，只能更加依赖单位。以住房为例，我国曾长期实行国家投资建房，然后分配到单位，再由单位以极低廉的价格分给单位成员的体制。分配住房成为城镇居民享受的最大福利。城市经济体制改革的目标和方向就是使这些单位内部的功能逐渐转移出去，形成社会化与市场化的分配方式。如果单位福利化的分配体制不发生变化，个人就不会离开单位，除非单位外提供的福利程度高于本单位。

再次是人员管理制度。在单位制度下，城市社会的人员管理制度包括人事管理（管理干部）和劳动管理（管理工人）。人们按照国家计划被分配到某个单位，单位再把资源分配给个人。单位根据国家计划管理的需要，形成了关于个人的档案资料，这些档案资料记载了每个职工的工资、保障和福利状况，工龄，职务、职称变动情况，个人身份，它表明了一个人的社会地位。这些档案资料的功能包括两个方面：一是作为获得国家分配的相应资源的证明，二是作为在不同单位之间流动的证明。

最后是个人合法性的证明。在单位制度下，个人社会活动和身份的合法性都来自单位的证明。个人离开单位就没有这种证明，也就没有证件来证明自己身份

---

① “一家两制”是在1990年前后，流行于城市社会中的一种社会现象，它指夫妻双方中的一方脱离原有的单位“下海”赚钱，另一方仍然留在国有单位中向单位报销夫妻双方的医药费，获得公有住房、福利、养老等待遇。

的合法性（居民身份证制度是于 1984 年才开始实行的）。人们无论是就业还是出差，都离不开单位的介绍信。在人们的心目中，单位的各种证明是个人合法性的基础。

**3. 单位组织的变迁与转型**[①]

改革开放 40 多年来，随着社会主义市场经济体制改革，我国经济、政治和社会结构等诸多方面发生着巨大变迁。其中，受经济体制改革影响最深的就是城市社会中的“单位制”解体。因资源配置制度改变，当前我国城市社会结构正由“集中单位制”向“分散社会制”转型，人们逐渐摆脱“单位人”的标签，以独立的个体形态出现在社会生活中。

在此情况下，学术界对单位问题的探讨开始围绕一个基本问题展开，即作为计划经济体制下的基本制度的单位是否还存在？以刘平、王汉生等为主的学者通过对大型国企的研究，提出了“新单位制”的判断；而以李汉林为代表的一些学者则以传统单位体制为参照，提出了单位与非单位将长期并存的判断。在刘平、王汉生等学者看来，随着体制改革的推进，在过去构成单位制主体的大型国有企业，实际上都已在内部控制、资源占有和人际关系等方面进行了深刻变革，限制介入性的国有企业具有了“新社会共同体”的特征。换言之，虽然国有企业的产权仍归国家所有，但其已由外部化管理的以再分配为主的全民所有制，转变为以内部化管理为主的特定的行业集团所有制，这样不仅能与市场接轨，而且可以减少市场冲击。而李汉林的研究则认为，虽然在现代中国社会，单位对国家、个人对单位的依赖性正逐渐弱化，但是以单位组织为主导的基本格局短期内还不会彻底改变。之所以如此，是因为中国社会主义制度的延续，使得单位的根本特征未发生明显改变。例如单位组织仍然被纳入正式的行政序列，其所具有的政治功能无法彻底消除，且单位组织中均存在党组织，其必须努力贯彻党的指示。

无疑，“新单位制”的论述对认识当前中国城市的企业组织和基层社会结构具有重要的启示意义，而单位与非单位并存的局面也现实存在。总之，单位制度的影响巨大而深远，它既是深化改革的阻力因素（因为它涉及人们的生活利益），也是改革成功的突破点。创新组织结构，使之发挥出更高的效率，也是我国组织社会学研究的基本任务之一。

## 三、改革开放后组织结构的分化[②]

自 1978 年的改革开放以来，我国社会结构发生了深刻而广泛的变化，这些变化广泛地涉及社会、政治、经济、文化及心理等各个方面。但人们在对其进行分析时主要集中于三个方面，即区域分化、组织分化和人格分化。其中组织分化

① 李路路，苗大雷，王修晓．市场转型与“单位”变迁 再论“单位”研究．社会，2009，29（4）．鲍伟慧．中国单位制的发展与转型问题研究．呼伦贝尔学院学报，2018，26（3）．

② 北京大学课题组．现阶段我国社会结构的分化与整合．中国社会科学，1990（4）．

作为一种结构分化，对社会变迁有深刻的影响。改革开放后，我国社会组织结构的分化主要表现为以下几点。

## （一）社会整体控制结构变化

1978年以前，中国社会的整体控制结构是一种由国家、单位到个人的纵向控制结构，但是1978年以后，这种结构逐渐出现松动，允许一定程度的自由。这种分化最初表现在农村地区，例如个人可以离开原籍到其他地方工作，或自由选择工作单位，等等。后来，在城市社会，这种分化主要表现在国有单位的分化，组织对个人控制功能弱化，个人的选择空间增大，个人能够通过自己的努力获得所必需的生活资源，等等。

## （二）政府组织分化

改革开放以后，政府组织为顺应新形势的需要，其结构发生了一系列的分化。首先，实施“分权”制度，过去中央与地方混为一体、所有的资源都由中央逐级分派到地方的形式，现在逐渐分化为“分灶吃饭”的形式，更多考虑地方的自主权和地方利益。其次，政府组织的职能部门和管理方式发生了变化，政府组织把具有经济管理职能的部门与单纯的行政部门分离，这种分离强化了地方利益和部门利益，各级政府组织与专业组织之间出现了以“政企分开，让利放权”为特征的分化。而在专业组织内部与企事业单位之间，由于放权之后占有的资源不同而出现了较大的异质性。最后，政府将部分行业管理的职能转移给新型组织，利用中介组织对经济事务实行间接管理，并最终使政府组织专门化，不再干预经济事务。

## （三）新型组织出现

新型组织的出现标志着组织分化的多样性和多元化趋势，过去单一的组织形式格局被打破，社会组织结构出现多样化趋势，为整个社会发展注入了新的活力。这些新型组织形式主要包括：

（1）中介组织。这种组织一般包括两种：一种是介于政府与企业之间的行业性组织，例如各种行业协会、企业管理协会、研究会等；另一种是介于国家（政府）或企业与个人之间的社团组织，例如个体劳动者协会、消费者协会以及各种学会、联谊会、志愿者协会等①。

（2）多种所有制形式和类型的经济组织。与过去相比，经济所有制类型出现了多样化的趋势，除了国有企业和集体企业之外，还出现了许多其他类型的经济组织，如股份制企业、乡镇企业及合股企业等，尤其是个体和私有企业组织的合法化改变了原有的社会结构。同时，企业组织的类型也出现了多样化趋势，在市场机制的作用下，文化企业、金融企业、农工商联合企业等新的企业类型大量涌

---

① 社会发展课题组．当代中国社会结构的变迁．管理世界，1991（1）．

现。经济发展依赖于经济组织的创新，历史上任何一次经济飞跃都伴随着新型经济组织的出现。新型组织形式一般最先出现于经济领域，尤其是朝阳产业领域（如电子、信息及网络创业），之后才逐渐扩展并应用到政府和公共服务领域。

（3）社会组织。在过去，所有的组织都隶属于政府部门，个人或企业不具备独立的法人资格。现在社会组织构成发生了很大变化，除了政府和企业组织外，出现了大量的非政府和非企业组织，例如民办非企业单位。同时，行业协会和社会团体组织正在逐渐从行业主管部门脱离，成为真正的市场化的社会组织，或者被统一纳入“枢纽型”组织体系，例如工青妇组织、慈善类组织等。

（4）网络组织。20 世纪以来，由于信息技术发展，互联网出现，组织形式发生了质的变化。过去金字塔形组织结构逐渐消失，代之而起的是网络化组织形式。互联网使组织成为虚拟化的非实体，科学技术使未来社会中的每一个人都能最大限度地彰显自己的个性，更好地实现愿望，不再受制于固有组织的限制。

## 四、关于 NGO 的研究

我国非政府组织——NGO 是随着改革开放和社会不断进步而出现的新型社会组织，其出现填补了我国“第三部门领域”的空白。特别是近些年来，NGO 在我国广泛的社会政治经济文化生活领域日益活跃，也日益受到政府和公众的认可，在可以预见的未来，其影响也必将越来越大。

### （一）NGO 的概念与类别

NGO 最早见于 1945 年签署的联合国宪章。现代意义上的 NGO 一般被认为出现于第二次世界大战前后。NGO 的英文原文为“non-governmental organization”，直译为“非政府组织”，指的是那些独立于政府之外、不以营利为目的、志愿性的社会组织。NGO 在全球范围的兴起始于 20 世纪 80 年代，它所涉及的领域十分广泛，如环境、卫生、经济、反战、人权等。

目前学术界对 NGO 的界定仍未达成共识，各种名称并存，如“非营利组织”（non-profit organization，NPO）、“民间组织”、“第三部门”（third sector）、“志愿组织”（voluntary organization，VO）等。美国等国家通常采用“非营利组织”的提法，主要是强调这类组织与企业的区别；英国、印度常使用“志愿组织”的说法，目的在于强调这类组织的志愿性特征。在中国，NGO 通常被称为“民间组织”和“草根组织”。

中国社会对 NGO 的关注始于 1995 年在北京召开的第四次世界妇女大会——非政府组织妇女论坛。1996 年 7 月，中共中央政治局常委会专门研究了民间组织工作；1997 年 9 月，党的十五大报告中提出要培育和发展社会中介组织，并以此作为促进经济和政治体制改革的一项重要措施；1998 年 6 月，在国务院机构改革中，国务院批准成立民政部民间组织管理局；1998 年 10 月，国务院发布了《民办非企业单位登记管理暂行条例》和《社会团体登记管理条例》；1999 年

6月，第九届全国人民代表大会常务委员会第十次会议通过了《中华人民共和国公益事业捐赠法》；2004年2月，国务院第39次常务会议通过了《基金会管理条例》。随着国家的重视、法制建设的推进以及各种研讨会、培训和访问团的增多，中国的政府官员、学者与国际NGO的接触、交流也日趋频繁，许多协会、学会、基金会等具有非营利性质的机构开始以NGO的身份出现在国际视野中。

我国现行法规体系中只将NGO划分为“社会团体”和“民办非企业单位”，这对于完善税收与管理体系显然不利。目前学术界对于我国NGO的分类论述中，也存在着不同标准的交叉和混用。比如李卓提出，应当就不同层次的NGO进行分层分类，在每一层次、每一类别的确定上遵循和采用同一标准。依据这样的原则，在最高层次上，中国的NGO可分成互益型非政府组织和公益型非政府组织两类。[①] 而通过借鉴美国和日本的经验，王名和贾西津则将NGO大体上分为会员制公益型组织、运作型组织（基金会）、实体型社会服务机构（民办非企业单位）、会员制互益型组织；另外，未登记或转登记团体，以及转型中的事业单位和人民团体也都是NGO的重要组织形式[②]，如图1-6所示。

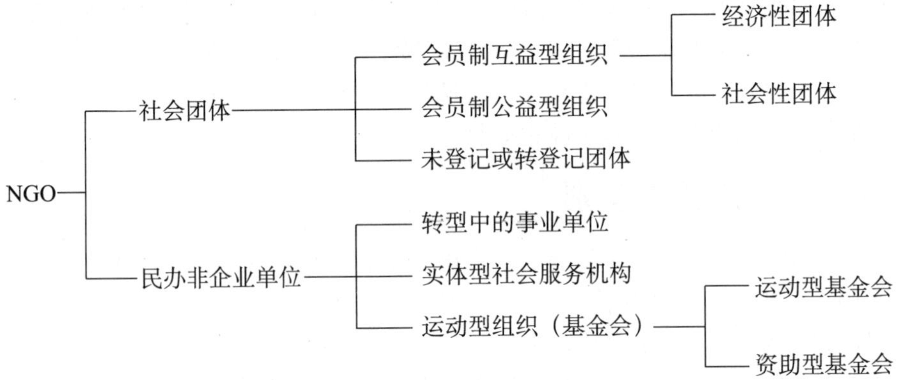


**图1-6 国内NGO研究分类**

### （二）我国NGO的特点

我国NGO的发展主要是在改革开放以后，特别是近十几年来，随着我国市场经济体制改革的不断深入，我国NGO得到迅猛发展，正逐步走向正规化、科学化、法制化。当前我国NGO的发展在总体上呈现出如下特点。

第一，多数NGO具有“半政府”性质。我国的城市社区自治具有很强的政府规划性，社区自治组织主要是在政府有意识地推进社区建设的过程中产生的，这与美国等西方国家的社区NGO基于互助合作的精神有很大的区别。在中国的社区建设初期，政府通过行政力量迅速构建城市基层组织。政府部门自觉不自觉

① 李卓．中国NGO的定义与分类．中国行政管理，2003（3）．

② 王名，贾西津．中国NGO的发展分析．管理世界，2002（8）．

地按政府模式建立社区组织，从而使社区组织具有较强的行政化色彩。因此，尽管存在一些民间志愿组织，但大部分NGO是在政府的组织和指导下发展起来的，有的甚至挂靠政府部门。这些社区组织和与此有关的社区服务组织、社团组织或多或少带有一些行政化色彩。所以严格地说，这些组织大部分尚不能算作第三部门，而是一些帮助政府处理社会事务的机构，作为“半政府组织”而存在。

第二，发展不均衡。中国地域广大，人口众多，区域发展不平衡，反映在NGO的发展上即NGO在东部发达地区与中西部贫困地区之间的分布不均。要而言之，东部发达地区NGO数量多，中西部贫困地区NGO数量少，从业人数也有很大差距。同时受经济发展水平的制约，我国NGO发展整体处于较低的水平，活动范围有限，组织规模不大，运作也欠规范。

第三，缺乏核心竞争力。透视目前我国NGO的成长历程不难发现，尽管每个NGO的职能和业务定位在社团法人登记时都十分明确，但在实际运作过程中，其工作大多还具有相当大的偶发性，很少有NGO已经形成了在公众心目中独一无二的核心竞争力。缺少核心竞争力的直接后果就是NGO无法建立起长效运作机制，在组织开展各种活动时缺少明确的长期指向，其工作也就很难具有连续性，也更没有在机构人员力量配置上的可持续性。

## （三）我国NGO组织的发展现状

民政部公布的数据显示，截至2017年年底，我国在民政部门注册的社会组织共有76.2万个，吸纳社会各类人员就业864.7万人。其中，共有社会团体35.5万个，各类基金会6 307个，民办非企业单位40万个。[①] 而据北京大学中国政治学研究中心主任俞可平估计，在中国实际存在的社会组织可能超过300万个，且年均增长率在8%～10%。这意味着，近九成民间组织处于“非法状态”。

目前中国稍具知名度的民间自发公益类NGO有300家左右。中国的NGO主要集中在环保领域、妇女权益保护领域、扶贫领域，如北京的“自然之友”“地球村”“绿家园志愿者”，天津的“绿色之友”，江苏徐州的“绿色之家”，等等。

近年来，我国NGO不仅数量增长很快，而且某些NGO的个案对社会产生了很大的影响。例如，由几位学者和律师所创立的“公盟”组织就曾于2003年上书全国人大，要求审查《城市流浪乞讨人员收容遣送办法》，并最终促使国务院废除了该法规；2008年，该组织还曾经为三鹿奶粉的受害者提供法律援助；等等。

从发展阶段上来看，王名等认为，20世纪中国NGO的发展主要经历了3个阶段。第一阶段从20世纪初至1949年新中国成立，大量民间组织开始在中国社

---

① 中华人民共和国民政部．2017年社会服务发展统计公报．[2020-04-10]. http://www.mca.gov.cn/article/sj/tjgb/201808/20180800010446.shtml.

会出现；第二阶段从新中国成立至“文化大革命”结束，是中国 NGO 的整肃和再发展期；第三阶段从改革开放至今，为民间社团的迅速发展期①。张雅君在此基础上，进一步将新中国成立后 NGO 的发展细分为 4 个阶段——1949—1966 年的整顿、清理、发展期，1966—1978 年的停滞期，1978—1995 年的恢复发展期，1995 年至今的全面发展期，并认为这样的发展阶段实际上同我国政治环境的变化是一一对应的。②

总的来说，目前我国的 NGO 已经从第一代进入第二代。第一代 NGO 主要由社会知名人士、社会精英创办，如梁从诫、廖晓义等，多集中在妇女、环保等领域。第二代 NGO 也称新生代 NGO，具有以下两个特点：一是领导者年轻化、平民化，很多 NGO 是由大学生创办的，例如“西部阳光”“大学生绿色营”等。二是开展的活动专业化程度更高，服务领域更广，影响力更大，比如对艾滋病病人、流动人口、残疾人的救助等等。第一代 NGO 直接提供社会服务，第二代 NGO 的专业化、分工化程度已经很高，甚至出现了专门为基层 NGO 提供服务的 NGO，如提供志愿者、培训、能力建设、咨询等并不直接向社会提供服务的中间型 NGO。

但是，从总体上来看，我国的 NGO 与世界上大多数国家的 NGO 相比，发展速度较为缓慢，在社会、政治、经济等方面的参与程度还非常有限，尚不能充分发挥在社会稳定与和谐中的支柱作用，其发展也面临许多问题和挑战。

### （四）我国 NGO 发展的必要性

首先，中国政治体制改革要求发展 NGO。目前中国面临的政府机构改革和政府职能转变，为 NGO 的发展提供了很大空间，将过去由政府包揽的本应由社会承担的职责和功能交给了 NGO，由 NGO 提供多种社会服务。同时，由于 NGO 能够深入民间，凝聚社会资本，构建自己的组织网络，提高治理绩效，因此，政府也不得不进行职能的重新定位与转变。在这种情况下，政府一方面要通过其他途径来解决市场失效问题，承担微观经济管理职能弱化后的部分职能；另一方面又要借助 NGO 来填补由于放弃对某些领域的直接参与、直接管理手段和间接调控机制尚未健全所形成的宏观管理和调控机制的结构真空。

其次，中国市场经济的发展需要发展 NGO。中国经过四十多年的经济政治体制改革，释放了蕴含在我国社会各个层面的巨大能量和多样化需求，原有的政治化、行政化、一体化的社会走向了开放化、市场化和多元化。这一过程导致了收入差距的不断扩大，因而需要新的治理模式来提供社会服务、帮扶弱势群体、促进社会公正。NGO 按照“道德原则”，通过慈善公益组织对社会资源和社会财富进行分配，可以弥补市场（第一次分配）与政府（第二次分配）在社会收入分配方面某种程度上的“双重失灵”。具体表现为：通过直接的财富转移，有针对

---

① 王名，贾西津．中国 NGO 的发展分析．管理世界，2002（8）．

② 张雅君．“中国 NGO”的发展现状研究．上海社会科学院，2011．

性地帮扶特定弱势群体；促进就业与再就业；进行灵活多样的教育资助，提升弱势群体的教育水平。NGO 还通过社团的力量来参与国家的经济与政治决策，从源头上和政策制定上维护其所关怀阶层的实际利益，促使社会兼顾各方利益、实现公平分配。

再次，中国民主意识和政治参与意识的提高需要发展 NGO。中国在进入 21 世纪后，民主观念逐渐深入人心，人们的民主意识、自主管理能力逐步提高，人们将追求更多的自主管理、参与管理，从而更有效地实现和保护自身的民主权利。NGO 的发展正是实现这些目标的主要途径。民众可以通过直接参与 NGO 开展的各项公共活动，间接影响政府决策的制定与执行。NGO 还可以通过其现实的治理活动搭建起沟通政府与公民的桥梁。

最后，从社会发展规律来看，NGO 可以帮助政府提升管理和服务能力。美国著名学者莱斯特·萨拉蒙曾认为，NGO 的兴起"代表 20 世纪最伟大的社会创新"。NGO 在社区利益的协调、矛盾的化解、服务的提供等方面所开展的工作，促进了居民的参与和互助，激发了居民的个人责任感，增强了社区居民的联系和凝聚力。而和谐社区很重要的一个方面就是协调关系、化解各种矛盾、理顺情绪、维护稳定。经验表明，NGO 具有创新、灵活、与基层联系密切、了解基层实际情况等优势，在冲突发生以后，NGO 可以起到化解矛盾的润滑剂的重要作用，可以缓解社会矛盾。

### （五）中国 NGO 发展的路径选择

首先，正确定位政府与 NGO 的关系，建立合理分工。对 NGO 与政府的关系的定位直接影响着 NGO 的发展和职能的发挥。在传统体制下，NGO 对政府有一定的依赖性，发挥着"拾遗补缺"的作用。随着我国政治体制改革的推进和政府职能的转变，政府权力应逐渐从公共服务的一些领域撤出，对于由原来的政府部门转化而来的组织，应逐步实行分离和脱钩，使其成为完全独立和中介性的组织。要重新确认 NGO，政府与 NGO 在公共服务领域的关系应该不仅是互相合作、充分发挥各自优势的关系，也应形成一种竞争态势，这样有利于促进政府公共服务水平的提高。政府应该在宏观或全局的关键领域承担更多的责任，微观的管理应更多地交给社会其他公共管理组织完成。

其次，完善治理结构，实现管理模式创新。完善的治理结构、科学的管理手段，是 NGO 生存的基础。在 NGO 治理结构的完善过程中，最应引起重视的是强化支撑体系网络建设。虽然现阶段我们还不能强求每个 NGO 的支撑网络都达到"纵向到底、横向到边"的水平，但作为追求目标，这一点应该引起高度重视。只有这样，NGO 的执行力才能最终落到实处。通过建立委员会、理事会等管理模式，实行集体决策，优化自身治理结构；通过健全民主协商、平等参与、责任追究机制，建立完善的科层制管理体制；健全激励制度和灵活科学的薪酬制度，通过制度设计，吸纳优秀人才到 NGO 中工作；抓好策划、组织、创新、亲和力和可持续发展等能力的建设，建设组织品牌，最终达到高度的美誉度、知名度和社会认同感，力求NGO的超常规和跳跃式发展。

再次，寻求国际合作，在合作中发展壮大自己。国外特别是发达国家的NGO的发展历史较长，不仅经验丰富，而且综合实力较强。从目前我国NGO的现状看，相当多的NGO在国外能找到与之相对应的机构，这就在很大程度上为加强中外交流与合作提供了可能。我国的NGO要采取“走出去”“请进来”的办法，加强与同类或类似组织之间的沟通与交流，重点是学习先进国家的NGO运行经验。同时，要在共同关注的领域开展合作，如各国红十字会之间的合作领域就十分广阔。由于发达国家NGO起步较早，经验丰富，实力较强，我国NGO可以在技术、设备、管理、资金等各个方面寻求支持。当然，我们也可以在力所能及的范围内向相关国家输出我们的经验、技术、设备与资金，实现真正意义上的与国际接轨。

最后，增强NGO自主筹款的能力，提高NGO工作人员的素质。NGO不能过分依赖政府，而应当自力更生，增强自主筹款的能力，拓宽筹资渠道，高效率地使用各种资金，降低成本，提高服务质量。一方面，NGO应当争取更多的资助并处理好与资助者长期合作的关系。应当注重宣传自己的社会公益目标、宗旨和服务，吸引更多资助者的支持。另一方面，要保持好与政府的关系，取得政府部门的支持。政府拥有强大的行政和财政系统，获取政府的认可可以得到政策和经费的支持，而且政府的支持和推动对人们的公益观念和行动有着重要影响。此外，NGO存在和发展的关键在于培养专业人才，提高专业人才的素质。一是加强从业人员培训及专业人才培养，提高其业务能力，培养其改革观念和创新意识。二是加强NGO的人力资源开发，改善NGO服务人员的年龄结构及学历层次，创新人才使用制度，实行人才的合理流动。三是加强对NGO领导者素质的培养，协调好NGO内部和外部的各种关系，为NGO的发展创造良好的环境。四是加强从业人员的法制教育和道德教育，建立和完善自律性与他律性相结合的道德机制，切实纠正行业的不规范行为。

## 案例分析：太阳神的衰落

作为保健品行业排头兵的太阳神集团在其成立十周年之际，遭遇了产值和销售额的连年下降。其年产值从1993年13个亿的最高峰，跌至1997年的两个多亿（1亿多元饮料销售额未算在内），市场占有率从1990年的63%跌至后来的不到10%……其中“病因”何在？

在中国，一个企业由成功到衰败往往只是一两年的事，但是对于“太阳神”这样一个非常注重企业形象、非常注重企业文化建设、非常注重人才的企业，这样的衰退令人吃惊。为了弄清太阳神集团经营滑坡的原因，我们尝试从几个决定企业命运的环节、事件和人物入手，来分析一下太阳神集团业绩下滑的原因。

**产品之过?**

从1988年创业时开始，“太阳神”在保健品领域的主打产品就是太阳神生物保健口服液和猴头菇口服液。10年来，“太阳神”就是靠着这两个产品打天下的。这两个产品在红火了五六年后，不可避免地进入了衰退期，销售量下滑。

一个成功的企业，在10年之中竟然推不出更多的优良产品，这让人难以理解。有人说这是因为科研人员脱离市场，报批的20多个项目没有一个能“硬”起来，也有人说这是因为销售人员对新产品的推广热情不高。

但问题的根本原因也许要在领导者那里找。据说董事长骆辉本人对新产品的开发很有个性，他认为可口可乐和百事可乐仅凭一个配方就可以经久不衰，“太阳神”只需要在浓缩液的基础上做些新的调配就可以了。

**多元化之过？**

太阳神集团在1989—1993年间，呈现迅猛的发展态势，年产值由1989年的4 300万元飙升至1993年的13亿元。但就在这个时候，企业内部对保健品市场的前景产生怀疑，最后决定寻找“多角支撑点”。

到1993年，集团内组建了10多个项目公司，涉足的领域包括汽车、化妆品、石油、边贸等。这一下子耗去了“太阳神”3.4亿元的资金，除了使公司元气受损外，这一行动至少还在两个方面造成了长久的不良影响：一是忽视了保健品行业的深度发展，错过了在主业打下坚实基础的机会；二是由于大干快上，一批年轻干部或力不能胜而被迫降职，或经济上出现问题而被免职，葬送了一批人才。骆辉事后也说，让年轻干部承担他们不能承担的责任，这是企业的失误。

**管理之过？**

企业发展到一定阶段，管理就显得尤为重要。沈阳飞龙、珠海巨人、三株出现问题的根本原因就在于企业在急剧膨胀之后，缺乏相应的管理能力，最终导致企业发展失控。

应该说，“太阳神”在这方面采取的措施是很有针对性的。

1990年，为了理顺关系，提高企业管理水平，原与骆辉一起创业的9位人士基本退出了高层管理。这些人士都是“太阳神”创业时的有功之臣，但是他们中间没有一个是大学生，他们的管理经验和管理水平也已不再适应企业的发展需要。与此同时，一批年轻人脱颖而出，挑起大梁。这是“太阳神”在体制改革中发生的第一场地震。

1990年至1991年年初，骆辉吸纳了一批后来决定“太阳神”管理体制和企业命运的人。这些人几乎全都出自国企，都有担任国企重要职位的经历。这批人一进来就担任“太阳神”的一级经理，掌握了市场部、企业管理部、财务部、事业发展部等七个重要部门的领导职位。他们的出现，迅速稳固了全局，确定了“太阳神”“层级结构”的管理模式。

但是，太阳神集团运作和决策上的迟钝和缓慢也由此而生，在“联席会议”上经常出现一个决议拖而不决的情况，贻误时机。与此同时，企业内部逐渐形成不同的利益集团，使企业活力受到削弱。

**要求**

1. 针对太阳神集团的发展历程，对其“病因”提出自己的见解。

2. 分工、协作规则：学生个体参与。

3. 学习成果形式：研究报告。

4. 学习评定规则：教师评价。

5. 时间要求：一周。

**讨论提示**

1. 对企业由成功到失败的过程进行分析，不能仅仅从企业领导人或者发展战略进行单方面的分析，而应从产品布局、企业发展战略、企业领导者、管理措施等几个方面着手进行综合性分析。

2. 在对企业的内部环境条件进行分析的同时，还应注意搜集当时社会与行业背景的信息，将企业置于社会与行业的大背景下进行分析，将组织发展与社会背景加以联系。

3. 对组织创新的条件进行思考，并分析一种管理思想和策略通过什么方式贯彻执行最有效。

4. 组织成功的关键是领导者，还是组织结构？

**分析与说明**

这个案例给出了企业经营失败的可能原因。我们在理解这个案例时不能陷入某个观点，而应该跳出事件看中国企业在某个特定时期是不是有什么共同的特点。我们常常说中国没有企业运作传统，人们还没有学会使用组织的方式与人打交道，不会对组织的资源进行有效配置，因此问题是全面的，需要解决的问题是根本性的问题，如果只是试图解决一些具体问题，那么又会导致新的问题出现。

组织社会学在分析类似现象时要从总体着手，例如原本这类企业组织的基本结构形式、运行规则、适应的环境等等。同时我们还可以就下列题目进行讨论：

（1）影响企业发展的外在与内在问题的关键因素是什么？

（2）企业创新需要什么条件？

（3）一种管理思想和策略通过什么方式贯彻执行最有效？

## 本章要点

1. 组织社会学是指对专业组织（包括企业、机关）的结构、功能及其运转规律和问题的研究。

2. 帕森斯从三个方面对组织结构进行了系统的研究：一是取得实现组织目标或发挥组织功能所需要的资源；二是组织自身的制度化过程；三是组织的制度化模式。

3. 单位是我国特有的社会组织形式，它与西方学者研究的目标明确、功能单一的组织形式有很大的差别。因此，在研究组织现象时，要把它放置于一个大背景中（例如社会结构、国家体制范围内）或作为特殊现象加以考察。

## 推荐阅读书目

1. 帕森斯．现代社会的结构与过程．北京：光明日报出版社，1988.

2. 达夫特．组织理论与设计：第10版．北京：清华大学出版社，2011.

3. 金东日．现代组织理论与管理．2版．天津：天津大学出版社，2010.

4. 李汉林．中国单位社会：议论、思考与研究．北京：中国社会科学出版社，2014.

5. 斯科特，戴维斯．组织理论：理性、自然与开放系统的视角．北京：中国人民大学出版社，2011.

第二章

# 组织社会学的理论发展

尽管组织研究有着悠久历史，但真正形成比较系统的组织理论是从 20 世纪初期开始的。就整个发展历史而言，组织理论的产生与英国工业革命和法国大革命引发的社会现代化浪潮紧密相关。特别是工业革命后，社会分工急剧发展，以工厂为代表的新型社会组织大量涌现，所以无论是在实践上还是在理论上，都需要人们对这些组织形式及其管理问题做出解释，进而形成了各具特色的组织理论。本章一方面对组织理论的发展过程进行粗略的梳理和概括，另一方面对不同发展阶段上比较有影响的理论流派进行简要的述评。

学习本章需要掌握以下几个方面：(1) 了解组织理论产生和发展的过程，通过组织理论的多元化发展明了组织现象的复杂性；(2) 掌握不同组织理论流派的基本观点，明确每一种理论都是时代的产物，都有自己独特的优势和缺陷，因此不存在绝对正确或完全错误的理论，只有在一定条件下能够解释组织现象的学说；(3) 学会从历史的角度考察组织现象，明确各种理论在学术史上的地位及其现实价值，以便充分吸取前人的经验教训，准确预判组织未来发展的方向。

## 第一节 组织理论发展过程概述

组织研究是一个多学科介入的领域，有关成果涉及管理学、经济学、社会学、政治学和心理学等诸多学科的知识，各种理论、观点之间既相互独立又相互渗透，所以尽管这一研究领域的历史不算很长，但研究成果非常丰富，内容也十分庞杂，要整理出一条清晰的脉络实非易事。本节首先介绍几个相关学科的研究工作是从哪些角度展开的，然后根据组织研究焦点问题的演变勾勒出组织理论发展的基本轮廓。

### 一、几个相关学科的研究角度

从广义上说，组织理论是人们对组织现象的理论认识，是有关组织成因、性质、结构、功能、运作机制等方面的概念、判断、推论的总称。由于介入组织研究的学科很多，且不同学科在研究目的、视角和方法等方面又存在很大差异，因此就产生了形形色色的组织理论。即便是在同一个学科领域中，组织理论也因研究者的兴趣、研究角度等差异而表现为不同的内容和形式。限于篇幅，这里侧重介绍几个主要的相关学科的研究角度。

### (一) 管理学的研究角度

管理学是最早对组织现象展开研究的学科之一，它关注的中心问题是组织——特别是工厂组织——如何提高工作效率，所以它对组织现象进行解释的基本逻辑是效率机制。在管理学看来，组织作为人类理性发展的产物和工具，完全有可能帮助人们提高活动效率，实现各种组织目标。但这其中的关键是找到一种确定的技术和方法。基于这种观点，管理学考察的重点是在资源供给和制度安排既定的情况下，如何对组织结构进行合理设计、对组织构成要素进行有效组合、对组织运作流程进行妥善安排等一系列问题，而对这些问题的不同回答，则构成了管理学中组织研究的不同理论流派。

### (二) 经济学的研究角度

经济学也是较早对组织现象进行研究的一个学科，它关注的中心问题是组织作为一种新的资源配置方式是如何获得比传统的、分散的个体生产组织形式更高的效率的，因此它对组织现象进行解释的基本逻辑与管理学并无差异。可以说，在组织理论发展的初级阶段上，经济学的有关研究与管理学之间的分野是相当模糊的。它们都认为，组织的决策和其他行动的动因是对利益的追求，而实现利益的最佳途径是以最小的投入获得最大的产出。但是，管理学对组织发生学并不太感兴趣，它更强调如何通过理性设计来体现管理效能，经济学则有所不同。在经济学看来，组织是资本与劳动力的一种组合方式，这种资源配置方式可以产生规模经济效应和范围经济效应，管理只是一个不可或缺的中间环节。既然如此，经济学考察的重点首先是怎样寻求一种最佳的资源配置方式，然后才是具体管理的问题。

### (三) 心理学的研究角度

心理学自 19 世纪从哲学中分离出来后，经过以弗洛伊德等人为代表的大批学者的努力而在 20 世纪获得了长足的发展，这就为它对组织现象进行研究提供了必要的理论基础。更为重要的是，由于管理学、经济学对组织现象的早期研究都有一个明显的倾向，即把人看作机器及自动化流程的一个部分，对人的主观能动性并不关心，因此引起了具有人文倾向的学者的猛烈抨击。在这种情况下，有些学者开始从心理学的角度探讨组织现象。在这个过程中，心理学关注的中心问题是人的因素对工作效率的影响。在心理学看来，虽然设施、设备等物的因素固然会影响生产效率，但人的主观因素也不可忽视。所以，心理学考察的重点是在组织框架下，人是怎样思维和行动的，特别是人性、人的需要、人际关系、激励等因素对个人行为从而对效率会产生什么影响。可见，虽然心理学有关研究的指向也是效率问题，但其解释的基本逻辑是行动者行动背后的心理机制。

## （四）政治学的研究角度

在社会科学领域中，政治学也是一个十分重视对组织现象进行研究的学科，它所关注的中心问题是利益关系。在政治学看来，组织过程实际上是一个政治过程，每个组织及其内部各个群体、个人都有着自身独特的利益，因而形成了复杂的利益博弈关系。基于这种认识，政治学对组织现象进行解释的基本逻辑是竞争机制，考察的重点是组织之间和组织内部的权力关系是怎样形成的、如何调整各种利益关系以使之处于一种相对均衡的状态。政治学相信，组织之间和组织内部权力关系以及利益关系的相对均衡与人类社会的基本价值取向具有相互制约的作用。

## （五）社会学的研究角度

如果说其他学科对组织现象的研究都有一个比较统一的逻辑框架，那么社会学对组织现象的研究的特点则是百家争鸣。这与社会学学科发展的历史有关。自从社会学产生以来，虽然很多学者试图用一种公认的方法去建立一个统一的理论框架，但至今都未能如愿以偿。在社会学历史上，的确也产生了许多非常有影响的理论流派，如 G. 齐美尔（G. Simmel）的形式社会学、M. 韦伯（Max Weber）的理解社会学、E. 涂尔干（E. Durkheim）的社会学思想、T. 帕森斯（T. Parsons）的结构功能主义理论、L. 科塞（L. Coser）的冲突理论、P. 布劳（P. Blau）的交换理论和 G. 米德（G. Mead）等人的符号互动理论等；同时也形成了一些基本的研究范式，如社会事实范式、社会定义范式和社会行为范式等。而这些理论、范式之间的差异是极大的，即使是声称在某个理论框架下研究问题的不同学者之间的学术思想也很不一致。然而社会学的优势恰好也在于此：由于缺乏一个统一的理论框架，它在对组织现象进行研究时存在一个巨大的想象和创新的空间。

从实际研究状况上看，社会学在组织研究方面的中心问题是相对于家庭等其他人际关系模式，组织有什么样的优势，形成这种优势的机制又是什么。在社会学看来，组织是一种集体行为的结构，它可以将个体的行动有机地整合起来，使人们在充满不确定性的环境中获得一种相对的确定性。因此，社会学对组织现象的研究是综合性的，考察的重点既包括组织的生成机制，也包括组织的运作机制。

由于不同学科的介入，组织理论呈现出百花齐放的景象。这一方面说明了组织现象的复杂性，另一方面也说明了组织研究已经成为社会科学研究的一个核心领域。

## 二、组织社会学理论发展的四种形态

虽然不同学科对组织现象进行研究的角度不同，形成的理论观点各异，但每个学科都不能回避两个基本的问题：什么是组织？组织是怎么运作的？对这两个问题的不同回答，从横向上看可以反映出不同学科、不同理论派别之间的分野，从纵向上看则大体反映出人们对组织现象认识的发展过程。按照这两种维度，我们把 20 世纪初以来组织社会学理论的发展大致分为四种形态，即理性系统组织理论、自然系统组织理论、开放系统组织理论和行动者系统组织理论。

### （一）理性系统组织理论

理性系统组织理论产生于 20 世纪初期，主要代表人物是 M. 韦伯、F. W. 泰罗和 H. 法约尔（Henry Fayol）等人。韦伯主要是在分析权威类型的基础上提出科层组织理论的，认为科层制是最理想的组织形式；泰罗通过一系列细致的实验，指出专业化的分工、合理化的工艺流程和标准化的训练是组织效率的根本保障；法约尔则从宏观的角度，重点探讨了正式组织结构与一般管理过程的关系。这种形态的组织理论有一个特点，即把组织看成是一个理性工具，认为组织的效率源于组织成员的理性。在它看来，人性是自私的，人的理性是充分的，因此人们完全可以按照“计算”的方式，最大限度地趋利避害。这种理论倾向一方面反映了西方近代以后的主流思维方式，另一方面确实也能够较好地解释西方工业化初期组织大量产生的现象。时至今日，这种理论倾向实际上仍或明或暗地贯穿在组织管理思想中。

### （二）自然系统组织理论

自然系统组织理论产生于 20 世纪 30 年代，是在对理性系统组织理论的批判过程中形成的，主要代表人物是 E. 梅约（Elton Mayo）、A. 马斯洛（A. Maslow）、F. 赫茨伯格（F. Herzberg）和 D. 麦克格雷戈（Douglas McGregor）等人。梅约主要研究了组织的非正式结构对工作效率的影响；马斯洛和赫茨伯格分别从不同的角度考察了人的需要、动机和激励等问题；麦克格雷戈则主要探讨了人性及人的行为假设与管理模式的关系问题。这种形态的组织理论的特点是把组织现象看作一个自然历史发展的过程，认为组织并不是一种纯粹的理性工具，而是人们为了完成某种特定的任务建立起来的人际关系结构，因此建立在情感认同基础上的非正式关系以及在这种关系中表现出来的形形色色的动机、需求对组织目标的实现具有重大的影响。很显然，自然系统组织理论一方面承认组织是人们围绕某种目标精心设计、具有标准化工作流程和严格奖惩制度的系统；另一方面又强调非正式关系尤其是人的主观能动性的重要地位，间接地指出了组织及其运作过程受到特定历史条件的制约。自然系统组织理论的这种思想也隐隐约约地体现在后来的有限理性思路和社会网络学派的研究中。

## （三）开放系统组织理论

开放系统组织理论是在第二次世界大战后逐步发展起来的，在 20 世纪 70 年代到 90 年代初可谓盛极一时。在这一阶段中，人们探讨的主题是组织与环境的关系，其间形成了权变理论、制度主义、组织环境理论等几个很有影响的理论流派。权变理论的主要代表人物是 J. W. 洛尔施（J. W. Lorsch）和 P. R. 劳伦斯（P. R. Lawrence），其基本观点是认为组织的最佳结构取决于它的环境条件、技术、目标和规模等因素，所以应根据具体情况对组织进行设计和管理。制度主义有新旧制度主义之分，代表人物分别是 P. 西斯尼克（P. Selznick）和 J. 迈耶（J. Meyer）。旧制度主义认为组织是制度化的，是处在社会环境、历史影响中的一个有机体，组织的发展演变是一个自然的过程，是与周围环境相互作用的产物。新制度主义则认为以往的组织理论过于注重组织的技术环境，因而其主张把研究的重心放在制度环境上，强调合法性机制的重要性。组织环境理论侧重研究了组织变量与环境变量的关系，同时还进一步分析了一般环境与具体工作环境的关系，主要代表人物有 W. 汤普逊（W. Thompson）、C. 佩鲁（C. Perrow）等。这种形态的组织理论的显著特点是人们把注意力从组织内部转移到组织环境上，组织被当成一个开放的、动态的系统加以研究。实际上，目前很多相关研究仍围绕着这一阶段形成的几大理论流派的基本思路展开。

## （四）行动者系统组织理论

第二次世界大战后，特别是 20 世纪六七十年代以来，组织研究一直非常活跃，有关理论层出不穷、相映成趣。从产生的时间上看，行动者系统组织理论与开放系统组织理论存在很大的重合，因而也可以说行动者系统组织理论是 20 世纪五六十年代以来组织研究领域有别于开放系统组织理论的另一种研究取向。这种取向在承认有限理性的前提下，重点探讨了组织之间、个人与组织之间的互动关系及其结果，其间也形成了几个重要的学术流派，包括决策学派、组织经济学派、社会网络学派和法国学派。决策学派的主要代表人物是 H. A. 西蒙（H. A. Simon），有限理性这个概念正是由他首先提出的。西蒙认为管理就是决策，所以他的主要研究兴趣是决策及其实施过程。组织经济学派的主要代表人物是 J. R. 康芒斯（J. R. Commons）、R. 科斯（R. Coase）和 O. E. 威廉姆森（O. E. Williamson）等人，他们把交易作为基本分析单位，认为人与人、人与组织、组织与组织之间的相互行为均可以被理解为交易活动，而这种交易活动的发生必须付出代价，因而如何降低交易成本便成为组织管理的核心问题。社会网络学派的理论渊源比较复杂，但目前最有影响的是 M. 格兰诺维特（M. Granovetter）和 R. 博特（R. Burt）等人，他们基本上把社会网络看成是一种社会资本，强调关系网络的功利性和工具性。法国学派的主要代表人物是 M. 克罗泽（M. Crozier）、E. 费埃德贝格（E. Friedberg）等人，他们从组织现象的复杂性出发，把考察的焦点对准作为行动者的组织成员，从权力关系的角度分析了这些行动者的特质及其行动逻辑，进而展示了组织的实际运作过程。在法国学派看来，组织只是行动者的行动依据或者背景而不是实际行动的体系。可见，虽然以上各个学派的分析角度不同，观点各异，但共同点是把组织看成行动者的系统，其解释逻辑也超越了以往组织理论最关注的效率、合法性等问题。

以上只是对组织理论的发展历程进行了简单的回顾，在下面各部分中，我们将对每种形态的组织理论展开更具体的述评。

# 第二节 理性系统组织理论

理性系统组织理论集中反映了早期组织研究的成果，它对组织理论后来的发展产生了重大的影响。下面首先介绍当前组织研究的背景和主题，然后再对几个比较有影响的理论流派的基本观点进行简要述评。

## 一、理论背景和研究主题

### (一) 理性系统组织理论产生的社会背景及思想渊源

理性系统组织理论的产生有其特定的社会历史背景。19 世纪末 20 世纪初，西方资本主义社会正处于工业化、城市化初期，社会生产力在科学技术推动下得到了快速的发展，社会财富急剧增加，社会转型格局已经形成。与此相应，以工厂为代表的新型社会组织大量出现并逐渐成为社会的基本单位，传统社会那种依赖个人专断和管理者个人魅力进行管理的方式已经不能适应时代发展的需要。因此，如何解释组织现象并寻求到一种新的、建立在明确而有效的技术手段基础上的管理模式就成为当务之急。

理性系统组织理论的形成还有着特殊的思想渊源和哲学基础。从文艺复兴到思想启蒙运动，文化层面的世俗化和观念层面的理性化使科学与理性精神深入人心，人们日益关注日常生活中的切身利益，越来越重视对社会事务的参与。在这种情况下，通过什么手段实现个性的自由发展就成为一个极为重要的话题。由于近代西方社会进步的直接推动力是科学技术，因而逐渐产生了一种科学主义的思潮，包括 A. 孔德（A. Comte）的实证主义及后来的马赫主义（Machism）等等，都推崇科学和理性，主张按照“实证科学”和“精确科学”的模式来建立哲学，还有人把科学技术看成是一种几乎万能的存在，甚至认为知识就是科学，真理性的认识只有在科学中才能找到。受这种思潮的影响，人们往往过多地重视科学技术功利性和工具性的一面，却忽视了它服务于人的原本目标。换言之，人的自由发展这一终极目标反为实现目标的手段所掩盖。正是在这种文化力量的推动下，理性系统组织理论才得以产生。

### （二）理性系统组织理论研究的主题

19 世纪末 20 世纪初，西方各主要资本主义国家正从自由竞争阶段向垄断阶段过渡，市场竞争非但没有减弱，反而呈现不断强化的趋势。企业对利润的追求和市场竞争的需要直接推动了生产技术和管理方式的变革。从这个意义上说，西方早期工业化既是市场竞争的结果，又反过来推动市场竞争朝纵深方向发展。在这期间，机器动力取代人力和畜力，工厂取代家庭作坊和行会，一方面使市场竞争在一个更高的层次上展开，另一方面又使工厂管理问题凸显出来，于是追求效率也就成为企业共同的行为取向。但问题是，怎样才能使企业或组织获得较高的效率呢？理性系统组织理论的基本答案是把人和机器有机地统一起来。因此，理性系统组织理论实际上围绕着效率这个核心概念，把研究的主题放在人与机器的关系上。更准确地说，这种理论探讨的重心是人如何适应机器，如何把人变成机器或生产线上的一个部分。按照这种逻辑，理性系统组织理论关注的具体领域主要是组织结构及其工作流程的设计和工人的训练问题。

## 二、主要理论观点

在理性系统组织理论的发展过程中，最有影响的学说是泰罗的科学管理理论、法约尔的组织理论和韦伯的科层组织理论。

### （一）科学管理理论

科学管理理论是最早出现的一种组织理论，它试图创造出一种理性技术，以便建构那些能够使组织各部分之间关系协调的结构和过程。这种理论相信，只要找到确定的理性技术和方法，组织就能够更好地实现自己的目标。因此，它研究的重点是如何使组织的运行保持合理性。为了研究方便，它主要选择工商企业组织作为对象，从劳动分工、等级过程与职能过程、组织结构和管理跨度等几个方面展开研究。

泰罗 1856 年出生于美国宾夕法尼亚的杰曼顿，是一位自学成才的工程师，他的管理思想主要来自自己的工作经验。

泰罗科学管理理论的中心是提高劳动生产率，重点放在计划、标准化和在作业层改进工人的努力方向，以便用最小的投入获得最大的产出，通过最大限度地提高每个工人的生产效率，使劳资双方都能获得最大的收益。

泰罗生活的时代正值西方工业化的初期，工厂数量越来越多、规模越来越大、自动化程度也越来越高。在他提出科学管理理论之前，工厂管理仍然因袭家庭管理的模式，所以几乎每个工厂都有自己的一套管理模式，人治的色彩非常浓厚。针对这种情况，他认为既然每个企业都有自己的管理模式，其中一定有一个是最好的，完全有可能把它找出来并使之标准化和普遍化。他还认为，人是自私的、懒惰的，只有找到制约的办法才能促使其努力工作，而标准化就是一种最有效的制约办法。在他看来，“科学管理就是要使工人按照科学的法则工作，资方的责任在于发展这种科学，以及指导和协助在科学法则下劳动的工人”。

于是，泰罗研究了当时工业企业中普遍存在的劳资矛盾激化和效率低下的现象，认为问题的产生有三个方面的原因：第一，工人抱有错误观念，即认为产量的任何增加都会导致失业的增加；第二，管理体制上的缺陷使得每一个工人为了保护自己的利益而不得不限制自己的产量，即所谓的“体制性磨洋工”；第三，劳动方法不科学造成了事倍功半、效率低下的结果。为了解决以上问题，他在科学实验的基础上制定了四项“最根本的重大管理原则”：一是建立真正的劳动过程，即用科学的方法调查和研究一个普通工人在最适宜的条件下所能完成的最大日工作量，并在此基础上确定合理的日工作定额，也就是所谓的“标准工作定额原理”，然后根据工作完成情况确定薪酬。二是科学地挑选和渐进地培训工人。泰罗认为，为了让工人完成工作定额并获得相应的报酬，就必须对他们进行挑选和培训。他相信，对每个工人来说，只要工作合适，他们都有可能成为一流的工人，而培训工人正是管理者的责任。三是把经过科学挑选和渐进培训的工人与科学的劳动过程结合起来。他认为，抵制科学管理的主要力量来自现行的管理本身，工人为获得高额报酬，是非常乐意学习如何工作的。四是管理者与工人之间亲密和持久的合作。泰罗指出，管理者与工人之间在工作和职责上几乎是均分的，只要他们之间紧密合作，就不存在什么专制权威，冲突的机会几乎也被消除。管理人员与工人一样，也要服从规范——建立在科学研究基础上的对劳动过程的要求。①

他认为，在科学管理条件下，工人只要能准确地按照管理专家的指令去做，就可以提高劳动生产率并从中获得优厚的物质报酬。而对管理者来说，他需要放弃原有的单凭经验办事的管理方法，采用科学的管理方法。

总之，泰罗把管理看成是一个把物质资源、技术力量与人力资源结合起来以便实现组织目标的过程。他的管理模式的特点是：按照合理化的公式规定工作人员的外在行为，因而其实质上把工作人员看成是机器的零部件。也正因为如此，泰罗的科学管理理论尽管对提高劳动生产率起到了积极的作用，但还是招致了猛烈的抨击。列宁就曾评论说，泰罗制度一方面包含了一系列丰富的科学成就，另一方面是一种为资本家服务的“榨取血汗的剥削制度”。

## （二）法约尔的组织理论

法约尔是法国管理学家，他通过对管理过程的研究，创立了第一个有关行政管理的理论，被人们称为管理理论之父。他的管理思想集中地体现在 1916 年发表的《工业管理与一般管理》一书中。

法约尔重点研究高层组织的行政管理，并试图创立一种能够广泛应用于各类

① 泰罗．科学管理原理．北京：中国社会科学出版社，1984：163－164，169－170.

组织的理论和方法。他认为，工业企业的全部活动可以被分为六类，即技术活动、商业活动、财务活动、安全活动、会计活动和管理活动。

法约尔同时又认为，所有的组织都开展以上六类基本活动，执行这六项基本职能。同样，所有的组织都有管理活动。在这六项职能中，只有最后一项职能是管理的基本职能。在他看来，管理就是预测和计划、组织、指挥、协调和控制的过程。在这里，预测和计划是指“预测将来和制订行动计划”；组织是指“确立企业在物质资源和人力资源方面的结构”；指挥则是指“使企业人员的活动得到保证”；协调是指“让企业人员团结一致，使企业的所有活动和努力得到统一与和谐”；控制是指“保证企业发生的每件事情，与既定原则和发布的命令相一致”。因此，“管理既不是企业经理或企业领导者独有的一种特权，也不是他们的个人责任。它与其他职能一样，是一种分配于领导者及整个组织成员之间的职能”[①]。

法约尔还认为，管理的原则可以有许多，并无限制，所有加强社会组织或便利其作用发挥的管理规章和程序都属于原则。基于这种认识，他提出了 14 项旨在改进管理实践工作的原则：（1）劳动分工；（2）权力与责任；（3）纪律；（4）统一指挥；（5）统一领导；（6）个人利益服从整体利益；（7）人员的报酬；（8）集权化或非集权化；（9）等级制度；（10）秩序；（11）公平；（12）人员的稳定；（13）首创精神；（14）集体精神。

法约尔指出，上述管理原则是用来指导实际工作的，在运用这些原则时不能把它们理解为死板的教条。这些原则是灵活的，它们能够适应各种需要。因此，关键问题是如何使用这些原则，而这又是一种需要智力、经验、决断和调和能力的综合艺术。总之，管理是一种综合职能，它可以被细分为管理者开展工作的各种过程。他还强调，这些管理过程和原则不仅适用于企业，而且适用于政府、军队、宗教以及其他类型的组织。

在管理学领域中，虽然法约尔的管理原则具有持久的影响力，但他最大的贡献还是给管理下了一个比较明确的定义，为管理人员提供了一个清晰的概念，使其明确地意识到作为管理者到底应该承担哪些基本的职能。从这个意义上说，他的管理理论是管理学史上一个重要的里程碑。当然，法约尔对管理职能的分析基本还停留在宏观的层次上，对于那些他自以为具有操作性的管理原则，他也并没有展开具体的论述。

## （三）科层组织理论

科层组织是韦伯最早提出的一种组织形式。韦伯注意到，工业化、城市化使组织机构大量出现，并迅速承担起许多原来由家庭完成的社会功能。而且，这种新兴的组织机构有着特殊的运作机制，它们之间既相互协调，又出现一定的结构

---

① BUCKLEY W. Sociology and modern system theory. Englewood Cliffs，NJ：Prentice Hall，1967：28.

分化。韦伯对这种变化既很感兴趣又有些担心，因为在他看来，传统社会是有序的、稳定的，而现代社会则完全不同。为了揭示现代社会运作的规律，探寻社会稳定的机制，韦伯从权力和权威开始对现代社会组织形式展开了研究。

**1. 韦伯关于权威类型的分析**

韦伯认为，维系社会稳定的主要因素是权力和权威，这两者既有联系又有区别。权力是一个人率领其他人的能力，即统率行为的能力（不管被统率对象反对与否）；而权威是权力的一种类型，是合法的权力，它使人在统率和命令他人时不会遭到反对，所以权威是社会统治和稳定的基础。在他看来，权威有三种基本的类型，即法理型权威、传统型权威和感召型权威，它们分别建立在截然不同的基础之上。

法理型权威是以法律法规为基础的权威类型，它强调法令可以通过合理合法的程序任意地制定和修改。在这里，人们所遵从的权威是规章制度或体现了某种规章制度的职位，而不是个人，科层组织正是建立在这种权威的基础上。传统型权威是指建立在世袭或者特权基础上的一种权威类型，家长制的权威是其中最典型的代表。在这种结构中，下属完全依附于首领。感召型权威是建立在管理者能力或人格魅力基础上的权威。在这种情况下，人们之所以服从管理，不是因为法律和规章制度，而是因为管理者的感召力或者人们对管理者的忠诚。一旦这种感召力或者忠诚不复存在，权威也就消失了。

韦伯通过对权威类型的划分和它们形成基础的比较，认为法理型权威是最合理的权威类型，因而建立在这种权威基础上的科层组织也是最好的组织形式。

**2. 韦伯关于科层制的基本观点**

韦伯是采取理想类型法对科层组织展开研究的，他所考察和论述的科层组织只是一种“纯理性”的组织，而不是为了合乎某种特殊的需要而形成的组织。他认为科层组织是通过“公职”或职位而不是通过个人或“世袭”的方式来进行管理的，所以职权必须具有合理合法性。在他看来，纯理性的科层组织应该具有以下几个基本特征：

（1）基本职能专业化和劳动分工。科层组织所必须从事的正常活动要以正式规定的职责形式固定落实到人，即明确每一个人的权利与责任，并把这些权利与责任作为正式职责而使之合法化。

（2）有明确规定的职权等级。组织中的职务要遵循程序的原则，即下级职务接受上一级职务的管理和监督，以使组织能够协调地运作。

（3）稳定不变的规章制度。为使组织各部门协调一致，同时出于公正合理、平等对待一切人和事的考虑，无论在什么情况下，组织成员都要遵循组织的规章制度。这也意味着，组织的规章制度应该具有稳定性。

（4）职员的非人格化。组织成员在处理各种事务的时候，不能掺杂任何个人好恶，不能带有情感色彩，以保证工作的理性化。

（5）量才用人。科层组织按照技术资格招聘、录用人员，并且不得任意解雇。为保证员工的工作积极性，科层组织内部还要有一套按年资、工作表现或两者兼顾的提薪晋职制度。

（6）行政效率。科层组织具有准确性、稳定性、纪律性和可靠性的特点，所以能够实现较高的行政效率。

（7）文字记录。组织活动的过程与结果，应以文字记录的方式留存，以明确责任和备忘。

韦伯还认为，科层组织在现代社会中具有普遍的适用性。教会、国家、军队、政党、企业等，甚至包括日常生活的全部形态都可以被纳入这个框架。在他看来，科层制是最合理的管理模式。

**3. 科层制的局限性及其发展**

科层组织理论由于揭示了西方工业化初期组织运作的基础和结构形态，并且从纯理性的角度证明了科层组织的有效性，因此成为组织研究中最有影响的理论之一。它所描述的科层组织性质、结构和过程与现实生活中的组织有着惊人的相似度，不仅展示了韦伯天才的想象力，而且为组织管理实践提供了极富价值的理论依据。但是这种理论也遭到了来自各个方面的批评。人们发现，科层制可能会使工作呆板僵化；高度正式化的结构对组织成员的主动性和创造性可能会产生压抑作用；严格规范的程序结构也有可能干扰和妨碍组织信息的传递和沟通；论资排辈的晋升模式可能使人趋于保守；严格的等级结构可能导致官僚主义甚至专制主义；等等。因此，人们纷纷对科层组织进行重新审视，特别是到了 20 世纪五六十年代，包括 A. W. 古尔德纳（A. W. Gouldner）、科塞、布劳、P. 西斯尼克（P. Selznick）在内的一大批学者从不同方面对科层制展开了新一轮研究，并形成了著名的哥伦比亚学派。

古尔德纳主要是把韦伯关于科层制的概念和功能应用到对现代工业组织的研究中。他以一家采矿公司为个案，着重探讨了组织中权力和规章制度的功能问题。按照韦伯的科层理论，组织的成员从理性上说都是遵守组织规则并服从上级命令的。古尔德纳的研究却表明，组织成员与组织权威经常出现相互对抗的情况。通过对这个案例的分析，古尔德纳认为科层制有三种表现形式：一是虚幻式科层制。在这种组织中，规则是由某些外部的机构强加的，因而通常很难落实。但在这种组织中，其成员的士气也可能会很高，原因在于这些成员为了谋取私利，会共同违反或逃避遵守组织的规章制度。二是代表式科层制。在这种组织中，规则由专家制定。规章制度由于与组织成员的观念相一致，所以很容易被组织成员接受，权威的运用不是依靠个人的地位而是依靠为组织成员所接受的知识和技能。三是以惩罚为主式科层制。在这种组织中，制定规则的目的是应付来自管理部门或工人方面的压力，并压制持不同意见的人以使其服从组织，因此很容易导致冲突。古尔德纳认为，以上三种类型的科层制及其行为方式的特点，可能同时存在于所有组织中，只是程度不同而已。

科塞主要研究了科层组织与社会的关系。他发现，科层组织与社会的关系呈现出三个基本特点：一是非人格性。诚如韦伯担心的那样，科层组织否定个人身份和情感的特征会把人变成一个“机器上的简单齿轮”，从而使人产生一种无能为力的感觉。二是非合理性。就像 K. 曼海姆（K. Mannheim）指出的那样，科层制以功能的合理性代替实质的合理性，它的发展意味着现代社会有着越来越多的功能合理性。这种状况带来一种潜在的危险，即人们很容易放弃对自己的行动后果负责。三是非道德性。科层制在本质上是非逻辑的，作为一种工具，它既可以被用于慈善的目的，也可以被用于残忍的目标。

## 三、对理性系统组织理论的综合评价

站在今天的立场上看，理性系统组织理论的确显得很不成熟，泰罗的科学管理理论、法约尔的组织理论如此，韦伯的科层组织理论亦如此。但是，从我们对组织现象认识发展的过程来看，这些理论无疑具有奠基性的意义。

学术研究比较关心的一个问题是，对于所研究的现象，我们通过什么方式知道了哪些东西，还有哪些东西我们尚未清楚。从这个角度上讲，理性系统组织理论至少揭示了这样一个基本的事实：组织是人们为有效实现某种特定目标而建立的有机体，因此它既是人类理性的产物，又是理性的载体或工具。作为一种工具系统，组织能否有效地运作取决于能否建立一个规范、合理的结构，从而把各种组织要素有机地组合起来。在这个基本问题上，泰罗、法约尔和韦伯并没有原则性的分歧，他们的差异主要在于研究的重点和兴趣不同。泰罗感兴趣的是人与机器的统一，法约尔看重的是管理的职能和原则，而韦伯则致力于探讨组织结构的特征。可以说，他们分别从不同的侧面研究了如何使组织这种理性工具尽善尽美——这里当然是针对效率而言的。在那个时代，他们的观点对帮助人们认识组织、建立组织、利用组织具有非常积极的作用。即便到了今天，他们对组织的某些判断依然还能够给人启迪，许多有关组织的研究仍然在一定程度上受他们特别是韦伯的影响。

理性系统组织理论由于把组织单纯地看成是一种人造的工具体系，因此招致了很多批评，其中比较一致的是以下几点：首先，在理性系统组织理论的视野中，有个性的人是不存在的，至少是不重要的。其次，理性系统组织理论只看到组织内部结构的重要性，没有注意到非正式结构的影响，更没有考察社会文化和技术环境对组织的影响。韦伯虽然注意到了这个问题，但也没有展开比较细致的考察。最后，理性系统组织理论只看到规范、合理的组织结构对效率的促进作用，却没有关注到这种结构可能会压抑人的积极性和创造性，更没有注意到它还可能催生现代独裁政治。

除了以上的批评，我们还认为，受时代的局限性的影响，理性系统组织理论眼中的组织基本上只是服从于社会生产的简单的技术组合，其没有也不可能清楚地看到组织有朝一日会成为人类社会生活的一种基本方式。

# 第三节 自然系统组织理论

自然系统组织理论是现代组织研究的第一次转向。这种转向一方面与 20 世纪二三十年代西方社会的发展变化有关，另一方面是人们对理性系统组织理论进行反思的结果。

## 一、理论背景和研究主题

### （一）自然系统组织理论产生的社会背景和思想渊源

西方学者普遍认为，1929 年的经济危机是西方社会发展的一个分水岭，这场长达数年的大萧条使整个社会环境发生了深刻的变化。从经济上看，亚当·斯密（Adam Smith）自由放任的经济思想受到冷落，凯恩斯主义成为政府制定经济政策的主要理论依据，政府的经济职能在这个过程中得到了较大程度的强化；从政治上说，以工业化、城市化为主要标志的现代化转型使西方社会分层与流动更加活跃，各种利益群体大量出现并努力通过不同渠道实现自身的利益诉求，改变了自由竞争时期管理阶层一股独大的局面，客观上要求政府提高社会控制能力；从文化和社会心理层面上讲，工业化带来的经济持续增长和教育的普及，使人们的自我意识增强，社会需求也更加多元化和丰富化，对需求满足的持久性和稳定性也有了更高要求，这一点在大萧条中表现得尤为明显。社会条件的上述变化，使理性系统组织理论的那种以机器为中心的管理模式无论如何都行不通了。

从理论渊源上讲，在理性系统组织理论刚刚产生的时候，人文学家就对它提出了批评，但没有引起人们足够的重视。由经济大萧条直接引起的社会条件的上述变化，使人们开始对理性系统组织理论进行反思，这种反思又因人文学家的参与而更有深度。此外，心理学和行为科学理论的发展，也为组织研究的转向提供了更坚实的理论基础。

### （二）自然系统组织理论研究的主题

自然系统组织理论产生的直接原因是组织管理实践发展的需要。我们知道，虽然理性系统组织理论推崇的那些管理模式在实践中的确获得了巨大成功，但它们的局限性很快也暴露了出来。面对工厂中大量出现的消极怠工现象和“训练性无能”等问题，理性系统组织理论显得束手无策。为找到更有效的管理方式，人们纷纷质疑理性组织的模式，开始重视组织中人的因素。当然，自然系统组织理论也是围绕“效率”这个核心概念展开的，研究的主题依然是人与机器的关系，但它在研究取向上与理性系统组织理论有着根本的区别：它强调的是如何通过发挥人的主观能动性来提高工作效率，因而其研究的具体领域自然也转向人性、人的需要、组织中的人际关系等方面。

## 二、主要理论观点

自然系统组织理论大致可以归结为两个流派：人际关系理论和组织协作理论。

### （一）人际关系理论

人际关系理论旨在通过对工人在生产过程中的行为及其动机的分析研究来调节企业中的人际关系，提高生产效率。代表性的研究主要有以下几项。

**1. 梅约的霍桑实验**

梅约被认为是人际关系理论和工业社会学的创始人，他从 1927 年开始与 F. J. 罗特利斯伯格（Fritz·J. Roethlisberger）一起在霍桑工厂进行了为期五年的实验研究。在梅约到来之前，霍桑实验的基本思路是按照泰罗的理念，通过工艺流程设计的理性化和生产条件的改善来提高生产效率，但研究人员在一次偶然的停电经历中发现，工人在这次停电期间工作得比平时更加努力。梅约由此意识到，设施、设备并不是影响生产效率的全部因素，于是他改进了实验设计并根据实验结果提出了以下几个基本观点：

（1）“社会人”的观点。霍桑实验表明，人是社会的人，工人工作不只是为了追求金钱收入，他们还有社会及心理方面的需求，包括友情、安全感、归属感和尊重等。

（2）组织中的非正式群体具有重要的作用。梅约等人发现，组织中存在大量的非正式群体，它们对生产率的高低产生重要的影响，并且与正式组织有着紧密的联系。

（3）新型领导观念的形成。鉴于以往的领导方式只注重规则管理的状况，梅约等人提出，要更新领导观念，通过提高员工需求满足度来刺激他们的工作积极性，以达到提高产量的目的。领导者应具备综合管理的技能，其中人际关系处理能力至关重要。①

霍桑实验的主要贡献在于发现了组织中人的存在。这一发现不仅弥补了以往研究的不足，而且提醒人们在对组织现象进行研究的时候，不应该只关注物化的结构，还要重视非正式的结构。当然，霍桑实验也存在很多缺点，其中最主要的是把组织看成是封闭的社会系统，忽略了整个社会体系中对工人具有直接影响的技术变化和经济冲击。D. 贝尔（D. Bell）因此评论说，梅约等人的研究在工业系统性质上缺少基本的价值假设，缺少一种我们经济制度的大结构框架的观点②。

---

① 雷恩．管理思想的演变．北京：中国社会科学出版社，1986：6.

② 贝尔．后工业社会的来临．北京：商务印书馆，1984.

**2. 需要与激励理论**

人的需要、动机与激励问题一直是管理学研究的重要话题，而马斯洛、阿德福和赫茨伯格正是这方面研究的典型代表。

（1）马斯洛的需要层次论。马斯洛的主要贡献是把人类的需要按照先后顺序划分为五个层次。他认为，人的第一个层次的需要是生理需要，即对维持生存所必需的各种物质生活保障，包括衣食、住房、医药等的需要；第二个层次的需要是安全的需要，即对于一个安全稳定、无忧虑、有结构、有序的环境的需要；第三个层次的需要是归属的需要，包括对交往、爱情和友情等的需要等；第四个层次的需要是尊重的需要，即人们既需要从他人那里得到尊重，也需要自尊，这在组织中主要表现为从事获得成就感和责任感的任务的机会等；第五个层次的需要是自我实现的需要，也就是一种最充分地发展个人潜力，表现个人技能、才干和情绪的需要。马斯洛认为，人的需要满足有一个从低到高的发展过程，只有较低层次的需要得到满足后，人们才会追求更高层次的需要。

马斯洛的需要层次论后来被广泛运用到组织管理的过程中，对组织成员需求状况的研究成为很多决策的基本依据。但是，他所强调的需要满足层次的递进性显得比较绝对化，而且不太符合实际。

（2）阿德福的 ERG 理论。阿德福把人类的需要简化为三个范畴——生存、交往和发展，并按英文首个字母缩写为 ERG。在这里，生存需要是指某些物质实体或物质条件的需要，包括对食物、住房、工资和安全工作条件的需要；交往需要是指一些通过与其他组织成员公开沟通、交流思想及使情感得到满足的需要；发展需要是指一些通过个人较强地介入工作环境而满足的需要，包括一个人的技术和能力的充分发挥，以及新技术和能力的创造性发展。阿德福认为，当较为“具体的”需要得到满足时，人们则开始注意那些不太具体的需要。

ERG 理论与需要层次论存在明显的差异。阿德福认为，如果较高层次的需要得不到满足，较低层次的需要就会增加。换言之，当一个人无法得到较高层次的满足时，他就会转而追求较低层次的满足。ERG 理论的两个基本激励前提是：较低层次的需要越是得到满足，人们越是希望满足较高层次的需要；较高层次的需要越是得不到满足，人们越是希望满足较低层次的需要。在 ERG 理论看来，三种需要类型同时起作用。因此，即使生存需要没有得到彻底满足，刺激性和挑战性工作也可能发挥满足发展需要的激励作用。同理，外在激励因素有时也能够成为内在激励因素的替代物。

（3）赫茨伯格的双因子激励理论。赫茨伯格主要研究人在工作中的动机及其对个人心理发展和精神健康的影响，并由此提出了双因子激励理论。他认为决定人的行为的因子有两种，即激励因子和保健因子。前者是指工作本身、社会承认、责任、成就、发展、进步等，后者则包括公司政策与行政管理、工资、工作条件、与上级的关系、与同事的关系、与下级的关系、安全、地位等。他认为保健因子可以抵消激励因子，但不能成为激励因子。在他看来，工作丰富化是促进人们工作积极性的关键因子，而这一点正是双因子激励理论的主要贡献。

**3. 群体关系理论**

群体关系研究的主要代表人物是D. 麦克格雷戈和C. 阿吉里斯（Chris Argyris）。

（1）麦克格雷戈的X理论和Y理论。麦克格雷戈是美国著名的管理学家和社会心理学家，他主要研究了管理人员有关人性和行为的假设与管理方式的关系。他的基本假设是：一个人对某个事物所持的态度，会显著地影响他对该事物的行为方式。围绕着这个基本假设，他提出了X理论和Y理论。

X理论的基本假设是：（1）一般人的本性都是不喜欢并趋向于逃避工作的；（2）由于人们不喜欢工作，因此对大多数人必须进行强迫、控制、指挥，甚至以惩罚相威胁，使他们为实现组织的目标而积极工作；（3）一般人宁愿接受指挥，希望逃避责任，野心较小，对安全的需要最强烈。

Y理论的基本假设为：（1）人并非天生不喜欢工作，一般人对待工作就像对待游戏和休息一样；（2）外在的控制和惩罚不是促使人们为实现组织目标而努力的唯一方法，人们对其追求的组织目标有自我指挥和控制能力；（3）对目标的参与跟获得成就报酬相关，这些报酬中最重要的是自我意识和自我实现的需要得到满足；（4）一般人在适当条件下能承担甚至追求责任，逃避责任是经验的结果而不是人的天性；（5）多数人有解决组织问题的想象力与创造力；（6）在现代工业生活中，一般人的智慧潜能只是部分得到了发挥。

麦克格雷戈认为，X理论代表了传统的指挥和控制的观点，只有Y理论才能在管理上获得成功。按照Y理论的假设，管理者的主要任务是发挥组织成员的潜力，促使组织成员在实现组织目标的同时，满足个人目标的需要。此外，Y理论还主张给予组织成员更多的工作自由，鼓励组织成员的首创精神，减少对组织成员的外部管制，将由工作本身所具有的挑战性引起的满足作为激励手段。麦克格雷戈的这些思想至今仍具有重要的意义。

（2）C. 阿吉里斯的“不成熟—成熟理论”。阿吉里斯认为人的个性发展如同从婴儿成长为成年人一样，也有一个从不成熟到成熟的连续发展过程。这是一个从被动到主动、从依赖到独立、从缺乏自觉到自觉自制的过程，而一个人在这个过程中所处的位置就体现了他自我实现的程度。由于正式组织的基本性质使个人保持在“不成熟”阶段，并妨碍个人的自我实现，所以为了消除个性与组织之间的不协调，就应该扩大组织成员的工作范围，采用参与式的、以组织成员为中心的领导方式，使组织成员具有从事多种工作的经验；同时还要加重组织成员的责任，更多地通过依靠组织成员的自我指挥和自我控制的方式促进其成长。①

除了以上几种理论，一些学者还探讨了组织中领导类型模式的选择问题，其中较有影响的有K. 卢因（Kurt Lewin）的团体动力学、L. 布雷德福（Leland Bradford）的敏感性训练、R. 坦南鲍姆（Robert Tannenbaum）和W. 施密特（Warreu H. Schmidt）的领导方式连续一体理论、R. 斯托格第（Ralph M. Stogdill）的双因素模式、R. 布莱克（Robert R. Blake）和J. 穆顿（Jane S. Mouton）的管理方

---

① 雷恩．管理思想的演变．北京：中国社会科学出版社，1986：9.

格理论等。

可见，人际关系理论是一种运用科学的方法，研究在特定环境中的员工如何以某种方式行动的理论，从而改变了人们对组织的理解。这一理论在接受科学管理理论的同时，通过强调社会集团对组织效率的影响而修正了科学管理理论，对组织理论的发展做出了重要贡献。

## (二) 组织协作理论

梅约的霍桑实验推动了有关社会行为和社会系统的研究，其中 C. 巴纳德（C. I. Barnard）和 M. P. 弗利特（M. P. Follet）的理论影响较大。

**1. 巴纳德的组织协作理论**

巴纳德曾担任贝尔电话公司总经理，也做过新泽西州救济管理局局长。他在 1938 年出版的《经理的职能》一书中提出了组织协作理论，强调合作是个人和组织成功的途径。

巴纳德从个人必须协作这一基本假定出发，认为每一个个人都只有有限的选择权。这是因为作为个人，他一方面受到所处的活动环境的制约，另一方面又受到人的生物性质的限制，所以只有相互合作，才能有效克服个人的这些局限性。他主张个人应该采取集体的或者非个人的意志，并考虑到人与人之间的交往过程，认为协作的维持一方面有赖于组织在实现协作目标过程中达到的效率，另一方面有赖于组织在满足个人需要过程中达到的效率。

基于以上观点，巴纳德把组织定义为将两个或多于两个人的力量和活动进行有意识的协调的系统，并认为这一定义以及由此展开的研究，可以被广泛应用到国家、教会、工厂、家庭等一切形式的组织中。在他看来，一个组织具备某些基本要素。具体地说，这些基本要素包括：(1) 存在相互沟通的人；(2) 这些人愿意为实现集体的利益贡献自己的力量；(3) 这些人在为实现共同的目标而努力。他还认为，经理人员从事的并非都是管理工作。管理工作的主要任务包括维持组织的运转、为组织成员提供服务、确定组织的目标三个方面。

**2. 弗利特的伙伴关系理论**

弗利特早期的研究兴趣是哲学问题，在对团体结合的统一性、意志的共同性和人群的合作研究方面很有影响。她从 1924 年开始对工业管理问题感兴趣并着手从事工业管理的研究工作。她把哲学研究的一些成果应用到了工业管理中，把管理看成是一种普遍的社会现象，在工业管理领域中发展了“建设性冲突”和企业的结合统一等思想。她认为如果工人与管理当局之间是合伙人的关系，那么工作质量和生产效率都会有所改善。但她又指出，这仅仅是由于共同的利益使然，而不是真正的人际关系的改善。她认为，管理者与被管理者之间实际上不存在分界线，组织的所有成员都在不同的层级承担一定的责任而对整体做出贡献，因而应该着力改善彼此之间的关系。同时，除了把公司看成是一个统一体之外，还应该看到公司同其环境（包括股东、顾客、竞争者、供货商及社区）之间的联系。

弗利特在探讨工业管理时重新界定了权力与权威的概念。她用“共享权力”

来代替“统治权力”，用“共同的行动”来代替同意和强制。这样，出色的管理过程就不再存在发布和接受命令。为了做到这一点，她提出把命令“非人称化”，并将它变为“形式规律”，也即职能管理要以确定的事实为科学依据，而不是以某一个人的意志为服从根据。

弗利特认为把权威转向知识就可以避免个人之间的冲突，因为每个人都知道那是某种形式化的东西在发出指示，因而能够以较少的摩擦实现结合的统一性。她指出，良好人际关系的实质就是创造出一种与某人一起工作而不是在某人手下工作的感觉。在实践上这就是“共享权力”，而不是“统治权力”。

弗利特相信一定存在若干适用于行政管理的各个方面的基本原则。她发现，无论是企业的经理，还是国家机关的行政官员都面临着同样的问题，例如控制、权力、参与和冲突等，但她感到在解决这些问题方面，经理远比政府官员积极，所以管理的新思想往往首先在企业经营中萌动，然后通过实践才能逐渐成形并被广泛应用于整个社会。她假定组织有以下四条基本原则：(1) 通过直接接触达成协调；(2) 协调应在早期阶段进行；(3) 协调是涉及一种情景下所有因素的“交互联系”；(4) 协调是一个连续不断的过程。

弗利特思想的基本点在于“伙伴关系”这一概念。她主张，在一个民主的社会里，管理的基本任务是创造一种环境和形势，使人们自愿和主动地进行合作。这也正是弗利特管理思想的核心内容。

**3. 组织协作理论的特点**

组织协作理论关心的问题是：有关权力性质的概念的新发展、协作努力的必要性、冲突的解决、组织设计等。虽然弗利特生活并工作在科学管理时代，但她引进了一种人的团体观点和完形心理学；巴纳德则为了推动正式组织的分析而引入了非正式组织的作用，以便取得两者的平衡。他们两个人都用浓厚的哲学观点考察问题，并试图创造一种协调与合作的精神；他们都关心个人，并主张通过团体的协作努力来实现个人的价值；他们都试图改造以前的权威概念，都强调协调和统一，并得出了同样的结论——只有专职的有道德的领导才能提高组织的效率和人们的福利。这些视角和观点，在今天看来仍有道理，但它们明显地夸大了人际关系的作用。

## 三、对自然系统组织理论的综合评价

虽然自然系统组织理论是在对理性系统组织理论进行批评与对话的过程中产生的，但它们探讨的核心问题完全一样，即如何提高组织运作的效率。它们在这个问题上的区分是思路和关注点不同。理性系统组织理论着重从组织的规范去考察问题，而自然系统组织理论则侧重考察组织的行为结构；理性系统组织理论关注组织的正式结构，自然系统组织理论则关注非正式结构。因此，在自然系统组织理论中，我们可以清晰地看到人及其行动。

实际上，自然系统组织理论并没有否定规范、合理的组织结构对提高组织效率的重要性。它所强调的是，单纯依靠理性、依靠组织正式结构无法全面持久地提高工作效率，因为组织中的人不是经济的动物，而是社会意义上的人。在这种理论看来，虽然社会人固然会追求金钱等物质利益，但他们还有许许多多其他方面的需求。这些需求能否得到满足，会直接影响到他们的行为。因此，组织管理的一个重要任务就是发现组织成员的需求并尽量予以满足，从而激励他们更加努力地工作。

在以上那些基本问题上，人际关系理论和组织协作理论没有本质上的差别。它们之间的差异主要是研究的具体内容和角度不同。人际关系理论比较细致地讨论了人、人性、人的需要以及组织中非正式结构的作用；而组织协作理论则认为组织是克服个人局限性的有效方法，因而主要探讨在一个组织中协作何以可能。

尽管自然系统组织理论讨论的范围主要还是局限于组织内部，但由于引进了社会人的概念，同时又比较模糊地意识到了组织是人们为应对环境压力而逐步形成的协作系统，因此这种理论的框架实际上已经打破了组织是一个封闭的工具系统的传统思维，这就为开放系统组织理论的形成起到了一种潜在的铺垫作用。

自然系统组织理论的主要缺陷一方面是把人际关系的作用过于夸大，另一方面是在讨论人的动机、需要、激励等问题的时候，研究技术的可操作性不够强，提出的对策基本上也是原则性的。我们认为，虽然自然系统组织理论本身很简单，但它提出来的问题非常深刻。正因为如此，在组织理论后来的发展中，总是出现一种很有意思的现象：当有人提出要重视组织工具性的时候，立即有人出来反对，相反亦然；在某个历史阶段上，人们会比较重视组织的工具性，而过了一段时间，人们又转过来讨论组织中人的问题。

# 第四节 开放系统组织理论

在开放系统组织理论形成之前，组织研究的视野比较狭窄，基本上只局限于组织内部。开放系统组织理论的产生彻底突破了这种局限：它一方面表明人们对组织现象的认识有了新的发展，即不再是把组织看成有着稳定和清晰结构的封闭系统，而是把它看成一个动态的、开放的系统；另一方面表明组织研究的领域已经得到了很大的拓展。

## 一、理论背景和研究主题

### （一）开放系统组织理论产生的社会背景和理论渊源

第二次世界大战后，特别是 20 世纪 70 年代以来，西方社会经济、政治和文化都发生了深刻的变化。经济领域的主要变化首先表现为社会生产力在新科技革命的推动下得到飞跃性发展，越来越多的高新技术被应用于社会生产各个部门，使产业结构不断得到调整和优化，生产效率空前提高，经济持续增长；其次是随着生产社会化程度的不断提高，国际经济交流与合作越来越紧密，经济一体化趋势明显，这使企业之间的竞争更为激烈，企业规模进一步扩大，跨国公司大量出现，并在社会生活各个领域中产生越来越大的影响力；再次是企业所有权与经营权的逐步分离，资本股票化程度越来越高；最后是政府对经济活动的干预程度不断提高，范围不断扩大，手段不断加强。从政治上看，经济的持续增长使各国政局比较稳定，极右势力的影响力减弱，民主化和社会开放程度也得到很大的提高。与经济、政治的上述变化相应，西方社会文化心理方面的多元化倾向更加明显，包容性也越来越强。西方社会的这些变化意味着组织生存的环境越来越复杂，环境对组织的影响力不仅越来越直接，而且越来越大，这使人们不得不重视对组织环境的研究。

从理论渊源上讲，第二次世界大战前后陆续出现了很多交叉学科的理论，主要有系统论、信息论、控制论、仿生学和运筹学等；同时，计算机技术的应用也有了突破性进展，为组织理论的发展不仅提供了一些思想来源，而且提供了必要的技术手段。此外，在社会学领域，当时最有影响力的是帕森斯的结构功能主义理论。这种理论所倡导的结构-功能分析方法本身就带有系统论的思想，这对组织社会学研究也有一定程度的影响。

### （二）开放系统组织理论研究的主题

现代组织生存的外部环境的复杂性和多变性，使组织与环境之间的相互作用不断增强。这种状况直接促进了开放系统组织理论的产生。在早期组织研究中，人们把组织看成是一个独立的社会单元，所以环境因素的影响往往是被动的。但第二次世界大战后组织发展的状况越来越清楚地表明，组织是环境的一部分，它的生存与发展直接受到环境的制约。因此，开放系统组织理论把研究主题放在组织与环境的关系上，中心内容则是组织如何与环境进行各种信息能量和资源的交换。

## 二、主要理论观点

在组织研究历史上，开放系统组织理论的分化程度较高，所以学术流派也较多，每一种理论也因有比较持续的研究而显得相对完整。这里主要介绍权变理论、制度主义和组织环境理论。

### （一）权变理论

权变理论产生于一般系统论，比较有代表性的人物是J. 加尔布雷斯（J. Galbraith）、洛尔施（J. W. Lorsch）和劳伦斯（P. Lawrence），也是对任何一种“最好方法”的反映。权变，通俗地讲就是随机应变、因地制宜、具体问题具体分析。

权变理论的一个基本命题是：一个组织与其他组织的关系及其与总环境的关系依赖于具体情境。权变理论认为，组织系统是由各个不同的子系统构成的，它研究的是组织与环境之间、各个系统之间以及各子系统内部不同部分之间的相互关系。它强调组织的多变量性，并试图了解组织在变化的条件下和特殊环境中运行的情况。权变理论的最终目的在于提出最适合具体情况的组织设计和管理行动。

加尔布雷斯重点研究如何在可预见的任务的基础上建立组织。他发现，任务越明确，能预测环境和安排的活动就越多，而对流经组织的信息的需要就越少。他把组织看成是一个加工器，它对决策信息进行适当加工，力求与基本任务环境的要求相吻合。组织的各个部分务必相互和谐。任务环境的改变则要求更多的、用来加工信息的协调性机制，以便将组织与其环境紧密联系起来。

洛尔施和劳伦斯是最早发现组织与环境之间权变关系的研究者，他们证明了成功的组织是以那种与环境的要求协调一致的组织图式建立起来的，而这种图式可以从组织发生分化的性质和数量上明确地看出来。他们用四个基本变量（变项）即结构的正式性、目标方向、时间跨度、人际关系来测量分化。在他们看来，成功的技术组织应当具有最少的正式性，其目标方向应该是科学性的而不是市场性的，而管理者应该具有长期眼光，并能够把战略思路与具体任务结合起来。

洛尔施和劳伦斯还考察了组织分化与整合的矛盾。他们认为，当组织的各个部分被分化出来之后，就产生了把它们联系在一起以构成有效整体的必要，而这就是整合的功能。一个高度分化的组织结构面临着建立各个子单位之间协调联系网络的严峻形势。因此，对管理部门的真正挑战是如何实现各个部分之间平衡和整合的关系图式。他们指出，组织要取得成功，就需要既在组织分化上，又在组织整合上满足环境的要求。问题或者挑战在于这两者本身是相互对立的。

洛尔施和劳伦斯研究工作的主要贡献是以明确的观点提出了环境对组织的影响，阐明了组织如何对其活动进行分化与整合并用权变的方式来应对这种影响。他们认为，只有那些适应环境的企业才能够生存下去，那种面对较为稳定环境的组织，即分化较少的组织，可以通过正式手段加以管理；相反，那些面临不确定环境的组织，即分化较多的组织，则可以通过较为灵活的手段进行管理。无论哪种情况，组织的成功都是因为组织设计适应环境的需要。在权变理论看来，组织管理实践不存在最好的方法，管理人员也没有完全确定的目标可供选择，因而必须随机应变。

### （二）制度主义

从20世纪50年代至今，制度主义理论走过了从萌芽到日渐成熟的过程。它也主张通过组织与环境的关系去认识组织现象，所以研究的范围很广，讨论的话题也很多。也因为如此，我们在这里只能沿着制度主义发展的轨迹，对它关注的基本问题和形成的基本思路进行介绍。

**1. 早期制度主义的基本思想**

西斯尼克是早期制度主义的代表人物，他通过对美国田纳西水利大坝工程和管理机构的研究，发表了《TVA 与基层结构》（1949）一书，揭开了组织社会学中制度主义研究的序幕。

田纳西水利局（TVA）成立于20世纪30年代，主要目的是加强对田纳西水利大坝工程的管理。美国启动这一工程项目的初衷是促进电力生产、制造肥料、控制水灾、利用水道、灌溉农田、保护生态、扶助贫困农民和开发旅游资源等。美国国会原先的设想是把这个项目办成一个大众参与的、公益性的工程，但西斯尼克通过自己的研究发现，在这个项目的运作过程中，一些地方性和全国性的利益集团纷纷介入，其中包括美国农业部、美国农业事务联合会、地方政界和商界名人等。它们通过向 TVA 及其所属机构安插代理人，实际上把持了 TVA 的各大部门，控制了许多基本政策的制定过程，结果使项目的实施方向与设计目标严重背离：强大利益集团的介入使贫困农民得不到应有的照顾，富人却可以从中获利；允许私人开发旅游区不仅使环境得不到改善，反而破坏了天然景观；等等。

西斯尼克这项研究的本意是考察组织的实际运作过程以及其中的问题，因为当时的组织研究大多建立在韦伯式理性组织的理论模式上。但他的研究结果发现理性模式并不像人们想象的那样可靠，并有力地证明了组织不是一个封闭系统，它受到所处环境的影响。从这个意义上讲，组织是一个制度化的组织，它必须不断与周围环境发生联系并适应环境的变迁。在后来的《行政管理中的领导》（1957）一书中，西斯尼克进一步指出，制度化是超越了组织具体任务或技术需要的价值判断渗透、渗入组织内部的过程。所以他强调指出，在研究组织现象的时候，要超越效率、超越组织本身来对制度化过程给予特别的关注。

制度主义接下来的发展与当时的学术氛围有关。我们知道，自行为科学理论兴起以后，组织研究就逐步走出了韦伯式理性组织的分析模式，于是人们急于找到一种比较有解释力的替代性理论。由于人们越来越清楚地发现环境对组织的影响，因此权变理论一经产生就给人一种耳目一新的感觉。在相当长一段时间里，很多学者沿着权变理论的思路去研究组织与环境之间的关系，他们希望找到一种随机应变的机制，从而使每个组织都能够找到最适合自己的管理模式。按照权变理论的这种思路，我们观察到的组织形式应当是各不相同的，因为每个组织所处的具体环境不一样，但事实恰恰不是这样：日常生活中的很多组织固然有其相互区别的一面，但它们也有着许多相同的特征。权变理论虽然能够解释组织结构的差异性，却无法解释组织结构的相似性或者说趋同性问题，因而给制度主义的发展留下了一个相当广阔的空间。

以上就是制度主义早期研究工作的基本状况，从中可以看到它在理论上的贡献主要是：指出组织是一个有机体，并阐明组织的发展演变是一个自然的过程，是与环境相互作用的结果。当然我们也会发现，制度主义的早期理论是比较简单粗糙的。

**2. 新制度主义的主要观点**

新制度主义是在西斯尼克等人研究的基础上，在与权变理论的对话过程中提出来的，主要代表人物有迈耶、D. 迪玛奇奥（D. DiMaggio）和 W. 鲍威尔（W. Powell）等。

迈耶的基本思想是他在研究美国教育制度的过程中提出的。他发现美国的教育制度有很多有趣的特点，令他很感兴趣并提出疑问：首先是各州教育体制的相似性。在美国，教育是各个州政府的责任，所以教育机构是比较独立、分散的。按理说，由于各州条件不同，其教育体制也应该各不相同，但实际上它们非常接近，这是因为什么呢？其次，虽然联邦政府没有管理教育的行政权力，但它每年会向各个学区提供大量的财政支持，并同时借此向各个学区提出各种制度化的要求。这些要求会产生什么样的结果呢？最后，教育机构制定的很多规章制度与它实际的运作过程毫无关系，这又是为什么呢？针对这样一些现象和问题，迈耶提出了一个与权变学派完全相反的思路。

迈耶首先肯定，任何一个组织都必须适应环境才能生存，因此要研究、认识各种各样的组织现象就必须从组织环境的角度入手。问题是，组织所面临的是两种不同的环境：技术环境和制度环境。前者主要是指组织对外部资源的依赖程度、与其他组织的关系等；后者则是指一个组织所处的法律环境、文化期待、社会规范、观念形态（制度）等被人们“广为接受”的社会事实。他认为，这两种环境对组织的要求是不同的，技术环境要求组织追求效率，而制度环境则要求组织活动具有合法性。迈耶还提出，技术环境和制度环境对组织的要求往往相互矛盾，追求对技术环境的适应可能会使组织忽视制度环境，而追求对制度环境的适应则有可能影响组织的效率。为了解决这个矛盾，组织会去寻求各种各样的对策，由此便产生了林林总总的组织现象。在他看来，以往组织理论的一个缺陷就是只关注技术环境对组织的影响，对制度环境没有给予必要的重视。

在迈耶的理论框架中，“合法性”是一个非常核心的概念。这个概念一方面是指各种法律制度对组织的约束作用，另一方面则是指文化期待、观念形态和社会期待等因素对组织的影响。他认为，当社会的法律环境、文化期待、观念形态等成为人们广为接受的社会事实的时候，就会产生强大的约束力量，规范着人们的行为。因此，新制度主义所强调的合法性机制实际上是指那些引导或强制组织采纳具有合法性的组织结构和行为的社会规范。比如，社会对企业行为的期待是既要追求经济效益，又要追求社会效益。企业如果违反了这种期待，就会处在很不利的位置上。

那么，这些包括了文化观念在内的社会规范是怎么令人不得不接受的呢？迈耶指出，这是一种理性神话，即制度环境中的文化观念往往不是以人工雕琢的形式出现的，而是以一种神化的力量的形式出现，从而使人们无法抗拒。这个神化的过程，主要是由社会的特点导致的：一方面，社会关系越密集，人们就越容易把某个领域的问题和逻辑扩展到更大的范围；另一方面，组织规模越大，资源越集中，就越容易产生神秘感。实际上，在资讯高度发达的社会中，制造或摧毁一种神话都不是很困难。

迈耶在这里要着力解释的是：既然制度环境对组织具有强大的约束力，使组织不得不接受在某种制度环境下构建起来的具有合法性的形式和做法，那么组织的相应对策是什么呢？他认为有三种基本的策略：一是趋同化现象，即为了得到制度环境的认可，每个组织都采取类似的结构和做法；二是相互模仿和学习，即为了减轻环境给组织造成的动荡，各组织之间会相互观察和学习，其结果也会促进组织趋同化的过程；三是将形式与内容分开，即当取得合法性的资源与取得效率的资源之间发生冲突时，组织很可能会把实际运作方式与组织结构分离开来，使正式组织成为一种象征，而组织的实际运作过程则主要依靠非正式规范来约束。日常生活中所谓“上有政策，下有对策”，就是人们对这种情况的通俗理解。

迈耶从很大范围、很广泛的意义上探讨了合法性机制的重要性，他强调的是一种自上而下的制度化过程。在迈耶那里，组织行为、组织形式都是由制度环境决定的，组织和个人没有自主选择的机会，所以他是从强意义上讨论合法性机制的。后来一些学者如 M. 道格拉斯（M. Douglas）等人也沿着这一思路对合法性机制进行了更深入的探讨。

与迈耶不同，迪玛奇奥和鲍威尔主要是从弱意义上探讨合法性机制的。弱意义上的合法性是指制度并不是一开始就规定了人们的思维和行动，而是通过影响资源分配或激励的方式来影响组织或个人的行为的。也就是说，制度对行为的影响不是决定性的，而是诱导性的。他们从 20 世纪 80 年代到 90 年代所发表的几篇文章都主要从这种角度出发去研究了组织的趋同化现象。

迪玛奇奥和鲍威尔也承认，组织趋同化现象的确与它们所面对的制度环境有关。他们指出，从历史上看，组织的产生确实与理性选择和效率机制有着密切的关系。但是在当代社会中，组织趋同化的驱动力已经不再是效率机制，而是国家制度和专业化组织。他们认为，导致组织形式、组织行为趋同化的具体机制有三种：一是强迫选择机制，即社会上存在着一些强制性的规范，组织无论愿意与否，都必须服从，如法律制度、行业标准等。二是模仿性机制，即当组织面对的环境比较复杂、各种情况都不确定的时候，它们往往模仿同一领域中成功组织的做法，以减少不确定性。三是社会规范机制，这里主要是指社会规范使人们产生一种共享观念或共享思维，这种观念或思维在不知不觉中约束着人们的行为。这种情况在专业化程度较高的组织中表现得尤为明显，因为在专业化的过程中，人们在接受专业技术教育的同时，也逐步接受了专业的基本规范。

迪玛奇奥和鲍威尔认为，由于组织趋同化是在以上三个具体机制的作用下产生的，因此组织之间相互依赖的程度越高，它们之间的相似性就越强，信息、资源的交换也就越容易；而且，组织的目标越模糊不清，组织之间的模仿就越频繁，趋同化就越快。

如果把迪玛奇奥和鲍威尔的观点同迈耶的思想做一个比较，那么很容易发现他们研究的现象、讨论的内容和解释的逻辑是相同的。迈耶强调的是制度对组织和个人行为的决定性作用，而迪玛奇奥和鲍威尔则是从功利性角度出发，强调组织趋同化是组织为了提高自身的生存能力而做出的有意识的选择。此外，迈耶的思想比较抽象，所以给人留下了很大的想象空间；而迪玛奇奥和鲍威尔的研究比较具体，他们提出的几种机制比较容易理解，操作性也比较强。

**3. 制度主义的实证演变及其影响**

迈耶、迪玛奇奥和鲍威尔等人出色的研究工作，不仅使很多人注意到新制度主义的理论，而且吸引了不少学者投入相关研究。在这个过程中，制度主义的实证研究及其引起的理论上的演变也相当有趣。

在制度主义大量的实证研究中，比较有代表性的是 P. 托尔博特（P. Tolbert）与 L. 朱克（L. Zucker）关于公务员制度问题的研究和 S. K. 哈恩（S. K. Han）关于公司规模问题的研究。

托尔博特和朱克注意到，美国的公务员制度是用了将近 50 年时间（1885—1934）才逐步从部分城市扩展到全国各地的。他们的问题是，对于公务员制度这样一种新的组织形式，为什么不同的城市在采纳时间上有所相同？他们提出了两种解释的逻辑：一是效率机制，即认为各个市政府是按照理性选择来决定是否采纳公务员制度的。由于每个城市的情况、面临的问题不同，因此其采纳公务员制度的具体时间也不同。二是合法性机制，即认为公务员制度是一种被“广为接受”的理性组织形式，因而各个城市不得不接受。他们通过对各个城市采纳公务员制度的具体过程的分析发现，在推行公务员制度的早期，效率机制的作用非常明显，但随着采纳这一制度的城市的增多，相互模仿的现象也逐步增多了。

托尔博特和朱克的主要贡献是描述了在一定条件下效率机制和合法性机制的转换问题。此外，他们从动态的角度、用事件分析的方法去开展研究也是非常可取的。

现在我们转过来讨论哈恩的研究。他在考察美国财务审计公司时发现，这类公司的规模呈现两极化的趋向，即大的很大，小的很小，中等的很少。针对这种现象，哈恩也提出了两个相互竞争的解释逻辑：一是效率机制，认为财务审计公司的规模与客户企业的规模抑或市场有关；二是合法性机制，认为财务审计公司的规模与其合法性成正比。依照这两种逻辑，哈恩提出了一系列具体的假设，并搜集了 2 万多家企业的资料，最后发现中等企业为了向外界表明自己的业绩，增加自己的合法性，往往会选择大型财务审计公司为自己提供服务，而它们的这种行为取向最终导致了财务审计公司规模的两极化。

哈恩的这项研究对制度主义的发展做出了重大的贡献。首先，他指出制度环境是可以分化的，组织完全能够根据自己在制度环境中的定位来选择适合自己的行为模式，这就比以往研究前进了一大步。其次，他把制度主义的研究对象从政府等非营利性机构扩展到企业组织，这既是一种大胆的尝试，又大大扩展了制度主义的研究空间。最后，他在托尔博特和朱克的基础上进一步证明了效率机制与合法性机制并不是完全冲突的，二者在一定条件下是可以互补的。同时，他在具体研究中还引进了网络分析的方法，从而把制度主义的思路与网络学派的思路连接了起来。当然，哈恩的这项研究也存在一些问题，比如没有考虑时间变量、分析技术过于精细、统计模型过于简单等，但总的来说瑕不掩瑜。

除了实证研究方面的进展，制度主义发展的另一个重要趋向是它一直在不断地向其他领域延伸和扩展。现在，在社会科学的所有研究领域中，很少有人会对合法性或合法性机制的概念感到陌生。

以上我们对制度主义的发展演变进行了比较细致的介绍。从中可以看到，制度主义的主要贡献首先在于它从与经济学完全不同的角度去解释组织现象；其次，在它后期的发展中，一直努力地把自己的思路向其他领域延伸，并积极地寻求与其他理论的结合。我们还可以发现，尽管制度主义后来比较重视实证研究，但它讨论问题的框架变化不太大，问题的内容也比较宏观，这从一个侧面衬托出这个学派的微观基础还不够扎实。

## （三）组织环境理论

组织环境理论主要从组织变量和环境变量的分析开始，探讨一般环境与具体工作环境之间的关系。

**1. 组织变量与环境变量分析**

从 20 世纪 60 年代开始，组织与环境的关系问题开始成为相关学者关注的焦点，人们对组织的认识也开始从封闭体系转为开放体系。人们普遍认为，组织是环境的一部分，它的生存和发展取决于能否与环境不断地进行各种能量和资源交换，能否持续地与环境保持一致和平衡。因此，如何找出组织变量和环境变量的关键要素便成为分析二者关系的前提条件。

一般认为，组织变量主要包括以下四个方面：

（1）结构，主要包括组织的政策、功能、地位、责任、权威、授权状况等。

（2）部门化，主要是指组织内部分工及各部分间的相互关系。

（3）操作，主要包括个人表现、合作表现、技术过程等方面。

（4）相互行为，主要指组织内部的行为表现，首先是人事、互动、沟通、情感，其次是结构、角色、政策、沟通、群体规范等。

环境变量的特征可以分为以下七个方面：

（1）稳定性与不稳定性，指环境中各要素的流动率或者说变化速率。

（2）同质性与异质性，组织与所面对的个人或组织之间的相似程度。

（3）集中与分散，组织与所面对的环境中的个人或组织的集中与分散的程度。

（4）环境容量，指环境所拥有的资源能够容纳多少组织生存。

（5）范围协议，指组织活动的目标、范围、功能及所需资源为其他组织所共同认可的程度。

（6）动乱与平静，指环境受外界活动影响的程度。

（7）易变性，指组织对外界环境变迁的接纳程度。

组织的外部环境可分为一般环境和具体环境。前者是指所有组织都要面对的环境，也即同组织有着直接或间接关系的外在环境，它往往对组织目标、结构、绩效等产生重大影响，具体主要包括政治环境、法律环境、经济环境、技术环境、人口特征、地域特征及文化因素等。后者是指对某些特定的产业或某些类型的组织产生直接影响的因素，包括组织的原材料供应商、消费者、同行竞争者、负责监管的政治机构等。

**2. 一般环境与具体环境之间的关系**

组织环境理论认为，组织的一般环境与具体环境之间是一种相互作用、相互转化和相互渗透的关系，这种关系还会随着组织的发展而不断变化。鉴于环境的复杂性，早期对组织环境的研究一般只分析少数组织之间的关系，重点探讨外部环境如何对组织产生影响；后来随着理论的积累和研究技术的进步，又转向对组织网络的研究。在这个过程中，汤普逊和佩鲁的研究显得比较典型。

汤普逊以同质性/异质性和稳定性/变动性两个向度来对环境进行分类，考察环境对组织结构的影响。他指出在同质性强而且稳定性高的环境中，组织的结构会趋于简单化，决策权力集中，与环境进行直接互动的单位少，功能分化的程度也较低，强调标准化的规则。相反，在异质性强而且变动性高的环境中，组织的结构会趋向复杂化，决策权力分散，强调弹性的沟通和调适，较少依赖标准化规则。

佩鲁认为，不论从哪一个层次研究组织与环境的关系，都必须通过对实际资料和行为的观察回答以下问题：

（1）系统的目标是固定的，还是多变的？

（2）研究分析是理性的、趋向理性的还是非理性的？

（3）除了理性行为分析之外，是否考虑随机性、非目的性和偶然性的行为？

（4）组织系统的改变是有序的还是无序的、连续的还是间断的、循环性的还是随机性的？

（5）研究的单位与它的上一层和下一层单位之间是独立的还是非独立的？

（6）各层次之间的互动是合作的、冲突的还是仅限于表面接触的？

（7）每一个层次的子层次（次层次）之间的结合是紧密的还是松散的？

（8）组织行为是受文化规范和价值观念的支配还是受经济和自我考虑的影响？

（9）规范和价值是稳定的还是随情景而变化的？甚至是否存在规范和价值？

（10）组织行为是否受到条件、学习、感情、规范和传统的影响？

除了汤普逊和佩鲁的研究，人口区位学模式也有一定的影响，它主要探讨组织与自然环境之间的关系。总之，虽然学者们明确地意识到了组织与环境的相互关系，有关研究也非常多，但至今还缺乏一个比较完整的、统一的理论体系。

## 三、对开放系统组织理论的综合评价

经过长期实践经验的积累和理论研究的进展，人们对什么是组织，怎样建立组织、管理组织逐步有了一个比较深入的了解。但正如我们前面谈到的那样，第二次世界大战以后，西方社会乃至全球的生产生活方式都发生了巨大的变化，特别是新技术革命不断向纵深发展并以强力的姿态从生产领域向社会生活的其他领域渗透和扩散，使人类社会的整体结构也发生了重大转变。无论是在经济方面还是在思想、政治、文化、价值观和日常行为方面，第二次世界大战后的状况均与第二次世界大战前的不可同日而语。这就意味着组织生存的环境与工业化、城市化早期的情况有了巨大的差异。环境对组织的影响力越来越大，以科层制为代表的传统组织结构和管理模式已经越来越不能适应实践发展的需要。于是，人们把组织研究的焦点从组织内部转向组织环境，重点探讨组织与环境的关系，开放系统组织理论应运而生。

虽然开放系统组织理论有很多不同的学术流派，但它们都认为组织是一个动态的开放的系统，必须不断与环境交换信息、能量和其他资源，才有可能得到生存和发展。在它们看来，组织是环境的一部分，组织的结构和行为受所处的具体环境的约束，环境的复杂性和多变性迫使组织不得不采取各种对策来满足环境的要求。这些虽然看起来也是简简单单的基本观点，对组织研究的发展却有着重要的意义。首先，这标志着组织研究角度和内容的重大转向。以往的组织理论主要关注组织本身，探讨的内容主要是内部关系，而开放系统组织理论则把视角转向外部环境，研究的内容自然也以组织与环境要素的关系为主。这种转变一方面表明人们不再把组织看成是一种纯粹独立的社会单元，另一方面则极大地拓宽了组织研究的领域。其次，这也是组织研究取向的重大转变。以往的组织研究都相信在众多的管理模式中，一定会有一种最有效而且最普适的模式，但开放系统组织理论则从根本上颠覆了这种观念。最后，开放系统组织理论虽然也强调静态研究，但更强调动态研究，这就有可能使人们对组织过程有更直接、更具体和更深刻的了解。

当然，开放系统组织理论的各学术流派之间的观点差异也很大。权变理论遵循效率机制，讨论什么样的管理模式才是最好的，强调对于不同组织而言，最好的模式是不同的，应该具体问题具体分析；制度主义则重点讨论合法性问题，强调的是组织如何与它的制度环境对话；组织环境理论偏重于从事一种技术性较强的分析，因为这种理论相信组织内部各个部分对环境的要求和适应性是不同的，而不同环境要素对组织的影响力也不同，所以它试图把组织变量和环境变量的关键要素一一找出来，然后再探讨这些组织与环境之间的关系。正是这些不同理论流派研究工作的不断发展演变，才使人们对组织与环境之间关系的认识越来越清晰化和系统化。

开放系统组织理论也有两个主要的缺陷：一是过于注重环境的影响，对组织特别是组织中的行动者关注较少。这样就给人一种感觉，即在环境面前，组织是很被动的。二是研究的层次比较宏观化。不可否认，虽然开放系统组织理论的一些研究是很具体的，但总的来看，其大多数研究还是在中观和宏观的层面讨论问题，这就不利于它的进一步发展。

# 第五节 行动者系统组织理论

行动者系统组织理论是组织研究取向的又一次重要转变。与其他组织理论那种把组织看成一种实体结构来加以研究的方式不同，行动者系统组织理论把组织看作一种关系和过程，试图从对行动者行动的分析中重新解释组织现象。

## 一、理论背景和研究主题

### （一）理论背景和思想渊源

如前所述，行动者系统组织理论几乎与开放系统组织理论同时产生，因而二者产生的时代背景也基本一致。从这种意义上讲，我们大体可以把这两种形态的理论看成是同一时期组织研究领域中两种不同的范式，它们之间的主要区别在于思想渊源和对现代社会的解读方式不同。

从研究范式上看，与其他形态的理论比较偏重于社会事实范式和社会行为范式不同，行动者系统组织理论实际上比较侧重于社会定义范式，明显带有个体主义方法论的特征。这种研究范式认为，人们对社会和社会现实的定义是通过人际互动过程建立起来的，但同时人们的行动和互动方式又反过来受到这种共同定义的指导，所以这种研究范式比较强调微观研究或者中观研究。当然，以上区分主要是为了方便比较，因为在实际研究中，这些范式往往是相互联系的。

从思想渊源上看，对行动者系统组织理论的形成影响比较大而且比较直接的是齐美尔的社会网络思想、米德等人的符号互动理论和西蒙（H. Simon）的有限理性思想。

齐美尔对行动者系统组织理论的贡献主要是提出了两个很有意思的观点：一是个人与群体关系的二重性，即当一个人加入一个群体的时候，一方面会建立起一种基本的社会网络关系，受到网络的约束，另一方面会把他原先参与的其他群体的印记一并带进来，形成网络与网络的间接关系。二是自由与约束的二重性，即当一个人加入一个群体的时候，固然要受到群体的约束，但他也可以在这个群体中充分展示个性。在齐美尔看来，自由是体现在某种具体的社会关系上的，一个人参与的群体越多，尽管所受的约束也越多，但他同时获得的自由也越大。齐美尔的这种思想，对后来的社会网络学派影响很大。

米德等人的符号互动理论的贡献主要是为行动者系统组织理论提供了一种新的视角和方法。米德不仅强调社会结构对人们行动的影响，而且强调人的主观意志的作用。在他看来，虽然人们的行为起源于“本我”或者说一种本能的冲动，但更重要的是根据所处的环境来调整自身的行为。在他的思想体系中占据着核心地位的“自我”概念，本质上就是一种社会结构，它产生于人们的社会阅历，是人们对社会现实的内化和主观解释。简言之，自我既是人们通过语言等交往工具进行互动的结果，也是人们自我反省与自我反思的结果。循着这样一个思路，我们不难发现行动者的行动与社会结构的相互影响。

西蒙的有限理性思想是针对经济学理论中充分理性这个前提假设提出的，其基本观点是人们加工信息的能力是有限的。这个看起来既简单又直观的思想，实际上开辟了一条现代社会科学研究的新路径。在行动者系统组织理论体系中，西蒙的决策理论就是一个很有影响的学术流派。

在行动者系统组织理论的发展过程中，还受到其他很多思想家思想的影响，如P. 布迪厄（P. Bourdieu）、J. 科尔曼（J. S. Coleman）、A. 吉登斯（Anthony Giddens）等人，这里就不进行一一介绍了。

### （二）行动者系统组织理论研究的主题

行动者系统组织理论产生的直接原因首先是20世纪五六十年代以来组织结构及其运作机制的变化。诚如前面一再强调的那样，现代社会的一个重要特征是在科学技术的推动下日趋分化，单个组织也因而出现规模扩大、范围扩张的趋势。在这种情况下，社会组织结构也呈现出多元化的趋向，有的采取直线职能式结构，有的则采取矩阵式结构或事业部组织形式，还有的采取链式组织结构形式，等等。这就要求必须对组织运作机制进行相应的调整。更重要的是，随着组织的大量出现，它逐步成为最基本也是最重要的社会单位，各种社会过程诸如社会化、权力运用、目标设定和实施等均必须以组织为基本依托。可以说，组织不仅成为个人谋求生存和发展的场所和手段，而且成为群体利益博弈的场所和工具。

行动者系统组织理论产生的另一个直接原因是对社会实践主体也就是人的重新审视。传统社会学理论有一个最基本的观点，即结构决定人的思维和行动，人在结构面前是无能为力的。如果单纯从结构对人具有约束力的角度看，这个观点是有道理的。问题是，结构同时也是个人展示个性、寻求自由的场所，因此人的行动不可能不影响结构。正如吉登斯指出的那样，结构既是行动的先决条件和媒介，构成了行动的可能性，同时又对行动有所约束。但是，结构只能通过行动者的社会实践在时空里伸展开来，并表现出持续和稳定的社会关系形态，是行动生产了结构。

也正是基于对组织现象和实践主体的上述认识，行动者系统组织理论把自己研究的主题放在行动者行动及其意义的考察上，力图从人与人、人与群体（组织）、人与社会的多重互动中揭示组织活动的真实状况。

## 二、主要理论观点

由于选择了一个非常特殊的研究思路，行动者系统组织理论至今还处在比较大的发展变化过程中，很难对它进行比较完整的把握，因此这里只简要介绍决策理论、组织经济理论和社会网络理论。

## (一) 决策理论

西蒙从巴纳德的思想出发，试图建立起一个更加系统、更加全面和更加成熟的现代组织理论体系。他还从行为科学的角度探讨了组织决策的问题，被公认为决策理论学派的创始人。我们知道，有限理性的概念是由西蒙首先提出的，这一思想实际上贯穿于他所有的理论观点之中。无论从哪个角度看，他都应该是组织研究领域中承前启后式的人物。虽然他的决策理论是从组织的角度探讨决策问题，但在其研究的具体内容中，几乎无处不包含决策是人的决策这样一种意味。因此，虽然有些学者把西蒙归类为理性系统组织理论的代表人物之一，但我们更倾向于把他看成是行动者系统组织理论的开创者之一。

**1. 西蒙关于组织的基本观点**

西蒙注意到，无论什么类型的组织，也无论其规模大小，每天都要做出各种各样、大大小小的决策，组织的所有活动都是围绕着这些决策展开的。因此，决策合理与否，对组织活动的效率会产生直接的影响。那么如何才能做出合理的决策呢？西蒙从系统论、控制论、行为科学和运筹学等多种角度展开了研究，并把计算机技术运用到具体研究上，形成了以决策为核心概念的组织理论。这个理论主要从以下几个方面来理解组织。

(1) 组织是一个决策系统，它的基本功能就是决策。西蒙认为传统组织理论提出的许多组织原则是相互矛盾的，尤其是缺乏对各种原则的有效性的分析。他认为，这与传统组织理论忽视决策问题有关，所以他旗帜鲜明地提出要通过对组织决策过程的深入分析去认识组织，把握组织。西蒙还强调指出，有效的组织应该以正确的决策为基础。

(2) 组织目标就是追求决策的合理性，这种合理性取决于为实现某种目标而选择的手段。西蒙认为任何组织或个人，在手段与目标的关系上都达不到完全的统一，因为人的理性是有限的。此外，由于时间等客观条件的制约，任何组织或个人都不可能寻求到最理想、最优的决策。换言之，所谓最优决策实际上是不存在的，因而人们在决策中遵循的是满意原则而不是最优原则。

(3) 组织是一个协作系统。西蒙继承了巴纳德的一些思想，认为组织是由人组成的协作系统。个人与组织之间存在一种相互依存的互动关系：一方面，组织会根据个人对组织的贡献提供物质和精神上的激励；另一方面，激励源自个人对组织的贡献。围绕这两个问题，西蒙展开了细致的研究并提出了“诱因效用”和“贡献效用”两个新概念。

(4) 组织决策是通过个人做出的，但个人的决策受到组织的影响。西蒙认为，组织通过以下几个途径来影响个人的决策：一是权威，即个人的决策权是组织赋予的，不经组织认可的决策是不具有权威性或者说合法性的。二是组织认同，即个人对组织的忠诚。在西蒙看来，个人只有在对组织目标认同的条件下才可能做出合理的、有效的决策。三是信息沟通。西蒙指出，信息沟通对决策至关重要，没有信息沟通就没有决策，没有决策就不存在组织。他认为，作为一个相互协作的决策体系，组织有一个决策中心和许多具体的决策者，二者之间的信息沟通是双向的：一方面，决策者把信息传达到决策中心，另一方面，决策中心把信息反馈给各个具体的决策者。只有通过不断的信息沟通，组织决策才能得到持续地进行。四是培训，即组织可以根据需要对其成员进行各方面的培训，使他们提高决策能力。五是效率，即组织要求决策者要以最简捷的途径、最短暂的时间和最省钱的方法进行决策，以便更好地达到预期的目标。

（5）组织设计应该按照有利于决策的原则进行。西蒙认为，为了有利于决策，在组织结构设计过程中应该注意处理好以下几个环节：一是要从建立组织的目标体系入手，因为目标体系是决定组织结构的重要依据。二是要把影响组织决策的重要因素——分工合理化。西蒙认为分散决策是比较有效的，因而主张把整个决策系统分解为一些相对独立的子系统，并尽量减少彼此之间的依赖性，从而使多个子系统具有充分的决策权，以便最大限度地分散决策。三是明确工作重心。西蒙认为虽然现代组织处于一个信息丰富的环境中，但组织成员处理信息的能力却是有限的，所以应该按照要事优先的原则，尽量把时间和注意力放在一些比较重要的决策也就是工作重心之上。四是合理配置权力。在西蒙看来，组织是集体活动，要顺利实现组织目标，就要合理配置权力。从组织决策的角度上看，权力配置有集权和分权两种基本模式，两者各有利弊。因此，西蒙尽管比较倾向于分散决策，但也注意到了集中决策的重要性，所以他所谓的“最大限度地分散决策”实际上只是强调适当分权。

**2. 西蒙对组织管理的认识**

在西蒙看来，管理就是决策，所以他研究的主要兴趣点一直是决策过程分析，对提高决策的有效性问题尤为感兴趣。他把决策过程分为三个阶段：一是侦查阶段，即收集信息阶段，目的是明确问题目标和任务，寻求决策的依据；二是拟定计划阶段，即通过对各种信息的分析，提出各种可能的行动方案；三是选优阶段，即从各种备选方案中集中找出最佳方案。

西蒙还认为，决策的实施也是一个决策过程，因为在一项政策制定后，负责实施的人也面临许多包含决策成分的问题。所以，组织中的每个人都需要做出决策，只要组织在行动，这种决策就一刻也不会停歇。于是，他提出用“管理人”模式去替代传统“经济人”模式。经济人追求利润（收益）最大化，而管理人则追求“满意值”，也即按满意原则行事。对于信息，管理人往往只满足于掌握那些清晰明了的、比较单纯的、可以处理的部分，不会强调充分信息。从商业上讲，管理人追求的是“充分利润”而非最大利润，是公平价格而非最高价格。

西蒙对决策技术问题也非常重视。他把决策分为程序化决策和非程序化决策两种，并认为二者处于一个连续统一体中，程序化决策和非程序化决策处于这个统一体的两端。程序化决策是为了处理那些经常出现的例行活动，所以是按照拟定的程序做出的，习惯、知识和技能、例行规程和标准业务程序、组织结构等是这类决策的支撑体系。非程序化决策是为了解决那些没有固定解决办法或突发的问题，由于这些问题往往是全新的或者极难解决的，组织不可能按照经验办事，因此只能依赖决策者的直觉、判断力、创造力和勇气当机立断。在他看来，程序化决策可以提高决策的合理性，但只有借助电脑技术，才可能把许多复杂的决策变成程序化决策。

**3. 西蒙决策理论的影响**

西蒙的决策理论在经济学、管理学和社会学等许多学科领域中都产生了深刻的影响，特别是对组织社会学，决策理论的贡献是很突出的。

首先，西蒙提出了有限理性组织的概念，开启了有限理性组织研究的先河。从 20 世纪 30 年代开始，人们一直对韦伯式的理性组织进行批判与反思，其中一些经济学家、行为科学家和社会学家的思路与西蒙有限理性的思路不谋而合，但只有西蒙明确提出了有限理性的概念，并有意识地按照这一理念去系统地解释组织现象。

其次，西蒙的组织理论第一次把个人的决策行动及其作用放在前所未有的高度上。与西蒙同时代或在他之前的组织理论要么没有把组织中的个人当作研究的重点，要么仅限于探讨组织应如何去激发个人的主观能动性。所以从本质上说，这些组织理论有一个共同倾向，即在组织面前，个人的能力和作用是有限的。西蒙通过对组织实际运作特别是决策过程的观察，指出个人既是决策者，又是决策的执行者，这不仅强调了个人对于组织的特殊意义，而且提供了一个观察和解释组织现象的新视角。

最后，西蒙以决策过程为核心，对组织现象进行了动态的研究。以往的组织理论比较关心组织的规模、结构和规章制度等问题，所以主要采取静态研究的方式，因而难以比较深入地揭示组织实际运作的过程及其背后的具体机制。西蒙的研究在一定程度上弥补了这种缺憾。

西蒙关于有限理性的研究思路也曾受到冷落，原因有二：一是从 20 世纪 60 年代到 80 年代，组织社会学研究的热点是组织与环境的关系；二是人们虽然能够接受西蒙的思想并承认这个思想的重要性，但又普遍认为无法通过一些操作化的手段将其模式化。直到 20 世纪 80 年代以后，通过一些经济学家、心理学家如 D. 卡恩曼（D. Kahneman）、A. 特奥斯基（A. Tversky）和 P. 斯洛维克（P. Slovic）等人的不懈努力，有限理性研究思路才被人们重新重视起来，并且目前已经成为组织研究乃至整个社会科学研究的主流取向。

## （二）组织经济理论

如前所述，经济学是较早对组织现象进行研究的学科之一，它的研究内容涉及组织现象的许多基本问题。但总的来看，新古典经济学主要关心组织管理问题，而交易成本学派出现以后的理论则侧重研究组织之间的关系问题。

**1. 新古典经济学视野中的组织**

在交易成本学派产生之前，新古典经济学对组织并没有给予特别的关注，因为市场运作过程才是它考察的重点。众所周知，新古典经济学有关市场的理论是建立在一系列特殊假设之上的，其中完备的、对称的信息和充分的理性是两个最基本的假设。在这些假设条件下，新古典经济学用消费函数解释消费者的行为，用供给函数解释厂商的市场行为，而价格则是调节供求关系的信号。在这样一个分析框架中，消费者也好，厂商也罢，都是被高度抽象化了的、没有任何个性的行动者，而行动的目标就是追求利益的最大化。在新古典经济学看来，组织无非是资本和劳动力的一种组合方式，我们之所以需要组织，不外乎是因为组织和管理可以带来诸多效益，如规模效益和范围效益等。因此，经济学家长期以来所关注的实际上是生产函数、技术函数、生产扩展线等技术层面上的、被认为与效率直接相关的问题，他们对组织其他方面的活动往往视而不见。

以上是把包括 A. 钱德勒（A. Chandler）在内的新古典经济学家对组织的基本观点进行了简要的概括。虽然这些观点不无道理，但如果我们往更深的层次上思考，它们对组织现象的解释就不太令人满意了。第一，新古典经济学无法解释组织的差异性问题。按照钱德勒等人的观点，在同等技术条件和市场条件下，在所有的组织都追求利益最大化的情况下，组织的结构、规模和发展战略应该比较近似。但事实并非如此，组织之间的差异随处可见。第二，新古典经济学无法从根本上解释组织大量出现的原因。根据新古典经济学的解释逻辑，在完备信息和充分理性的条件下，市场运行会产生帕累托效应，使资源自动实现最优化。这就意味着，只要满足充分市场的条件，无论采取什么样的生产组织方式，效益的最大化都是可以实现的，所以人们没有必要煞费苦心地建立组织、管理组织。也就是说，如果仅从追求效率的角度去看，那么组织至少在逻辑上是可有可无的。

**2. 交易成本学派的基本观点**

针对新古典经济学有关组织现象解释的上述漏洞，交易成本学派从市场与组织之间如何相互转换的角度提出了新的看法。

康芒斯是交易成本学派的奠基人之一，他的主要贡献是在《制度经济学》一书中首先将交易概念普遍化，认为人类所有的经济活动都是由生产活动和交易活动构成的（生产活动是人对自然的活动，而交易活动则是人与人之间的活动）。他把交易作为基本分析单位，认为“制度”的运作是由无数次交易构成的。在这里，他不仅突出了交易的地位，而且实际上也指出了重复博弈对规则的生成具有的重要的作用，从而为交易成本学派的发展提供了初步的思想基础。

科斯是最早提出交易成本思想的学者。康芒斯讨论的问题主要是“制度”到底是怎么生成和运作的、交易活动有哪些具体类型和特点等，并没有注意到交易过程的成本问题。科斯则注意到了这个问题并明确提出了市场交易必须付出代价，这种代价可以降低但不可能消除。他在《企业性质》一文中，试图回答这样一些人们长期迷惑不解的问题：既然经济个体之间可以通过市场有效地协调生产活动，那么企业为何还存在？是什么因素决定了企业的规模？在相继生产阶段或相继产出之间，为何既存在前期的合同关系，又存在纵向一体化（内部化）的现象？对这些问题，科斯的基本回答是：利用价格机制是有成本的，即人们为了完成交易，就必须投入时间、精力、信息和其他各种费用。他把这些费用统称为交易成本，并认为通过组织可以节省部分交易成本。实际上就是说，我们之所以需要组织，是因为要尽可能降低交易成本。

威廉姆森是交易成本学派的集大成者，他在科斯等人的基础上提出了一个理论框架，主要观点集中反映在《市场与等级制度》（1975）和《资本主义的经济制度》（1985）两本著作中。与科斯一样，他也将交易成本作为基本的分析单位，主张把节省交易费用作为组织研究的中心问题。但比较而言，威廉姆森的理论更为系统化和具体化。

（1）威廉姆森为构建交易成本理论而强调了几个重要的概念，即有限理性、不确定性、投机行为和小数现象。

有限理性的概念是由西蒙提出的，意指人们收集、加工信息的能力是有限的，虽然人们固然希望按照理性行事，但达到理性选择的程度却是有限的。威廉姆森在此显然是沿用了西蒙的观点。

不确定性是指经济活动是错综复杂、难以预料的。具体一点说，因为对交易双方而言，产品的价格、品种、质量、交易伙伴以及供求双方可能的搭配等情况都不是那么清晰可见的，所以交易的难度增加，从而会产生并增加交易费用。

投机行为是指既然人性是自私的，每个人都在追求利益的最大化，那么他在交易过程中就有可能通过有策略地使用信息甚至是恶意欺诈来谋取私利。这实际上是新古典经济学理性模式的一个逻辑结果，它说明追求利益最大化本身就使人们的行为具有投机的倾向，而在信息不完备、不对称的情况下，投机行为产生的可能性就更大了。

小数现象是指在实际经济活动中，参加交易的人数往往是少量的。在新古典经济学那里，市场活动被描述为一种大数现象，即有很多人同时参与经济活动，由此产生价格竞争，最终达成供给均衡。威廉姆森认为这只是一种理想状态，在实际交易过程中，可供选择的交易对象是有限的，所以就会产生搜寻成本和等待成本。

（2）威廉姆森对交易成本的种类进行了区分，并提出了测量交易成本的基本角度。

威廉姆斯把交易成本分为协调成本和激励成本两大类。协调成本是指为使交易双方相互配合、步调一致而付出的代价。他认为任何经济活动都需要协调，但不同的经济活动、不同的协调方式所需要付出的代价是不同的。而所谓激励成本是指由于信息的不完备和不对称性，交易双方都有投机取巧的可能，因此就需要采取一些措施来促使双方信守诺言，由此发生的费用就是激励成本。他还指出，协调成本和激励成本在一定条件下是可以相互转化的。

威廉姆森主张从资产专用性的角度去测量交易成本。在他看来，有些产品是标准化的，适合许多不同的客户，所以不存在资产专用性的问题；而有些产品则相反，它们只适合部分客户甚至是个别客户，于是就产生了资产专用性的问题。他认为，资产专用性与交易成本成正比，即资产专用性越高，交易成本就越高，资产专用性越低，交易成本就越低。

（3）威廉姆森提出一套行为假设，系统地阐述了交易成本学派的基本思想。

威廉姆森在《市场与等级制度》一书中指出，如果单独考虑每个影响交易成本的因素，那么市场活动的障碍是很容易被克服的，只有当所有因素纠结在一起的时候，才会出现信息阻滞、市场失败的问题。组织正是人们为了解决这个问题而构建的。在《资本主义的经济制度》一书中，他对以上思想进行了更深入的论述。他把交易成本研究的课题归结为合同问题，强调合同关系与市场关系的区别主要在于前者是一种双边关系，交易双方之间存在信息不对称和人格化倾向，然后他集中讨论了有限理性、投机行为和资产专用性及其相互关系问题。

根据以上思路，威廉姆森把交易情形分为四种基本类型：一是存在投机行为和资产专用性问题，但理性是充分的，因此仍可以通过计算或设计找到办法去解决交易困难的问题。二是存在有限理性和资产专用性问题，但没有投机行为，因此交易各方是可以信赖的，一个承诺就能够解决交易的困难。三是存在有限理性和投机行为，但没有资产专用性问题，因此可以依靠市场竞争解决问题。四是存在投机行为和资产专用性问题，而且理性也是有限的。这种情况正是交易成本学派要探讨的核心问题，而解决问题的总体思路是先判断交易本身有无风险，如果有风险，那么再考虑是否需要防范、如何防范的问题。

总的来说，威廉姆森试图表达这样一个基本的思想：交易成本决定经济活动的方式（市场动作还是组织动作），交易成本的大小受到制度（防范措施）的约束，交易风险和制度决定合同的形式和内容。可见，他的研究涉及市场与组织的相互转化、组织之间和组织内部关系等一系列问题，不仅拓宽了经济学组织研究的领域，也提出了一些新的解释。

威廉姆森的理论在得到很多肯定的同时也受到了不少批评。最严厉的批评是认为他讨论的问题没有新意因而也谈不上贡献，而比较普遍的批评则认为他的理论不太严谨。佩鲁曾指出，把市场与组织绝对对立起来是错误的，因为有的大型组织大到可以像市场一样操作，而有的市场只有一种价格，可以像科层组织一样运作。

**3. 组织经济理论的新动向**

20 世纪 70 年代以来，交易成本学派、信息经济学和博弈论的出现促使经济学在组织研究领域获得了很多新的进展。

如果说交易成本学派使经济学的注意力从市场转向组织，那么信息经济学主要推动了人们对信息不对称和不确定性条件下经济活动的研究。早在 1970 年的时候，G. 阿克罗夫（G. Akerlof）就以一个旧车市场为例，讨论了在信息不对称条件下市场运行的脆弱性问题，由此直接引发了信息经济学的兴起。而 K. 阿罗（K. Arrow）于 1985 年提出的合同理论框架，则把信息经济学推上了一个新的台阶。阿罗通过引进时间变量而把由于不对称信息而产生的问题分为合同前信息问题和合同后信息问题两类。在合同订立之前，经济活动的基本内容是寻找合作对象，这个过程主要由市场机制来决定，因而产生的问题主要是隐蔽信息和逆向选择问题；在合同订立后，交易双方主要受到组织内部机制的制约，因而产生的问题是隐蔽行为问题，可用道德风险这个概念加以描述。他这里所谓的逆向选择是指在合同订立之前，合约双方中的一方利用所拥有的私有信息来谋取私利，从而使另一方利益受损的情况；而所谓的道德风险，则是指在合同订立之后，合约双方中的一方拥有私有信息，其行为又不能被另一方在不付出代价的情况下发现，那么其也可能会采取投机行为来使自己受益，而使对方受损。阿罗的意思很清楚：无论是在合同订立前还是合同订立后，都存在信息不对称的问题，因而也都有可能引发投机行为，只是表现形式不同罢了。在他看来，要解决由信息不对称所带来的问题，比较有效的方式就是借助组织设计或组织制度，例如可以建立一套监督和激励机制来对合约双方的行为进行约束。当然他也承认，建立这样一套机制也是需要付出代价的。

除了信息经济学，博弈论的有关研究也异常引人注目。由于博弈论的中心问题是个人或组织之间互动的过程和模式，而且参与互动的行动者都具有某些个性特征，因此博弈论经常被运用到具体的社会互动研究中。另外，循着博弈论的基本思路，我们还可以更深入地探讨规则、制度的起源问题。

从以上的介绍我们可以看到，经济学近几十年来对组织研究的贡献是很突出的，但它的局限性也很明显。经济学研究的一个基本特点就是简约化，即把很多复杂的现象当作简单的问题来讨论。这样做的优点是可以把问题研究引向深入，同时还可以发现某些因果联系；缺点则是往往使人们对一些重要的问题视而不见。例如，经济学假设人们的偏好是不变的，但实际上人们的需求与偏好与社会发展的状况相关；经济学假设人性是自私的，但实际上人类具有利己和利他双重倾向，在不同情况下会采取不同的行为；经济学强调社会资源是稀缺的，但实际上有很多社会产品如人与人之间的情感并不是商品，从而也就不具有稀缺性的特点。因此，许多问题是无法仅仅依靠经济机制来解决的。

## （三）社会网络理论

社会网络学派是近二三十年来比较有影响的学术流派，它在解释社会行为方面很有特点，与组织研究的关系也相当密切，所以这里有必要简要介绍社会网络学派的主要研究工作和基本思想。

**1. 社会网络学派的基本思路**

社会网络学派主要研究社会网络关系或人际关系结构及其对社会行为的影响。这个学派的研究一直循着两条思路延伸：一是结构主义思路；二是功利主义思路。

社会网络理论的结构主义思路主要来源于齐美尔的思想，我们已经在前面有关部分中进行了简要的介绍。概括地说，齐美尔主要讨论了个人与群体、自由与约束的关系问题。他把网络结构看成是一种客观存在，并在此基础上研究这种结构对行为的影响。他认为社会群体是由一些具有某种具体社会关系的个人，而不是某个范畴里的一个点构成的，所以要通过具体的社会关系去认识人的社会行为。在他看来，社会网络中心的人是有名有姓的个性化的人，因而要了解他的行为首先就要了解他在所在的网络中的地位和位置，然后再考察处在不同位置上的人是怎么相互作用的。可见，齐美尔的这种思想与社会学中那种“结构决定个人的思维与行动”的思维传统有一种微妙而重要的差异：在齐美尔的视野中，个人是实实在在的人；而在传统结构主义那里，个人则是被抽象化了的。

后来有不少学者循着齐美尔的思路展开有关研究，如：布劳曾从这一角度研究了群体特征对人际交往模式的影响；H. 怀特（H. White）从社会网络角度探讨了市场的起源，指出市场供给是厂商互动的过程，与消费者关系不大。

社会网络学派的功利主义思路的代表人物是科尔曼，这个思路主要强调网络关系是一种社会资本，个人可以利用社会关系网络获取社会资源和改变社会地位。在这个思路中，个人是网络关系的中心，是行动的主体，而关系网络则为人的社会行动提供了某种条件。林南、边燕杰等人的研究基本上也是按照这一思路展开的，他们的研究成果在国内外都有比较大的影响。前些年国内网络理论的研究曾掀起一个不大不小的浪潮，这在很大程度上与他们的积极参与和倡导有关。

**2. 格兰诺维特的“嵌入性”概念与博特的“结构洞”理论**

社会网络学派在20世纪70年代比较活跃，但因技术上过于烦琐、理论上缺乏突破而逐渐被边缘化，而格兰诺维特的一篇文章使社会网络学派再度兴起。

格兰诺维特的这篇文章就是他的博士论文《寻职》（Getting a Job）。在这篇文章中，他提出了“嵌入性”这个概念，重点研究了社会网络结构对人们行为的制约作用。他的讨论是从对交易学派和制度学派的批评开始的。他认为前者的理论存在低度社会化的倾向，即个人只是根据价格信号及自己的偏好行事，与他们的社会背景身份无涉；后者的理论则存在过度社会化的倾向，即人们只能按照自己扮演的社会角色行事。他指出，这两种倾向实际上都忽视了个体之间的差异。我们之所以能够观察到各种不同的社会行为，是因为人们所处的具体社会网络千差万别，千变万化。你与他人有什么样的具体关系，就决定了你的思维和行动。格兰诺维特的嵌入性概念，实质上是指人们具体社会行为的内容和形式都是在某种具体的社会关系框架下进行的，每个人所处的位置不同，行为也就不同。

为了与交易成本学派和制度主义进行更深入的对话，格兰诺维特还探讨了什么因素使得不同网络中的人有不同的行为，或者说不同的网络为什么会对人产生不同的约束这样一个问题，他试图提出一个有别于效率机制和合法性机制的解释逻辑。这种逻辑有两层基本意思：一是不同的网络关系使人处在不同的情境中，受到不同的约束，因而产生不同的行为。例如网络关系的强弱、重复性的大小、网络位置、结构特征等因素，都可能会对个人的行为产生具体而微妙的影响，促使人们做出不同的行为选择。二是网络关系可能会限制一个人的信息。因为不同的网络或同一网络不同位置上的人能够获取的信息从数量到质量都是不同的，所以他们在思想和行动上必然也会出现差异。因此，格兰诺维特在解释弱关系的作用时曾经说过，这种关系在人们求职的过程中可以提供更好的信息。具体地说，他认为在网络关系中，提供信息的人是诚实守信的，因为持续的交往使得人们产生了强大的信任和拒绝投机的社会期待。

对于格兰诺维特的上述思路，周雪光（2003）认为他只是提出了很好的问题，开拓了一个很大的研究空间，但在具体解释方面还很单薄，而且也经不起仔细推敲。

在格兰诺维特之后，博特提出的结构洞理论也产生了很大影响，网络研究的思路正是由此才开始真正地扩展到组织研究领域中。

博特是从功利性、工具性角度对社会网络进行研究的。他把社会网络看成是一种社会资本，它的基本作用在于可以传递信息。他认为，作为一种资本，社会网络当然包含了投资和回报，因此一个人如果善于建立网络关系并成功地加以利用，那么他的生活际遇会得到很大的改善。他指出，社会网络在信息方面的具体作用有三点：一是有网络的人与没有网络的人在获取信息方面存在很大的差异；二是信息传递的时间性（速度）和内容的丰富性与网络有关；三是网络具有推荐功能，即网络的关系伙伴可以把你介绍、推荐给他人。此外，社会网络还有一个重要的作用，即它可以帮助一个人获得竞争优势，提高地位。这个问题实际上涉及了权力，在社会生活中是一个简单的道理，也是一种十分常见的现象。

由于博特是从理性人出发讨论社会网络的功能的，认为建立关系网络是一种投资，所以他非常注意网络的效率问题。他一方面认为一个人的网络越多越好，另一方面又认为不重复的网络更有效率。他提出的“结构洞”概念，指的就是不重复的信息源。在他看来，一个人在网络中的自主性、独立性越强，得到的信息也就越量大质优，整合调动资源的能力就越强。

通过以上介绍可以发现，虽然格兰诺维特讨论了网络关系在人们求职过程中的作用，但他实际上更强调网络地位与个人行为之间的关系，这一点与齐美尔很相似。博特则不同，他完全把网络当作一种工具来研究，强调网络的构建和回报问题。

**3. 社会网络理论研究的动向以及有关讨论**

20 世纪 90 年代以来，社会网络理论研究一直都比较活跃，研究的主题也越来越具体化。比如，W. 贝克（W. Baker）和 R. 古拉蒂（R. Gulati）主要从社会网络理论的角度研究组织之间的合作关系，而 J. 波多尼（J. Podolny）则主要讨论网络地位与市场竞争之间的关系，等等。此外，还有一些学者致力于网络理论的实证研究，如 B. 乌泽（B. Uzzi）就仔细地研究了社会网络在银行向中型企业提供贷款过程中的作用，结果证明了跟银行有关系的企业不仅更容易获得贷款而且成本较低这个命题。

在这里我们顺便强调一点：乌泽的这个研究是很有意义的。虽然在一些人看来，乌泽的研究技术很精细，但结果只是证明了一个不证自明的道理。其实，持这种观点的人可能没有清醒地意识到，在社会科学研究领域中，很多看似是常识的道理并非真的不证自明。

在社会网络研究朝实证方向发展的同时，学界对社会网络理论的批评和反思也比以往更加全面和深入。首先，人们普遍认为，社会网络理论是一种相当独特的社会学理论，它的贡献首先在于提出从社会网络结构和个人在网络中的地位角度去理解人的社会行为。社会网络学派的这一思路不仅继承了社会学的研究传统，而且有所发展。其次，长期困扰着社会学的一个问题就是如何有效地解释个体行为的差异，而社会网络学派恰恰在这个问题上提供了一个新的思路。它既不像经济学那样在一系列假设条件下去考察个人行为，也不像制度主义那样直接通过制度环境去分析个人的行为，而是立足于网络结构，按照个人的网络地位去解释人们的行为差异。也就是说，社会网络学派认为，只要一个人所处的网络结构不同，在网络结构中的地位不同，他在行为上就会表现出一些与他人不同的特征。最后，社会网络学派的研究技术十分精细，它的许多概念、命题是可观测的。这既是社会网络学派研究方法上的传统，也是它研究手段上的优势。

当然，如同其他所有的理论流派一样，社会网络学派也有它自身的局限性。首先，它往往提出很好的问题，但很快就纠缠于描述和分析其他技术细节，导致理论解释的深度不够。这就是人们在阅读社会网络学派的有关研究文献时，多少会有一种比较直观而简单的感觉的原因。其次，社会网络学派的许多命题实际上在经济学和制度主义的命题之间摇摆，深究起来很难发现它自身的存在。最后，虽然社会网络学派一直非常强调社会网络的优势，但其对网络构建的代价讨论不多，对网络本身的局限性也鲜有研究。

## 三、对行动者系统组织理论的综合评价

我们一再指出，从时间上看，行动者系统组织理论与开放系统组织理论几乎是同时发展起来的。但是，由于当时很多人忙于对早期组织理论特别是韦伯的科层制组织理论进行反思，无形中使环境问题更加凸显出来。此外，环境的复杂性和不确定性也把人们的注意力主要引向两个方面：第一，如果说组织是人们应对复杂环境的工具，那么这种效用是如何成为可能的？第二，既然组织环境是多种多样的，且每种环境的构成要素也是多元叠加的，那么它们对组织的具体影响又是怎样的呢？在这样大的学术背景下，人们对开放系统组织理论自然予以更多的关注，直至它的理论分化、发展到一定程度而无法很快获得新的突破时，行动者系统组织理论才开始被重视起来。

行动者系统组织理论有一个显著的特点，即从表面上看，各种理论流派讨论的问题都比较具体，通常都不会超过中观层面，但涉及的背景很宽阔，包含的思想内容也相当丰富，所以人们在这里既比较容易看到一些模型化的精致理论，同时也可以体察这些模式化理论背后的韵味。诚然，行动者及其行动是这种理论考察的主题，但是这里的行动者既不是一个抽象化的符号，也不是哪个孤立的个人，而是有着广泛社会联系的、个性化的、活生生的人，从而使行动者行动的意义在这个理论框架中变得更加丰富：由于它摆脱了纯粹决定论的思想方法，因此人们能够比较清晰地看到组织到底是怎样被构建起来的；在这个过程中，人们也可以看到主观的期待与客观条件是怎么相互影响并逐步达到相对平衡的。

行动者系统组织理论的另一个明显特征是它的各个学术流派基本上都明确地接受了有限理性的思路。在行动者系统组织理论看来，新古典经济学强调的效率机制和制度主义重视的合法性机制固然是重要的，但这两种机制充分起作用的前提条件是具有完备信息和充分理性。这里特别要说明的是，包括制度主义在内的开放系统组织理论强调组织必须适应环境才能得以生存与发展，而要适应环境就必须对环境做出精确的判断并采取正确的对策。这就意味着，理性是对环境状况做出判断和采取相应对策的基础。依照这个逻辑可以很容易地推导出另外一个结论：开放系统组织理论实际上也极为重视理性的作用。在这方面开放系统组织理论与新古典经济学的主要差异是后者强调把理性用于获得最大的经济收益，而开放系统组织理论则主张把理性用于更好地适应环境。因此，无论二者之间存在多大差异，它们都认为应该也可以按照充分理性行事。行动者系统组织理论则不然，它明确地指出，尽管人们都希望按照充分理性行事，但这是不可能实现的，因为人的理性是有限的。

由于行动者系统组织理论的上述特点，它在考察行动者及其行动的时候，特别是在解释行动者行动意义的时候，给人一种非常特别的感觉：行动者在行动的时候，他背后的网络也在行动；行动者行动不仅改变他本身，而且影响到他背后的网络、直接互动对象及其网络。在行动者的行动过程中，我们不仅可以看到这个过程和结果本身，而且可以看到社会、组织、群体和个人是怎样相互影响的，以及这种影响又怎样塑造了现代社会的生活模式。应该说这也是行动者系统组织理论的一个贡献。

行动者系统组织理论的几个重要学术流派也各有特点。决策理论重点探讨组织中的决策者是怎样行动的，组织经济理论主要研究组织之间的交换行为，而社会网络理论则偏重于讨论个人与网络（组织）的关系。这些理论从不同的侧面向人们展示了组织的各式各样的行动及其逻辑，使人们对谜一样的组织有了更多的了解。

由于近年来行动者系统组织理论的几个主要学术流派加强了相互之间的交流与对话，同时还更加注意同其他组织理论乃至其他学科相关理论的沟通，因此其发展势头依然比较强劲。从目前来看，它的主要缺点是理论整合程度还不够高，从微观理论到宏观理论之间的桥梁还没有完全搭建起来。但特别值得一提的是，以克罗齐埃等人为代表的法国学派一直在进行着理论综合的尝试，他们从对科层制的重新审视入手，按照博弈论的思路重点考察了权力关系和本土文化对行动者行为选择的影响。遗憾的是，虽然法国学派的研究工作也取得了一些可喜的进展，但与他们所追求的目标还存在相当大的距离。

通过对组织理论发展进程的整体回顾可以发现，人们对组织的认识经历了一个由浅入深、由简单到复杂的过程。从组织形态学到组织生态学、从组织结构论到组织行动论，每一次研究重点的转换，都彰显了组织的复杂性和不确定性，组织研究的艰难也因此表露无遗。作为当代社会一种最主要的社会设置，组织在深受其所在社会体系影响的同时，也深刻地影响着当代社会的发展进程。所以，对组织现象的持续而细致的考察和关注，无疑有助于加深人们对自身生活世界的认识。

## 案例分析：组织理论学习与理解

组织理论是一门“既古老又常青”的学科，英国学者 D. S. 皮尤在《组织理论精粹》一书中指出：组织理论可以被界定为研究组织的结构、职能和运转及组织中群体行为和个人行为的知识体系。对于理论来说，规律性也是其必不可少的内容。因此，我们可将这一定义加以完善：组织理论就是研究和解释组织的结构、职能和运转以及组织中群体行为与个人行为等现象，并指出其中规律的理论和知识体系。通过对本章内容的学习，回答以下问题：

（1）组织理论与组织行为学、行政组织理论有何不同?

（2）古尔德纳、默顿的思想与韦伯的科层制思想之间的关系是怎么样的?

（3）简述人际关系理论与科层组织理论的主要区别。

（4）简述你对巴纳德的组织协作理论的理解。

（5）对于组织社会学的理论发展史，有不同的划分方法，请选择一种划分方法，并对各个历史时期的组织社会学理论的主要特点进行简单介绍。

**要求**

1. 阅读其中一本参考书，并联系其他方面的理论进行讨论。
2. 选择一个理论流派，讨论其产生的背景及时代条件。
3. 学习成果形式：学习体会。
4. 学习评定规则：教师评价。
5. 时间要求：一周。

**讨论提示**

组织是什么？不同的学者有不同的说法。组织理论出现于 20 世纪初，从那时起，关于组织和组织理论的争论就从来没有停止过。

我们在介绍组织理论的时候，首先遇到的问题是这种学说从什么时候开始出现，怎样确定它的分界线。从根源上说，英国的工业革命带来了工厂制度及其管理问题，用工厂式的组织形式进行生产导致社会和人的思想变化。最初出现两种观点：一是查尔斯·巴贝奇等人关于工业生产中的组织和技术问题的论述（巴贝奇因而成为科学管理之祖）；二是罗伯特·欧文关于工业化对人所产生的影响的分析。美国南北战争之后，所谓“科学管理”时代才真正到来。在这一时期中，人们已经考虑到人类组织的问题和政府、教会、军队、王国以及其他复杂的社会群体的行政管理问题。

学习组织理论需要掌握以下几个方面的内容：（1）了解组织理论的产生和发展过程。组织理论发展的多元化和多样化说明组织现象的复杂性。（2）掌握组织理论不同流派的基本观点。每种理论都是时代的产物，都有自己的优势和缺陷，因此不存在绝对正确和完全错误的理论，只有在一定条件下能够有效地解释组织现象的“比较令人满意”的理论。(3) 学会从历史的角度考察组织理论，明确哪些是过时的理论，哪些理论还具有一定的现实意义。理论对实践的意义在于可以吸取前人的教训，并明确未来的发展方向。

**分析与说明**

在西方社会，最早出现的组织形式是政府、宗教和军事机构。与此相应，早期管理学著作中有关领导能力、指挥系统、协调、控制与功能分化的观点都来源于此，尤其以罗马帝国和天主教堂的影响为最大。教会在欧洲资本主义发展过程中一直是一个很有势力的组织，始终影响着西方学者关于组织理论的一些观点。大约到了20世纪初期，社会上的企业、公司开始占据主要地位。随着工业化进程的加速，急需对这些组织活动采取有效的管理。

早期组织社会学理论的重点在于分工和协调，但是泰罗制的组织理论与韦伯的科层制也有很大的差异。泰罗制理论以实际效率为核心，而不太强调组织的“社会权力结构问题”；至于分析的单位，他不仅把组织作为一个整体，而且着眼于工作中的各个成员。严格来说，与韦伯相比，泰罗并不能被称为组织社会学学者，但他关于科学管理的效率观念，却深刻地影响到组织理论的发展。直到今天，泰罗的科学管理理论仍被许多国家参照使用，甚至有人提出“回归泰罗制”的口号，这从一个侧面证明了泰罗的科学管理理论的生命力。

传统理论发展到20世纪30年代之后遇到了人际关系理论的强烈挑战。梅约通过霍桑实验发现了影响生产效率的因素并非劳动条件本身，而是对雇员的关心，从而使他转向了对组织中的人际关系和非正式组织的研究，进而揭开了组织管理理论发展的新篇章。

人的需要、动机与激励问题一直是管理学理论研究的重点，在这方面马斯洛和赫茨伯格做出了重要贡献。马斯洛把人类的需要分为五个层次，并且把需要看成是一种激励因素。激励取决于人们在需要层次中的现实需要。赫茨伯格则提出了双因素理论，研究了工作动机及其对个人心理发展和精神健全的影响。

人际关系理论的另一个分支偏重于群体关系的研究，注重整体组织气氛的变化，主张减少组织层次，形成上下级合作的组织氛围。这种观点的主要代表人物是麦克雷格与阿吉里斯 (Chris Argyris)。此理论还包括利克特 (Rensis Likert) 的雇员中心论，以及卢因的团体动力学等。人际关系理论试图运用科学的方法，研究在一定环境下人们的行为方式及其动机，从而增进了人们对组织的理解。这一理论在接受科学管理理论的同时，强调了社会集团对组织效率的重要性而修正了科学管理理论。

除了人际关系理论，本阶段在社会行为和社会系统的研究方面做出较大贡献的还有巴纳德和弗利特 (Mary Parker Follett) 的相互作用理论。他们普遍关心的问题是：有关权力性质的新概念、协作的必要性和冲突的解决等。他们试图改造权威概念，强调协调和统一，并认为只有专职的、有道德的领导才能提高组织的效率和人们的福利。

组织的系统理论与权变理论产生于第二次世界大战以后。系统理论坚持把系统作为由从属部分结合而成的集合整体来对待，强调必须把整个系统作为考察事物的出发点，同时强调系统通常具有开放性的特点。

权变理论产生于一般系统论，也是对任何一种“最好方法”的反映。这一理论主要强调各分系统之间的相互关系模式及其特殊性，有助于我们进一步了解组织变量之间的相互关系。

制度主义的分析框架是结构功能主义，它对组织在运行过程中所产生的变异情况进行了比较详细的研究，指出组织是个有机体，只有适应社会环境才能生存和发展，因而要特别注重对组织环境进行分析，了解环境对组织产生的影响。

组织经济理论主要以交易成本理论为代表。在这一理论中，康芒斯认为生产活动是人对自然的活动，交易活动是人与人之间的活动，它们构成了人类的全部经济活动；科斯研究的焦点是企业的起源或纵向一体化的原因；威廉姆森则发展了科斯的理论，将交易作为基本的分析单位，指出如何节省交易费用是组织研究的中心问题。

尽管交易成本理论有许多不尽如人意的地方，但是它对组织理论有很大贡献，最突出的贡献是在资源配置由市场决定的假设与依赖于企业管理协调的假设之间架起了一座桥梁。

## 本章要点

1. 组织研究是一个多学科介入的领域，管理学、经济学、政治学、心理学和社会学等都从不同的角度对组织现象展开研究，使这一领域成为社会科学研究的核心领域之一。

2. 组织理论在近百年的发展过程中，形成了四种基本的理论形态，即理性系统组织理论、自然系统组织理论、开放系统组织理论和行动者系统组织理论。

3. 理性系统组织理论集中反映了早期组织研究的成果，主要围绕着效率这个核心概念，探讨人与机器的关系。其主要学术流派有泰罗的科学管理理论、法约尔的组织理论和韦伯的科层组织理论。

4. 自然系统组织理论是人们对理性系统组织理论进行反思的结果，它也是围绕着“效率”这个概念展开的，研究的主题也是人与机器的关系，但它强调的是如何通过发挥人的主观能动性来提高工作效率。其主要学术流派有梅约等人的人际关系理论和巴纳德等人的组织协作理论。

5. 开放系统组织理论研究的主题是组织与环境的关系。这种理论认为，组织是一个开放的、动态的系统，是环境的一部分，其生存和发展直接受到环境的制约，因此必须注意研究组织与环境之间如何才能顺利地进行信息、能量和其他资源的交换。其主要学术流派有权变理论、制度主义和组织环境理论。

6. 行动者系统组织理论研究的主题是行动者的行动及其意义。它认为人与人、人与群体、人与社会的多重互动会产生多样的结果，群体、组织和社会都是在人际互动的过程中建立起来的。因此，群体、组织和社会对个人固然具有约束力，但个人在它们面前也不是被动的。其主要学术流派有决策理论、组织经济理论和社会网络理论。

## 推荐阅读书目

1. 明茨伯格．管理工作的本质．北京：中国人民大学出版社，2007.

2. 泰罗．科学管理原理．北京：中国社会科学出版社，1984.

3. 德鲁克．卓有成效的管理者．北京：机械工业出版社，2005.

4. 范诗琦，戈尔德．国际组织行为学：理论、案例、操练．2 版．北京：格致出版社，2014.

5. 斯格特．组织理论．4 版．北京：华夏出版社，2002.

6. 刘延平．组织理论代表人物评析．北京：经济科学出版社，2010.

7. 张永宏．组织社会学的新制度主义学派．上海：上海人民出版社，2007.

8. 周雪光．组织社会学十讲．北京：社会科学文献出版社，2003.

9. BARNARD C I. The functions of executive. Cambridge：Harvard University Press，1938.

10. BARNARD C I. Organization and management. Cambridge：Harvard University Press，1938.

11. BURT R. Structural holes. Cambridge：Harvard University Press，1992.

12. POWELL W，DIMAGGIO P. The new institutionalism in organizational analysis. Chicago：University of Chicago Press，1991.

13. COLEMAN J S. Foundations of social theory. Cambridge：The Belknap Press of Harvard University Press，1990.

14. PERROW C. Complex organizations：a critical essay. New York：Random House，1986.

15. ARROW K. The economics of agency//PRATT J，ZECKHAUSER R. Principals and agents. Cambridge：Harvard University Press，1985.

16. DIMAGGIO P，POWELL W. The iron cage revisited：institutional isomorphism and collective rationality. American sociological review，1984，42.

17. WILLIAMSON O E. Markets and hierarchies. New York：Free Press，1975.

18. DUBUQUE. Complex organizations and their environments. Iowa：W. C. Brown Co.，1972.

19. MARCH J，SIMON H. Organizations. Hoboken：John Wiley，1958.

20. WILLIAMSON O E. The economic institutions of capitalism. New York：Free Press，1985.

# 第三章

# 组织分类与研究方法

组织始终是更大的社会结构的一部分。组织之间存在的许多差别也是由更大的社会母体造成的。分类可以使我们的研究更加具体化和专门化。分类问题比较复杂，不同学者和不同性质的国家都有自己的独特标准。但是，分类本身不存在最好的结果，它只是根据研究者需要而采取的临时性措施，研究者可以根据不同的需要对组织进行不同的分类。同时，分类与研究方法密切相关，实际上，分类本身就是一种研究方法。本章主要介绍系统论在组织学研究方面的成就，它是指导组织社会学研究的基本原则。通过本章的学习需要掌握两方面内容，一是组织分类及其意义，二是组织研究的各种方法及其在使用上应注意的问题。

## 第一节 一般组织的分类原则

在社会学研究中，组织分类的方法有许多种，每一种分类都有自己的研究目标，它们之间既有相同之处，也有很大差异。下面主要介绍一些典型分类方案。

### 一、帕森斯的分类方案

帕森斯以组织的功能和目标为基础进行分类。这是一种使用最广泛的分类标准。帕森斯认为，一切组织都能按照其执行的功能和追求的目标进行分类。他把组织分为四种类型。

#### （一）经济生产组织

经济生产组织是指制造产品或进行生产的组织。这类组织的典型是实业公司。每一组织都以某种方式为主要功能。可是，经济生产组织只是把经济功能放在首位，而决不能说它是只有经济功能的组织。

### （二）政治目标组织

政治目标组织是对整体的社会目标实现起维护和推动作用的组织形式。这类组织的取向是实现有价值目标，以及形成和部署社会权力。它主要包括国家的政府机关组织，同时也包括其他类型的组织，例如银行系统等。

### （三）整合组织

这类组织虽然在社会层次上提供效能，但不是生产组织。它涉及调解冲突和指导动机，去实现制度的期望或达到社会各部分彼此良好的配合。法庭和法律职业功能的实体部分应归为这类组织，还有如我国社会中的各级党组织。此外，各类医院和精神病院也能起到整合作用，也属于整合组织。

### （四）模式维持组织

这类组织是指那些具有“文化”、“教育”和“揭示”功能的组织，如教会和学校。从一般意义上说，亲属群体不是模式维持组织。但是，在高度分化的社会里，核心家庭比在其他社会里更接近这类组织的性质，显然，它也属于模式维持组织。

除此之外，每一种组织还可以继续划分，如经济组织可以分为理财、达标、生产与销售等。

## 二、布劳和斯科特的分类方案

彼特·布劳和 W. 理查德·斯科特以组织的受惠者为基础把组织分为四类。

### （一）互惠组织

互惠组织的特定成员是组织目标的主要受惠者。这类组织形式包括政治党派、工会组织、贸易协会、城镇居民俱乐部、退伍军人俱乐部等。互惠组织成员基本根据自己的兴趣而参与组织的活动，来去自由，组织结构比较松散。组织的管理方式一般采取高度民主制。但是，组织在形成之后，也可能逐渐走向科层制的管理方式。由于组织成员的参与程度较低，参与活动的多寡也不稳定，因此成员的参与程度对组织权力的获得有极大的影响。那些经常参与组织活动的成员就更有可能获得组织权力。

互惠组织的存在对社会产生很大影响：一方面它可以充分发挥组织成员的内心张力，组织成员可以完全按照自己的兴趣参与组织活动；另一方面它可以为其他组织方式提供必要的服务，是正式组织的一种必要补充。

### （二）服务组织

这类组织主要以提供服务为主，如学校、医院、民权组织、社会工作机构、律师事务所、精神病防治所等。这类组织的主要功能是为成员提供良好的专业化服务。这类组织有稳定的组织结构和固定的工作人员，采用科层制的管理方式，但是组织决策的制定和实施不受利益驱动，其不是营利性社会组织，而以如何对受惠者提供最好的服务为决策标准。

### （三）经营性组织

这类组织主要从事工农业生产、交通运输和商业流通领域里的活动，以营利作为组织活动的最终目标，具有典型的经营性特点，如零售商店、银行、公司、工厂等，而且这类组织所产生的价值可以用货币形式加以表现。

这种组织既是社会中创造财富的组织，也是最活跃、最具有创新性的组织。其组织结构的形成和运转都以效率和利润为中心，其最终目标是获得财富和利润。而其他类型的组织都可能参照或模仿经营性组织方式，来实现各自的组织目标。

### （四）大众福利组织

大众福利组织使社会所有公众都是组织的受惠者，包括那些与组织没有直接接触的社会成员，例如，邮局、飞机场、政府机构、大学、科学研究机构以及消防机构等。这类组织对社会起到保护作用，能维护社会的公平和公正，但其不以营利为目标，而且常常兼有一定的行政功能。同时这类组织也对社会中其他类型的组织提供服务，所有个人或组织都能从中获得好处。

## 三、埃特奥尼的分类方案

埃特奥尼（Amitai Etzioni）的分类方案的基础是组织权力类型和组织成员的服从方式。他认为组织内有三种不同类型的权力，即强制权力、有报酬的和功利主义的权力，以及规范的或具有特性的权力。这些权力分别以肉体伤害、物质上的奖励以及荣誉称号的获得为服从行为的基础。按照人们的服从标准，可以把组织分为如下几类。

### （一）疏远类组织

疏远类组织是以强制权力为基础的，组织利用有形力量，迫使组织成员服从组织的要求，不服从命令的成员将会遭受痛苦甚至死亡。疏远类关系意味着组织成员对组织持极端的否定态度，它表明了组织成员与组织之间的关系处于离散状态。这种类型的组织包括集中营、精神病医院或者军队组织。

### （二）功利类组织

功利类组织是以实在性奖励和非实在性奖励为基础的组织。在这种组织内，组织成员对组织的感情并不那么强烈，他们对组织的态度既可以是积极的，也可以是消极的，但通常比较温和。组织之所以具有报酬的或功利主义的权力，是因为组织占有物质资源，而这些资源又是组织成员所希望得到的，从而强化了组织的控制能力。这种关系在工商企业组织，例如销售公司中比较典型，工商企业组织中的成员与组织之间的关系基本上是报酬与服从的关系。

### （三）道德类组织

道德类组织是以通过劝导和感召来将人们的行为引导到被认为是正确的轨道上为基础的。这种组织的成员一般对组织抱着积极肯定和赞许的态度，例如教会组织、某些党派组织或者志愿者组织等。道德类组织的权力来源是对某些荣誉性称号等资源的占有与分配。纯粹的荣誉如爱好、慈爱、声望，能被组织用于获取成员对组织的服从。

## 四、卡茨和卡恩的分类方案

丹尼尔·卡茨和罗伯特·卡恩与帕森斯一样，也是以追求的目标和执行的功能来给组织分类的。按他们的分类方案，组织被分为如下几种类型。

### （一）生产和经济组织

生产和经济组织是指给社会提供物品和服务的组织。这类组织一般都属于营利性组织形式，例如企业组织和商业组织等。

### （二）模式维持组织

模式维持组织是指那些能够培养和准备将来顺利而有效地进入其他组织的人员的组织，属于一种服务性的组织，它们培养和准备终生从事某种行业的人员，例如学校组织。

### （三）适应性组织

适应性组织所关心的是创造知识和检验理论，包括基础性研究和发展组织，比如兰德公司及其各种相应的组织机构。

### （四）管理或政治性组织

管理或政治性组织是指那些企图控制人力、物力资源的使用的组织，政府和管理机构属于这类组织。

## 五、汤普逊的分类方案

詹姆士·汤普逊的分类方案主要是以组织所使用的技术为基础的，他把组织分为如下几类。

## （一）长链组织

长链组织所使用的技术需要在一个时间序列中执行其功能，因此长链组织的组织结构也是围绕着这种技术而设计的，比如生产线操作系统。汽车工业和建筑工业都是由采用了长链技术的组织所构成的。

## （二）媒介组织

媒介组织使用的是媒介技术，这类组织关心的是如何把希望保持相互依赖的人群结合在一起。例如，筹资机构企图将借方与贷方相匹配。银行组织就是这种类型的媒介组织。

## （三）集约组织

集约组织采用集约化技术将各种各样的工艺技术或方法结合在一起，以完成某项特别的计划任务。比较典型的集约组织如美国国家航空航天局（NASA）。该组织关心的是将丰富多样的高技术结合在一起，以完成像航天飞行或宇宙探险之类的空间科研的计划。

以上所有这些分类方案（见表3-1）都能有效地区分和辨别组织。不管我们使用哪种方案，都应当注意到这个方案是说明性的，并且能使它的使用者将它与其他方案仔细地区别开来。此外，还应注意有些特殊组织可以被归入一个以上的类别。

**表3-1　组织分类方案比较表**

| 提出者 | 分类方法 | 组织类型 | 类型举例 |
|---|---|---|---|
| 帕森斯 | 执行的功能和追求的目标 | 经济生产组织<br>政治目标组织<br>整合组织<br>模式维持组织 | 摩托车厂<br>政府机构<br>法院系统<br>大学组织 |
| 布劳和斯科特 | 组织的受惠者 | 互惠组织<br>服务组织<br>经营组织<br>大众福利组织 | 贸易协会<br>政府机构<br>银行系统<br>邮局 |
| 埃特奥尼 | 组织权力类型和组织成员的服从方式 | 疏远类组织<br>功利类组织<br>道德类组织 | 军队<br>销售公司<br>教会组织 |
| 卡茨和卡恩 | 追求的目标和执行的功能 | 生产和经济组织<br>模式维持组织<br>适应性组织<br>管理或政治性组织 | 零售商店<br>学校组织<br>研究与发展组织<br>管理机构 |
| 汤普逊 | 组织所使用技术 | 长链组织<br>媒介组织<br>集约组织 | 汽车公司<br>银行系统<br>美国国家航空航天类组织 |

除了以上几种分类方案之外，还有一种以组织人数的多寡为基础的分类方案。这种分类尽管缺少足够的科学依据，且带有很大的随意性，但在人们的日常生活中却被经常采用。例如，组织可被分为小型组织、中型组织、大型组织和巨型组织等。这种分类适用于所有组织形态，但它只是一种分类方式，不具有研究上的意义。

# 第二节 我国社会组织的分类

每一个社会都有自身的分类系统，分类既是社会管理的手段，也是社会制度结构的表现形式。中华人民共和国成立后，社会组织的分类采用两类标准，即以产业为标准的分类和以企事业、国家机关、党派及人民团体机构编制的性质为标准的分类。这种分类是计划经济体制的产物。改革开放以后，我国社会出现了许多新型组织形式，而且组织的种类越来越多，用过去的分类方法已经很难满足社会发展的需要，为此国家统计局从 1996 年年底开始在全国开展了“基本单位普查”工作，目的是查清全国单位的数量和性质，为国家发展计划的制订提供科学的分类方案①。

为全面认识我国社会组织的分类方案，我们仍然以两类标准进行分类②。

## 一、以产业为基础进行的分类

我国根据不同产业的研究对象，把社会组织划分为三种类型。不同类型的产业组织不仅有不同的产业政策，而且在组织机构的设立、发展及国家对它的管理方式上存在很大差异。

### （一）第一产业组织

第一产业组织是以自然为开采对象的产业组织形式，包括农业、林业、牧业、渔业及石油开采业和地质勘探业等。

### （二）第二产业组织

第二产业组织主要是指在第一产业组织基础上形成的产业，包括工业（制造业、电力和煤气业）和建筑业。

---

① 该普查资料尚未公布，可参见：全国基本单位普查工作手册．北京：中国统计出版社，1996.

② 张家麟．组织社会学．合肥：安徽人民出版社，1988：50.

### （三）第三产业组织

第三产业组织主要包括流通部门和服务部门两大类。流通部门的行业包括交通运输业、商业饮食业、邮电通信业、物资供销业和保管仓储业等。服务部门的行业可分为：（1）生产和生活服务部门，例如金融、保险、地质普查、房地产、社区服务、旅游、信息咨询及各类技术服务等；（2）教科文卫等服务部门，包括的组织类别有教育、文化、广播电视、科学研究、卫生、体育及社会福利事业等；（3）社会公共服务机构，包括国家机关、党派团体，以及军队、警察和监狱等。

除上述三个产业的划分外，我国著名学者钱学森曾提出第四产业的看法，认为信息产业具有自身的独特性，既不同于第一和第二产业，也与第三产业有很大区别，为推动和发展信息产业，应把它划归为一种新的产业类型。

## 二、以企事业、国家机关、党派及人民团体机构编制的性质为标准的分类

这种分类具有管理层次上的意义，国家通过这些单位类别对整个社会进行条块管理，把所有的机构和个人都划归到某一类组织，无论是个人还是机构都要在这种组织内活动，并获取国家所分配的资源。

### （一）国家机关编制组织

国家机关编制组织是指国家权力机关和行政机关，以及国家审判、检察机关、党派、政协、人民团体组织的机构编制。这种机构实行高度的科层制组织形式，并实行国家财政预算拨款制。国家机关编制组织具体包括以下四个门类。

（1）国家权力、行政、审判、检察和金融机关组织。国家权力机关是指全国和地方各级人民代表大会常务委员会及其办事机构，这是国家最高权力机关组织。

国家行政机关包括：国务院和地方各级人民政府及其职能部门、各直属机构和工作部门；各级人民政府的派出机构，例如，行政公署、区公所、街道办事处、驻外地办事处；各级公安部门所属的公安分局、派出所。此外，国家海关、商品检验局、公安武装部队、消防部队、交警队、刑警队、边防检查站、看守所、收容所、拘役所、监狱机构、基层税务所、市场管理所及财政所等都属于国家行政机关编制的组织形式。

国家审判机关包括最高人民法院、地方各级人民法院和专门的人民法院及所派出的人民法庭。

国家检察机关包括最高人民检察院和地方各级人民检察院，专门人民检察院和派出机关，等等。

国家金融机关是指中国人民银行及其地方分、支行等。

（2）党派组织。党派组织包括两个部分：一是中国共产党各级各类组织形式，如中央及各地工作机构，地委、区委、党组等，属于中共中央组织部、宣传

部和统战部的机关组织；二是各民主党派机关组织，包括民革、民盟、民建、民进、农工、致公、九三学社、台盟等中央和地方各级工作机构。

（3）政协组织。政协组织是指中国人民政治协商会议各级委员会及其办事机构。

（4）人民团体。人民团体也是国家机关组织，其结构与其他国家机关组织形式一致，也实行国家财政预算拨款制。这类组织包括全国总工会及地方各级工会组织、共青团中央及地方各级共青团机关、全国妇女联合会及地方各级机关组织及归国华侨联合会等。

此外，国家及地方各级科学技术协会、文学艺术界联合会、工商业联合会，以及佛教协会、伊斯兰教协会、天主教爱国会等宗教组织都属于人民团体。

## （二）国家事业编制组织

国家事业编制组织是指为国家创造或改善生产条件、促进社会福利、满足人们文化、卫生等需要，其经费实行国家财政预算拨款制的国家事业机构。此外，那些实行企业管理的事业单位也属于国家事业编制组织。国家事业编制组织主要包括：

（1）农、林、水利、水产、畜牧、气象事业组织。农业事业组织包括农业试验站、种子站、技术推广站；林业事业组织包括林场、苗圃、工作站；水利事业组织包括排灌管理、水库管理、水文、治河、防汛机构；水产事业组织包括水产养殖试验站；畜牧事业组织包括畜牧养殖试验站、兽医站、检疫站等；气象事业组织包括水文气象台、各种气象台（站）、农业气象试验站、气象通信站、气象计算分析中心、人造气象卫星发射接收站、民航气象站、海洋水文气象站等。

（2）文教卫生事业组织。包括许多门类，诸如：文化事业组织类别的图书馆、文化宫、文化馆、艺术馆等；教育事业组织类别的学校系统、幼儿园、教育研究所；卫生事业组织类别的医院、疗养院、保健院等；体育事业组织类别的体育场馆、俱乐部、运动队等；环境保护事业组织类别的各级环境保护行政机关所属的独立环境监测站、科研所和情报所等；新闻广播出版事业组织类别的新华通讯社及其分社、分支机构，广播电视台（站）、转播站、发射台、干扰台，报社、杂志社、新闻图片社和画报社，等等。

（3）科学研究事业组织。包括中国科学院和中国社会科学院及其所属的科学研究所，中央和地方各部门所属的科学研究机构。

（4）勘察设计事业组织。包括由国家预算和地方预算勘察设计的独立机构，例如，石油、地质、冶金设计院和分院，以及勘察队、物探队等。

（5）社会福利事业组织。不仅包括儿童福利院、儿童教养院、养老院、社会福利院、教养院、荣军修养院等，还包括殡仪馆、火葬场、烈士陵园、公墓等管理机构等。

（6）城市公用事业组织。包括公园、动物园及清洁队等。

（7）交通事业组织。包括公路、航道维护、车辆监理机构等。

除了以上几种事业组织之外，迎宾馆、文史档案馆、各种援外机构等也都归属于事业编制组织形式。

## (三) 国家企业编制组织

国家企业编制组织是指那些直接从事工农业生产、交通运输和商品流通等经济活动，所产生的价值可以货币形式表现的经济组织形式。其具体组织有如下几种：

(1) 冶炼、采掘、制造、加工等。

(2) 农场、伐木场、养殖场、盐场、农业机械站等。

(3) 建筑公司、工程公司、安装公司、施工队、专业修缮队等。

(4) 铁路、公路、水上运输、民用航空、邮政、电信、维修等。

(5) 商业、粮食、服务业和物资供销部门所属的各类公司、门市部、饭馆、旅店、仓库、粮库、货栈等。

(6) 公共汽车、电车、电话、电灯、煤气等。

(7) 新华书店、电影发行公司、剧院、电影剧院、出版社等。

(8) 银行系统的储蓄所、分理处、办事处和信托公司与保险公司等。

关于中国社会组织的最新分类方案要看国家统计局最新公布的调查结果，及《全国单位调查》中的有关资料。以上那些分类有了重大修改，例如，关于经济组织就有表 3-2 的分类形式。

**表 3-2　经济类型代码表**

| 代码 | 经济类型与构成 | 代码 | 经济类型与构成 |
|---|---|---|---|
| 1 | 国有经济 | 52 | 国有与私人联营企业 |
| 11 | 国有企业 | 53 | 集体与私人联营企业 |
| 12 | 国有联营企业 | 54 | 国有、集体与私人联营企业 |
| 2 | 集体经济 | 6 | 股份制经济 |
| 21 | 集体企业 | 61 | 股份有限公司 |
| 22 | 集体联营企业 | 62 | 有限责任公司 |
| 3 | 私营经济 | 7 | 外商投资经济 |
| 31 | 私营独资企业 | 71 | 中外合资经营企业 |
| 32 | 私人合伙企业 | 72 | 中外合作经营企业 |
| 33 | 私营有限责任公司 | 73 | 外资企业 |
| 4 | 个体经济 | 8 | 港、澳、台投资经济 |
| 41 | 个体工商户 | 81 | 与大陆合资经营企业 |
| 42 | 个人合伙 | 82 | 与大陆合作经营企业 |
| 5 | 联营经济 | 83 | 港、澳、台独资企业 |
| 51 | 国有与集体联营企业 | 9 | 其他经济 |

# 三、按照职能进行的分类

现代社会组织按照职能和角色，一般可划分为政府组织、经济组织和社会组织三个类别。

## （一）政府组织

政府组织包括立法机构、公安部门、检察院、法院、警察和军队组织等。这种组织是整个社会的管理机构，其行为准则就是促进社会效益最大化，即追求整体社会的全面发展和社会的稳定、协调及公平正义。政府组织提供经济（企业）组织运行规则，负责宏观调控、公共服务与社会管理。

政府组织具有行政功能，采取上级命令下级、下级服从上级的行政机制运作方式。政府的行政职能在制定政策、维护社会公平上具有突出特点。政府可以通过制定各种政策，协调各种利益关系，维护社会公平。

## （二）经济组织

经济组织属于营利性机构，包括各类企业组织。经济组织的行为是以追求自身利益的最大化、效率优先为原则的。经济组织的经营需要缴纳各种税赋，需要向投资者回报利润，需要不断增加员工工资和奖金以激励员工的工作积极性，需要不断地扩大再生产，因此其必须追求最大的经济效益。

经济组织行为的基本机制是市场机制，即等价交换、公平竞争、优胜劣汰机制，企业要在无情的市场竞争中求得发展，必须不断地降低成本、提高效益。

## （三）社会组织

社会组织是指人们为了合理、有效地达到自己的目标，有计划地建立起来的一种社会机构，是现代社会主要的社会组合形式和基层单位。近代以来，社会分工和生产力的发展促进了社会组织的大规模、高速度发展。当今社会中的社会组织一般规模较大，人员众多，结构复杂，成员间有明确的分工和职责范围，有明确的工作目标和组织规章制度。①

社会组织一般属于非营利、非政府的第三部门组织。这类组织的行为准则是民主自治、安居乐业、公平优先、关注弱者、奉献爱心。社会组织在社会生活中作用的发挥，使公民能够有一个和谐的居住环境，使社区内的政府与企业组织能够良性地运作和经营。

有学者以社会组织与政府关系的距离为参照将社会组织划分为四类。第一类是人民团体，主要包括参加全国政协的八大人民团体，即中华全国总工会、中华全国妇女联合会、中国共产主义青年团、中华全国工商业联合会、中国科学技术协会、中华全国归国华侨联合会、中华全国台湾同胞联谊会、中华全国青年联合会。这类社团充当党和社会之间的“传送带”，它们直接由政府组织，是党或国家的组织体系的一个部分。第二类是登记注册的社会组织。这类组织涵盖面很广，包括商会与行业协会、专业团体、学会、联谊会、文体社团等。根据与政府

① 袁世全．公共关系百科辞典．北京：知识出版社，1992：25－26.

关系的亲疏程度，还可以把这一类再细分为官办组织、半官半民间组织和自治程度较高的组织。第三类是生存在夹缝中的社会组织，它们中的大多数没有得到政府的正式认可，只有少数组织通过特殊关系进行了登记注册，或者以注册社团的二级机构的身份存在。第四类是不能公开活动的"地下"社会组织，包括激进的政治组织、地下宗教组织以及秘密社团等。这个分类的涵盖面比较广，对于呈现中国的社会组织的多样性是比较有效的。

按照行政管理规章的正式分类，中国政府把社会组织分为三类予以登记注册：社会团体、民办非企业单位、基金会。这一分类是在 20 世纪 80 年代末开始形成的，现在看来明显具有那个时期的局限性：分类是为了行政管理的需要而设计的，没有考虑纳入两类组织，一是已经在行政管理内的组织，如工会、妇联等人民团体，二是未获官方承认的组织，如家族组织、庙会等。

根据各种组织的主要特征，社会组织可做以下九类划分：（1）行业组织；（2）慈善性机构；（3）学术团体；（4）政治团体，如工会、共青团、村民委员会、居民委员会；（5）社区组织，如业主委员会；（6）社会服务组织；（7）公民互助组织；（8）同人组织；（9）非营利性咨询服务组织。

按照管理的需要，社会组织可以分为如下七类：（1）群众团体或人民团体；（2）自治团体，如村民委员会、居民委员会；（3）行业团体；（4）学术团体；（5）社区团体；（6）社会团体；（7）公益性基金会。

从组织文化的角度，社会组织又可以划分为西式社团形式的组织（如各种学会、校友会、环保社团）、政府机构式的组织（如由原来的政府部门转型而来的行业协会、人民团体）、传统形式的组织（如家族、庙会、民间文艺方面的花会）。

社会组织的发展机制可以从三个方面出发：一是基层自治组织的民主自治机制；二是社会服务组织、社会中介组织的准市场机制；三是社会互助机制，包括邻里互助、志愿者的志愿服务和城市社区单位与社区居民之间的资源共享。

## 四、按照规模进行的分类

组织按照规模可分为小型的组织、中型的组织和大型的组织。比如，同是企业组织，就有小型企业、中型企业和大型企业之分；同是医院组织，就有个人诊所、小型医院和大型医院之分；同是行政组织，就有小单位、中等单位和大单位之分。按这个标准进行分类是具有普遍性的，不论何类组织都可以做这种划分。以组织规模划分组织类型，是对组织现象的表面的认识。

## 五、按照内部关系进行的分类

按组织内部是否有正式分工关系，可将组织分为正式组织和非正式组织。如果一个社会组织内部存在着正式的组织任务分工、组织人员分工和组织制度，那么它就属于正式组织。政府机关、军队、学校、工商企业等都属于正式组织。正式组织是社会中主要的组织形式，是人们研究和关注的重点。而如果一个社会组织的内部既没有确定的机构分工和任务分工，没有固定的成员，也没有正式的组织制度等，这种组织就属于非正式组织。非正式组织既可以是一个独立的团体，比如学术沙龙、文化沙龙、业余俱乐部等，也可以是一种存在于正式组织之中的无名而有实的团体。这是一种事实上存在的社会组织，这种组织现在正日益受到重视。在一个正式组织的管理活动中，应特别注意非正式组织的影响作用。对非正式组织现象的处理，将会影响到组织任务的完成和组织运行的效率。

# 第三节 组织研究的系统方法

系统研究法是研究现代组织理论的最优方法，它是一种观念或研究问题的独特的思考方式，其作用主要体现为，能够从各种有分歧的观点中提供一个整合的基础。系统研究法把组织看成是一种“开放的”“社会技术的”“整合性”的系统，这类系统由诸多次级系统构成，而且不断和外在的环境进行着资源的交换。这种研究方法与以往的组织研究方法有很大不同，它是以权变理论为基础的。本节主要探讨系统研究法的基本概念、特点和在实际应用中可能引发的问题等。

## 一、系统研究法的基本概念

系统的意义是指这些事物是由各个部分组成的，这些部分由于某些目的或理由相互作用着。一个系统乃是一个作为复合或统一整体而运行的由各个事物或部分所组成的联合体。其表现形式如经济系统、通信系统、电气系统等。

系统定义的内容包含这样几个方面：

（1）相互依赖的观念。组成系统的各个部分是相互依赖的，如果某个部分发生变化，那么它就会影响到系统的其余部分。这种相互影响的方式可以是直接的或间接的。比如电话系统中的传输电缆的质量将直接影响开关装置的功能，因而影响整个系统的运行。

（2）整体性的观念。系统一般被看成是运行的整体，因此应从整体立场的角度考虑每个部分的变化，而且每个部分的变化也必然是整体变化的开始。因此，整体性的观念可以帮助人们更为全面地认识系统的内部结构。

（3）协同作用的观念。这是指系统运行各个部分产生相互作用的结果。各部分实际的相互作用产生的结果，大于各部分各自为政地发生作用所产生的总结果。在这里，系统内部的各个部分如果都能扮演好自己的角色，那么将会提高总体系统的总体功能执行水平。这就是各部分要组合的原因。

系统概念还被区分为许多其他的分类，例如子系统、开放系统和封闭系统、动态系统和静态系统等。

（1）子系统是指在整体系统中运行的元素，它是处于相对于自身更大的系统之中的系统。例如，相对于国家骨干互联网来说，国家教育科研网就属于子系统，而某个大学的局域网相对于国家教育科研网也是一个子系统。

（2）开放系统和封闭系统。一个开放系统是与环境（通常是比它更大的一个系统）相互作用的系统。而封闭系统是不与环境相互作用的系统。所有生物系统和社会系统都属于开放系统。封闭系统将在某一点上受到熵的损害，也即它们消耗的能量大于它们能从外部吸收的能量。这样的系统最终将退化和死亡。组织就是一个开放系统，它需要不断地从外在环境中吸取它所消耗的能量，以保持组织系统不退化，并继续生存下去。

（3）静态系统和动态系统。静态系统的状态变量随时间变化很小，难以观察和测量；而动态系统则是状态随时间而变化的系统。办公桌属于静态系统，它由四条腿、抽屉、桌面等构成，只随时间而发生微小的变化。社会系统和生物系统则属于动态系统，因为它们随着时间的变化而变化。医院是一个动态系统，因为病人和医生的进出、医疗设备的更新等都对医院系统产生很大的影响。静态系统与动态系统并不是绝对的，世界上的一切事物都是运动和变化的，因此，静态和动态的区分也具有很大的相对性。

## 二、组织与系统

社会组织包括整体、成长、分化、等级秩序、支配、控制、竞争等特征，而系统理论可以最有效地处理这些问题。因此，社会学家常把社会组织视为社会系统进行研究。从系统的角度观察组织和群体，需要研究两个方面的问题：

（1）必须先观察组织成员的互动，以便界定组织的结构。任何有结构的稳定行动模式都由基本的互动开始。长期又重复性的互动能生成稳定的结构，形成基本的制度或组织模式。

（2）必须界定结构的组成要素间的相互关系与依赖方式，即它们如何在一起运作，如何构成一个综合体。系统观点在分析组织现象时，常常从某一具体的部分入手，研究它们的相互依赖方式，及其构成内部结构的要素。

实际上，这种分析相当困难，因为每个组织都不能单独存在。例如家庭、企业、社区等，它们受到诸多因素的影响，很难把它们与其他社会现象区别来看。我们几乎不可能分解每一个组织的各个互相依赖部分及其与环境之间的关系，因为这些模式相当复杂且处于不断的变化之中。但系统观念对社会分析非常有用，并可促成因果关系的发现。

### （一）稳定与变迁

系统观假定，一个系统的各个部分之间相互联系、相互依赖，且每个部分对维持系统的存在都有贡献。如果某一个部分不能履行这种义务，就会破坏系统的稳定，其结果是它们必须做出改变，以求恢复稳定。社会组织系统也具有这种自我维持与均衡的倾向，例如，团体的制裁系统不仅能制裁偏差行为，同时也可以改变偏差行为。

社会学家运用系统观，主要在于强调稳定与均衡是系统生活的正常现象。他们承认稳定是可以改变的（功能论观点），但这种变迁缓慢且不会影响系统的基本性质。就此点而言，系统内部的冲突便是一种病态，必须加以治疗和改变，以恢复社会系统的和谐。但是，冲突论的观点则认为冲突是导致变迁与进步的基本手段。没有冲突对稳定系统的冲击，就不会有社会的进步。

### （二）功能分析

社会系统的均衡倾向，假定（必须有所假定，否则就无法进行持续性研究了）系统的组成要素在运作过程中扮演了重要角色，而功能分析就是运用结构、过程和功能来看待社会系统，其目的就是理解和发现这些元素之间的关系。

（1）显功能和潜功能。显功能是社会系统有意设计的，能够为组织所了解的功能。潜功能则是无意识的且未被认知的功能，是社会系统未设计的结果。社会组织的每一个部分几乎都具有潜功能特性。例如工厂制定工作规则和纪律的目的是增加产量和提高生产效率，但其却可能带来减产的结果。又比如家庭关系、学校关系等都存在这样的功能问题。

（2）正功能与反功能。社会结构功能分析的另一目的就是区分各个体系中部分对整体产生的影响。如果系统的一个部分或子系统能有效地帮助整个系统运行，它就被称为有正功能。相反，如果系统的一个部分或子系统（或系统采取的某一措施）阻碍了团体目标的实现或瓦解了系统的均衡，它就具有反功能。这两个概念有助于人们对子系统的效率和效能做出判断，促使人们把系统部分的变化与整个系统的运行联系起来，进行综合的考察。

## 三、组织系统的分析层次

组织系统的分析层次可以从三个方面进行考虑，这三个方面由低到高也就是由人际关系到团体关系再到社会秩序的变化过程。人际关系是团体关系的基础，而团体关系是社会秩序的基础，组织分析离不开这几个层次，我们研究的目标从最高层次来看就是社会秩序。

### （一）人际关系

人际关系（interpersonal relation）是人与人之间所发生的最基本的社会结

构，如朋友、邻居的关系。人际关系既可能是亲密的，也可能是敌对的。

人际关系是社会结构的基础。从常识来看，由于一个组织是由许多人构成的，因此必然就会存在诸多复杂的人际关系。社会学观点认为，一个组织不仅由多人组成，而且能形成一种角色组织与互动关系。在任何组织或团体中，一些人拥有权威，而另一些人则只能服从；某些人之间是朋友关系，而一些人与另一些人之间则可能是敌对关系。社会学家对组织的运行及组织内的人际关系都感兴趣。他们试图在组织内部发现维持人际关系与造成（引起）紧张的条件，从而获得组织研究的相关知识。

### （二）团体关系

社会组织的中间层次是社会的团体结构，或是团体关系（group relation），亦即各种团体相互之间的关系。这种团体关系，有领导团体与依附团体，联盟、敌对及中立团体，组织内的团体所处的位置，以及它与其他团体位置的变化，中心团体与边缘群体的关系，等等。对这种关系模式的探讨，可以帮助人们了解组织之外的社区或社会的各种关系。

### （三）社会秩序

社会秩序（social order）既是社会组织模式的基本特征，也是一种范围广泛的社会系统。在这种环境中，社会普遍具有许多特别的人际关系（如家族、奴隶或封建关系）。社会学家一般对具有特色的社会秩序感兴趣，例如游牧社会、现代工业社会等。社会秩序涉及组织与组织的关系，也即组织与更大社会系统之间的关系。

## 四、系统分析的使用

系统分析是组织研究的有效方法，但是，如果不能对这种方法有一个正确的认识，那么也会产生很多谬误，或者把研究者引入歧途和误区。因为系统分析本身不存在正确和错误之分，这也是我们使用系统分析的基本理由。

### （一）系统分析的有效性

系统分析的有效性表现在许多方面，下面只介绍主要的几种。

（1）整体性观点可以使人们将组织作为一个整体来考察，它使组织各元素被明确规定，并能通过对系统的追溯而确定某一元素的变化对系统的运行和输出的影响。子系统的界面被看成是子系统与较大系统间的相互作用场所。

（2）系统分析把那些起初看起来各不相关的观念、概念和元素结合起来，这些概念和元素被综合到整个系统之中。系统分析为组织提供了各自合适的框架，组织问题的各个方面和部分都能被整合为一个整体。

（3）系统分析能够帮助人们建构模型，使得观念图像的表示变得更加容易。

通过集中研究各种流程和元素之间的关系，人们就能够建立各种组织流程或方程组的模型。如此一来，组织系统的各元素都被规定了，而它们之间的关系也变得明确了。

（4）系统分析使元素之间的关系定量化。定量化的优越性在于说明关系时具有所需要的明确性。我们不再依赖于具有许多含义的日常词句，数学公式减少了在解释组织元素关系时的语义障碍。

### （二）系统分析可能引发的问题

实际上，采用系统分析框架的大多数不利因素在正常情况下并不存在，然而当人们误解和误用了这个方法时，不利因素就确实存在了。因此，这个方法的使用者需要知道应用它时的隐患所在，以及如何避免。

（1）某些人在实践中存在一种倾向，当他们运用系统分析时，提倡一种较集权化的行政结构。这种朝向集权化的倾向或许是从系统整体观方面而来。人们不能在使用系统分析时盲目采取集权化的组织形式。

（2）系统分析还能将组织关系描绘得过于简单，无论是组织内关系（组织中各元素之间的关系），还是组织之间（与其环境）的关系都能被过分简单化。系统分析过分地依赖于概念和分析的模型，然而人的头脑没有能力通过模型来充分表达各元素之间的关系。因此，大多模型系统倾向于把现实过分地简单化。纯粹信赖这些模型而牺牲管理经验、判断和其他信息，将会造成功能失调的结果。从系统哲学所发展出的模型只能被作为理解复杂现实的工具，而不能被作为对现实的总的表达。

（3）对开放系统来说，模型的缺陷更为严重。封闭系统中因果关系可能是完全的，或能被计算的。开放系统则因时间、方向上的不同，会有许多复杂的因果关系，追溯这些关系将是一个十分复杂的问题。

（4）许多人发现，系统分析太抽象而难以应用。这是由人们研究和应用系统分析的方式造成的。通常人们在表达系统分析时会使用许多模型、定量化方法和抽象的概念，它们对于不熟悉数学概念的人来说的确很难掌握。克服这一不利因素的关键是在研究和应用系统分析时，抵制那种用建模和定量化形式来表达的诱惑力。

（5）系统分析定量化的应用容易导致确定性的幻象。社会科学中的关系，包括组织学的关系，很少能确定地表达出来。人类社会的关系非常复杂，人们不可能规定它们的所有相关变项和它们的因果关系，更不用说确定它们量的大小。因此，应反对那种依赖定量工具而排除基本描述的做法。

## 五、组织研究的其他方法

在以往的组织研究中，出现过许多行之有效的方法，但是每一种方法都不能单独对组织进行有效的解释。如果把这些方法综合起来运用就会具备很强的解释能力。下面主要介绍若干这方面的方法。①

## （一）机械论或科层制模型

这种模型产生于古典组织理论，通常是在一种封闭或半封闭状态下考察专业分工、等级次序、责权下放、结构和有效性等。机械论或科层制模型强调组织运行过程中的可预测性与稳定性，基本不考虑组织运行的外在环境与组织成员的基本动机和需要。

## （二）人类关系或群体模型

霍桑实验的一个结果是建立了一种组织运行的解释模型。这种模型是以组织群体之间及成员之间的作用关系为基础的，对正式组织和非正式的组织很少考虑。它把人与人之间的相互作用产生的社会奖赏和满足，用来解释人们为什么工作、如何努力工作以及工作效率如何等，同时还考察了组织内部的非正式群体的运行过程。

## （三）个人行为模型

这种模型主要强调群体或组织中的个人行为。马斯洛和赫茨伯格等学者仔细考察过组织内个人的感受与动机，并把组织的运转过程解释为为了满足个人需要所做出的个人反映的结果。

## （四）技术性模型

技术性模型主要强调组织所采用的技术，以此来解释组织是如何发展和运行的。该模型的指导原则是：组织围绕着它所使用的技术而形成特定的结构形式。例如一家汽车制造厂的结构和运行在很大程度上取决于它所使用的技术。

## （五）经济性模型

经济性模型的基础是营利性组织在经济决策上的合理性问题。实际上，一切决策都是经济性的决策，追求利润的愿望决定着组织的行为方式。这一模型不仅比较适用于营利性的经济组织，也能够有效地解释非营利性组织，尤其是那些经历着周期性预算缩减的组织。

## （六）权力模型

一切组织都对环境具有某种程度的影响力，都具有一定的内部权力关系和权力结构。这种模型认为组织内部的权力的等级差别决定着组织中所发生的重要事件。它从组织内部和外部产生的权力关系出发解释组织的资源、决策和总行为。在这里，权力被看作组织对它的成员和环境能够施加影响和作用的能力。权力模

① 鲁品越．社会组织学．北京：中国人民大学出版社，1989：64－65.

型把组织的运行看作权力斗争和秩序。

### （七）博弈模型[①]

组织研究中的博弈论方法即将组织现象看作比组织层次更低的诸行动主体在试图实现各自利益最大化的过程中互动的结果，即从行动主体互动的角度对组织现象做因果机制解释。具体而言，假定每个行动主体均有各自的策略集，它们各自的收益取决于自身的策略选择与其他行动主体策略选择的组合；诸行动主体的互动可能面临不同的条件，不同的条件影响着行动主体的策略集、策略选择和收益，从而构成不同的博弈模型。在运用博弈论方法进行组织研究时应注重均衡策略分析，把均衡策略的存在看作组织秩序的必要条件。

### （八）SWOT 分析模型

SWOT 分析模型是组织战略研究的重要分析方法，指的是对组织的内部和外部发展环境进行综合评价分析，从而为组织制定战略提供参考依据。SWOT 分析方法主要指的是优势（strength）、劣势（weakness）、机会（opportunity）和威胁（threats），其中优势和劣势是对组织内部环境因素的分析，而机会和威胁是对组织外部环境因素的分析。SWOT 分析方法的核心在于给出有关组织的内在环境、面临的问题的信息，通过激励调动组织优势，从而最大限度地利用机会规避风险，实现组织目标。

**案例分析：Advertising. com 网站的成功之道[②]**

Advertising. com（以下简称 Ad. com）在 2004 年 6 月被时代华纳-美国在线以 4.35 亿美元的价格收购，这使得它成为在线广告市场中做得最体面的网站。在被时代华纳-美国在线收购之前，2003 年 Ad. com 上市并获得 1.23 亿美元的年收益以及 0.12 亿美元的运营收入。Ad. com 在 2004 年第一季度的收入是 0.46 亿美元，市场预测其年收益在 2.5 亿美元左右。成立于 1998 年的 Ad. com 强劲的增长率令人印象深刻：2001 年，0.38 亿美元；2002 年，0.74 亿美元；2003 年，1.23 亿美元；2004 年，大于 2.05 亿美元。更加令人印象深刻的则是当时的市场竞争环境。那时既有像 DoubleClick 这样的大型网站，也有大量的小型广告网站，但是它们都无法企及 Ad. com 所达到的高度。

启动策略：在网站上线伊始，Ad. com 遇到了“鸡和蛋”的问题（先有蛋还是先有鸡的问题）——如果没有媒体的广告位就无法向广告商兜售，但是如果没有广告商而直接和媒体联系也是件困难的事。Ad. com 在一开始就干得漂亮，它把目标聚焦在一些小型媒体身上，并且在自己的网站上竭力保全它们的信息，而

---

① 刘世定，张惠强．组织研究中的博弈论方法．吉林大学社会科学学报，2013，53（6）.

② Advertising. com 网站的成功之道．[2020－04－10]. http：//www. yeeyan. com/articles/view/Joanna/79.

不是追在雅虎（Yahoo!）、美国在线、MSN这类知名媒体的后面跑。当Ad.com证明这是可以成功的广告模式以后，第二梯队的竞标者们纷至沓来，于是就可以吸引那些更大的媒体的注意。那些媒体对Ad.com的做法表示既惊讶又赞许，因为在此之前它们都没想到可以拿那些过时的垃圾广告去赚钱。随着更大型的媒体也加入Ad.com的网络平台之中，Ad.com吸引大广告商进驻也就变得轻而易举。

成功要素：细看Ad.com的成功要素，除了上述的启动策略之外，还包括几个方面。(1) 在创办伊始，网站就把自己的重心放在技术革新上。(2) 为广告人组织有效的、基于执行力的广告竞标。不管是按制作成本、按点击量还是按单收费，Ad.com都对广告的收费方式进行了高度细分，而后台面向广告对象的技术也为这种收费方式提供了强大的技术支持。(3) 虽然Ad.com运行的是网络广告的商业模式，但是其坚持广告的真实性。(4) 管理团队训练有素，每天都召开例会分析运营状况，以确保最热的竞标能顺利实行并且取得成效。(5) 在网站收购过程中保持稳扎稳打，保持良好运营，也是其成功的重要经验之一。在被收购之前，Ad.网络已经成为一家实体型企业，这使得它在被时代华纳-美国在线收购后，仍能保持良好的、有章法的运营状态。

**要求**

1. 结合当今社会发展的现状和有关组织研究的知识，谈谈你对网络组织的认识。
2. 分工、协作规则：小组讨论。
3. 学习成果形式：研究报告。
4. 学习评定规则：学生互评+教师评价。
5. 时间要求：一周。

**讨论提示**

这里讨论的主要还是组织机制创新问题。随着时代的进步，新技术需要新的工作模式。我们在讨论这个案例时应该重点研究Ad.com公司是如何细分业务收费、进行平台搭建、对广告商进行分类的，以及注意它与雅虎、美国在线、MSN的区别，因为这也是Ad.com公司成功的主要原因。同时，为了更好地了解该案例，通过参考资料查询其他类似组织的特点，认识到创新是组织和类别的创新。

**分析与说明**

网络组织是新的组织形式，工作机制与工作模式都发生了很大变化，这种组织利用现代技术使得原来看似不相关的组织与机构相互联结起来，进而带来更大的经济与社会效益。我们在分析这个案例时可以把与此相关的新型组织看作单独的一类，分析、讨论它们共同的特点，与传统组织的区别，以及在可能预见的未来会出现什么样的发展趋势，等等。这类组织不是创造新产品，而是重新整合已经存在的资源，使之发挥出原来没有想象到的潜力。

## 本章要点

1. 帕森斯以组织执行的功能和追求的目标为基础把组织分为四种类型：经济生产组织、政治目标组织、整合组织和模式维持组织。

2. 布劳和斯科特以组织的受惠者为基础把组织分为四类：互惠组织、服务组织、经营性组织和大众福利组织。

3. 埃特奥尼根据组织权力类型和组织成员的服从方式把组织分为：疏远类组织、功利类组织和道德类组织。

4. 中华人民共和国成立后，社会组织的分类采用两类标准，即以产业为标准和以企事业、国家机关、党派及人民团体机构编制的性质为标准。

5. 系统研究法是研究现代组织理论的最优方法，它是一种方法论或研究问题的独特的思考方式，它能够从各种有分歧的观点中提供一个整合的基础。

6. 系统分析的优点表现为整体性、协同性、数量化和模型化等。同时，系统分析在使用时也容易出现一定的问题，例如容易导致集权化倾向、对组织关系描绘得过于简单、太抽象而难以应用等。

## 推荐阅读书目

1. 陈晓萍，徐淑英，樊景立．组织与管理研究的实证方法．北京：北京大学出版社，2008.

2. 葛伟民．网络效应：互联网发展对全球经济的影响．上海：上海社会科学院出版社，2004.

3. 李怀祖．管理研究方法论．2 版．西安：西安交通大学出版社，2004.

4. 李平，曹仰锋．案例研究方法：理论与范例：凯瑟琳·艾森哈特论文集．北京：北京大学出版社，2012.

5. 李维安，等. 网络组织：组织发展新趋势. 北京：经济科学出版社，2003.

6. 刘军．管理研究方法：原理与应用．北京：中国人民大学出版社，2008.

# 第二部分

# 组织系统的要素分析

组织作为一个系统，它的构成要素一般包括四个方面，即组织目标、组织结构与设计、组织群体及相互关系、组织文化。它们属于组织系统的静态结构，既是组织进行设计与管理的基础，也是影响组织与外在环境进行资源高效率交换的重要因素。输入同样的资源之所以产生不同的输出结果，皆因组织内部构成要素的差异化组合。组织管理的成功与否不在于人力和物力资源的多寡，而在于如何合理地配置已有的人力与物力资源。组织方式的差异是决定组织生存与发展的关键要素。

本部分将要讨论的内容是：组织目标是组织存在的基础，组织的结构与设计是实现组织目标所必需的“硬件设备”，而组织文化以及组织群体则是实现组织目标的“软件”部分。只有这两个方面能围绕着组织目标进行设计，并达到清晰合理，组织才可以发挥出它应有的效力。本部分以基本原理为主，也涉及诸多的实践问题，是组织社会学研究的重点和难点。

# 第四章
# 组织目标

组织是人们实现目标的工具，要研究组织首先要从组织目标出发。但组织目标的概念很难定义，它的产生和发展都遇到许多问题。组织若想实现工具性的作用，首先就要协调个人与组织目标的关系。在现代社会，每个人都是一个“组织人”，他的大部分时间在组织内度过。组织成员希望借助自己与组织的联系来实现自己的意图。因此，人们的组织生活在很大程度上受到对自己目标和意图追求的驱使。这是理解组织如何运转的重要观念。也可以说，组织不仅是个人实现目标的手段，同时也是群体实现目标的手段。通过本章的学习，应了解组织目标的性质，影响组织目标制定的因素、组织目标制定的方法与原则以及目标评估指标。

## 第一节 组织目标概述

组织目标是一个复杂概念，它既可以是组织拥有者的目标，也可以是组织成员的共同目标。但在具体操作上却遇到很多问题，例如一家股份公司的拥有者就是一个不确定的概念，组织目标随着拥有者的变化而发生改变。所以，组织目标概念有时具有模糊性。

### 一、组织目标的含义

社会组织是执行社会特定分工的群体。社会分化程度越高，社会组织的类型也就越复杂，不同社会组织之间的区别也体现在组织目标的差异上。

#### （一）组织目标的定义

组织目标在定义和实现方式上与组织成员的个人目标完全一致。组织目标就是组织努力争取达到和所希望的未来状态。它是组织开展活动的依据和动力，代表着一个组织的未来和发展方向。因此，组织目标对组织的存在和发展具有以下意义。

首先，组织目标是组织的灵魂。组织是依靠特定的目标来维持其存在的，组织内部的一切活动也是围绕着组织目标而进行的。失去组织目标便意味着组织活动失去其合理依据。

其次，组织目标是确定组织活动路线的基础。它包括两个方面：对内是指组织在制定方针、政策和策略时，要以满足目标要求为准绳。组织内部的各项方针、策略和政策正确与否，要看它是否有利于组织目标的实现。对外是指向社会大众宣告本组织的宗旨、性质和任务，明确其发展方向，使人们认识并了解这个组织，以便加入该组织或与该组织发生联系。

最后，组织目标是衡量组织的效率与效益的标准。组织活动都是围绕着组织目标进行的，这种活动是否有效益或效率，以及效益或效率如何，主要取决于组织活动结果接近于组织目标的程度。

## （二）组织目标的内容

组织目标的内容很广泛，它通常指使命、目的、对象、指标、定额等，有时也指任务的合法化与正规化，还可以指组织所完成的具体项目，如某一厂家所追求的生产定额、某一所学校的招生计划等。从另一角度，组织目标还可以被看成是要求组织去满足的一系列要求，如雇员的满意程度、符合政府或社区要求的目标、满足顾客的要求等。这样，组织目标就有两个层次上的差异：在广义层次上指正式的、抽象的、长期的目标，这是各个组织之间相互区分的标志；在狭义层次上指各组织中的实际工作目标，即具体的可操作性目标。实际上，前者是建立在后者一系列可操作目标基础之上的目标。例如，一家企业要想达到为社会服务、生产更多更适用的商品的目标，它首先要在组织内部出色地完成各种质量指标、数量指标及评价指标等，才能谈得上顺利完成整体组织目标。因此，组织目标与管理人员的工作密切相关。企业或政府在明确目标之后，经由管理人员把组织目标们分解为多个实际可操作性目标，并提出一系列测量尺度。同时，领导者还要经常调节各种目标之间的矛盾，以满足组织内部和外部各类成员与社会利益的需要。

组织目标的存在与受益人群体有很大关系。一般来说，受益人群体主要有两类：主要受益人群体和次要受益人群体。组织的设立就是为了满足这两部分人的需要。

主要受益人群体是组织所要直接服务的对象，是组织存在的目的之所在。零售店的主要受益人群体是顾客，大学的主要受益人群体是学生，医院的主要受益人群体是患者。他们构成了组织目标的基础。

次要受益人群体是组织的次要或间接服务对象，包括组织的雇员、股东和一般公众。每个社会成员都试图从组织活动中得到自己所需要的东西。但要实现所有受益人的目标并非易事。人们在考察组织时，常常会发现某些优先的目标或目标等级，这就是说，组织是按照轻重缓急的秩序实现目标的，否则组织就难以生存下去，但一个目标排在目标等级的末端，并不意味着其不能实现。

### （三）组织目标与个人目标

加入并留在组织中的成员其实有两方面的意图。一方面，他们愿意为实现组织目标做出贡献，同时也希望从中得到回报来实现自己的目标。因此，每个组织成员都要不断地修正自己的行为来适应组织的需要。这便是个人与组织的融合过程。只有这样，个人才能更好地为组织服务，接受组织的引导。当然，组织目标体系也能够影响个人的奋斗方向。另一方面，当个人目标与组织目标出现冲突的时候，常会发生员工对工作不满与生产率低，在这里，管理者对冲突的无所谓态度或全心专注都可能损害到生产效率和组织成员的满意感。对此，管理者的任务就是将组织目标与个人目标有机地协调与融合起来。

## 二、组织目标分类

任何分类都是对给定学科领域信息的一种排列整理方式。目标分类模式能够帮助人们对已知的关于目标知识及其在组织生活中的作用进行编目，可以使人们更好地认识和理解组织目标的复杂性和广泛性。组织目标主要有以下几种分类方式。

### （一）主要目标和次要目标

#### 1. 主要目标

主要目标是指那些直接关系到组织主要受益人群体的需求和愿望之满足的目标，是组织为之奋斗的最终目的。无论是哪种类型的社会组织，这类目标都是它得以存在和建立的基本根据。组织的目的就是为这部分人群提供产品和服务。

主要目标对组织有着始终如一的重要性，因为这一目标不但是组织存在的基础，而且决定着其他附属目标群。同时，主要目标还对组织所利用的结构和过程具有决定性的影响。它为组织的运转提供了基础，因为组织是通过满足主要受益人群体的需求和愿望，来对组织过程、技术和人员进行有效选择的。

虽然主要目标因组织形式的不同而有所差异，但其基本含义是一致的，即一个组织的主要目标是生产和推销那些能够满足主要受益人群体的产品和服务。因此，准确地把握服务对象是组织的一项关键工作，只有这项工作做好了，才能有明确的组织目标。

#### 2. 次要目标

任何组织都必须满足各种各样的次要受益人群体的需求和愿望，而这些人的需求和愿望就成为确定组织次要目标的基础。即次要目标是指满足次要受益人群体的需求和愿望的目标。次要受益人群体之一就是雇员本身，他们都希望从组织活动中得到一定的好处以作为对组织贡献的回报。这些好处可用多种形式表现，例如工资、奖励及舒适的工作条件等。但这种次要受益人群体目标实现的前提条件是，组织提供这些人所希望的利益。

主要目标与次要目标之分，并不是指某一类人的群体比另一类人的群体更重要，它只说明组织必须关心除了主要受益人之外的其他群体的利益满足与否，否则它将难以在长时期的组织活动中获得成功。例如，政府机构总是从各类组织中得到某些利益，如组织缴纳的税负、对环境保护监督机构和劳动安全监管机构的要求等。尽管它们的要求与组织的主要目标不相符，因为组织既不可能把纳税放在首位，也不会把环境保护和劳动安全等作为其主要目标，但组织若要生存下去，也必须满足政府机构的愿望，即组织必须满足次要受益人群体的利益，以作为实现其目标的手段，才能有效地满足主要受益人群体的需要。

除政府组织这一次要受益人群体之外，组织内部各部门也要确立相应的次要目标。例如，生产部门对采购部门具有某种期望，销售部门对生产部门提供产品的某种期望，财务部门对销售部门的期望，等等。也就是说，组织内部各部门或群体之间存在着相互期望，它们想得到满足这些期望的各种利益。所以，整体组织必须确定能够满足下属各单位之间相互利益的目标，否则，组织就将受到内部目标秩序混乱的影响，从而干扰满足主要受益人群体和次要受益人群体之需求和愿望的能力。

## （二）短期目标和长期目标

划分短期目标和长期目标的目的是针对主要目标与次要目标，使人们能够集中精力实现目标。

**1. 短期目标**

短期目标是指在短期内实现的目标，结算周期作为目标进展的时间单位，通常是以天、月或年来计算的。

短期目标指出和规定了组织成员所应该分摊的日、周、月、年的工作量及完成措施和方案。短期目标对组织成员具有较强的约束能力。它建立在长期目标的基础上，并以最终使长期目标得以实现为目的。

**2. 长期目标**

长期目标是指需要长期努力才能够完成的目标，这种目标不可能在一年或几年之内完成。一般的长期目标都跨越 20 年左右的时间。比如我国计划到 2050 年达到中等发达国家的发展水平，便是长期目标之一。但是，技术与信息所具有的瞬息万变的特点，又使人们很难制定出准确的长期目标，不要说 20 年，就是预测 5 年以后的事情都很困难。那么，5 年或 7 年的计划也就有许多不切实际的地方。

尽管如此，组织的长期目标仍不能缺少，它是组织在相当长的时期内发展的总方向，是组织制定短期目标的基础和原则。为避免组织的长期目标脱离客观实际，跟不上时代的步伐，组织要经常检查长期目标的完成情况，检测长期目标是否出现偏差，以便能及时修正或更改长期目标。

## （三）平衡性目标和改进性目标

从对待目标的有意与无意方面可以把组织目标分为两类：平衡性目标和改进

性目标。

**1. 平衡性目标**

平衡性目标是指组织有意地做出了与它的客观环境相和谐的决策，采取了一种适应环境的战略，是组织保持在市场和资源上占有相对份额的战略。这种目标只是组织的一个理想，尽管不可能达到，但可以作为努力的方向。这种目标只要价值不过时，就很少转变，而且这种目标也是组织存在的根据。

平衡性目标是组织寻求与外在环境相和谐的一种被动方式，是受环境压力而保持与环境的和谐，而不是一种面对变化的环境做出反应的形式。组织与环境之间基本是单向交换，组织所确定的目标都是适应环境的目标，而不是改造环境的目标。例如，增长率保持在5%，事故率维持在0.2%，等等。

**2. 改进性目标**

改进性目标是指改进旧有的工作目标和以更高效率完成计划的愿望，由于现代社会环境变化迅速，组织为了适应环境变化的需要，常常会改进或树立新的目标。

从客观上来说，改进性目标的假设是组织出现了以下的变化：首先，如果原来的组织目标已经达到，但是组织本身还有存在的价值。那么它就需要创立或改进原有的目标，以便找到继续存在的根据。其次，有些组织经过努力而未能获得成功，而且也预期不会成功了，因此就要放弃旧的目标，制订新的计划。最后，目标的转变并不是以新的目标取代旧的目标，而是将旧的目标扩充，加进新的内容。

## (四) 显性目标和隐性目标

按目标在组织运转过程中的显著程度可将组织目标区分为显性目标和隐性目标。

**1. 显性目标**

显性目标是指组织所建立的正规的和官方性目标（official goal），并正式印刷出来，主要供组织之外的股东、政府职员或宣传机构阅读。这些目标一般比较笼统，只包括一些抽象的社会理想。列出崇高的理想作为组织目标，一方面是为了向社会显示其存在的正统性和合法性；另一方面可以鼓励组织成员对组织的投入和认同。

显性目标一般是组织在新闻发布会、年度报告或其他组织声明中使用的宣传性目标，但组织实际执行的目标可能与此不符或有重大差别。

**2. 隐性目标**

隐性目标是指组织事实上所实际朝向的非官方目标，它可能与组织正式发布的目标不同。

隐性目标形成的原因有多方面：或者是下级管理者没有自觉地认识到显性目标，因而形成了各自的目标体系；或者是显性目标本身脱离了组织实际的目标，成为根本无法实现的目标，所以组织才有了与显性目标不同的目标指向；或者可能是组织有其他出于非法目的而不便公开的目标，例如某个机构从事情报搜集工作，却以文教事业公司的外壳来掩饰其活动。但不管怎样，隐性目标在每个组织中都存在。当然有些组织目标没有被公布出来，也可能是因为大家都知道而没有公布的必要，例如商业机构成立的目的就是赚钱，这是众所周知的道理，公布了反而会贻笑大方。

总之，目标分类使组织活动更为具体有效，是组织运转必不可少的环节之一。现将目标分类总结为表 4-1。

**表 4-1 目标分类图**

| 目标类型 | 中心点 | 服务对象 | 举例 |
|---|---|---|---|
| 主要目标 | 产品和服务的生产与分配 | 主要受益人群体 | 到 1998 年财政年度商品出售增加 10% |
| 次要目标 | 对完成产品和服务的生产与分配的支持作用 | 次要受益人群体 | 到 1999 年做到符合主要的职业安全和健康标准 |
| 短期目标 | 1 年或更短的时间，或 1 个结算周期 | 主要和次要受益人群体 | 在以后的 12 个月中将质量控制废弃物减少 20% |
| 长期目标 | 2～20 年以至更远 | 主要和次要受益人群体 | 到 2010 年 1 月 1 日，市场份额增加 31% |
| 平衡性目标 | 对环境保持现状 | 资源保护 | 在 1989 年将市场份额保持在 10% |
| 改进性目标 | 增加操作、性能和效率 | 主要和次要受益人群体 | 到 2010 年 1 月 1 日电力消耗比 2008 年 1 月 1 日降低 15% |
| 显性目标 | （正规的、官方的）向公众宣布的目标 | 外部集团和上级管理机构 | 到 2010 年 1 月 1 日被雇少数民族员工增加 10% |
| 隐性目标 | （操作性的、非官方的）人们实际朝向的目标 | 执行管理者 | 尽快安排六个职务 |

# 第二节 影响组织目标制定的因素

组织目标在制定和实现过程中，受内外多重因素的影响，一般表现为三个方面，即文化环境、组织内部因素、组织参与者对整体组织目标的影响。

## 一、文化环境对目标的影响

文化环境有许多种类，它通常被分为一般组织环境和具体工作环境。它们对组织目标的存在和发展有着不同程度的影响。

## （一）一般组织环境

一般组织环境是指在实现组织目标过程中影响资源分配和利用的各种因素，包括经济环境、技术因素、资源状况、社会环境、政治环境、法治环境和文化环境等。诸如社会的教育、法制情况，组织内部的技术与原材料供应、竞争状况，等等。

经济环境指组织发展的外部经济秩序，包括银行体制、财税体制，对物质资源的利用和大众消费特征。早期组织的目标都是解决当前的经济问题，组织面临的外部环境比较稳定，实现组织目标所需要的资源有足够的供应。在现代社会，组织目标受外在环境的影响和压力越来越大，为适应由市场资源减少、运输成本提高和劳动生产率下降等因素所造成的市场竞争局面，管理者必须转变管理方式，采取一种适应性或进攻性的环境发展战略。经济环境包括消费者的需求、技术的变化和资源状况等。组织目标受消费者群体的影响越来越大，一切组织的目的都是为某些（或某个）消费者群体（主要受益人）服务。同时，还要顾及次要受益人群体的需求。管理人员发现，社会成员的价值观念越来越冲击他们的经济决策。管理思想也不能以单纯的实现组织目标为目的，而要争取实现多个社会目标，这样的组织才会受到广泛的社会欢迎。

技术因素的影响是指组织的目标常常会随着技术因素的变化而变化，例如当计算机被普遍应用之后，组织便开始改变目标战略以适应计算机的发展需要。

资源状况是组织目标建立的基础，任何组织都要有精确的资源预见，才可以保证目标的实现。例如，假定组织建立的目标所需要的资源超过了组织所能得到的资源，则这种目标是不现实的。

社会环境通常包括人们评价事物的尺度、看问题的方法及善恶标准等。现代社会的价值观念变化迅速，人们在社会组织中开始重视社会目标的实现，如控制环境污染、减少失业者等。从历史上来看，每一种先进社会制度的出现，都伴随着发达的经济组织形式。这种组织形式的发展又依赖于该社会人们对它的认识，如商业和贸易组织的发展依赖于人们对商业和贸易活动的承认和认可。在新中国成立前，人们一直把商业和贸易视为较低级的职业，它一直未能得到占据统治地位的儒家学说的支持。因此，尽管在明末清初的中国出现了商业资本主义的萌芽，但没有出现以追求利润为目的的经济组织。商业和贸易在西方社会却得到了新教伦理的广泛支持，社会上不再认为参加经济活动、追求利润及追逐个人成就是一种罪过，从此改变了人们的目标追求。

政治环境指国家与个人、政府与团体之间相互关系的观点的总和。早期的政治观点认为，人基本上是非理性的动物，只有采取集权的方式才能使人文明化。这种政治观点反映在组织理论上就是早期的泰罗制思想和韦伯的科层制观点。

在未来的社会发展中，政治控制还会出现逐步强化的趋势，从而才能进一步维持社会的连续性和条理性。这种受政治影响的集权化趋势会不断地影响到工商业经营组织的目标。比如受政治体制的影响，我国曾经出现无论什么类型的社会组织的目标都将政治任务放在第一位的情况，但在改革开放后，以经济建设为中心的政策导向，又使组织走向另一个极端，即无论是经济组织还是非经济组织都把经济利益作为首要目标。

### （二）具体工作环境

具体工作环境是指那些对于组织目标的建立与实现有直接关系的外部环境。这种环境与一般环境很难区分，常常交织在一起。组织的具体工作环境包括这样几个方面：

首先，组织所面对的市场、顾客及其服务系统。不同的组织目标所面对的顾客也不同，例如一家工厂为了制造产品，并把它销往市场，它的生产就要受到消费者的购买力、消费心理等因素的影响。一所学校的目标是培养更多的有用人才，它直接受用人单位的情况、教师队伍的知识结构等方面的影响。即使是同一性质的学校，在影响因素方面也会有所差异，有的培养中等专业技术人才，有的培养高级研究人员，等等。

其次，组织资源的供应者。资源是组织运行必不可少的条件，它受两种情况制约，一是供应者的条件和愿望，二是组织输出的种类和条件。如果供应者有条件供应资源，组织却不能输出市场所需要的产品，那么这种环境因素就是无效的。

最后，组织的技术环境。组织是一个应用技术的群体，能够获得先进的技术，是组织生存的基本条件。这种技术包括本行业和有关行业在生产产品和劳务方面对新技术的掌握，以及本行业工作人员采用先进科学技术改进或研制新产品的能力。

组织的具体工作环境与一般环境不同，它对组织目标的影响不仅是直接的，而且是可以被观察到的。它还包括组织的风险性、与环境的依赖性和相关性等复杂问题，需要具体情况具体分析。

## 二、组织内部因素对目标的影响

组织系统内的目标具有多重性，它与组织独立实体所追求的目标息息相关。这些目标与总目标同等发展。

组织内部因素包括组织的权力、资源和群体发展阶段等。

（1）组织的权力状况指组织的集权度。组织权力若高度集中，就可能压制差异性目标，目标之间的影响就小；权力分散化和民主化程度高的组织形式，组织目标会出现多元化趋势，每一种目标的形成都经历了长期的讨论，都是在相互作用和相互影响过程中形成的。

（2）组织的资源状况会影响组织目标。任何组织的资源都是有限的，组织目标受资源状况的限制。如果资源供给充足，就有利于目标的制定与实现，否则目标即使被制定出来，也会因资源的不足而难以实现。此外，组织内部各群体的资源状况也是影响组织目标的重要因素，群体目标的实现依赖于群体的资源份额，增加一个群体的资源份额，就会减少其他群体的预算比例，最终会影响到组织总目标的实现。

（3）组织的群体发展阶段会对组织目标产生影响。群体发展一般分为四个阶段：第一，形成阶段的工作任务是确定群体目标及实现目标的方法；第二，随着工作的逐步展开，群体成员之间的接触日益频繁，群体内部一般会出现大量的问题，在这一阶段，内部关系的协调上升到群体活动的首位；第三，群体发展经过内部协调阶段以后，群体成员在许多方面达成了共识，群体也因此进入了发展壮大阶段；第四，在群体发展的成熟阶段，每个成员都被安排在合适的角色位置上，彼此进行着有效的合作，共同为实现群体目标做贡献。

总之，组织在确定总目标之后，就要把它转变成具体的可操作性目标，并分出等级和秩序。战略层次上的目标具有抽象性和广泛性特点，它在实现目标的手段上有较大的转换性和灵活性。短期可操作性目标是指实际任务的完成，一般都可以使用量化的指标加以衡量和测定。因此，在组织内部就出现了多种类型、多种层次的目标相互影响、相互作用的状况。这种情况有时会促进实际任务和组织目标的完成，但有时也可能会改变短期目标或修正长期目标。

## 三、组织参与者对目标的影响

由于信息技术的发展、互联网的出现，组织形式发生了质的变化。过去那种金字塔形组织结构逐渐消失，代之而起的是网络化组织形式。它所带来的一个直接后果就是组织成员的成分复杂化，一个人可能同时属于多家公司，尤其是股份制企业已经成为经济组织的主要形式，它的拥有者遍布世界各地，而且随时变化。他们都属于组织的参与者，或多或少地影响着组织目标的制定和实施。

个人与组织所追求的目标可能有很大差异，他们之间一般不可能达到完全的一致与和谐。这是组织管理过程中遇到的最大问题。组织是许多人为达到某种共同目的而形成的社会团体。个人目标的实现只能以组织的方式来进行，但个人进入组织的基本前提是认同组织目标，然后他才能考虑个人目标的实现问题。因此，组织目标与个人目标之间发生冲突是正常的社会现象，双方都需要一个适应与磨合的过程。

组织理论认为，人们不应当过多强调组织目标与个人需要之间的一致性，因为高度的工业专业化虽然可以提高效率，但对个人发展和需要造成不利影响。个人需要的满足与高效率的生产密切相关。因此，组织与个人目标之间完全和谐与完全对立一般都是不可能的，只能兼而有之。随着社会的发展，个人目标的影响会越来越大，但个人总归要通过组织的手段来实现自己的目标，组织与个人一直是合作系统。

# 第三节
# 组织目标制定的方法与原则

组织目标是组织生存和发展的决定因素，为最大限度地减少盲目性和风险性，组织目标在制定过程中应严格按规则进行。无论最终制定的目标（结果）是否正确，都要确保程序上的合理。

## 一、组织目标制定的基本原则

组织目标的制定过程是一个政治活动过程，它是不同利益集团之间相互妥协的产物。而且随着社会的发展，组织内部参与人员及权力都在发生变化，因此，组织目标也在不断地反映着这种变化。组织目标常常是相互妥协的产物。

一般来说，组织目标的制定应遵循以下三项原则：

（1）互惠原则，即组织目标对所有参与者都有利。组织目标应建立在各参与者利益的基础上，并选择适当的组织目标与个人目标的作用方式。个人与组织共同愿望的实现过程是一种互惠过程。但是，互惠原则在实际工作中很难被遵守，因为每个组织的参与者都是范围广泛、成分复杂的群体，所以组织目标不可能照顾到所有参与者的利益，但即便如此也要花费大量的时间和精力，结果往往会错过经济机会，对参与者的利益造成更大的损害。

（2）评估原则，即运用能够进行测量的技术特征以评估目标的实现程度。组织目标的制定应包括一定的技术特征，即规划和控制及衡量和评价目标实现程度的技术。组织目标必须具备可度量特征，不能笼统和抽象。或者说有效的目标制定必须采用等级形式，并符合系统观念，提供衡量和评价目标实现程度的技术。

（3）选择原则，即组织在确定目标时要遵循选择最优目标的科学程序。这种程序一般分为八个步骤：

第一，正确阐明组织目标的意图，详细说明目标系统之间的关系。

第二，说明目标的重要性，并制定详细的目标战略。

第三，确定实现组织目标的行动计划，把组织目标具体化和分化为可操作性的目标。

第四，确定对测量工作执行情况的衡量标准。例如，企业目标执行情况的衡量标准可用利润、市场占有率、顾客满意度、产品成本及其投资效益等。

第五，分析预期将发生的问题，给予组织目标实施较大的灵活性和伸缩性。

第六，对执行目标活动所需要的各种资源，包括人力、物力和财力资源进行预算。

第七，选择组织目标与个人目标相互作用的方式，应在不损害组织目标的前提下实现个人目标，或通过组织目标的实现来满足个人需求。

第八，建立一套实用的考评机制，对组织目标的实现程度进行客观评价。

以上这八个步骤可适用于各类组织机构，尽管每类组织形式的步骤会有所差异，但总的步骤是一致的，它是保证组织目标合理性的基本原则。

## 二、组织目标制定的方法

组织目标制定的方法多种多样，这里的方法是一种具体的技术，而不是理论方法。它既适用于组织的总体目标的制定，也适用于组织内各群体和部门目标的制定。

### （一）指令法与参与法

指令法是指组织的最高管理者提出目标主题，然后目标主题被分解成子目标落实到组织的各个层次上，在每一个层次上都是上级给下级规定目标。如总经理给事业部经理规定目标，事业部经理给部门经理规定目标，直至班组长给员工规定目标。

参与法是指组织的各级管理者在组织整体目标的指引下，吸收下属共同制定本单位的目标，在每一个层次上都有员工参与。如总经理会同事业部经理制定事业部的目标，事业部经理会同部门经理制定部门目标，直至班组长会同员工制定员工个人目标。

### （二）控制法与激励法

控制法是指组织的各级管理者将目标作为标准，衡量下属的实际绩效，在进行比较后如发现偏差，则采取纠正措施。如班组长对员工提出日产量 50 件的目标，若员工达不到此目标即被要求重新接受培训。

激励法是指组织的各级管理者会同下属确定其所期望实现的目标，然后组织资源开始运作，并定期检查进展情况，若目标确实完成了就对下属进行奖励。如班组长与员工商定了次品率不高于 3%的目标，结果员工经过努力，次品率仅为 1%，班组长就应对员工进行奖励。

### （三）定性法与定量法

定性法是指组织的各级管理者在设定目标时，只指出方向和范围，不明确具体程度、途径和方法，如总经理设定了本单位“绩效改善”的目标，事业部经理设定了本单位“利润增长”的目标。

定量法是指组织的各级管理者在设定目标时，即规定了目标的明确性、可度量性与可操作性，如总经理提出了本单位在 5 年之内跃居同行业之首的目标，事业部经理设定了本单位今年利润增长 15%的目标。

# 第四节 目标评估指标[①]

组织是为目标服务的工具，它能否使组织实现目标以及实现目标的程度，都是组织研究的重要课题。

组织管理部门有责任制定目标实现程度的评价尺度。例如在经营组织中，利润是最重要而关键的指标，但利润能否做到极大化、极大化的内涵是什么等都需要管理部门加以确认。赫伯特·A. 西蒙在《管理决策新科学》中提出了有限理性的原则，他认为组织目标只能求得满足，而不能追求最大。因为人们实际上很难达到完全的合理决策，因此所得到的结果只能是“令人满意”的，而不是“最好”的。

除了经营组织以外，还有许多其他类型的组织形式，这里所提供的三项指标只对一般组织有效。如果是专业化组织，其目标评估标准还需要重新界定。

## 一、有效性

有效性是指组织实现目标的能力。这意味着组织能以最终实现全部目标的方式来安排和花费它的资源。

有效性最终要与组织满足的顾客群体相联系，例如组织所提供的产品是否为消费者希望的那种质量、数量及价格。有效性是组织的普遍性标准，它告诉管理部门的人组织是否达到了预期目标，并告诉他们这些目标是否直接或间接地与主要受益人群体相关。因此，每个组织都有度量成功的有效性标准。

但是，在实际操作中，效用标准很难衡量，主要原因是这一标准的明确程度不够。例如，一般政府组织都宣布为人民服务的宗旨，但这一宗旨很笼统，也难以做到细致具体，所以测量起来就比较困难。

## 二、效率

效率是组织花费资源与产生的结果之间的关系。花费资源可以带来正面结果，能够促成有效性但不一定有效率，也即组织不一定从资源的使用中获利。一个组织可以实现目标，但以收入上的净损失为代价。这是我们通常所说的有益但无利可图。例如，许多能够成功举办某项活动（一场运动会或足球比赛）的单位，却未能从组织活动中获得经济效益。

① 鲁品越．社会组织学．北京：中国人民大学出版社，1989：207－211.

有效性是测量组织的长期性指标，而效率则属于短期测量标准，两者都是组织成功所必需的指标。之所以如此，是因为如果一个组织长期在收入净损失的状态下运转，它就可能会面临严重的生存危机。组织可以没有效率而保持有效性，反之亦然，组织不能长期无效率。这就是说，长期无效率的组织很难生存。

当然，人们在追求效率的过程中，也要对效率有一个正确的认识，否则将会把组织引到专注效率或追求效率最大化的错误道路上，最终会损害组织的有效性。因为追求效率（往往体现为利润）极大化会导致诸多问题，所以人们应该注意：(1) 不能把利润当作指标，因为利润通常反映的是过去决策的后果。(2) 利润与幸福、自我实现一样，通常是以间接的方法获得的。利润并非来自考虑你自己的需要，而是来自考虑顾客的需要。(3) 利润并非不重要，但是还有比利润更优先的目标。如先要赢得顾客的忠诚，然后才能期望有所回收；先要关心你自己的产品，然后才能期望别人也关心你的产品。现在拿走利润，通常会伤害企业未来的成长。(4) 利润极大化的策略既容易被竞争者识破，也容易被打败。(5) 你在新市场获利越多，新加入者也就越多。如果你赚少一点，那么竞争者会让你一个人在那个市场自得其乐。(6) 如果高级主管尽一切可能追求市场最高利润，那么员工，尤其是“明星”型员工，也会对公司提出各种要求。(7) 利润的目标可能不适合策略联盟的情境。比如，日本企业通常有银行、保险公司和贸易公司等关系企业，而它们不会对企业要求高利润，因此这家日本企业在国际市场上自然拥有成本优势。(8) 企业若一味追求利润，势必会破坏其自我概念与行为的一致性，比如汽车制造公司转而投资航空业、资讯服务业，行业间的知识和技能完全没有实质关联。

## 三、人道主义

注重人的因素或人道主义，是近年来出现的一种新趋势。原因是各种文化力量和法律力量迫使管理者认真对待作为个人的组织成员，并承认他们的特殊需求与愿望。每个组织都要遵循人道主义标准，履行应尽的人道主义义务。基于此，组织管理者应做如下考虑：

(1) 提高对管理者的要求，修正组织效率和有效性的标准和内容，充分考虑职员作为人的基本需求。例如，如果某一组织成员认为其所在组织过分强调生产性标准，而不关心成员的需求和愿望，那么该组织将很可能面临频繁的人事变动和其他的人事问题。这种情况必将削弱组织实现目标的能力，同时也可能使组织面临深刻的信用危机和环境压力。

(2) 组织作为工作场所的概念已经发生了很大变化，组织的功能也出现了多元化趋势。现在许多人认为组织应当是发展个人才能的地方，在组织规则的制定上应符合人道主义的标准，而不能只重效率，不顾及人的生存和发展问题。自科层组织（及工业组织）出现以来，人类的生产方式和生活方式都发生了极大的变化，这就要求组织的领导者改变对组织成员的看法，不能把他们看成是简单的个体或“机器零件”，因为他们是社会人，都有各自的需要，并渴望满足需要。

(3) 人道主义的标准也要依环境的变化而变化。尽管世界上没有也不可能出现统一的人道主义的标准，但组织要做到使每个员工都能清楚地知道自己的所为，包括工作的目标、自己的所得、受到的伤害或影响、生产出来的产品的用途等。这种标准具有很大的相对性和模糊性，而且可度量性较低，所以常常会遇到许多难以解决的现实问题。

总之，组织目标的评价标准应当清楚明确，加之标准种类的增多，这些都对组织的领导者提出了更高的要求。不同的标准有不同的功能，领导者要区分哪些标准是首要的，哪些是次要的，不能在损害另一种标准的基础上实现一种标准，或强调某种标准，等等。在这里，效率就是能正确地做事，它是一种做事的方法；有效性就是做正确的事，它强调做事的结果。组织追求的最高境界是有效性与效率的高度平衡，即能用正确的方法做正确的事情。

## 案例分析：西贝确定“好吃战略”

公司战略由公司愿景（长远目标）、业务组合（做什么业务或业务定位）、价值主张（为顾客创造什么价值或价值定位）和制胜逻辑（保障体系或价值链的取舍）四部分组成。西贝的“好吃战略”是在经营实践中不断演进、发展而逐步形成的。

**在试错中形成战略雏形**

在接触营销定位理论之前，西贝虽然在失败和挫折中逐渐形成了公司战略雏形，但既没有进行科学提炼，也没有把战略显性化。

西贝在1997年进军深圳与1999年进军北京时受挫的原因，被归结为选择了并非自身优势的海鲜。在失败和挫折中，西贝找到了自己的特色业务——以莜面和羊肉为主要品项的西北菜业务，并为该业务确定了一个品牌名称——西贝莜面村。2007年4月21日，西贝公司董事会通过的西贝使命（为顾客创造健康、美味、快乐）和愿景（做西北菜的领导者，进入中国餐饮十强），非常明确地界定了公司的价值主张——健康、美味和快乐。

**在营销定位咨询中折腾**

2010年3月，西贝创始人贾国龙到肯尼亚学习，做大事业的梦想被激发了出来。回国后，他急切希望把公司战略具体化、明确化。2010年12月，西贝启动“品牌定位战略咨询项目”。2011年1月，特劳特战略定位咨询公司为西贝提出了品牌战略定位方案，但执行效果不太理想。针对西贝的执行问题，特劳特公司于2012年5月提出了“西贝战略推进与定位升级”报告。报告认为，执行效果不太理想主要是因为缺乏传播这一关键环节，因此建议补正广告、传播上的战略缺环。在此基础上，特劳特公司提出了调整的定位方案。但在方案的执行过程中，西贝又产生了很多困惑，为了解惑，西贝团队又与里斯战略定位咨询公司合作。2012年9月，里斯公司对西贝的品牌战略聚焦点提出了方案，在接到咨询报告后，西贝再一次折腾。最终，贾国龙对此总结说，折腾了 2 年多，“我们开始以为专家给一个定位就成功了，想用定位解决竞争力，这是一个误区”。

**回归根本确定“好吃战略”**

如何正确解读科学提炼、共识的西贝战略？这对指导西贝未来的发展至关重要。在营销定位咨询折腾和近几年的经营实践中，西贝人在试错中不断反思、学习和调整。

2013 年 3 月，贾国龙在上海召开的管理团队工作沟通会上，提出了“非常好吃、非常干净、非常热情”的价值主张。2014 年 7 月，贾国龙正式提出“好吃成为西贝战略”，并在之后的半年工作会议上指出：我们永远追求最好吃，只有好吃才有叫客的能力。应将过去提出的“三个非常”调整为“非常好吃、非常干净、非常热情”。2014 年 8 月，贾国龙发表《西贝莜面村的非常好吃战略》一文，系统阐述了“好吃战略”，标志着公司“好吃战略”的正式确定。2015 年，西贝在战略执行中不断验证哪些举措管用，哪些举措不管用，确定了支撑“好吃战略”的九大举措（制胜逻辑）：超级营销统领、全球大师研发、优质食材供应、地道工艺坚守、高级导师贯彻、工匠师傅呈现、喜悦服务保障、体验馆专业反馈、企业文化托底。

至此，西贝莜面村品牌的“好吃战略”得以最终形成。

**要求**

1. 从案例出发，结合所学知识，谈谈对目标战略制定的认识。
2. 讨论目标制定的原则和影响目标制定的因素。
3. 学习成果形式：研究报告。
4. 学习评定规则：教师评价。
5. 时间要求：一周。

**讨论提示**

1. 组织目标战略是组织生存和发展的决定因素，为最大限度地减少盲目性和风险性，组织目标在制定过程中应严格按规则进行。

2. 组织在确定目标时要尽可能遵循选择最优目标的科学程序。同时，随着组织环境、组织内部参与人员及权力的变化，组织目标也要不断地反映这种变化。

**分析与说明**

组织目标战略在制定和实现的过程中，受内外多重因素的影响，一般表现为三个方面，即文化环境对目标的压力，组织内可操作性目标的转换能否产生最佳效果，以及组织内个人目标的实现对整体组织目标压力的影响。案例中西贝莜面村不断调整企业战略定位的过程，实际上也是对企业所处的文化环境、目标转化效果等所做出的适时反映。

## 本章要点

1. 组织目标就是组织努力争取达到和所希望的未来状态。它是组织开展活动的依据和动力，代表着一个组织的未来和发展方向。

2. 组织目标的内容通常指使命、目的、对象、指标、定额等，有时也指任务的合法化与正规化，还可以指组织所完成的具体项目。

3. 组织目标是组织生存和发展的决定因素，为最大限度地减少盲目性和风险性，组织目标在制定过程中应严格按规则进行。无论最终制定的目标（结果）是否正确，都要确保程序上的合理。

4. 目标评估主要有三项指标，即有效性、效率和人道主义。

## 推荐阅读书目

1. 孟凡辰，杨玉红．中国企业怎么办．北京：机械工业出版社，2010.

2. 詹森．组织战略的基础．上海：上海财经大学出版社，2008.

3. 串田武则．图解企业目标管理．成都：西南财经大学出版社，2000.

4. 刘海建．企业组织结构刚性与战略变革：理论与实证研究．北京：商务印书馆，2013.

5. 马作宽．组织战略．北京：中国经济出版社，2009.

6. 于显洋．社会组织管理．北京：蓝天出版社，1990.

7. 韵江．战略演化：组织内透视．大连：东北财经大学出版社，2009.

# 第五章
# 组织结构与设计

组织的目的是使人与人之间、人与结构之间达到和谐与平衡，从而实现组织目标。组织结构必须符合人类的本性与工作环境，并反映出人类和工作所需要的能力和限制。组织的结构形态没有优劣之分，它随着组织的任务、技术、环境和组织成员而变化，没有任何一种结构形态可以通用于所有的组织状况。一些组织适合使用现代网络化结构，另一些可能适合使用传统的科层制结构。

组织设计与管理存在两种极端观点：一种认为，如果管理人员优秀，那么无论组织结构多么混乱，他都能够把工作做好；另一种认为，如果将组织结构设计得完善合理，那么即使是二流的管理者，也能把工作做好。实际上，组织运转的成效主要取决于管理者、职员和组织结构的协调与配合。通过本章学习，可以了解关于组织结构的基本观点，学会分析和诊断组织结构的状态，清楚组织结构的分化与整合，掌握有效组织结构的基本特征，了解组织设计的性质、原则、程序和基本形式。

## 第一节 组织结构概述

所谓组织结构，是指组织内部正式规定的、比较稳定的相互关系形式。传统组织理论认为，组织结构的特征包括稳定明确的相互关系形式、清楚的职权和严格的沟通渠道等。它强调结构的客观性、非人格化和形式化等概念，组织结构被认为是组织最重要和持久的特点。现代组织理论则开始重视结构与环境之间的关系，相信灵活的结构形式既能更好地适应环境的需要，也更有效率。

### 一、组织结构的传统研究

组织结构是组织学研究的核心内容。人们对组织结构认识从最初的控制系统、指挥系统，到后来的迎合人的需要，其间经历了长期的发展过程。这里简要分析一下传统理论家的一些观点，在传统理论中，组织结构是控制网络的思想占主导地位。

## （一）结构是行政控制系统

亨利·法约尔研究宏观层面的控制系统，他把这种管理原则归纳为 14 条（详见本书第二章）——劳动分工、权力与责任、纪律、统一指挥、统一领导、个人利益服从整体利益、人员的报酬、集权化或非集权化、等级制度、秩序、公平、人员的稳定、首创精神、集体精神，其中多半是控制措施。

## （二）结构是健全组织的原则

传统理论中的健全组织原则的提倡者，主要以泰罗为代表，他们所提供的原则有以下八点，并且其中多半是控制措施。

（1）目标统一。组织建立的目的是实现组织目标。

（2）效率原则。以最低代价或最小的不可预见的后果实现目标。

（3）管理跨度。指领导者能够有效管理的下级人数，其取决于工作性质、人员素质状况和监督关系等因素。

（4）等级原则。组织内部权力关系明确，从上到下等级关系分明。

（5）责任原则。授权下级不等于放弃责任，上级在授权下级后仍需为下级活动负责。

（6）权责对等原则。被委派的工作所负责任应等于所授予的权力，权责应相称。

（7）统一指挥。每一个下级只向一个上级负责，以避免责任分散或混淆。

（8）权威层次。组织需要给某层次以决策权，只在该层次不能决定时才请示上级。

## （三）结构是规范成员行为的制度

韦伯科层制强调等级制，强调层层控制及纪律，要求权责分明及规章制度完备。韦伯认为，凡是具有分工和大量规章制度的组织，就可被称为科层组织。这种组织形式有如下特征：具有明确的劳动分工、明确的职权等级、稳定和大量的规章制度、非人格化精神以及按等级和资格录用组织成员。韦伯科层制中包含着许多内容，例如，科层制的权力问题。科层组织在解决问题时不是把权力授予某个人，而是把权力授予某个办事机构：科层组织的最大成就就是赋予组织以稳定性和持续控制其成员的能力。在韦伯看来，科层制的规章制度的存在就是为了限制组织成员的随意性，只有如此才能够保证组织的效率。因此，这种结构的设计就是围绕着规则进行的，最大限度地制约人的天然性和情感因素。尽管科层制结构存在许多反功能，但无论什么类型的组织形式，在设计基本结构时都以科层制结构为蓝本。

## 二、组织结构的假设与变项

一个组织并非只有一种结构，组织结构不仅是组织图的表现形式，还包括其他三方面内容：(1) 组织成员对组织结构的认识，以及对他们自身在组织环境中地位的确认和假设；(2) 组织实际运转状况，它与组织图或显性组织结构有重要差别；(3) 确定必要的结构形式，即为设计组织结构所必须考虑到的基本变项。

### (一) 组织结构的基本假设

每一种结构的存在都有其客观依据，组织结构的基本假设是研究和应用组织结构的出发点。这种假设包括七个方面。

(1) 组织的存在是为了达到某一目标。组织目标是组织存在的合法性基础，没有明文规定的目标就不具备组织的特性。因此，结构的存在与再设计依照目标的变化而变化，只有那些有利于组织目标实现的组织结构才能被称为优化的结构。

(2) 每一组织都有一套适合其目标、环境、技术及人员的结构。每一种结构都有自己的特点，不存在完全一致的结构形式，即使目标相同，其结构也会因环境、技术和人员的差别而不同。因此，结构的设计必须创新。

(3) 当组织环境及组织成员的感情要素均为理性规范所限制时，组织最为有效。组织是人群共同体，而人是最难控制的因素。因此，从传统到现代，组织规则的制定都是为了限制组织成员的随意性，增强组织活动的预期性。

(4) 专门化有利于发挥个人的聪明才智。组织的发展与成长是以分化为基础的；组织结构的设计也以功能专门化和专业化为基本原则。

(5) 最佳的沟通和控制是权威和事本规则。这是非人格化的原则，组织内部的沟通不允许掺杂任何个人情感因素，它是影响组织运转和效率的最主要因素。

(6) 结构可以有系统地设计和实行。结构需要不断设计、修改和再设计，而且组织如果能够按照结构设计的原则进行运转，就可以保证实现预期目标。

(7) 组织问题常常是以不适应的结构为特征的，重新设计及改组结构就可以解决组织问题。组织内部的要素包括职位、目标、权威及角色等。每一种要素都可能出现问题，要素之间的关系也会随着组织的发展而变化；但无论出现怎样的问题，或者是缺乏结构制约，或者是需要重新调整结构，其解决都离不开结构的设计与再设计。

### (二) 组织变项

组织变项是组织分析的基本单位，通过对组织变项的分析，可以得出该组织的发展现状，判断是否存在结构上的问题，等等。组织变项一般有三种，即组织规模、组织的复杂性和组织的形式化。一般来说，组织随着规模的增长而越来越复杂化。当组织发展壮大时，组织的运行和结构也会越来越难以控制和管理。于是，组织管理者面临的挑战就变为在规模变化的优越性与复杂性的限制之间寻求平衡。

（1）组织规模。测量组织规模的方式有多种，例如组织内人数多、组织的经营范围广泛或组织涉足的领域众多，都说明规模庞大。但这些指标的一个明显特点是缺乏可比性，所以人们现在普遍采用市场份额作为衡量组织规模的指标。那些统治着市场，或者在市场份额中占多数的组织往往被称为巨型组织，如巨型大学、巨型公司等；相反，那些只占很小市场份额的组织则被认为是小型组织。

组织规模对组织发展的影响主要包括以下几个方面：

第一，结构的程序化。当组织规模扩大时，成员不断增多，且成员间不可能相互了解，因此彼此的协调从逻辑上要使用规章制度、备忘录和各类政策，以代替人与人之间的直接沟通。这种程序化使管理者可以把常规性的决策权授予组织的下层单位，与此同时保留相对的控制手段。

第二，结构的分化。它是指把组织工作分化成能够管理的单位，包括垂直分化和水平分化。组织在确定分化的同时，要考虑到如何整合被分化的结构，否则就很难保证组织目标的顺利实现。由此，整合在这一阶段上与分化处于同等重要的地位。

第三，结构的专业化。这里也包括成员知识的专业化，随着组织规模的扩大，管理庞大机构的能力就变得非常重要，而这种管理依赖于组织内部各项工作和人员是否具备专业化与标准化特征。

第四，工作的常规性。随着国民数量的增多，职位和角色与个人出现分离，以保证组织发展的稳定性。虽然组织成员很难被有效控制，而职位规则却可以对所有的人一视同仁。它要求人们遵守规则，而不是作为职位上的可变的人。

第五，组织内非人格化的工作环境。当组织规模扩大后，成员之间的了解几乎不可能，每个人都被视为某种“数字符号”，人与人之间在传递着各种文件。这种情况不是人为的结果，而是工业组织科层化的结果，由此导致了人与人之间的疏离感。

第六，组织内主要负责人直接干预的减少。管理集团应控制在每一生长阶段所产生的各种结果，使它们不致破坏组织本身。规模导致科层化趋势，规章制度完备，个人在组织内的灵活性和能动性越来越小，一切活动都要受制于组织规则。而管理者的干预也随之减少，使他们有更多的精力去关注组织发展的重大政策问题。

组织规模与结构的关系，有几种观点：因果关系说——规模决定结构；随机联系说——结构不受规模的影响。规模比技术更能决定结构性的分化和程式化。

（2）组织的复杂性。组织的复杂性与三个基本要素有关：首先，复杂性与水平分化有关。由工作分派及工种的分化形成的责任下放创造了复杂性，这种复杂性的大小依赖于责权的分散程度。分散程度越大，复杂性越高。其次，垂直分化也是加剧复杂性的一个要素。层次越多越复杂，组织的协调与整合越困难。最后，复杂性与空间分化有关。空间分化主要是指组织机构地域上的分布程度。分布的地域越广泛，复杂性程度越高，反之则复杂性程度降低。

总之，组织的复杂性取决于三个方面的综合：组织的复杂性等于水平分化＋垂直分化＋空间分化。

（3）组织的形式化。形式化是分析组织结构的一个基本变项，形式化标志着组织结构的稳定性和可预测性特征。形式化过程来源于组织规模的扩大和复杂性程度的提高。

组织的规模、复杂性和形式化之间是一种相辅相成的关系，它们或者相互促进，或者相互抑制。也就是说，规模扩大，复杂性程度就会提高，结构的形式化程度也会同步发展，否则组织结构就无法处理复杂的工作任务。

## 三、组织结构的要素分析

组织结构的要素主要包括四个方面，即地位、角色、规范和权威，它们的相互关系和联系共同构成了组织的基本结构。结构问题的产生通常也是由于这些要素设计和相互之间的关系出现不适应和不均衡。

### （一）地位

地位是一个人在组织中所处的相对位置。地位的构成要素包括：（1）职位。指正式组织中的固定工作位置。（2）工作的重要性程度。组织成员如果贡献大，就往往会获得较高的地位等级。（3）合作。善于与人合作的人比不善交际的人更容易获得较高的地位。（4）工作表现。那些熟悉并能出色完成本职工作的人也能获得较高的组织地位。

地位等级的功能是保证组织成员的活动被控制在适当的范围内，地位等级关系的形成是成员关系结构化的重要标志。一个组织在成员地位问题上是否达成共识对组织行为将产生直接影响。如果地位等级的评定上出现了分歧，就会干扰组织实现目标的活动。尽管地位等级有助于明确成员之间的相互关系和活动范围，但它同样也会妨碍成员之间的经常性交流，削弱成员对组织的归属感和满意感。

### （二）角色

角色是指按一定社会规范表现的特定社会地位的行为模式。角色是社会地位的外在表现形式，是与社会地位密切相关的一整套权利和义务模式。组织是由一组角色构成的角色集，角色之间的关系被明确规定，角色相互之间都在实现着对方的期待。尽管如此，角色在扮演过程中依然会出现失调问题。角色不清是一种失调，它指角色的扮演者不清楚角色的权利和义务关系，不清楚他人对角色的期待；角色冲突是比较严重的失调，它指一个人在同时扮演两个以上角色时，不同角色之间出现了矛盾、抵触和对立，从而妨碍了角色扮演的顺利进行。

地位和角色是组织结构的基本构成要素，组织结构的内部关系则由各个单位、各个角色之间的规范、权利以及责任等加以规定。

### (三) 规范

规范是指稳定的规则与规章制度。规范是社会互动的基础，是社会关系及其功能的基本价值的具体表现。规范概念表现着地位关系以及角色期待的具体内容，为组织成员的活动提供协调一致、相互配合的行动准则。同时，规范具备预警和惩戒双重功能。预警是指通过各种清楚、明确和易于操作的规章制度为组织成员划分出行动界限，目的在于鼓励成员自觉遵守，预防违纪行为的发生。惩戒是通过对违纪犯规行为采取各种惩罚措施表现出来的，其目的是使行动者不再重复以往的错误。

规范的有效性取决于组织成员的认同程度，认同程度越高，组织凝聚力越强，活动效率也就越高。反之，则会削弱组织内聚力，降低组织活动效率。这种认同来自人们对规范的内化程度，即组织成员能否把规范的内容转化为自身的态度、价值观和行为准则，使规范由外在控制转化为内在约束。这一过程依赖于组织的教化，及成员自身习惯的养成。

### (四) 权威

权威是指一种合法化的权力。它是维持组织运行的必要手段，使组织成员在组织内感受到约束和限制。权威一般有两种特征：首先，权威是社会组织的特性。权威存在于社会组织之中，如果人群中缺乏社会组织，就意味着缺乏权威。权威的运用必须在组织内部进行，组织使权威合法化。其次，权威依附于职位。权威都是职位权威，当一个人占据某一职位时，他就拥有该职位的权威，当他离开这一职位时，合法化的权威的作用自然停止，但权威本身依然存在。因此，每一个职位、角色、权威的存在都是不以人的意志为转移的。组织由其构成要素而形成一个社会活动系统，这一系统的运转依赖于一整套规则，个人只有遵守这些规则，才能进入组织。

组织内部责任与权威是对等的，责任与成员的组织地位相联系，它是根据组织任务的性质，对每个成员在组织活动中应该采取的行为方式的具体规定。实质上，责任是与地位（或角色）相关的组织规范的具体化形式。组织中的权力与责任有密切关系，一方面权力是履行责任的保障，另一方面权力又受责任的制约，权力通常仅限于履行责任，而不能超出责任范围。

## 第二节 组织结构的分化与整合

从理论上来说，结构存在的合理性来源于不同时期的不同观点。传统理论强调以工作为基础进行分化，组织内部一切规则都要围绕着工作来制定，只能是人来适应组织的规则，而不是相反。近现代学者则认为，组织是人的组织，组织结构要以人为出发点进行设计，组织内部的规则是围绕着人来制定的，目的是最大限度地发挥人的能力，使人与组织实现有机结合。实际上，组织结构就是一套以工作（work）、人员（people）、资源（resource）以及科技（technology）和环境（environment）等要素的组合的特殊的关系形式。

组织结构的分化通常有两种形式：水平分化（horizontal differentiation）和垂直分化（vertical differentiation）。水平分化是指组织将要完成的总任务划分为各种子任务，并将它们分派给组织中的各单位和单位中的个人；垂直分化则是指组织的等级和层次结构的确定，以利于有效的整合与控制。通过这两种分化过程，组织逐渐走向规模化和复杂化。

## 一、组织结构的水平分化与整合

组织结构的水平分化实际上是以功能为基础进行的专业化和分化过程。韦伯的科层制就具有高度专业技术性，科层化也是一种现代化的过程，功能专业化既推动了组织的分工，也带来了组织的分化。因为这种分化而出现的各种不同的专业人员，他们之间会因为工作岗位差异、价值观念差异以及权力的不均等，而产生各种各样的矛盾与冲突，给组织的整合带来极大的困难。

一个组织的水平分化就是将相似活动富有逻辑地组合成独特的领域，并按照一定的规则把这些领域连接起来。在水平分化的过程中，分部门是组织分化的第一步。分部化的基础多种多样，没有一个统一的标准，常常依据组织的具体情况而定，较常采用的方式如按功能分部化、按程序或设备分部化、按人群或服务对象分部化以及按地区分部化等。

### （一）水平分化的类型

分部化是建立组织的基本过程，尽管方式方法不同，但目的都是有效地实现组织目标。下面主要讨论各种分部化的形态及其特点。

（1）按功能分部化。按功能分部化是指把相同或相似的活动归类为一个组织单位（见图 5-1）。例如制造、推销、人事、总务、采购等结构都具有不同的功能，一般被称为功能性结构。

按功能划分部门是最普遍的分化方式，无论是企业组织还是政府组织大都采用这种方式，尤其是政府机构中几乎都是功能性分化的组织。当然随着机构的庞大，仅靠按功能分部化也是不够的，还必须将其与其他方式联合运用方能效果更好。

在经过这种功能性分化以后，每一个部门都实现了自身的功能。但有时随着部门功能扩展，工作数量增加，为达到组织专业化的目的，就必须再次进行功能分化。于是在主要功能部门之下又出现了许多次要的功能部门（见图 5-2）。

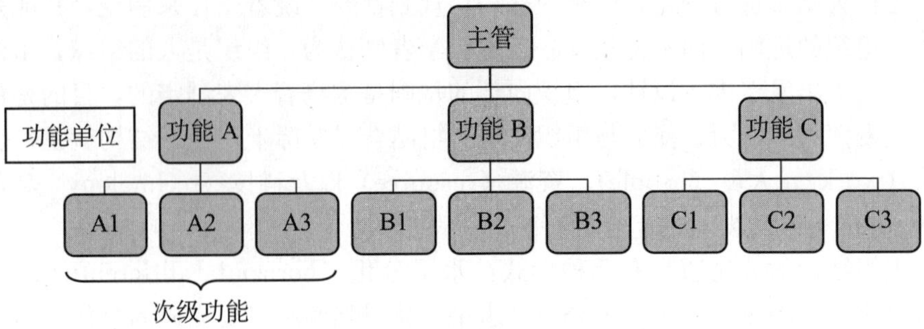


**图 5-1　按功能分部化**

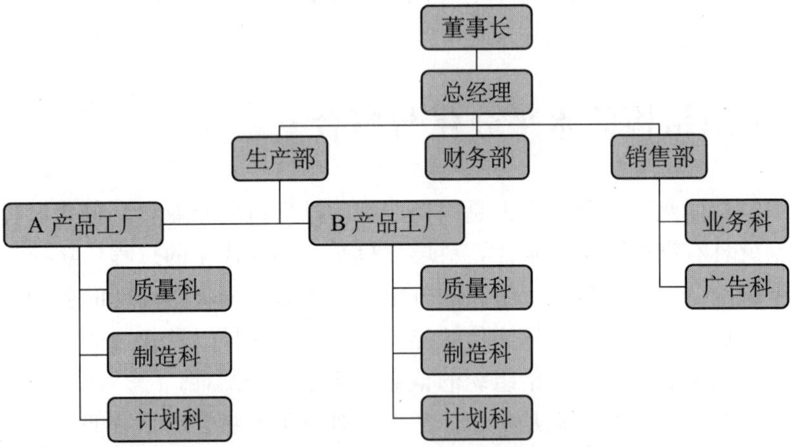


**图 5-2　功能部门再分化结构图**

以功能为基础进行分部化是组织中经常使用的方法，但管理者在运用这种方法时还要清楚它的优缺点，方能决定这种方法的使用效率。其优点主要表现在：

第一，功能分化符合逻辑且方便应用。各单位依功能设置，对问题的考虑较为周详，对于单位所处理的业务及扮演的角色，可以在其职能内加以合理的安排。

第二，功能分化符合专业分工的原则。按功能分化，每一个部门只负责某项工作，符合专业化原则，可由此提高行政效率。

第三，功能分化有利于工作的协调。因为把相同或相似的工作归于同类部门管理，所以更有利于工作的协调。

第四，功能分化使职权和责任相统一。以功能为基础进行的分部化把相同的事物划归一个部门全权处理，包括计划、执行和管理等所有职能，这就做到了权责分明，有利于提高组织运行效率。

以功能为基础进行分部化的缺陷主要表现在：

第一，权责过分集中，容易导致集权，很难适应迅速变化的外在环境。

第二，被分化的功能性单位过多，会导致协调上的困难。

第三，容易导致本位主义，各部门为了实现自身的目标，常常会忽略总体组织的目标。

第四，若功能层次过多，会导致沟通障碍和决策缓慢的问题。

第五，由于功能型组织专业化的特点，它很难培养出综合型人才。

第六，组织内的业务复杂多样，有些目标混淆不清，会导致权责不明的问题。

（2）按程序或设备分部化。按程序或设备分部化指以工作程序或设备的不同为基础进行的分部化过程。这种分化的方式在生产及操作层次上较为适用，尤其在政府的专业性机构及制造业企业组织中很普遍（见图 5－3）。这种分化的主要优点表现在：

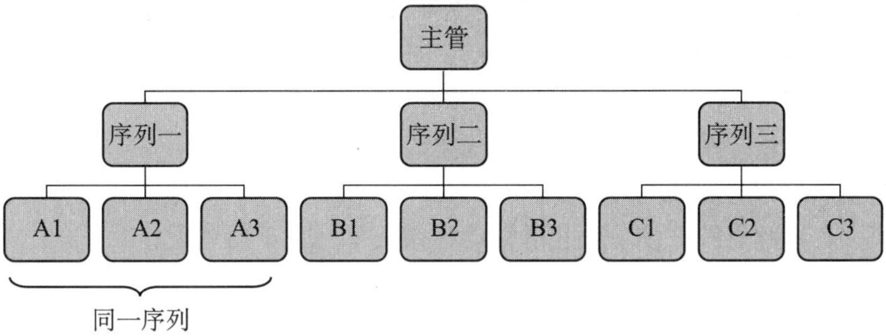


**图 5－3　按程序或设备分部化**

第一，充分利用了现代技术和知识及分工和专业化的优点。

第二，由于工作中使用相同的设备、技术和动作，因此可以最大限度地节约人力、物力和财力，提高效率。

第三，方便对单位成本和工作效率进行分析。

第四，易于培养人才，拓宽职员升迁的渠道。

按程序或设备分部化的缺陷主要表现在：

第一，容易导致只重视技术而轻视政策，只关注手段而忽略目的。

第二，过分重视专门技术及知识，专业人才容易形成专制倾向，不利于民主发展。

第三，专家的增多，可能使职位领导在行使权力方面遇到很大困难。

第四，过分重视专业技术，会使专业人才陷于狭隘的技术领域，而忽略其他领域的重要性。

第五，这种方法只适用于小型专业化的组织，而对于大型复杂组织则不完全适用。

（3）按人群或服务对象分部化。按人群或服务对象分部化是指以组织所服务的人群，或所管辖和处理的事务为基础，设置相关的部门和次级单位（见图 5－4）。这种方式在政府机构和企业组织中都很普遍，在私营企业中应用得也比较广泛。

虽然这种划分方法在名称上有许多不一致的地方，但它们在本质上都以适用为最终目的。其优点表现在：

第一，因与服务人群进行了直接和广泛的接触，可以最大限度地提高工作效率。

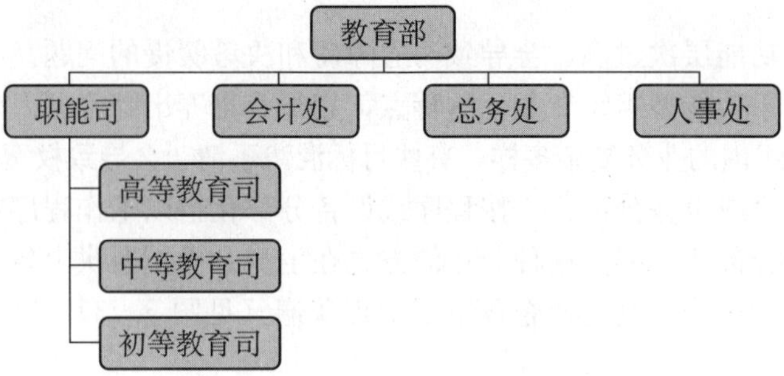


图 5－4　按人群或服务对象分部化

第二，为特定的服务对象设置结构，可以更好地为其服务创造条件，有利于相互间的协调。

第三，从这个观点出发可以制定出符合顾客需要的结构。

这种划分方法的缺陷表现在：

第一，顾此失彼，使专业化的活动成效得不到真正的体现。

第二，这种划分与工作程序的分部化有矛盾。

第三，容易造成职业冲突，并且各部门各自为政，协调起来很困难。

（4）按地区分部化。按地区分部化是指组织以地区或处所等为基础而设置次级单位。当一个组织的活动分布在一个很广泛的领域时，就需要采取这种分化方式（见图 5－5）。这种分化方式的优点主要表现在：方便同一个地区内的各种工作的协调与监督；能够随机应变地处理各种突发事件，能够随时解决出现的问题，从而避免了请示汇报的烦琐程序，有利于工作效率的提高；在人才培养方面也给地方领导更多的机会，有利于地方人才的成长。

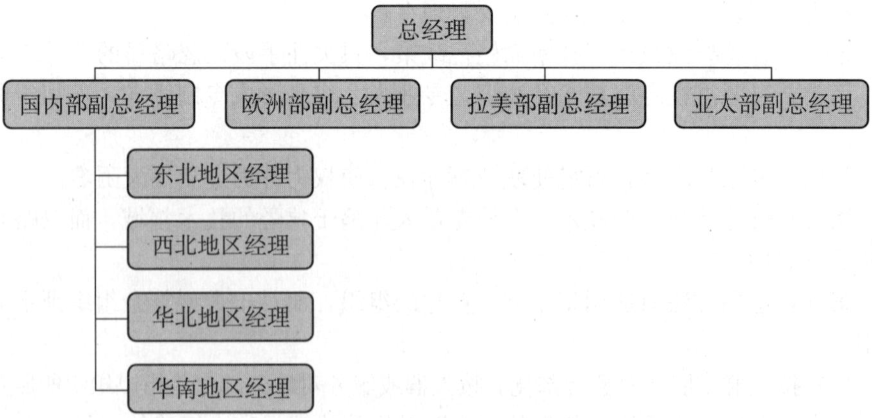


图 5－5　按地区分部化

但这种分化方式也存在一定的缺陷，如：各单位之间容易形成各自为政的情况，产生狭隘的本位主义或地方主义观念，从而忽略了组织的总体目标；不利于组织统一政策的执行，而且这种方式也容易出现与地方势力联合的趋向，损害组织的整体利益。

组织分化的方式多种多样，这里只介绍其中的几种，即便如此也很难说哪种方法就是正确的，一切都取决于组织的类别、规模、管理者的意图、人员组成情况等。作为组织，不能只选取某一种分化方法，而要混合使用，在不同阶段和不同的组织层次使用不同的分化方法。

## （二）水平分化的影响

水平分化的类别越多，组织的复杂程度越高，组织整合的需求越大。所以，组织在分化的同时，必须随时考虑整合性角色、整合性单位及整合性机构的建立，以便使分化达到预期目标。

（1）分化导致相互依赖性提高。分化将导致组织越来越复杂，从而使单位之间的相互依赖程度更加紧密。这是因为随着组织规模的扩大，次级单位活动越来越多地受到其他相关机构的影响，而且组织中的资源（如经费、设备和人力资源）有限，组织各单位会竭力争取最大的份额，在这种相互竞争过程中，各单位逐渐学会合作。同样，各单位在时间序列和地理位置上接近，沟通的机会增大，由此产生合作与冲突的可能性增大。

专业知识的发展及工作需要、组织规模的扩大，可能导致单位内更大程度的分工及专业化，而这两项因素又将导致单位之间更大程度的分化，因此在等级体系中会产生更多层次，从而增加了对单位间协调的需要，这又将导致组织的形式化进程，而且扩大了对控制系统的需要，最终组织结构变得越来越官僚化。

（2）分化导致纵向分层的增多。明茨伯格（H. Mintzberg）曾提出组织再设计的一个重要基础就是单位规模（unit size）的大小问题。其实这里所说的问题是一个组织到底该有多少个下级或次级单位，即管理跨度。在管理学上它一直是争论的焦点，也没有一个完全统一的结论。

一般来说，组织规模取决于组织内部各因素的构成情况。组织规模增大通常与某些因素有关，如工作流程、技术产品的标准化，组织内部业务的相似性，职员的高级需要，全面信息沟通的需求，等等。

但是，组织规模也可能因为某些因素而相对变小，如组织内严密的直接监督、在各部门之间需要大量协调工作，以及管理过程需要大量的信息沟通等。

除了组织规模外，分化也加剧了组织的复杂化程度。当组织规模趋于复杂化的时候，会出现这样两种情况：一是由于组织中等级数目的增加，最高等级与最低等级之间沟通渠道增多、线路变长，就会出现信息丢失和被歪曲的可能；二是每一位管理者所直接监督的单位数量也会增加，这使管理者信息过量，无法承受压力。在这种情况下，就会出现诸多调节这方面工作的单位，这又增加了组织的复杂化程度。

复杂化与组织分化有密切关系。当面对着不确定环境和激烈的市场竞争时，组织易于采用复杂化结构，但组织的协调、控制及决策过程却遇到很大困难。同时，工作的专业化也增加了组织的复杂性，并使个人的视野和认知范围变窄。这样，组织之间的协调整合的工作量增大，促使组织复杂化。

## （三）水平分化的整合

随着组织的分化，组织内部各部门和团体增多，组织就需要大量的协调工作，这必然会带来各种各样的冲突和矛盾，如何解决这样一些问题就成为组织发展的一个重要课题。根据组织成长的原理，任何一个组织结构的演化，都是一个分化与整合的循环过程。组织结构分化必然带来复杂化，复杂化的进程不仅提出了整合的需求，也进一步刺激了组织的分化与发展。整合是组织效能的需要，没有良好的整合手段，组织的分化也就失去了意义。水平分化的整合过程一般可分为四个阶段。

（1）整合前阶段。是指在组织成员到来之前，先行对组织成员进行培训，使他们能了解各自所面临的情况、在组织中哪些行为是合适行为等，这样便会出现整合性与协调性。西蒙和马奇（H. Simon & J. March）也认为，协调组织内各部分的最简单的方法，就是在执行前先确定行为归属，也即先制定组织目标。在这样一个大前提下，各单位才能达到有效协调。

（2）接触阶段。是指在组织内部各单位进行功能转换前应有的规划阶段。在这一阶段，一方面可能因为争夺稀缺资源或有价物质而引发竞争与冲突；另一方面是在实现目标的过程中，由于缺少适宜的方案，而引发相互间的矛盾与冲突。此时整合的方法一般有三种：

第一，组织规划。在组织成员及部门开始工作时，协调活动常常因为各部门的输出和目标而产生分歧，组织的解决方式一般是通过既有的程序重新确立目标，以求得统一。其实在这种规划过程中，组织可以采取分权化的方式，通过扩大次级单位的自主权来求得整合，这就是说次级单位有权进行直接的相互接触来实现整合。但这在实际运用中也有它的局限性。

第二，增加资源份额。当组织在运转过程中出现意外事件时，通常的做法就是增加目标和层次，以减少意外事件的发生。从组织设计的角度看，就是要增强结构的弹性，尤其是当工作的不确定性增大，使整合需求量与整合能力发生不平衡时，充足的资源份额与减少不确定性要素就显得非常必要。但它也会带来一定的问题，即减少不确定性是以组织效率的降低为代价的，而增加资源份额则是以增加预算和成本为代价的。所以，这种整合方案是在使用过程中值得进一步深入思考，要经过反复比较才能确定它的成效。

第三，相互调整。合理化的分工是组织内部协调与整合的根本条件，它包括工作标准化、技术标准化及输出标准化。这种标准化，不仅使组织内各部门与个人都对彼此的工作有了清楚的认识，也使管理者的监督变得简单容易。

（3）互动阶段。经过前两个阶段后，组织目标便进入了执行阶段。在此时，首先组织成员对组织目标要有一个内化的过程，亦即把组织目标变成全体员工的共同目标，其次是把这种目标逐步量化为每个人的行动，最后是把个人目标融合到组织目标之中，使员工消除对组织目标的排斥和疏远。具体来说，这一过程通过以下三个方面的工作得以实现：

第一，整合性角色。这种角色通常以特别助理的形式出现，主要针对那些不在同一权威体系领导下的相互依赖性部门。这一角色的出现与分化概念有密切关系。组织为了适应外在环境的需要，提高工作的可预测性，从而产生某种工作态度和运作方式，这实际上就是一种分化的过程，并且分化越多差异性程度越大，各部门之间的协调整合也就越困难，对整合性角色的需要也就越大。整合性角色能够保证组织在分化的同时不偏离组织目标及管理者的意图。

第二，整合性单位。整合性角色只能处理相对较小的任务，进行少量的部门协调，一旦需要协调整合的部门增多就需要出现特别的部门才能满足整合需要，如专家委员会或工作小组等专门的整合性单位。专家委员会是由各部门的代表组成的，它是一种暂时性群体，当协调任务完成后群体便自行解散。但是，当工作的可预测性减少、遇到的问题增多时，专家委员会的工作方式就不再能完成整合任务，这就需要一种新的方法——工作小组。工作小组是围绕着各种经常性发生的问题而设立的。这种工作小组的成员经常在一起磋商处理各类问题，但较大的问题仍需要呈报上级。

工作小组与其他组织结构一样，也面临着分层设科的问题，可以根据服务对象、地区差异、功能划分、工作程序的先后、计划的性质以及其他适当的因素而组合。

第三，整合性组织形态。为求整合性工作人员所扮演的角色更加有效，方法之一就是增加他们的权力。增加权力可以有许多种方法，其中最有效的是让这些整合性工作人员在执行任务的过程中，拥有并形成一定的整合性部门。

（4）后互动阶段。后互动阶段是指组织的目标发生了变异现象后所应有的一个控制阶段。在组织的运行过程中，某些客观上不具有归属意识的人，可能会觉得组织的目标并不是他个人所共享或认为有价值的，因此在行为态度上可能会产生各种不合作的做法或倾向。对这些无法经由互动关系而实现整合的群体或事件，在某种程度上，可以通过信息控制和诱因的重新分配来实现整合的目的。也可以说，组织整合方式是否有效要看环境的确定性程度，组织要根据环境的变化而采取不同的整合方式。通常，在不确定的环境中，采用分权化和有机的结构的整合效果最佳，而在确定的条件下，集权化和机械式的结构有很大的优越性。

## 二、组织结构的垂直分化与整合

随着组织规模和复杂性的提高，组织纵向结构的分化就成为不可避免的事实。垂直分化反映组织的等级层次，也是整合水平分化的有效工具。

### （一）垂直分化的前提条件

任何一种社会现象的存在都有它的必然性与合理性。垂直分化是组织研究和设计的出发点，它的基本前提包括多个方面：

（1）管理跨度的限制。每个管理者所需管理的直接下属都有一个极限，当下属不断增多时，不同下属就可能因上司管理不到位而出现矛盾和冲突。基于此，每个管理者的下属不能过多，各单位的规模也必须加以限制，等级层次自然产生。

（2）分工协作的实施。分工其实也是分化的过程，组织中具有共同目标、共同程序、共同服务对象以及共同服务地区的工作，都可以依据相同的工作性质而组合成一个次级单位，如在教务处之下设置教师工作科等。

（3）解决问题的需要。垂直分化的等级制是解决问题的一种方式，尤其在解决新情境的问题时，组织常常会设立另一个更高等级的管理角色，使其处于信息中枢，以应付各类突发事件，并针对新问题而拟定出新的决策。

（4）公平感的需要。垂直分化产生的等级制可以满足不同人对权力、地位及报酬的需要。其基本原则是保证贡献与所得报酬的平衡。

（5）协调与仲裁的需要。垂直分化的等级制有利于处理组织之间和个人之间的矛盾和冲突。在组织活动中常常会出现团体之间的纷争，或者由于管理人员处置不当引发各种不公平现象，这就需要高一级地位的人员加以协调和仲裁。

（6）效率的需要。垂直分化所产生的等级制使每一个层次的职员都能各司其职、权责分明；同时建立了沟通渠道。它是整合的基本工具，是提高组织效率的主要方法。

（7）通过分级授权来分担职责。当管理者的工作超负荷运转时，他往往会将权力下授，但当下属的工作也不堪重负的时候，就会出现再次下授权责的现象，由此才能保证整合与效率。

## （二）垂直分化的设计

组织设计由来已久，但理论上至今尚没有一套公认的完善方法。现代组织理论基本都认可权变理论的方法，即随机应变的方法，组织结构的设计视环境的变化而变化。不存在绝对和唯一的组织结构形式。

**1. 垂直分化的设计原则**

管理跨度原则：管理者所管理的下属成员有一定的极限。

分层负责的原则：不同层次有不同的权责，它们之间互不干涉。

职责明确原则：每一个层次对上与对下职责分明，避免重叠现象。

权责对等原则：有多少责任就有多大的权力。

职能对称原则：每一职员的能力都要适合职位角色的要求。

直线职位与幕僚相配合原则：前者应虚心听取意见，后者不能干涉过多。

指挥统一原则：命令只能来自一个上级，下级只能接受一个上级的指令。

沟通原则：等级结构要建立正式清晰的沟通网络，并保持网络的畅通。

权变原则：任何一个等级的分化都是暂时的，应随着环境的变化而重新设计。

**2. 影响管理跨度的因素**

管理跨度是指一个上级职位控制和协调的直接下级职位的数目。管理跨度受多种因素的影响，被管理的下级职位的数目也是不确定的。一般来说，管理者与下属能力越强，下属的工作任务越不相干和越稳定，管理跨度就越大；如果其他条件不变，那么地理分散程度越小，管理跨度就越大；同样，管理者不得不与其上级打的交道越少，特别是这些交道只是例行公事时，管理跨度就越大。

组织理论学家一般认为管理跨度与如下因素有关：

处于整合和控制职位上的管理者与被管理者的能力与专长；

处于直接下属职位上之人员的能力与专长；

直接下属职位上所进行的工作任务的相互关联程度；

直接下属职位上的工作的地理分散程度；

下属所进行的工作任务的稳定性；

该上级职位与更高职位之间所需要的相互作用的数量和类型。

## （三）垂直分化的功能

垂直分化的功能主要有两个方面：正功能和负功能。通过垂直分化的过程，基本上能够实现组织整合的目的。这种垂直分化的正功能表现在如下几个方面：

（1）明确权责关系。在组织中权力与责任被清楚地界定。

（2）澄清组织目标。垂直分化使组织的目标、计划和权威具有层次性，易于操作。

（3）明确权责范围。职权明确使分层负责得到落实，每个人在其位谋其政。

（4）消除上下分歧。分层化使权威延伸到组织的每一个部门，这就方便了协调，使指挥统一，目标一致，最大限度地减少了矛盾的产生。

（5）减轻主管负担。等级权威的实行使下级管理者分担了主管责任。

（6）规范组织运作。垂直分化使组织成为有机管理系统，组织行为具备了制度化、标准化和程序化的特征，保证了组织的可预测性。

组织中任何措施的实行除了具有积极作用外，还有明显的反作用，即负功能。垂直分化的负功能主要表现在如下方面：

（1）缺乏适应能力。由于组织程序化和固定化的沟通渠道，其很少考虑外在环境因素的影响，缺乏应变环境的能力。改变这种状况的途径是在组织结构设计中增加足够的弹性。

（2）产生狭隘的本位主义。垂直分化使每个人都各司其职，这就导致管理者只顾本部门的利益，忽略与其他部门的协调合作，忽视总体目标的实现。其改进措施是实行目标管理。

（3）阻碍理性决策。按等级原则，决策一般都是由上级部门做出的，当出现决策不良时，下级管理者很难改变决策。其应变措施是健全上向反馈系统和固定的意见交流途径。

（4）忽视动态因素。稳定的等级制结构容易给人造成一种错觉，即一切都是稳定的，很难发生变化，所以也就把人看成是不变的工具，忽视了人的心理感受。管理者应当运用灵活的激励方法，以改善这种不良状况。

（5）容易形成上下级间的隔阂。垂直分化往往导致上级管理者与操作阶层之间交往距离加大，使它们难以保持紧密的关系，而且还会造成一定的心理和地位上的隔阂。为此，管理者应更多地与下属进行主动接触，以避免形成官僚主义习气。

（6）容易造成爬组织阶梯竞赛。由于等级的高低与地位和待遇有密切关系，因此人们为了求得有限的地位升迁，会采取各种手段，引发激烈的竞争，这就容易导致人际关系的紧张与冲突。为此，管理者应创造地位升迁之外的其他激励因素，来满足人们的各种需要。

（7）妨碍快速升迁。随着组织规模的扩大，组织的等级层次也越来越多，组织成员的升迁等级自然就增多，这不利于人才的快速成长，所以应当建立弹性的升迁制度。

（8）阻碍信息的沟通。垂直分化的等级越多，沟通需要经过的层次就越多，信息被曲解和误解的可能性就越大，也可能带来更多的摩擦与冲突，不但增加管理成本，而且降低组织运行的效率。

# 第三节 组织结构的基本特征

决定组织结构的因素是组织运行的内外环境。只有那些适应环境并生存下来的组织才具备合理结构的特征。除此之外，其他决定组织结构的因素还包括组织成员的能力、产品和服务的多样性、组织各机构的地理分散程度、组织所使用的技术状况、组织规模的大小以及组织信息资源的状况等。如此众多而又变化多样的制约因素，使组织结构也显现出了多样性的特征。所以，寻求普遍适用的结构的企图是不可能实现的。但是，无论如何，通过总结成功组织的经验，还是可以得出一些值得参考的特征的。

## 一、效率与效能

效率与效能是评价所有组织活动的尺度，组织结构应当具备这样一种特征，即刺激和鼓励员工以最小的代价实现目标。这里既包括组织结构实现目标的能力，同时也要求结构能够以最小的代价实现目标。组织结构无论是水平分化还是垂直分化的过程，其目的都是最有效和最方便地实现组织目标，而不是控制和稳定。

## 二、创新与发展[①]

只有不断创新的组织结构才具备生存和发展的能力。创新不仅是一种在急剧动荡的环境中的应变策略，在稳定均衡的环境中也同样需要创新，所以结构内部必须包含创新的能力。如组织内允许上下开放式的沟通交流；奖励机制与工作成绩紧密结合，并支持个人发展；对不同的思考风格和事物的矛盾性给予高度宽容与重视；结构要遵循“形式服从功能”的模式运行，以需要完成的工作来决定所要执行的结构及机制，组织可以运作正式的金字塔形结构、水平结构和团队、项目结构及临时结构等多种结构。

创新对于小型组织或新组织来说是自然而然的事情，因为在发展初期组织的一切均无定型，处于非正式组织状态。但当组织发展壮大之后，尤其在它们取得主导市场地位后，创新的意义变得越来越重要，是迎来辉煌还是走向衰落，要看它们能否开发出具有突破性的产品和服务。大型组织或企业若想保持长久的创新能力，就要重新唤起小公司所具备的那种创业进取精神。

“不创新意味着死亡”会越来越明显地表现出来。有人提出这样一个论断：“发达国家与落后国家的差距之一是创造力开发的差距”“优秀企业与落后企业的差距，也在于创造力开发的差距”。创造力是人最重要的能力，是国家与企业最宝贵的资源，这种资源是增值型资源，它越用越多，越用越好，永远不会枯竭。创新者发展，守旧者衰亡，这是一个永恒的法则。应当看到我国几千年来的小生产经营方式，大大禁锢了人们的创新思维，限制了人们对创新力的开发。现在应当倡导创新兴国、创新兴企，营造有利于开发创造力的社会环境。

## 三、灵活性与适应性[②]

任何组织的发展都要受到外在环境的影响，而且这种影响随着社会信息化时代的到来，变得越来越显著，以至于使组织结构的设计必须首先考虑到能否适应环境的问题。所以，一切组织结构都需要有灵活性与适应性的特征，它与组织创新特征有密切关系。

结构在许多方面可以做到灵活性与适应性。例如，弹性的结构可以保证最大限度地满足环境的需要；暂时性结构可以避免组织僵化与官僚主义的滋生；分权制结构使决策中心最大限度地接近操作层面及工作的最前线，能够对环境的变化迅速做出应变策略；权变结构模型使得组织不断地随着环境和组织的需要而做出反应性的改变。

灵活性与适应性的一个显著特征就是变化，没有固定遵循的模式。但它并不

---

① 麦耶斯．知识管理与组织设计．珠海：珠海出版社，1998.

② 赫塞尔本，等．未来组织．成都：四川人民出版社，1998.

是被动地接受环境的影响，具备这样一种结构和思想的目的就是采取主动积极的态度来迎接挑战。例如，美国微软公司的成功经验用一句话来概括就是：“微软永远不变的就是变化。”IBM公司的变化也很能说明问题。IBM曾有过很长一段时间没能适应变化了的业务环境，因为过去的成功造就了一种桀骜不驯的公司文化，使它在客户和股票市场上遭受重大创伤。但随后的IBM不仅进行了重组、缩小了规模，而且对其内部结构进行了变革。现在的IBM始终对组织规模加以严格控制，一旦发展壮大就立即进行分解，以保证它的活力和适应性。

## 四、组织成员与结构

组织结构应当通过提供一种使组织成员在他们感兴趣和有才能的领域，最大限度地进行工作的结构，来鼓励组织成员高水平地发挥作用。它应当调动组织成员学习新技能的兴趣，并使组织成员随着经验的增长而不断地增强责任心，从而使他们不断地成长。

组织应当从结构上为组织成员提供明确的升迁阶梯，并为他们提供必要的训练和机会，帮助他们树立实现目标、获取更高一级职位及工作的信心。这种追求在高度专门化和专业化的机构是很难实现的。所以，组织在进行工作设计时，必须考虑如何避免专业化陷阱的问题。

与此相对应，组织成员常常反感那种在政策、程序、汇报关系上繁文缛节的科层制度结构，这种结构是一种高度集权的结构，它所要求的就是一切指令都要来自上层决策。这种结构的目的不是为职员提供方便的工作条件，而是达到有效的控制；其强调仪式而不是组织目标。

未来组织发展的核心要素是人力资本，关于组织内的人力资本涉及三个关键因素。在吸引人才方面，一定要理解并接纳多样性，在这一点上情商（EQ）与智商（IQ）同样重要。在发展优秀人才方面，未来组织必须具备一个人力资源的战略部门。这一部门包括两个职能：人力资源管理（包括工资管理、劳工管理、法律事务、规章制度）和人力资源战略（包括吸引招募人才的战略体系和步骤，发展以及保留人力资本）。如果这一部门在组织中处于核心位置和具有战略性地位，那它就应当具备与财务、市场和法律事务部门同样的地位。在保留人才方面，组织应尽力做到可信。

## 五、协调与整合

协调与整合是组织能否发挥效率的关键要素。组织无论是水平分化还是垂直分化，都是一种分派任务的过程，只有各个部分被控制和整合于总目标，那些被分化的目标达成才意味着总目标的实现。管理学理论所从事的研究，如计划、组织、控制、通信、领导等，都是为了实现组织任务的协调与整合。

因此，组织结构必须要有利于整合，并达到整合，才会产生组织效能。如果缺乏良好的结构，再优秀的管理人才也无法实现有效的整合。同样，如果管理者不具备计划、组织和领导的才能，那么再好的结构也不能担保总体的协调。两者既都至关重要，又都不可或缺。

# 第四节 组织设计的性质、原则与程序

组织的结构与设计是一个事物的两个方面，组织结构是组织设计的表现形式。组织设计以效率为基本原则，既要有利于资源的有效利用，又要满足员工的基本需求。它是保证组织从目标制定到实施等各项工作一致性的基础。

## 一、组织设计的性质

组织设计涉及许多理论与实践问题，它们是指导组织设计的基础。

### （一）组织设计的概念

组织设计有两方面含义：一是指设立某种组织的过程，既包括新型组织的设立，也包括对原有组织结构的改造，主要从动态的角度考察组织设计；二是指一种设计方案或结果，这是一种静态的考察，主要表现形式是组织图。

组织设计是指为了实现目标而制定的一套符合结构及其运行规范的方案，并使它们贯彻落实的一系列工作。组织设计主要包括两个方面的内容：一方面，对于新建企业来说，就是根据企业的任务和战略，对组织结构进行设计。另一方面，对于企业组织来说，就是根据现有的环境条件，对旧有的组织结构进行再设计，即进行调整与改革，也称组织变革，例如，管理层次划分、机构设置、职权分配等。如果把企业组织比作一部大机器，组织设计就是把这台机器的机构确定下来——有哪些零件、部件，怎样装备，等等。

但是，仅有这种设计是不够的，因为一个组织要想高效运行，还要靠科学合理的运行规范——通过一套组织运作规范为全体员工提供行为准则，提供干好本职工作的动力。只有这样，组织结构这部机器才有了动力源、操作规则、润滑剂等，才能顺畅、高效地运行。保证组织高效运行所需要的规范设计，便是组织设计的第二方面内容。这些规范包括各项规章制度、部门和个人的考核与奖惩办法、人员配备与培训要求等。

### （二）组织设计与结构

组织结构是将组织任务按明确的职责进行划分，然后再使它们之间协调起来所采取的一切方式的总和。这里主要强调分化与整合的作用，实际上也就是组织设计过程。组织设计内容广泛，包括组织单位的规模、单位组合、计划系统和控制制度、行为方式（政策和规则）、决策权的下放等组织设计变量，这些都是在结构之外的必须为组织工作而进行设计的问题。组织结构是组织设计的结果，任何一种结构都是被设计出来的，都有自己的独特之处。因为每一个组织的任务和组织成员都是特殊的，必然需要一套与之相适应的组织结构，因此从实践上来说，不存在两个完全相同的组织结构。

### （三）组织设计与环境

环境对组织如何设计有重大影响。组织设计是依照环境的变化而变化的，理论上再完美的组织结构，如果不能与环境和平共处，那么也不会取得组织的认同。一般来说，环境越稳定、越均衡，组织设计就越朝向简单和集权。相反，环境变换越迅速、越不稳定，组织设计越复杂、权力越分散。因此，组织设计实际上是组织应对环境挑战的一种策略。

### （四）组织设计与非正式群体

组织设计只涉及正式结构，即那些公开、可见的组织图。但是，在每个组织内部都存在事实上的非正式群体，它们是组织实际运行的基本结构，例如某些非正式的组合关系、非正式的领导身份、非正式的沟通渠道、非正式的权力和地位的差别等。组织设计的目的是保证效率的可预见性，而非正式群体的存在往往会对组织结构产生反作用，导致组织不能实现预期目标。

### （五）组织设计与组织发展

这是两个容易混淆的概念。组织发展是组织有意进行的一种变革，目的是改善现有的组织状态，以便更有效地实现组织目标。这种变革既可能涉及结构上的变化，也可能涉及对管理者和其他人员的培训和发展过程，甚至可能包括对组织政策和工作流程的全面审查。在这里，组织设计是组织发展的一部分。组织发展常常对其设计进行研究，以确定组织是否能够被设计得更有效率。此外，组织发展常常为组织设计提供参考变量，以保证组织设计符合组织发展的需要。但是，这种参考变量并不都是需要重新设计的结构问题。

## 二、组织设计的原则

组织设计应依照一定的原则。这里所讨论的原则，可以作为参考的建议或方针，并不是什么金科玉律。它是根据以往组织工作的经验，把一些重复、稳定而例行的工作进行一个归纳总结。若遵循这些原则，就可以避免组织设计过程中出现低级或常识性错误，同时也可以避免一些将来可能在组织管理上出现的失误。

## （一）组织设计的传统原则

组织理论经过长期发展，初步形成了一套在实践中被公认的原理。为保证组织的生存和发展，结合传统理论原则，在组织设计中应遵循如下几项原则。

（1）目标任务原则。组织设计应因事设职，因职设人。组织内部（或企业内部）的机构、职务、职位都应当围绕着组织目标或组织工作的需要来设计，做到目标明确，结构清楚。

（2）有效管理跨度原则。管理者因受到个人精力、体力、能力、时间以及管理对象和环境条件等诸多因素的制约，决定了他所能直接有效管理的下级人数和部门的数量是有限的。同时，管理跨度还受到组织性质与工作性质的影响，没有一个统一的标准。有些组织适合于大跨度管理，有些复杂性和高科技性工作则跨度不宜过大。有效管理跨度原则应当引起管理者的广泛注意，并在管理实践中灵活掌握。

（3）分工协作原则。分工与协作是组织运转效率的根本保障，分工可以提高效率和明确责任，协作则是实现组织总体目标的必要条件。专业化（specialization）是分工的基础。专业化通常按照组织的任务、功能、过程、产品、消费者和地区专业化的方式来进行，然后分工落实到个人。

分工协作原则还与完全授权（completeness of delegation）这一概念有密切关系。在组织中，每一件工作都要有专人负责，虽然一个管理人员可以将责任指派给他自己或他的部属，但无论如何，组织的每一个行动都应该有人负责。如果管理人员能够预知达到组织目标的所有行动，则这是一条相当有效的准则。如果工作性质是经常反复的、标准化的和稳定的，则这种预知是很容易达成的。但在复杂组织中，组织状况经常改变，每个人的行动均需有相当的弹性，才能顺利达到组织目标。

（4）统一指挥原则。是指每一个下级应该只对一个上级负责。如果一个下级同时接受两个或两个以上的领导者的指挥，他就会无所适从，无法确定自己的行动。组织设计只有严格遵守这一规则，才能保证组织上下级成员对组织活动产生共同的责任感，不致发生领导指挥混乱的局面。

但是，由于种种原因，统一指挥原则经常无法实现。在一个小型的家族企业中，受雇的专业经理常同时接到家族中不同成员发出的命令，而无法确立明确的权责关系。大型组织也存在这样的问题，这主要是由于对专业知识的需求不断增加，受雇于组织的专家也日益增多。解决这种问题的方法并不是辞退所有的专家，而是当部门经理和领班接到相互矛盾的指令时，上一级副总经理应代表他们向总经理说明，同时与其他副总经理进行协调。总经理也应注意，要保证各部门协调，而不是相互抵触。

（5）权责对等原则。组织设计应严格保证组织内的每一个职位所拥有的权力与其承担的责任对等，即给予委以重任者以重权，责任轻者权力也相应减少。权责对等原则是发挥职员能力的重要条件。

职权和责任必须相等是传统组织原则中最神圣的一条。任何一个典型的部属都会直觉地想到这一条规则。当他被赋予责任时，他知道他应有充分的职权以便有效地完成任务。例如，如果老板要他负责打扫办公室，则他必须有权在下班时进入办公室，同时有一些必要的清洁设备。授权受到许多因素的影响，包括授权失败、授权不足和专家的影响。

（6）精简与效率原则。在保证组织目标能够实现的前提下，组织设计应尽可能简单，减少层次和职务类别，以保证组织结构能最有效地使用资源。同时，精简还有利于增强组织内部的协调，加快信息传递的速度，减少结构本身的运转所花费的资源和一些不必要的投入，使组织既保持高效率运转又兼具灵活性的特点。

（7）统一领导与分级管理原则。即管理者负责处理组织的总体事务和下级处理不了的问题。那些属于下级管辖范围内的事务，则由下级全权处理。统一领导有利于组织协调，分级管理有利于发挥职员的积极性和创造性，由此才能保证组织的高效和灵活。在这里，分级管理就是一个授权的过程。授权导源于一位过于繁忙的“所有人经理”（owner-manager）因无法顾及每一件事情，而雇用了一个人去协助他。虽然他不会给新聘雇的这个管理者太多的职权或自主权，但至少必须使这个管理者有能力负起一些责任。

分级管理原则在传统理论中存在着一个责任是否也可以下授的问题。职权可以授予部属而责任不可下授的原则充满着道德的色彩，事实上在组织实践中很难被遵守。责任不可下授的原则看似相当正确且有必要，但是它也产生了许多严重的问题。如果一位管理人员真的认为他将因每一个部属的过错而受罚，则他可能完全不授权给部属，同时禁止部属享有自主权，以免他们犯错。

若只是为了完全遵守责任不可下授的原则，而去设立一个集权式的管理系统，相信人们都不愿意且不认同其具有合理性。实际上，公司组织在变得庞大之后，最高主管是可以将责任授予部属的，同时也可以要求部属直接对任务的失败负责。

## （二）组织设计的动态原则

动态原则与传统原则并不是相互对立的，而是相互补充的。动态原则只是从一些创新组织的经验中归纳出来的建议罢了。动态原则并不能取代其他所有的传统原则，当环境变得稳定时，动态原则便不适用了。

（1）职权与知识的结合。层级的组织结构（hierarchical organization structure）常假设优秀的人都是从基层做起，并因其卓越的才能而得到晋升的。要形成有效的决策，就必须使职权和知识合二为一。形成这种决策的方法之一是各职员共同进行决策。

在设计组织时，我们必须考虑下列一连串问题：在进行决策时，需要哪些必要的信息？谁拥有它或能够得到它？谁将信息传达给谁？谁是产生者？谁是反映者？

(2) 主管与幕僚的合作。大多数的组织包含两个主要的单位：直线主管和幕僚。这种形态主要来自军队：直线长官下达命令；幕僚长官则多是专家和设计者，专事忠告、建议之责。传统原则认为幕僚无决策之权，只能提出建议，并且认为如果幕僚本身发号施令，则将破坏"命令统一"的原则，而使绩效受到影响。

幕僚分为个人幕僚和咨询式幕僚两种。个人幕僚（personal staff）——最简单的幕僚形式，是一位过于繁忙的经理聘请一位秘书或助理来协助他的工作。在组织图上，这种助理位于指挥系统的一侧。虽然一位幕僚助理可能没有正式的职权，但他仍能产生部分影响力。咨询式幕僚（advisory staff）——专家受雇于组织的幕僚单位，常常希望能发挥自己的专长为组织做出贡献。咨询式幕僚没有正式的职权，只能提出忠告。但不幸的是，咨询式幕僚常发现他们除了拥有一张漂亮的办公桌外，很少有人会要求他们提出建议和忠告。为了使幕僚的才能得以充分发挥，高层管理者必须授予幕僚更多的职权，具体可分为强制磋商、赞同性职权和功能性职权。

第一，强制磋商（compulsory consultation）。为了确使直线主管在特殊问题上能和幕僚加以磋商，高层管理者会主张除非基层主管事先已和幕僚磋商过，否则基层主管的任何建议一律免谈。

第二，赞同性职权（concurrent authority）。如果高层管理者希望赋予幕僚更多的影响力，他可能会要求直线主管所有的决策都需获得幕僚的支持。即如果咨询式幕僚不同意直线主管的建议，那么他具有否决权。这种方式可以使咨询式幕僚纠正一些错误，但也可能在纠正错误的过程中使赞同性职权泛滥，导致过度的保守和对创新的抹杀。有否决权的人数越多，则错误和创新越少。

第三，功能性职权（functional authority）。管理者可能更进一步地支持幕僚而使得直线主管和幕僚两者逐渐融合，即每一个功能领域中的专家将被赋予制定、否决和控制政策及程序的职权。功能性职权理论上希望专家在他的专长领域中握有职权，而打破一般组织中直线主管和幕僚间的错误界限。但过多的功能性职权会破坏统一指挥原则。

(3) 集权与分权的平衡。任何组织都没有绝对的集权和分权，集权和分权只是一种程度大小的概念。理论上，一个完全集权的组织将有一个极具权威的首脑，他无所不知，而且绝顶聪明，因此他能够做出所有重要决策；而分权的组织依赖于每一个员工的知识和才能，他们都是绝顶聪明的人。尽管两者依靠的对象不同，但其效能是一样的。

理论上，集权与分权没有哪一个是永远正确或永远错误的，集权的程度必须视组织的特性、所处的环境和管理人员的才能而定，每一个组织均应视自己的状况选择一个比较适当的集权程度。

(4) 结构的弹性。弹性结构是指该结构与之获得或失去相关物的关系，如果相关程度很强，那么弹性特点降低，相反，相关程度越弱，弹性特点越强。这是一种灵活的适应多变环境要求的结构特点。任何一个组织都有对结构的弹性的需要。但过分强调这种弹性就可能使组织长期处于"无规则"状态而出现混乱。因此，弹性结构也具有有限性。通常，组织中的弹性结构包括如下内容：

第一，弹性奖赏。在传统的科层制组织中，贡献和报酬是对等的，即：一个人在组织中的职位越高，其职权就越大；职权越大，其所拥有的知识越丰富，对组织的贡献就较大，该人也就理应获得较高的报酬。但是，在现代组织中，职位的高低、知识的丰富程度和报酬的多少不像传统组织那样具有高度的相关性，而是存在很大的弹性。即职位高的人不一定拥有丰富的知识，有知识的人也不一定得到最高的报酬。报酬的多少取决于他对组织的贡献大小。

第二，双重层级制（dual ladders）。组织内部的晋级制度具有灵活多样性，尤其在现代高科技公司，技术人员所占的比例越来越大，许多部门直接由专业技术人员来管理。同时，由于现代组织所面临的外在环境动荡不定，更需要那些直接能够做出决定的专业人员进行决策。所以，现代组织通常采用两套独立的晋升等级制度，一套适用于管理人员，另一套则适用于专业人员。而相应的评定标准也就不同，这使每一个职员都可能获得晋升。

第三，弹性红利。这种弹性与弹性奖赏有相似之处。在传统组织中，大多数公司（组织）发放红利依据的是职位和以往的薪资。现在则有很大不同了，依据的条件也变得多种多样，有些是事先就规定好的，有些则是按照组织的弹性原则进行追加的，目的在于最大限度地保持公平合理。

第四，弹性岗位。在传统组织中，岗位一旦设立，便会长久存在。不但这些岗位很难撤销，就连岗位上的个人也认为这一岗位属于他自己。当一位员工被安排在某一岗位上时，他会认定那一岗位是永远属于他的。如果后来他的下属超过了他而成了他的上司，他就会觉得自己被相对地降职了。这种缺乏弹性的岗位常常妨碍职权与知识的结合。国内许多企业、事业和政府部门存在这样的问题。除非工作人员犯了不可原谅的错误，否则管理人员很少受到降级的处分。

第五，暂时性结构。这种结构是促进和维持组织弹性的一种方法。由于组织所面临的外在环境瞬息万变，因此任何一种结构都只能是暂时的，否则随着环境的变化，原有设计的结构也就失去了存在的价值。暂时性结构的意识为组织的生存与发展提供了很好的方法。例如，当一个特定的问题或专案出现后，管理者、专家或员工就需要聚集在一起共同完成任务。这种结构存在的时间要看实际工作的需要，但必定不会长久。一同工作的人还要回到原来的单位。

弹性结构和暂时性结构面临的问题：新型的生存结构除了具有一些优点外，也存在着一定的不足，诸如：对组织成员行为的损伤；长期缺乏安全感和归属感的职员，其内心的紧张和焦虑也无法得到及时排解；同时，这种组织的成员的流动率是很高的，不利于组织的长期发展。

## （三）组织设计的权变原则

通常，在确定的情况下，遵循传统的、固定的规则常能使组织更具有效率；但在不确定的情况下，一些新的准则会比传统的规则更加有用。下面将讨论的是如何使这些不同的新、旧规则相互配合起来。

（1）工作任务、技术特性与组织结构的关系。不同的组织应用不同的组织形态，而技术对于组织结构会产生重大影响。根据经验分析，可以得出如下结论：重复、简单和呆板的工作，较适合使用正式的、集权的组织结构；变动、复杂和创造性的工作，较适合使用非正式的、分权的组织结构。

（2）环境和组织结构。组织结构要适应外在的环境。环境因素包括政治、经济和社会等各个方面，环境种类通常有三种：稳定的环境、变迁的环境和剧变的环境。

稳定的环境（stable environment）其特点包括：第一，产品或服务在最近数年内均没有改变；第二，消费者和竞争者的组合均维持稳定，很少有进入和退出的情况；第三，政府在有关的法令和税则方面维持一定的政策；第四，在可能竞争的领域中，技术缺少创新和突破；第五，劳资关系维持良好和稳定的状况；第六，社会和政治的局面均保持稳定。处于这种环境的公司的日常业务多是机械性的和反复性的，所以它们适合采用正式化和集权化的组织结构。通过这种结构，总经理可以掌握公司发展趋势，并制定决策。

变迁的环境（changing environment）其特点包括：第一，产品或服务已有温和的改变；第二，具有一群数目相当稳定的竞争者，但不断有人进入和退出；第三，政府法令的变迁，趋向可预知的方向（通常是逐渐加强管制）；第四，技术在不断创新，但每一步新的发展仍然是以前状况的延续；第五，工人与管理人员的关系、政治形势和社会趋向都逐渐在改变中。处于这种环境的公司仍可采用正式化和集权化的决策方式，但需指定功能幕僚或授权直线管理人员，专司环境的监测责任。大多数的商业处于变迁的环境中。为了确实把握社会、经济和技术的变迁方向，总经理应雇用合适的专家，以便能适时地引进新的技术。

剧变的环境（turbulent environment）其特点包括：第一，产品或服务经常在改变；第二，竞争者的组合分子经常在改变，有一些大型商会进入这个市场；第三，政府的行动很难预知，它受几个不同群体如消费者保护委员会、反污染委员会和民权运动委员会等的影响；第四，技术有重大的创新，有许多与以前完全不同的新技术被企业采用；第五，大众行为和价值观在快速地改变。处于这种环境的公司，需具有强烈的敏锐性和创新性。它必须采用相当分权化的组织结构，以使每一个组织成员都觉得有责任去了解外在环境的发展。组织还须有一套弹性的沟通系统，使其不受正式结构的限制，以便在必要时可以使专家们迅速集合在一起。组织还须使结构具有弹性，以便在发现新的机会时，能迅速转移组织的重心。

分化与整合（differentiation and integration）。在一个大型组织中，各个部门所面临的环境各不相同。要使组织具有效率，则应使组织的结构和态度做适当的分化，以配合各个部门特定的任务和目标。同时，为使组织具有效率，除了使各单位、专家做适度的分化外，还须通过管理人员、协调人员、委员会或小组做适当的整合。

## 三、组织设计的程序

在基本原则确定之后，接下来就是解决组织设计的程序问题，它是组织设计所必需的环节。组织设计由于受环境因素的影响，其结果很难做到尽善尽美，为此，有效的设计程序可以最大限度地保证结果的合理性。下面主要以企业组织结构为例来说明组织设计的程序。

### （一）组织设计方针的确定

这里主要涉及组织的任务、目标以及组织的外部环境和内部条件，确定组织设计的基本思路、某些设计原则和设计的主要参数。例如，公司一级的管理跨度是宽些还是窄些？本公司组织要不要设置“分公司”这一级？这些是组织设计的基本依据。

### （二）组织职能分析和设计

该步骤是确定为了完成企业任务、目标而需要设置的各项管理职能，并明确其中的关键性职能。在确定具体的管理业务时，还应进行初步的管理流程总体设计以优化流程，提高组织管理工作效率。

### （三）组织结构框架的设计

该步骤是设计组织内部的管理体制，即设计承担这些管理职能和业务的各个层次、部门、岗位及其权责。这是组织设计的主体工作。组织结构框架设计可以有两种方法：一是自下而上的设计方法，即首先具体确定企业运行所需的各个岗位或职位，然后按一定的要求，将某些岗位或职位组合成多个响应独立的管理部门，再根据部门的多少和设计的幅度要求，划分出各个管理层次。二是自上而下的设计方法，它的确定程序同上一种方法相反。其首先根据企业各项基本职能及集权程度的设计原则，确定企业的管理层次，其次，再进一步确定管理层次应设置的部门，最后，将每一个部门应承担的工作分解成各个管理职位或岗位。由于职位（岗位）、部门、层次这三者是相互联系、相互制约的，因此在实践中以上两种方法一般是结合起来使用的。

### （四）联系方式的设计

该步骤是设计上下管理层次之间、左右管理部门之间的协调方式和控制手段。它将组织的各个组成部分连成一体，使整个组织结构能够步调一致地、有效地实现企业管理的整体功能。

### （五）管理规范的设计

该步骤是在确定了组织结构的框架及联系方式的基础上，进一步确定各项管理业务的管理工作程序、管理工作应达到的要求（管理工作标准）和管理人员应采用的管理方法等。这些工作应通过管理规范的形式表现出来，成为各管理阶层、部门和人员的行为规范。这一步的工作是组织结构框架设计的细化，它使设计出来的组织结构合法化和规范化，起到巩固和稳定组织结构的作用。

### （六）人员配备和训练

在完成上一步任务后，组织结构本身的设计工作可以说已经完成，但是组织结构的实施和运行要通过“人”。所以组织结构运行的一个重要问题是配备相应的人员。一般来说，在进行结构设计时暂时先不考虑企业现有人员的具体情况，而在设计实施时按设计要求的数量和质量来配备各类管理人员。

### （七）激励制度的设计

组织结构的正常运行还需要有一套良好的激励制度来保证，包括管理部门和管理人员的绩效评价和考核制度、管理人员的激励制度（这种激励包括精神激励和物质激励，例如，管理人员的工资和奖励制度）。

### （八）反馈和修正

当完成了上一步任务后，组织设计的一个完整过程可以说是完成了。但组织设计是一个动态过程，在组织结构运行的过程中，会发现前述步骤中尚不完善的地方，新的情况也会不断出现，这就要求对原设计做出修改。因此，企业要将组织结构运行中的各种信息反馈到上述各个环节中去，定期或不定期地对原有组织设计做出修正，使它不断完善，不断适应新的情况。

## 第五节
## 组织设计的基本形式

组织设计是对组织结构的设计，其具体内容包括两个方面，即总体结构设计和职务工作结构设计。

组织结构的总体结构设计是根据组织活动的内容与方式进行的，内容与方式的不同，决定了组织结构的不同。组织结构的分化步骤如下：第一，对能实现组织总目标的工作进行确定和分类；第二，用最优的方法划分组织的部门和层次；第三，在各部门和层次之间明确责任和权力，并以职权关系和信息系统把这些部门和层次整合成一体。

组织结构的职务工作结构设计，是对某类工作进行研究，以确定这一工作的内容和数量及完成该工作所应具备的责任、权力和技能。职务工作结构设计包括以下内容：（1）确定工作范围及经常出现的问题；（2）制定工作流程和工作定额；(3) 推广适用的工作方法和劳动工具，提高工作效率；(4) 量才用人，合理配置工作人员；(5) 明确每一职位上的责任和权力，制定相应的考核办法，并以此为基础进行奖惩；(6) 制定完备的沟通渠道，以形成完备的职务网络。此外，在职务工作结构设计过程中，还要考虑到人的生理因素、心理因素及工作环境的影响。

## 一、直线式职能制结构形式

直线式职能制，又称区域管理制，是组织管理机构的基本形式。它以直线式为基础，在各级生产管理者之下设置相应的职能部门，从事专业管理（见图 5－6）。

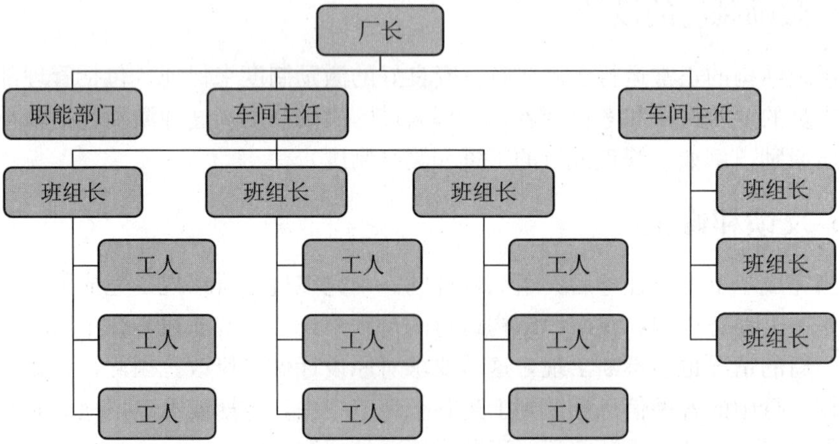


图 5－6　直线式职能制结构形式

直线式职能制结构形式的特点：首先，各级主管者没有专业分工，所有管理职能都集中于一人之手，一个下级单位只接受一个领导的指令，上下级关系简单、明确、清楚。这样，既保持了直线式集中统一指挥的优点，又具有职能分工专业化的长处，提高了管理工作效率。其次，组织内部各级直线主管人员都有相应的职能机构和人员做参谋和助手，这使管理者能够对本部门的生产、技术、经营活动进行有效的组织和指挥。所以，它比较适应现代工业企业管理的需要，并被广泛采用，但不适用于教育科研类组织、高技术创造性组织、商业贸易组织等。

直线式职能制结构形式的不足之处在于：组织内部下级职员缺乏必要的自主权，各专业职能部门的联系较弱，组织之间信息传递速度较慢，等等。当然，这些缺点在组织规模不断扩大、业务越来越复杂或者企业从生产型向生产经营型转变后才日益显现出来。

## 二、矩阵组织结构形式

矩阵组织结构，又称规划矩阵结构或规划目标结构。它是把那些按职能划分的部门和产品，或按工程项目和服务项目划分的小组结合成一个矩阵，并称之为矩阵结构。它一般有三种形式：工程矩阵结构、产品矩阵结构和项目矩阵结构。这三种形式有一定的差别，但本质上是一致的，即都是将从纵向单位来的人力、物力资源分派到横向单位以满足各横向单位之需要。例如，在行政上属于生产部门的人员被临时分派到一个工程中，以进行某种特殊的工作。当该工程完成之后，他再回到原来的部门，等待被重新分派工作。

## （一）工程矩阵结构

工程矩阵结构是一种比较普及的组织结构类型，最初在航天业和军工制造业中被广泛采用。它是根据工程发展和工程负责人对人员和其他资源的需要，而把人员分派到各项工程中。图 5－7 中各空格中的数字就代表从各个部门分派给各项工程的人数。

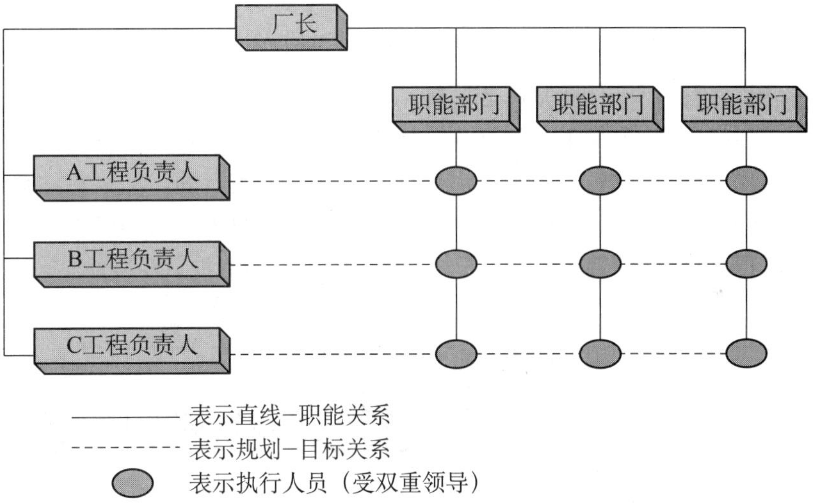


**图 5－7 工程矩阵结构**

工程管理者被授予该工程的全部职权。一般每项工程都有明确的开始与结束时间，工程管理者从头至尾都对工程负责，以保证工程在预算范围内完成。被临时分派来的职员，也暂时放弃了原有部门的权利与义务，接受工程管理者的领导。

## （二）产品矩阵结构

产品矩阵结构（见图 5－8）类似于工程矩阵结构。与工程矩阵结构不同的是，每种产品并不必然具有开端和结束点。这种结构一般在多产品的组织中被广泛应用，并且常常被用于新产品的引进。产品管理者对该产品的安排日程有全部职权。在多产品、多品牌的组织中，产品管理者也被称为“牌子管理者”。

## （三）项目矩阵结构

项目矩阵结构是指组织在需要处理和协调一系列跨领域的项目时所采取的一

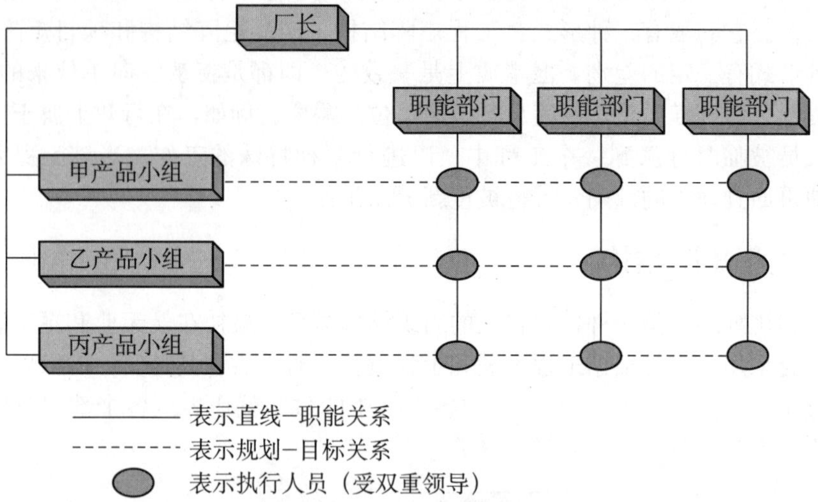


**图 5－8 产品矩阵结构**

种组织结构。所谓项目，涉及协调各种不同功能领域的一个工作职责，以达到某种特定的目标，例如大学承担的某项国家重点研究项目。它与工程矩阵结构的区别是，项目的周期性更长，原则上一个项目是没有结束点的，如果有结束的时间规定它就具有了工程矩阵结构的特征。项目矩阵结构由于涉及连续性项目，在政府和教育组织机构比较普及，图 5－9 指出了一所大学的项目矩阵结构。

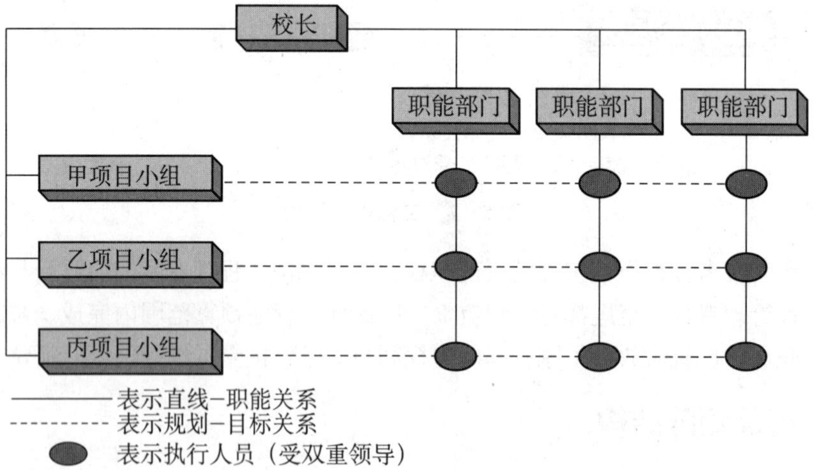


**图 5－9 项目矩阵结构**

## （四）矩阵组织结构的优点

第一，与传统管理观念不同，矩阵组织中的项目负责人员也是职能部门的人员，这使得组织内各部门之间的联系得到加强，集权和分权也较好地结合起来，有利于多方面的合作和提高效率。

第二，把不同部门的专业人员结合起来，有利于激发职员的积极性和创造性，培养和发挥业务人员的工作能力，提高他们的技术水平和管理业务水平。

第三，矩阵组织结构有较强的灵活性、机动性和适应性，每个小组所负责的产品或项目任务，可根据环境的变化而采取相应的对策。

第四，提高了中层和基层管理人员的积极性和责任感，充分利用他们的专业知识和技能处理日常工作，使高层管理者能集中精力考虑企业发展中的重大问题。

### （五）矩阵组织结构的缺点

第一，命令不统一带来的问题。组织成员并没有脱离原有的结构，仍然要接受原有结构的领导，同时他们还要接受小组工作的领导，当两个部门的意见不一致时，会使下级人员无所适从，产生矛盾。同时，对成员的不同评价，也常常是产生矛盾的原因。因此它要求两个功能部门及时沟通、友好合作，才能保证有效发挥矩阵结构效率。

第二，从职能部门工作情况看，人员的频繁流动也会给管理带来困难，增加管理费用。

第三，由于工作缺乏长期性，因此当小组工作任务完成后，人员便要回到原单位，这会削弱对工作的责任感。而且工作场所的经常性变动也会对组织成员造成某种行为性损伤，例如不断地破坏旧的关系和形成新关系，成员缺少对组织的归属感，某些成员很难适应。

矩阵组织结构比较适用于某些需要集中各类专业人才共同完成某个项目或业务的组织，尤其是一些设计或研制等具有创新性质的组织。例如军工、航天工业（飞机、导弹）组织机构等易于采用这种形式，如美国的洛克希德·马丁公司、休斯飞机公司等曾经是采用矩阵组织结构形式的典范。

## 三、事业部制组织形式

事业部制组织，又称分权组织，或部门化结构。它的特点是把企业的生产经营活动按照产品种类和地区分成若干个事业部。事业部是一个相对独立的生产经营单位，有自己的产品和市场，实行独立核算。事业部设有相应的职能部门，有直接提供利润的职能，是总公司控制下的利润中心。事业部组织产品或地区的生产、销售、采购等全部活动。这种组织形式及实例图如图 5-10 至图 5-16 所示。

事业部制组织形式的管理原则是一种集中管理、分散经营的原则，组织的最高管理层负责重大方针政策的研究和制定，掌握组织的决策权，如财务权、人事任免、基建投资、规定价格幅度等。事业部的领导根据总部的指示，统一领导其主管的事业部的发展。在事业部制组织形式中，组织职能部门的主要任务是为最高管理层和各事业部做有效的参谋和咨询，而不像事业部是作为一个具有独立责任和权力的利益单位而存在的。

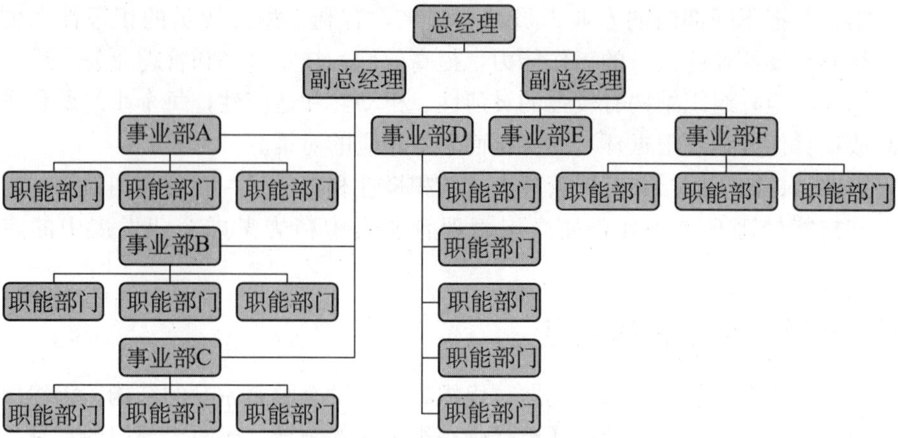


**图 5－10　事业部制组织形式**

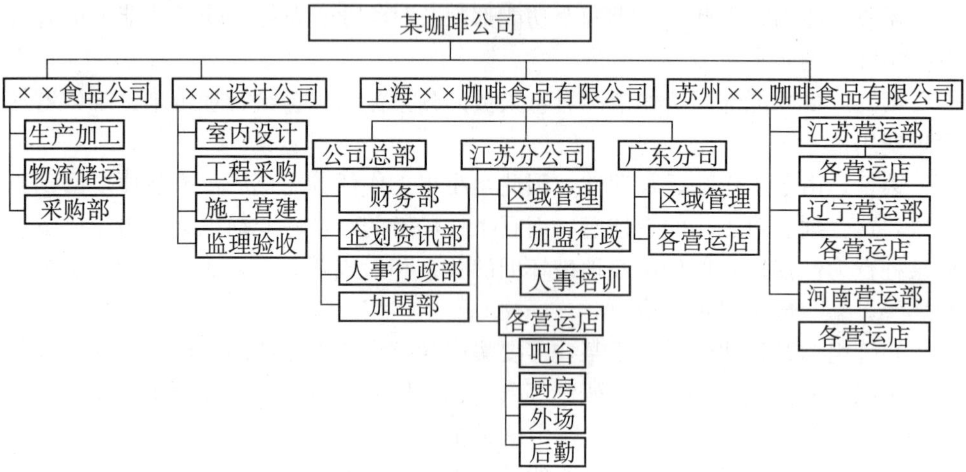


**图 5－11　2002 年某休闲餐饮公司组织架构图**

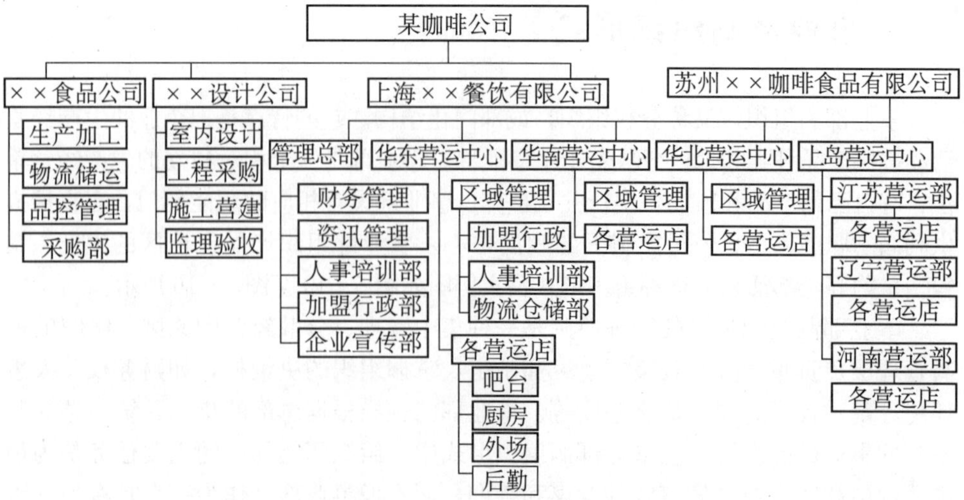


**图 5－12　2003 年某休闲餐饮公司组织架构图的变化**

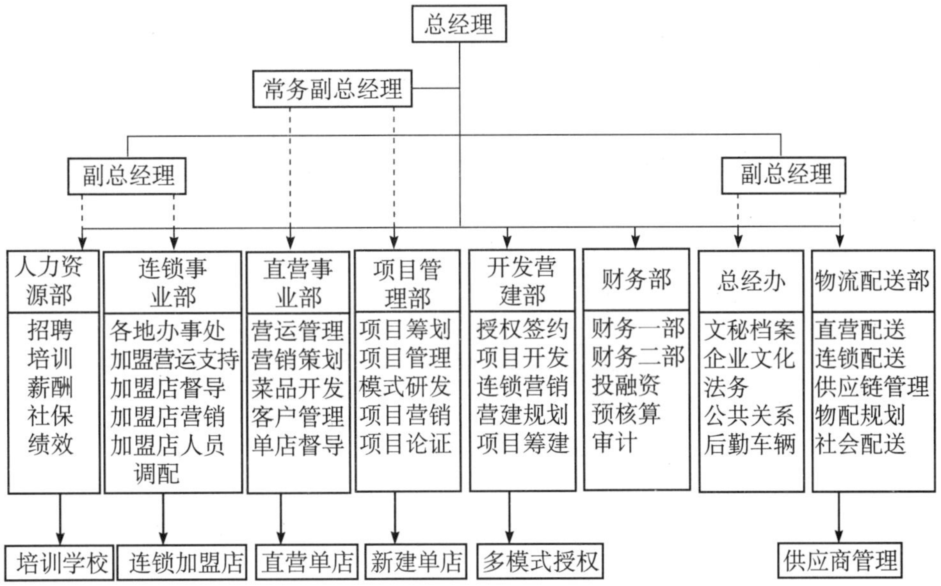


**图 5-13　2015 年某餐饮集团公司组织架构图**

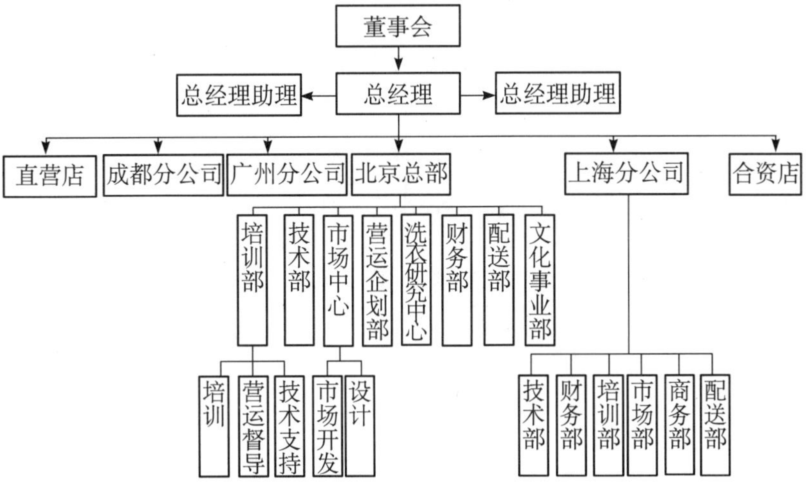


**图 5-14　2005 年北京某洗衣服务有限公司组织架构图**

事业部制组织形式的优点主要有：(1) 可使企业最高领导层成为强有力的决策机构，摆脱日常事务的烦扰，集中精力从事高层管理工作，同时还扩大了控制跨度，使一个上级领导直接控制的下属单位的数目增多。(2) 具有较高的稳定性和适应性，每个事业部都是独立的中心，可以独自决策，能够有效地适应剧烈环境变化的需要。(3) 上级部门松散管理，以及信任下属的气氛，有利于调动各事业部发挥生产经营的主动性和积极性，有利于提高管理者的专业知识和领导能力。(4) 有利于总公司考核评定各部门的生产经营成果，促进各事业部的利益与公司整体利益的协调一致。

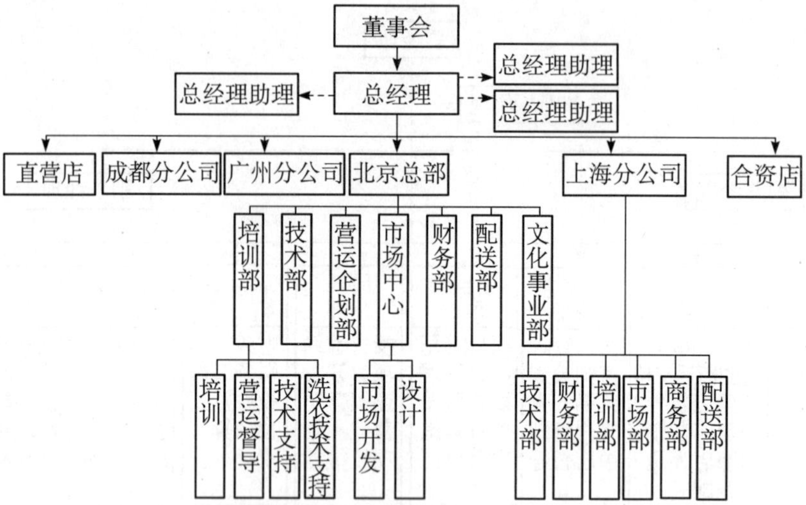


图 5-15　2006 年北京某洗衣服务有限公司组织架构图的变化

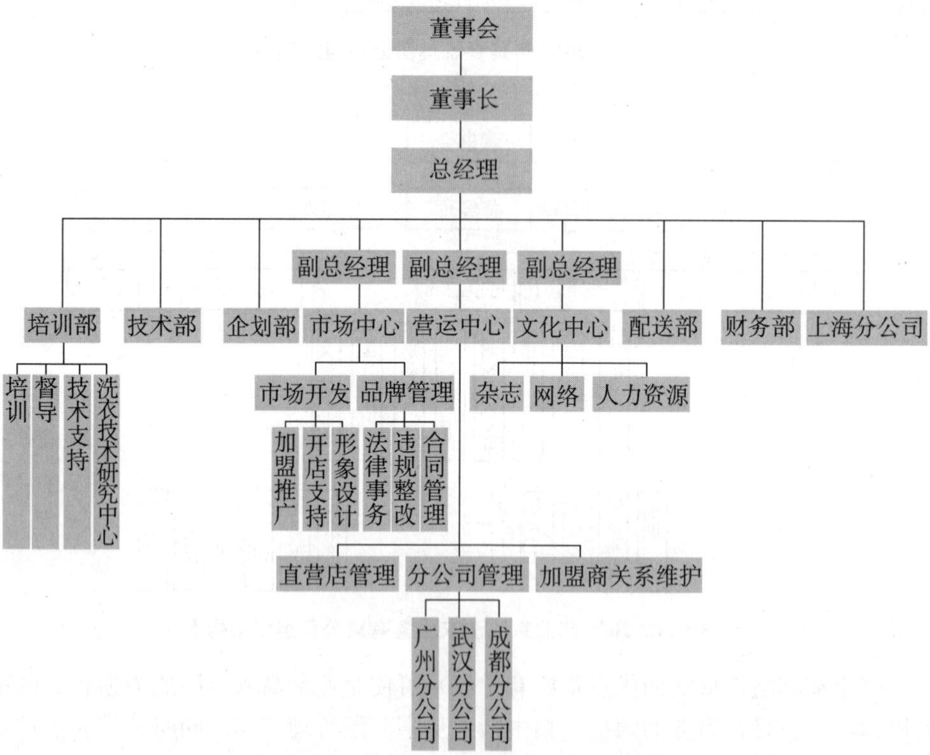


图 5-16　2007 年北京某洗衣服务有限公司组织架构图的变化

事业部制组织形式同样也存在缺点：（1）职能机构重叠，造成了一定的人力、物力和财力的浪费。（2）各事业部独立核算，容易产生本位主义，难以协调一致。（3）职权下放过大，增加了协调难度。（4）各事业部之间竞争激烈，造成人才和技术的相互封锁等。

事业部制组织形式比较适用于规模庞大、产品种类众多、各类产品之间的工艺差别较大、市场条件变化也较快的大型企业。如美国的杜邦公司等实行了“分权的事业部制”，使公司从集权化管理体制走向分权化管理体制。如今世界各国的大型企业都广泛采用了“分权式”的组织形式。

以上几种结构形式基本上已经被固定化和模型化了，是人们普遍采取的方式。但是，由于信息和通信技术的飞速发展，组织结构形式的发展也出现了两种新的趋势：其一是大型化和复杂化，出现了跨地区、跨行业的大型组织，形成了极其复杂的结构，使地区结构、行业结构、职能结构等相互交织在一起；其二是小型化和单一化，即在一个组织中分化出许多不同层次的分系统，各分系统具有较大的独立性和自主性，并朝着小型化和结构单一化的方向发展。

## 案例分析：京东第四次零售革命下的组织嬗变①

2017 年，京东集团董事局主席兼首席执行官刘强东在《财经》杂志发表的署名文章提出：我们处在一个变革的时代，抓住“不变”的本质，同时在战略和组织的方法论上积极“求变”，是我们和这个时代共存、共演的必经之路。以下内容整理自此篇文章。

**组织嬗变的缘起**

“环境”、“战略”和“组织”是相互匹配的三个要素，所以说并不存在最好的“那一个”组织模式，只有最匹配当前环境和战略的组织模式。毫不夸张地说，即将到来的“第四次零售革命”会彻底改变整个零售行业的格局。未来无界零售的环境会趋于 VUCA 化——变得极其不稳定（volatile）、不确定（uncertain）、复杂（complex）和模糊（ambiguous）。零售业会呈现出以下几个特点：消费者越来越追求个性化的产品和服务，传统销售预测工具的准确率会大不如前；零售的场景会越来越分散化、碎片化，对入口和流量变化的预测会越来越困难；跨界越来越普遍，零售与其他行业（如社交、内容、硬件、技术）相互渗透，竞争与合作的规则变得更加复杂，对成功因素的判断也更为模糊不清。

未来零售环境的 VUCA 化将会给组织提出很大挑战，传统的管控式科层组织以“计划、管理、控制”为核心，难以支持快速敏捷的创新发展，难以适应未来无界零售时代的要求。因此，我们必须要对现有的组织模式做出改变。

**战略更新：从一体化到一体化的开放**

一直以来，京东笃信“成本、效率、体验”，我们可以这样定位京东的核心竞争力：前端用户体验，后端成本、效率。前端谁的客户体验更好、后端谁的成本更低，谁就有持续竞争力。京东商城的“倒三角”战略模型如图 5－17 所示。

在过去的十几年里，中国电商行业总体来说发展得还不太成熟，配套服务相对不完善，在这种情况下垂直一体化是保证成本、效率、体验的最佳方式。走到

① 刘强东：第四次零售革命下的组织嬗变．(2018－02－27)［2020－05－10］. https：//www. sohu. com/a/224249127_660818.

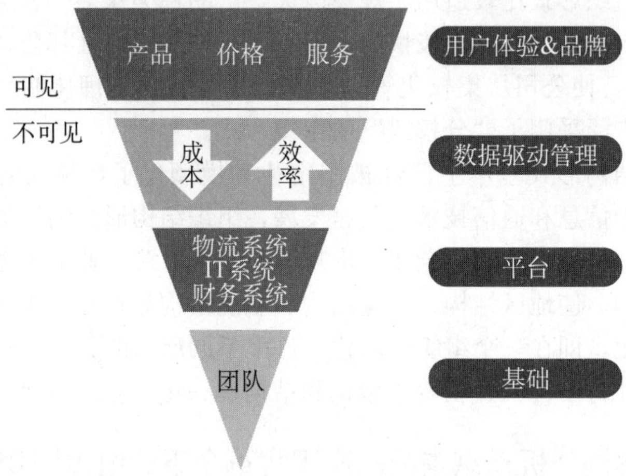


图 5-17 京东商城的“倒三角”战略模型

未来，我们可以预见的是：电商环境会越来越成熟，零售基础设施与今天相比不可同日而语。这意味着，在未来网络协同会超过规模经济的力量，成为实现“成本、效率、体验”的重要驱动因子。

因此从“一体化”走到“一体化的开放”，对京东来说是一个巨大的战略转变。京东的客户不仅包括网上的消费者、供应商和卖家，还包括线上、线下的其他零售商、品牌商与合作伙伴。京东的系统不仅要支撑京东商城的业务，还要服务于未来的无界零售场景，赋能于供应商和品牌商。这都需要依靠底层最核心的团队能力和组织保障（京东集团业务发展“T 形理论”见图 5-18）。在过去的组织模式中，由于京东只需要服务于单一的零售场景——京东商城，各项业务活动在长期的磨合中，已经形成了“你中有我、我中有你”的咬合关系。但是未来的战略决定了京东需要面向多场景、多客户，这就需要其打破原来业务之间的关系，更加标准化、灵活性地满足外部市场不断变化的需求。因此，其现有的组织模式必须要进行改变。

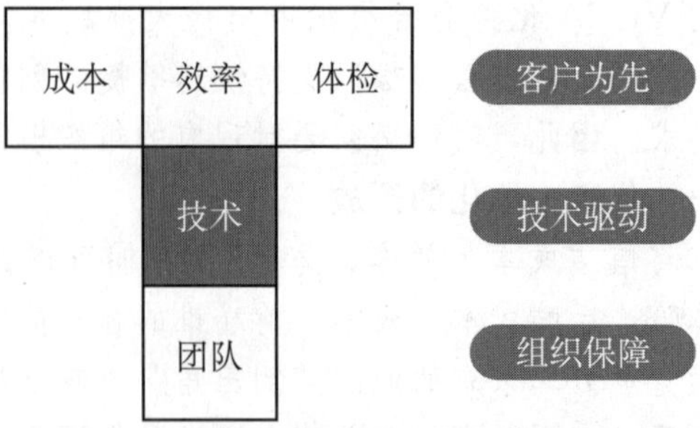


图 5-18 京东集团业务发展“T 形理论”

### 走向积木形组织

京东过去的组织形态如果用两个字概括，就是“整合”—— 以内部模块为基础，依据外部变化将各个环节衔接在一起，形成高效的整体解决方案。

未来，为了服务于多元的场景和多变的需求，京东的组织需要变得更为灵活、敏捷，成为积木形的组织（见图 5-19）。积木形组织的含义是：打破业务环节之间的强耦合关系，使各业务环节成为一个个可拆分、可配置、可组装的插件。通过对多个可选插件的个性化组合，可以满足客户不同的偏好和需求。就像乐高积木一样，乐高有 3 200 块左右的标准化砖块，通过统一的接口进行不同的组合叠加后，能够拼装成任何一个你能想象得到的造型——小到一辆汽车模型，大到活灵活现地重现 2012 年伦敦奥运会的盛况。

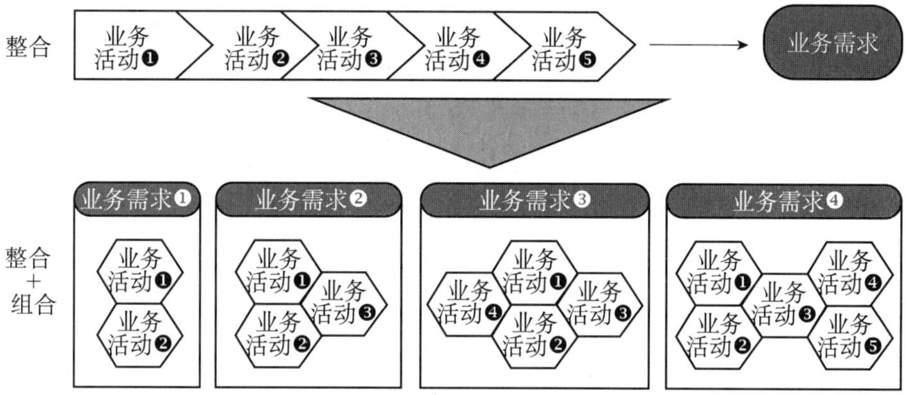


**图 5-19 京东的积木形组织**

积木形组织的形态可以被概括为“整合+组合”。整合是以京东为主导的：根据未来零售创新的趋势，京东非常高效地整合出一套“一体化的解决方案”，直接助能（enable）于客户。组合则是以业务为主导的：客户可以在类似于应用商店的平台上挑选应用的组合，满足各自的需要，也就是说客户为平台所赋能（empower）。

积木形组织具有三个特点（3O）：灵活组合（orchestrated）、赋能开放（open）和随需应变（on-demand）。灵活组合是指京东自身业务的标准化、组件化。赋能开放是指将京东的积木组件开放给外部（由内而外），同时也连接外部资源为己所用（由外而内）。随需应变是指积木的最终组合会契合客户的需求，并根据不同客户的不同需求而改变。京东正在摸索这样的业务和组织模式。例如在与中石化的战略合作中，京东基于电商业务活动提供商品联采、物流配送、金融、油品供应等服务。但是为了更好地满足中石化的业务需要，这些业务实践都进行了定制化——根据中石化的既有技术架构、场景和数据，提供定制化的技术和智慧选品方案，与原有的流程又有所不同。

零售的未来不是“帝国”，而是“盟国”。每个参与者将自己的那块或那几块“积木”定义清楚，并不断优化，最终不同的积木组合在一起，演化出无界零售的无界场景。零售的游戏规则不再是“竞争趋同”，而是“竞争求异”，每个参与者最关心的是建构好自己的那块“独特”的积木，从而在零售生态中获取无法取代的地位。这样，不同的积木以不同的方式组装在一起，构成未来共生、互生、再生的零售生态。

### 要求

1. 影响组织结构变革的因素有哪些？
2. 分工、协作规则：学生个体参与。
3. 学习成果形式：研究报告。
4. 学习评定规则：教师评价。
5. 时间要求：一周。

### 讨论提示

现代快速变化的社会环境直接催生了组织结构及其形式的多样化。在传统组织架构的设计和组织管理中，以韦伯为代表的科层制架构，多旨在通过控制人的随意性来提高组织效率，而在自霍桑实验开始的组织管理的“社会人时代”，人的能动性得到了越来越多的重视，如何利用现有环境、技术和资源因素激活组织中的个体，进而激活整个组织，提高效率和创造力，使之更适合组织发展，是我们当下在构建组织架构时尤需思考的问题。

### 分析与说明

这个案例说明，没有最好的、固定的组织结构，只有合适和适合的组织结构。每个组织都应该找到适合自己环境、技术及人才特点的组织结构。学生一方面可以通过这个案例对此有个直观的印象，另一方面还可以查找其他类型企业组织的资料进行对比，找出现在正在运行的企业组织存在的问题。但需要注意的是，分析案例时事先不要有什么定式。先看不同企业组织的内部结构有什么不同，然后再去分析环境、技术及人力资源等因素，这样对企业组织结构的诊断会更为准确。

## 本章要点

1. 组织结构，是指组织内部正式规定的、比较稳定的相互关系形式。传统组织理论认为，组织结构的特征包括稳定明确的相互关系形式、清楚的职权和严格的沟通渠道等，强调结构的客观性、非人格化和形式化等概念，组织结构被认为是最重要和持久的特点。现代组织理论则开始重视结构与环境之间的关系，相信灵活的结构形式既能更好地适应环境的需要，也更有效率。

2. 组织变项是组织分析的基本单位，它一般包括组织规模、组织的复杂性和组织的形式化。

3. 组织结构的要素主要包括四个方面，即地位、角色、规范和权威，它们的相互关系和联系共同构成了组织的基本结构。

4. 组织是人的组织，组织结构要以人为出发点进行设计，组织内部的规则是围绕着人来制定的，目的是最大限度地发挥人的能力，使人与组织实现有机结合。组织结构的分化通常有两种形式：水平分化和垂直分化。水平分化是指组织将要完成的总任务划分为各种子任务，并将它们分派给组织中的各单位和单位中的个人。垂直分化则是指组织的等级和层次结构的确定，以利于有效的整合与控制。通过这两种分化过程，组织逐渐地走向规模化和复杂化。

5. 组织的结构与设计是一个事物的两个方面，组织结构是组织设计的表现形式。组织设计以效率为基本原则，既要有利于资源的有效利用，又要满足员工的基本需求。它是保证组织从目标制定到实施等各项工作一致性的基础。

6. 组织设计应依照一定的原则，这些原则主要包括传统原则和动态原则。

7. 组织设计的程序是组织设计所必需的环节，有效的设计程序能够最大限度地保证结果的合理性。组织设计的程序一般包括：(1) 组织设计方针的确定；(2) 组织职能分析和设计；(3) 组织结构框架的设计；(4) 联系方式的设计；(5) 管理规范的设计；(6) 人员配备和训练；(7) 激励制度的设计；(8) 反馈和修正。

8. 组织设计是对组织结构的设计，其具体内容包括两个方面，即总体结构设计和职务工作结构设计。

9. 决定组织结构的因素是组织运行的内外环境。只有那些适应环境并生存下来的组织才具备合理结构的特征。这些特征包括效率与效能、创新与发展、灵活性与适应性、组织成员与结构以及协调与整合等。除此之外，其他决定组织结构的因素还包括组织成员的能力、产品和服务的多样性、组织各机构的地理分散程度、组织所使用的技术状况、组织规模的大小以及组织信息资源的状况等。

## 推荐阅读书目

1. 刘海建. 企业组织结构刚性与战略变革：理论与实证研究. 北京：商务印书馆，2013.

2. 王吉鹏，邸洁. 大型集团组织结构设计. 北京：经济管理出版社，2012.

3. 周雪梅. 任务型组织结构研究：生成、体系与结构. 北京：首都师范大学出版社，2012.

# 第六章

# 组织群体及相互关系

群体是构成组织的基本元素，任何组织成员都是在群体内进行活动并实现各自的目标的。群体作为组织的次一级单位，是由诸多职位构成的工作团体，是组织结构设计的有机组成部分。研究与分析群体的性质和特征，有助于加深对正式组织的认识，优化组织结构，保证组织结构的良性运转。本章主要讨论组织内部的群体、群体结构及群体之间的关系，理解群体现象的产生、发展以及非正式群体关系等。

通过本章学习，应重点掌握群体在组织不同发展阶段中的特点，群体间的关系及非正式群体现象对组织的运转和发展的影响。

## 第一节 群体概述

人类的活动都发生在各种群体之中，群体既是人类社会活动的基本单位，也是个人与社会发生联系的重要纽带。与复杂的社会系统或大型组织相比，群体又是比较简单、易于观察和把握的。本节主要讨论群体的含义、类型、发展阶段和影响群体行为的因素等内容，使读者了解与群体相关的各类问题。

### 一、群体含义

#### （一）群体的概念

群体是指由为实现共同目标的两个以上的保持持续性相互依赖、相互作用的个人组成的社会单位。不同研究者对群体的定义各有不同，但基本含义是一致的。

这一群体定义包含三个方面的特征：一是有共同的目标。群体目标是组织总目标的一个构成部分，群体成员就是围绕着实现共同目标而结合在一起的次级单位。二是存在相互依赖性。单靠个人的力量无法实现既定目标，每个群体成员都既需要他人的帮助，同时又要帮助他人，由此形成一种相互依赖的合作关系。三是成员之间存在着相互作用、相互交往的关系。群体的存在主要体现在成员之间持续性的相互交往之中，群体内部的交往多数是直接的、面对面进行的，即便有些群体由于空间的分散性，成员之间的交往无法采取面对面的方式，他们也仍然可以通过电话、书信等形式进行经常性的交往。

从这里可以看出，不是所有两个人以上的组合就是群体，群体有着它自身特定的含义。在社会学领域，容易与群体概念相混淆的是集群和社会类属。

集群是指两个以上个人的偶然集合。如飞机场和车站的临时乘客、公园里的游客、影剧院里的观众、商场里的顾客等。他们虽然是同时出现在同一空间场合里的一群人，但不是社会学意义上的群体，因为他们或者是各有各的目标指向，或者是即使有相同的目标，也不存在持续性的相互依赖和相互作用的关系。

社会类属是由共同具有特定属性的个人合成的统计集合体。如企业组织中的经理、技术人员、工人等都是社会类属。社会类属是比集群更为抽象的一个概念，通常也不具有群体的基本特征。

群体是个人与个人之间的结合体，在群体层次上，由于有共同的目标、相互依赖和相互作用的特征，个人的行为出现了质的变化，即群体社会性行为的出现，这在集群和社会类属中就不可能实现。

## （二）群体形成的原因

人为什么要组成群体？或者说，产生和维持群体的条件是什么？它是组织社会学十分关注的一个问题，因为群体的形成原因会成为群体活动的重要制约因素。我们可以从两个角度来分析组织内部群体形成的原因。

（1）从所属组织的角度看，群体形成的基础主要是共同的工作任务（包括有待解决的临时性问题），这是组织内部各个群体形成的主要原因。一个大型组织通常将其主要目标分解为具有不同性质的具体任务，并根据各项具体任务来组建其下属群体。例如，企业组织通常在确定总目标之后，就要把总目标分解部署到各个部门和职位上，其中部门可分为采购、生产、销售、财务、人事等，依照资源和工作任务分派责任，这就形成了以各自目标为中心的次一级群体。此外，组织内部还会形成一些缺乏稳定性、持续性的临时性群体，如抢险指挥部、赈灾工作小组等，它们通常是为了解决突发事件的临时组合，一旦任务完成群体也就自行解散。

（2）从群体成员个人的角度看，有两个主要因素促成他们结成群体：一是物质利益的因素，参加群体可以获得个人的物质利益。这是一种功利性动机，目标是实现个人目标。但是，现代社会是一个高度组织化的社会，如果没有组织内部其他人的合作、有效的配合与协助，个人的目标就无法实现。也就是说，只有通过实现群体的目标，才有可能获得自己单独无法获得的更大的物质利益。二是社会心理因素，每个人都有许多社会性心理需求，这些需求只有在群体或在与他人的交往中才能得到实现和满足。这类社会性需求主要包括安全感、归属感、良好自我形象的维护、荣誉感、自尊的获得、情感的交流以及自我实现等。

完成共同的任务、实现共同的目标和满足个人物质与社会情感方面的需求，这既是形成群体的主要原因，也是维持群体继续存在的条件。也就是说，一旦共同任务已经完成又不能继续形成新的目标，或者群体成员在相互交往中已不能获得期望的满足，群体就将趋于松散乃至解体。因此，共同目标与个人需求的满足是考察群体的存在状态及其运行过程的基点和角度。

正式组织形成群体主要是为了满足目标需要，不存在情感因素，但是现代社会的多样性也使得更多的组织开始考虑其他需要的满足，例如情感、归属、尊重以及社会参与的需要等。

## 二、群体类型

组织内部有多种群体类型，可以根据不同的方法把群体划分为不同的类型。通过类型的划分，人们能够充分认识到不同性质与不同类别的群体特征，以便采取不同的态度参与活动、发展或抑制群体的规模及其影响。

一种分类方法是根据群体所要实现的目标以及由此决定的成员间作用的性质把群体区分为功能型群体、项目型群体和兴趣-友谊型群体。另一种方法是根据群体的结构特征把群体区分为正式群体与非正式群体。正式群体是组织为实现正式目标而结合起来的群体，非正式群体的形成则主要为了满足成员个人的社会性心理需求，与组织目标有间接性的关系。当然，上述两种类型的划分有重叠的地方，通常，功能型群体与项目型群体相当于组织的正式群体，而兴趣-友谊型群体则相当于非正式群体。

### （一）功能型群体

功能型群体是正式组织中常见的一种群体类型。组织设立功能型群体，目的是能够稳定、持续地满足某种必不可少的、经常重复出现的常规性需要，它的最典型特征就是成员之间建立了严格的上下隶属关系和正式的职位规范。对功能型群体来说，最重要的活动就是为实现组织的基本目标做出贡献。这类群体在组织中的数量、任务及相互关系的确定，都是以工作效率为出发点的，因而为保证组织的效率和生存发展，其活动范围都为详细的规章制度所限制，其他类型的群体则为功能型群体提供服务或补充。

### （二）项目型群体

项目型群体也是大型组织中常见的一种群体类型。与功能型群体不同，项目型群体不是直接同组织的基本目标相联系，而是同某个具体的项目相联系。换言之，建立项目型群体是为了在预定时间内，按照预定的质量标准或效率标准完成某项具体的工作任务。项目型群体通常不是常设群体，它的存在取决于一项具体工作或任务的完成情况，一旦工作或任务完成了，群体也就会自动解散，其工作人员将重返原来的群体或工作单位。项目型群体的特征是，其成员通常具有与任务分工相联系的不同背景及不同的专业领域，成员之间相互作用、相互沟通和相互协助的关系都被预先规定，以平行的关系为主。当群体成员在群体内工作时，他们实际上处在双重领导状态，即既受项目型群体的领导，也同时受原有群体领导的指挥。

### （三）兴趣-友谊型群体

兴趣-友谊型群体是大型组织中普遍存在的一种组织形态。这种群体通常由那些具有共同信仰、共同利益、共同兴趣和爱好的个人组成。

组织内部的活动规则都是被明确规定的，成员所扮演的角色都是规定性角色，成员之间的关系都是普遍和一般性的关系。正式组织内不允许个人情感因素的出现。但是，组织成员在经常性的工作接触中，常常会对彼此产生除了工作关系之外的其他关系，由此会缩短他们之间的社会交往距离，并会以某个共同点为基础，形成一种个性化的、特殊的和相互吸引的伙伴关系。与前两种群体不同，兴趣-友谊型群体的目标是满足个人的社会性心理需求，可能与组织的正式目标（基本目标和工作任务）不一致。其典型特征就是成员之间的关系是基于相互喜欢、相互吸引的，而不拘泥于正式规定的职位关系。这类群体有时出现在功能型或项目型群体之内，有时则打破和跨越了正式群体之间的界限。对其来说，最重要的是成员个人从群体交往中获得心理的满足，因而其遵循着“合则聚，不合则散”的原则，其聚散存亡具有一定偶然性、随机性、临时性，其内部关系呈现出变动不居、无序化的特征。

群体类型研究表明，在正式组织中，个人可能同时参与两类或三类群体，同时扮演多种社会角色，处于多重社会关系之中。那么，不同类型群体因其性质和作用不同，对成员的要求也就不同，因此群体成员关系的重叠性将会引起群体内行为与群体间行为的交错性和复杂性，这也是群体研究的基本着眼点。

## 三、群体发展阶段

一个群体自组建就会经历一系列发展阶段，处在不同发展阶段，群体的内部特征、相互作用的性质会发生显著变化。根据工作任务的性质和群体成员需求的变化，一般可以把群体发展阶段分为以下四个。

### （一）形成阶段

正式群体成立之初的基本任务在于确定方向、目标以及实现目标的方法，群体成员之间个人关系所面临的主要问题是如何相互熟悉、相互承认以及明确相互关系，消除由陌生而导致的忧惧情绪，形成初步的相互依赖感。在形成阶段，群体建设工作应围绕以下几个重点进行：（1）确立目标以及实现计划；（2）确立领导与下属的隶属关系，明确各自的职权和职责；（3）群体成员间彼此熟悉一下各自的经历、背景和能力，建立相互容纳的交往关系；（4）初步建立群体的规章制度及信息交流网络。

## （二）协调阶段

随着工作的逐步展开，群体成员之间的接触日益频繁，群体内部一般会出现大量的具体问题。在第二阶段，内部关系的协调上升到群体活动的首位。从工作任务的角度看，问题主要发生在谁应该或不该做些什么，各项工作应该如何配合。从个人关系的角度看，这一阶段通常会发生个人之间的多种形式的激烈竞争，由此引发大量的矛盾和冲突。有时矛盾和冲突是以公开的形式表现出来的，有时各种怨恨和不满则比较隐蔽。这一时期的个人关系尚处于紧张与混乱状态。

在协调阶段，应结合群体面临的具体问题做好以下几个方面的工作：（1）进一步补充、修订和明确职权、职责关系，根据具体情况细化和增订规章制度；（2）在相互配合的环节上澄清认识上的模糊和理解上的分歧，完善有关的群体规范；（3）针对具体问题，鼓励成员把自己的看法提到桌面上，通过交流不同意见来弥合分歧，达成一致；（4）对矛盾冲突，不要采取放任自流或回避的态度，应做好调节转化工作，使之得到妥善解决。总之，这一阶段的根本任务就是创造一种和谐融洽的合作氛围。

## （三）发展阶段

群体的发展经过内部协调阶段以后，群体成员基本达成的共识是：合作胜于相互竞争。群体内耗开始大幅度降低，从而群体进入了发展壮大阶段。在这一阶段，整个群体活动将出现明显的合力效应。在工作任务方面，重要的是发掘信息和智能方面的群体优势，不断探讨和修订实现目标的优化方案；成员之间的个人关系也通过开诚布公的坦率交流而形成相互吸引的凝聚力，矛盾和冲突即使发生也不再针对个人，而是针对具体事件或抽象的规则。这一阶段的主要工作包括：（1）建立和完善组织内部的信息交流网络和反馈系统；（2）在此基础上制定有关实现群体目标的途径和方法的优化方案；（3）采取多种渠道使成员都能分享到群体的信息和感情，强化群体的内聚力；（4）了解成员在物质利益和社会心理方面的期待，并运用适当的激励方式给予满足。

## （四）成熟阶段

群体发展的最高阶段就是成熟阶段，在这一阶段，每个成员都被安排在合乎自己兴趣和能力的角色位置上，相互进行着有效的合作，共同为群体目标做贡献。在工作任务方面，这一时期应注意提高群体解决问题的能力，推动工作的进展。同时还要注意成员对群体目标和群体规范的内化和认同，使之形成自我约束力，从而提高群体的控制能力。对个人关系来说，这一时期通常会出现情感性交流，成员之间的关系也更加亲密和富有个性化，开始形成一种休戚与共、相互依存的“我群感”，成员高层次的心理需求，如自尊、自我实现等，也在这种融洽的群体交往中得以满足。

成熟阶段的主要工作包括：（1）通过反馈信息对群体状态和群体活动进行评估和校正；（2）强化群体规范，控制群体行为；（3）针对群体成员的高层次需求，提高对成员的激励水平；（4）保持和发展成员之间的友好气氛。

虽然研究群体发展阶段理论对认识和把握群体现象有很大的帮助，但也必须清楚地看到这样两个问题。首先，群体发展的各个阶段在时间上并不是截然分开的，而是相互重叠、彼此交织在一起的，因此很难精确地区分一个群体所处的具体阶段。这种理论上的划分可以使人们对群体行为进行有效的评估，认识群体内人际关系的变化曲线。其次，一个组织内的群体不是按照群体发展的四个阶段依次进行的，它有可能长期滞留在某个阶段，比如，频繁发生的个人之间的矛盾可能使一个群体难以逾越协调阶段。甚至群体还有可能从某个发展阶段退回到前一个发展阶段，如重要成员的更替、工作性质的重大改变等，都会使一个较为成熟的群体退回到发展阶段。关于群体发展阶段，可以用表 6－1 来表示。

**表 6－1　群体发展阶段**

| | | | | |
|---|---|---|---|---|
| 工作任务 | 目标<br>途径<br>方法 | 谁该或<br>不该做什么<br>如何配合 | 分享信息<br>集思广益 | 解决问题<br>完成任务评估 |
| 人际关系 | 不信任<br>忧惧<br>容纳 | 竞争<br>冲突<br>紧张 | 团结<br>合作 | 情感交流<br>相互依存<br>满足高层次需求 |
| 群体阶段 | 形成阶段 | 协调阶段 | 发展阶段 | 成熟阶段 |

## 四、影响群体行为的因素

影响群体行为的因素一般有两个方面：一是由成员带入群体的个人因素；二是促成个人组合以及由个人组合所产生的综合因素，也即环境因素。

### （一）影响群体行为的个人因素

组织与群体活动都是以个人为载体表现出来的，个人表现群体的规范。尽管组织与群体有着明确的规范，但这种规范是否符合组织的需要，还要看它是否为组织内活动者所接受并执行。所以，个人因素对组织活动成效有重要影响作用。

个人因素是指群体成员的个性特征的总和，具体包括成员稳定的心理素质、特定的行为模式、技术才能、与他人合作的能力等。这些特征虽然因人而异，但均会被个体成员带进群体内部相互作用的环境中，对群体将产生持续长久的影响。

以下从四个方面来分析个人因素的变化对群体行为的影响。

（1）生理因素。生理因素是个人由遗传得到的全部生理特征，包括性别、年龄、记忆力、体形、精力、耐力等。生理因素不同的个人具有不同的活动潜力，生理因素影响着个人的需求和愿望，如年龄作为一个重要的生理因素，它与个人在群体内的交往、影响力以及遵从性等重要行为有着较大的相关性。其他如性别、精力等生理因素对群体行为的影响主要是间接性的，即通过其他环节（技术、品质等）而发生作用。

（2）技术能力。个人的技术水平、智力、才能等个人因素与群体的工作目标有着直接的联系，因此，对于关注目标实现的功能型和项目型群体来说具有重要意义。识别每个成员的技能特长并将其转化为合理有效的群体行为，是组织社会学研究的重要课题之一。

在正式群体中，个人的技术能力对群体结构及群体行为有着明显的影响。那些有某些特殊才能的群体成员往往容易受到其他成员的欢迎和尊重，在群体中具有较高的地位，很可能成为实际上的权威，其意见也容易被群体认同，从而拥有很强的决策影响力，同时他们能够从群体活动中获得较大的心理满足。

（3）个人品质。品质因素主要关系到个人之间的相互作用，并由此影响群体行为。根据研究的需要，人们可以把个人品质划分为各种类型，常见的类型有开拓型与保守型、稳定型与变化型、专注型与民主型、外向型与内向型、依赖型与独立型、孤立型与交际型等。不同类型的个人品质对群体的贡献和影响也不相同，一般在进入群体之初，每个人的个性表现都是非常明显的，但经过一段时间的接触和适应后，群体常常会由异质性很强的群体转化为同质性的群体。

个人品质以及在此基础上的相互作用直接影响着群体结构，同样的结构对于具有不同个人品质的个人来说具有不同的意义。例如，刻板性、遵从性品质的个人通常习惯于照章办事、循规蹈矩的活动程序，比较适应专制型的领导风格。但在相同群体中，那些有着灵活性、独立性品质的个人则会感到难以忍受，他们即使留在该群体中，也常常会发展非正式关系，以求得补偿和平衡。

（4）期待性质。个人在群体中的行为直接受制于各种性质的期待及其实现程度。对期待性质可以从三个方面来认识。

第一，个人对能够胜任工作的期待，它主要指对工作的自信心。例如，一个刚进入新单位的大学生，尽管他的知识文化水平比较高，但在许多场合下仍感到心虚怯场。对于想要把工作做好的员工来说，使他建立自信心的方法就是给他必要的指导和正面的反馈意见，并使他有一定的自主权，帮助他认识到自己的能力和前途。

第二，个人对群体的期待，包括个人对群体活动的参与程度、人际关系的质量以及群体地位等方面的要求。

第三，群体对个人的期待，即个人在群体活动中所做的贡献和应该达到的标准。个人在群体中的行为在很大程度上都可以由这种期待解释。

群体的期待因素直接与激励要素相关，若想使激励产生积极的效果，就必须了解各种性质的期待状况。

## (二) 影响群体行为的环境因素

群体是组织的基本单位，组织是构成群体活动的外部条件。组织环境是指那些由组织结构设置的、促成群体形成及由成员之间相互作用产生的、影响群体内部行为的综合因素，主要包括群体规模、社会密度、人员构成和工作任务的性质等。

(1) 群体规模。群体规模是指群体人数的多少，它对群体行为的制约作用主要表现在以下几个方面。

第一，群体是由一些直接的、面对面相互作用的成员组成的，群体规模无疑会制约着相互作用关系的性质。心理学研究表明，面对面直接交往的时间与人际关系融洽程度成正比例关系。长时间的面对面交往使成员之间容易形成相似的价值系统，使群体成员有可能在超出群体本身目标之外的广泛事务上形成共同的情感。共同价值系统和共同情感又是群体凝聚力的主要源泉。交往时间短，则成员之间的关系就会冷漠、生疏、有隔阂。

群体规模与面对面交往时间及对人际关系性质的制约作用可以通过下面的公式反映出来：

$$
\begin{aligned}
\text{群体内成对交往平均时间} &= \text{总交往时间}/\text{成对关系数} \\
&= K \times N / N\ (N-1)\ /2 \\
&= 2K/N-1
\end{aligned}
$$

在这个公式中，$N$ 代表群体人数，$K$ 则指每个成员在给定的时间内用于同其他成员进行成对交往的平均时间，由于 $K$ 值变化范围有限，因此 $K$ 可以被视为常数。显然，要想加大分数值，必须增加 $K$ 值，减少分母数值。因此当人数 $N$ 趋于无穷增大时，分数值也就不断缩小，即群体成员间面对面交往时间缩短，从而使人际关系趋于疏远和表面化。

第二，具有亲密感的小群体容易形成一致意见，适于决策；但在大群体中，成员间的意见分歧较大，发表意见的态度也更加坦率，较适于信息的传播。

第三，有证据表明，小群体成员的心理满足程度通常高于大群体成员，离职、缺勤等现象亦随着群体规模的扩大而增加，因此，在组建群体时，应该对由人数增加所造成的这种潜在消极影响给予充分重视。

第四，群体规模与群体行为之间并非一对一的因果关系，规模仅仅是群体行为的制约因素之一，其他因素例如工作性质，可能对群体行为和心理有更大的影响。

(2) 社会密度。社会密度是指在一定行走距离之内群体成员的人数。社会密度影响着群体成员之间的相互交往，尤其对那些成员分布在固定空间位置上的群体来说更为重要。

值得注意的是，行走距离是通过测量一个位置到其他位置的实际行走路线确定的，因而不同于物理空间距离（直线距离）。如 A 与 B 两个位置分别处于楼上楼下两间办公室，其直线距离只有 5 米，但由 A 点到 B 点却必须经过走廊和楼梯，其行走距离为 50 米。行走距离与人们之间的直接交往有关，因此适于作为计算社会密度的指标。

社会密度研究对群体活动有不同的作用与意义。一方面，加大社会密度所能带来的积极效果是，加大了信息交流和反馈，缩小了人与人之间的交往距离，有助于群体内上下级之间形成融洽的气氛，增强职员对工作的兴趣和满意感；另一方面，社会密度的增加也可能带来消极的后果，过于拥挤的环境会造成当事人心理上的压力、紧张和焦虑不安，容易使人产生攻击性和破坏性行为。

（3）人员构成。人员构成是指群体内每个成员独特的个人因素相互融合后所形成的超个人的群体现象，也即群体成员在个性特征方面（生理、智能、品质、期待等）同质性成分和异质性成分之间特定比例的组合方式。任何一个群体的人员构成状况都可以在完全同质性与完全异质性的两端之间找到自己的位置。

群体成员构成趋向于同质性一端，就意味着成员在许多重要特征上具有相似性，这类群体内部的矛盾、冲突比较少，有利于成员之间的合作与交流，成员的满意度也较高，群体有很强的凝聚力。但是，过分的一致性和稳定性也可能使群体付出一定的代价，它很可能会降低群体实现工作目标的质量和效率。

可是，群体成员构成在趋于异质性一端的时候，成员之间在个性、智力、品质等各方面产生相互撞击、相互激励，有可能推动群体高质高效地实现目标。但成员在相互竞争关系中容易产生矛盾和冲突，导致群体凝聚力下降。

（4）工作任务的性质。工作任务的性质是其他环境因素作用于群体行为的中介变量。为进一步说明它的影响作用，可以根据工作任务的性质分出三种不同类型的群体：生产型群体、研讨型群体和解决问题型群体。这三类群体在工作目标、任务难度、信息需求、分工协作体制等方面存在着差别。不同类型群体的工作性质对群体主要存在以下几个方面的影响。

第一，生产型群体主要处理常规性事务，受不确定因素的干扰较少，因此群体重视的主要是在规定时间内保质保量地完成任务。此类群体内部信息交流和意见争论较少，由于每个成员承担的那份工作比较简单和程式化，而且适合独立操作，因此通常采用分工责任制。

第二，研讨性质的工作要求群体成员聚在一起讨论问题，并由此达成协议，提供给上级批阅。研讨型群体的工作难度较大，对信息交流的需求也较强。这类群体行为的特点是，要求所有成员参与问题的讨论并分别提出自己的看法，围绕特定问题进行交流、争论，允许和鼓励成员充分发表意见。由于研讨的问题涉及多个方面，其结论需要多次补充修改和综合各方面意见，因此不适合采用分工法，通常采用的是在协作基础上共同承担责任的方法。

第三，解决问题的工作同研讨性质的工作尽管有相似之处，但也存在很大差别。前者不仅要形成结论，还要进一步提供解决问题的方案，并加以执行。因此，它具有明确的方向性和主动性。后者的特点是领导的参与和对群体的影响、干预作用大大高于前者，它采用的是基于协作的领导负责制。

综上所述，在三类群体中，影响群体行为最重要的因素是任务的难度。任务难度越高，越容易犯错误，也就越容易出现意见分歧和争论。任务难度又常常与信息交流和处理方面的需求联系在一起，完成高难度工作所需处理的信息量越大，则群体用于信息交流的时间越长，成员之间的相互影响也就越大，决策便相对困难，从而要求成员之间加强相互作用和协作。

# 第二节 群体结构

群体结构是指群体成员之间比较稳定的关系框架或关系模式。使用群体结构可以预测和解释群体行为的特征和结果。

## 一、群体结构的构成要素

群体结构是群体成员的行动准则，是个人行动转化为群体行为的中介要素，群体结构要素包括群体地位、群体角色、群体规范、群体责任与权力等重要范畴。

### (一) 群体地位

群体地位是个人在群体中所处的相对位置。群体地位的构成要素包括：(1) 职位，是正式组织中的固定工作位置；(2) 工作的重要性程度，如果组织成员的贡献大，往往会获得较高的地位等级；(3) 善于与人合作的人比不善交际的人容易获得较高的地位；(4) 那些熟悉并能出色完成本职工作的人也能获得较高的群体地位。

群体地位等级的功能是保证群体成员的活动被控制在适当的范围内，群体地位等级关系的形成是成员关系结构化的重要标志。一个群体在成员地位问题上是否达成共识对群体行为将产生直接影响。群体地位等级的评定如果出现分歧，就会干扰群体实现目标的活动。尽管群体地位等级有助于明确成员之间的相互关系和活动范围，但它同样也会妨碍成员之间的经常性交流，削弱成员对群体的归属感和满意感。

### (二) 群体角色

群体角色是地位的动态表现，是与地位密切相关的一整套权利义务模式。群体是由一组角色构成的角色集，角色之间的关系被明确规定，相互之间都在实现着对方的期待，尽管如此，角色在扮演过程中依然会出现失调问题。角色不清是一种失调，它指角色的扮演者不清楚角色的权利和义务关系，不清楚他人对角色的期待；角色冲突是比较严重的失调，它指一个人在同时扮演两个以上角色时，不同角色之间出现了矛盾、抵触和对立，从而妨碍了角色扮演的顺利进行。

群体地位和群体角色是群体结构的基本构成要素，群体结构的内部关系则由各个单位、各个角色之间的规范、权力以及责任等加以规定。

### （三）群体规范

群体规范是地位关系以及角色期待的具体内容，是指群体成员为使其活动协调一致、相互配合而制定的行为准则。群体规范具备预警和惩戒双重功能。预警是指通过各种清楚、明确和易于操作的规章制度为群体成员划分出行动界限，目的在于鼓励成员自觉遵守，预防违纪行为的发生。惩戒功能是通过对违纪犯规行为采取的各种惩罚措施表现出来的，其目的是使行动者不再重复以往的错误。

群体规范的有效性取决于群体成员的认同程度。认同程度越高，群体凝聚力越强，群体活动效率也就越高。反之，则会削弱群体凝聚力，降低群体活动效率。这种认同来自人们对规范的内化程度，即群体成员能否把规范的内容转化为自身的态度、价值观和行为准则，使规范由外在控制转化为内在约束。这一过程依赖于群体的教化及成员自身习惯的养成。

### （四）群体责任与权力

群体责任与权力既是群体规范的基本内容，也是群体结构的重要表征。

群体责任与成员的群体地位相联系，它是根据群体任务的性质，对每个成员在群体活动中应该采取的行为方式的具体规定。实质上，责任是与群体地位（或角色）相关的群体规范的具体化形式。

群体权力是指各个群体成员互动影响力的差异净值。当净值为零时，相互之间是一种完全平等的关系。但实际上，群体内的关系是以不平等为基础的，差异导致效率和发展。群体权力的实施通常取决于对有价资源的控制，能够支配、调动和运用有价值资源的质量越高、数量越多的人，权力越大。

群体中的权力与责任有密切关系，一方面权力是履行责任的保障，另一方面权力又受制于责任，权力通常仅限于履行责任，而不能超出责任范围。

## 二、对群体结构的评价

群体结构直接影响群体行为，可以说是群体结构造就了群体行为。通常，评价一种结构的优劣有两种标准，一是实现群体目标的程度及效率，二是群体的凝聚力如何，即在变化的环境中群体维持其互动关系模式的稳定程度。但是，这两者在实际工作中却彼此对立，高效率与高凝聚力很难同时出现在一个群体中。

### （一）实现目标的能力

群体活动效率是指群体内部的资源转换能力，通常以群体的工作目标为依据，由单位时间内群体的投入与产出之比加以测定。以效率作为标准，意味着所有的群体活动都应该以最低的代价通过合理转换来高效地实现群体目标。为此，就要有严密的群体结构，对个人行为加以严格控制，最大限度地降低不确定性因素，降低资源的损耗与浪费。

提高实现目标能力的基础是拥有清晰的地位等级关系、明确角色的权利与义务、制定完善的群体规范系统，以及权力与责任对等。无论群体结构形式化和规范化程度有多么完善，如果不能保证群体的效率，就不能说它是一种有效结构。

### （二）群体凝聚力

群体凝聚力是建立在群体成员之间亲密关系基础上的相互吸引力，是使成员留在群体内而不是脱离群体的重要因素。研究表明，影响群体凝聚力的因素主要是人际互动及由此形成的人性化关系。换句话说，若想提高一个群体的凝聚力，就必须让群体成员有比较自由和充分的沟通机会，给他们提供互动场所和时间。通过经常性的互动，逐步形成相互信任、相互支持和相互合作的关系，使群体在实现目标的同时，又能满足成员多层次的需求。相反，如果过分限制人际互动和个性化关系，必然削弱群体凝聚力，松懈群体成员之间的关系。

群体凝聚力是群体成员的一种心理感受和体验，不同的群体的凝聚力是不同的。因此，凝聚力水平保持在什么状态才能最有效率，成为人们研究的重点。高效率的群体与高凝聚力的群体都是一种出色的结构体系，关键要看群体成员和群体类型的需要。

总之，效率与凝聚力有联系，但并不具有相关关系，二者存在着一种相悖的可能性，即一个高效率的群体并不一定有较强的凝聚力（也可能有较强的凝聚力），而有了较强的凝聚力也并不能保证群体就一定有高效率（也可能有高效率）。实际上，两者分别受不同因素的制约。

## 第三节 群体之间的关系

群体之间的关系是指组织内部的两个或两个以上群体之间的相互作用。这些相互作用的群体既可以共处一个部门，也可能分处不同部门。对于群体之间的行为来说，最重要的是如何对其加以协调来提高成效，因为这些群体同处于组织内部，群体间相互作用的成效直接影响着组织的运转状况及其目标的实现。

## 一、群体关系的制约因素

群体间行为成效取决于协调，而在制定和实施协调措施之前，必须先确认那些制约着协调过程的重要因素，即任务确定性、目标差异性以及相互依赖性。

### （一）任务确定性

不同的群体在任务确定性上有很大差别。有些群体在进行日常活动时已经有了固定的规范和程序，很少有意外情况发生，很少需要处理和解决新的、特殊的问题，工作任务具有较高的确定性。另一些群体则相反，它们在日常活动中经常会遇到新情况、新问题，很难用规范和制度将工作任务进行固定化和程序化，也即任务的确定性较低。

任务确定性程度的高低随工作环境的变化而变化。工作环境是指影响群体活动的外部因素，主要包括与群体打交道的其他群体或人员（人的因素）和与群体输入、输出有关的资源、设置状况（物的因素）。首先，一个群体必须与之打交道的其他群体的数量越多，这个群体的任务确定性程度就越低。一个企业中的生产作业小组有可能打交道的对象主要限制在企业内部，而且数量通常不会太多，因而它的任务确定性程度较高；而同一企业的销售部门则必须同组织系统之外的其他人员（顾客、用户）打交道，且数量很多，因此它的任务确定性程度低于生产作业小组。其次，与群体输入、输出有关的各种资源及设置状况越稳定，任务确定性程度就越高。生产作业小组周围环境的稳定性较强，各种影响其活动的偶然性、变动性因素受到较大控制，因而允许将它的日常活动纳入正规化、标准化和程序化轨道。与它相比，产品开发部门的环境稳定性就比较低，无论是输入、输出还是资源转换设置都受到偶然性、变动性因素的影响，这种动态环境要求群体及时做出反应，群体活动总是处于应变和应急状态，要求其必须具有一定的适应性和灵活性，即环境稳定性越弱，任务确定性程度就越低。

从信息交流的角度看，群体的任务确定性程度越高，各群体相互交流信息的需求越低，因此协调群体之间的行为、获得高效群体运转就越容易；反之则会加大协调难度，并会降低群体间的行为绩效。

### （二）目标差异性

目标差异性是制约群体间行为成效的又一重要因素。目标是群体通过活动在未来的某一时间段（点）上的一种预期状态，因而包含着两个重要因素：时间取向和目标取向。这两方面的差异状态构成了各个群体的目标差异性。

时间取向是指对活动结果进行有意义的评价时所参照的时间段。目标在时间取向上的差异性可以用短期、中期和长期或者小时、日、月、季度、年等概念加以区分和表示。有的群体为了确定自己在目标实现中的方位，需要及时了解有关活动结果的信息，例如，生产作业单位关心每个小时的进度或每日定额的完成情况。另外，群体在评估结果时可能参照较长的时间段，像产品开发部门，往往参照一个产品从研制、生产直至销售的长期过程，通常一个季度、半年甚至一年才对自己的目标实现情况进行一次评估。

群体努力实现的具体预期状态构成了目标取向，也即目标取向是指群体关心的焦点和具体活动所围绕的核心。如一个大型的生产组织，内部群体在目标取向上的差异性大致可分为科技开发型、生产加工型和市场销售型。科技开发型关心的是科学知识向应用技术的转化以及新产品在大规模投产后所获得的经济效益；生产加工型则把注意力集中于如何降低原材料成本和加工成本、成品的数量和质量标准等方面；市场销售型的预期状态主要可以归结为市场覆盖率、销售量及销售收益、顾客的满意程度等几项指标。

目标差异性即各个群体在时间取向及目标取向上的差异状态。由于目标直接决定着群体行为，因此各个群体在目标上的差异程度制约着群体间行为的协议及成效。在这里，相互作用的群体目标差异性越低，整合性需求就越弱，协调群体行为、获得高绩效的行为也就比较容易。相反，目标差异性越大，取得高绩效行为的难度也就越大。

## （三）相互依赖性

相互依赖性是指两个或更多群体在实现各自目标的过程中需要其他群体协作的程度。它是制约群体间行为的重要因素。

群体间的相互依赖性与相互依赖方式有密切的联系，一般把相互依赖方式区分为以下三种类型。

（1）并列型。并列型依赖关系是指两个或两个以上群体在行为上各自独立，即它们之间在行为及行为结果上并不存在直接的输入、输出关系。如果只就组织内的两个群体来说是互不相干的群体，但从组织的总目标看则是必不可少的两个部门。

（2）单向型。单向型依赖关系是指一个群体的输出项部分地或全部地构成了另一个群体的输入项，即后者在实现自身目标时依赖于前者的协作。例如，企业组织中的采购部门、生产加工部门、销售部门之间的关系就属于单向型依赖关系。

（3）双向型。双向型依赖关系是指两个或两个以上群体之间在行为及行为结果方面存在着对流交换式输入与输出的关系，即自己一方的输出项部分或全部构成了另一方的输入项，同时对方的输出项也部分或全部构成了自己一方的输入项。这种依赖关系体现了群体之间功能互补的耦合性。例如，企业组织中的产品研发部门与销售部门的关系就是这种双向型依赖关系。

群体间关系的制约因素，可用图 6－1 表示。

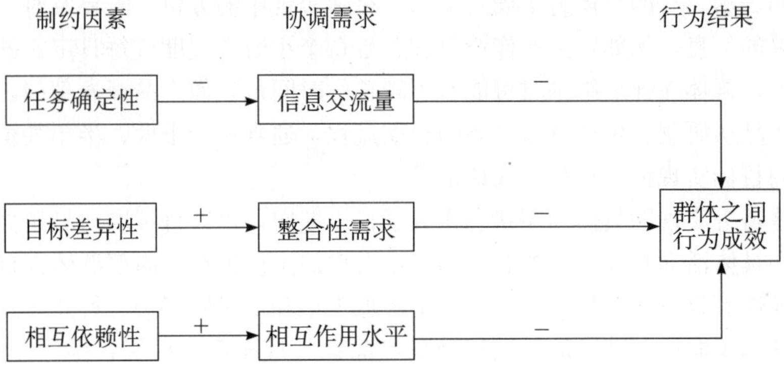


**图 6-1　群体之间关系的制约因素**

## 二、群体关系的协调手段

群体之间存在着相互期待的不一致性特点，这就使群体之间的有效协调和整合成为必需。为了提高群体之间的行为成效，必须依据群体之间行为的实际需求，采用不同的协调手段。常用的协调手段有规章制度和活动程序、统一领导、规划、团队建设、联络人员、特别委员会和常设委员会等。

### （一）规章制度和活动程序

规章制度和活动程序既有助于协调个人之间的行为，也可以促进群体间行为的协调，提高群体行为的成效。

规章制度和活动程序作为协调手段，其核心内容就是事先对各个群体的活动以及相互作用方式进行严格的测算和规定，降低信息沟通和相互作用方面的不确定性，因而可以有效地减少群体之间直接信息交流和相互作用的需求。当有了完善的规章制度和活动程序之后，各个群体只需在各自的活动范围内从事自己的日常活动，而无须同其他群体频繁地沟通。协调任务也因而减轻，管理人员只需把注意力集中于对各个群体活动状态的监督，对违章行为加以纠正和处罚。规章制度的最大作用是将各个群体活动进行固定化与稳定化，降低各群体活动的不确定性，减少人员变动对群体活动的干扰。

规章制度和活动程序的协调作用受群体外在环境的影响较大，它适用于相对稳定的外在环境。当环境极不稳定和变化迅速时，群体任务确定性程度就很低，群体活动也就难以固定化和稳定化，这样群体就要不断地调整自己的行为，要求活动具有很大的灵活性和变化性。所以，规章制度和活动程序此时对群体间行为的协调作用也就面临着巨大的挑战。

### （二）统一领导

当规章制度和活动程序不能适应各群体之间不断增长的协调需求时，就要采用另一种协调手段，即在各个相关群体之上设立统一领导，而这个统一领导有权制定涉及各个群体行为的必要决定。

统一领导的最大优点就是它具有灵活性和权变性，它可以依据环境的变化，随时对各个群体的行为加以调整。领导者的职能是通过制定决策和发布命令的方式协调群体间的关系，化解它们之间的矛盾。

统一领导这种协调方式并非万能，它也有自己的局限性：它会受到领导者自身的能力、精力和工作时间的制约。在特定时间内，一个领导只能承担一定量的协调工作，收集和处理相关信息，考虑群体之间的整合及相互作用。如果协调的需求量很大，超出了领导者的负载能力，那么这种协调手段的成效会因此降低，这时就要考虑使用其他更为有效的协调手段。

## （三）规划

如果组织内部群体之间的协调量大，复杂程度高，而且上述协调手段不能解决，那么可以考虑运用规划手段加以协调。

规划的主要内容是在对组织的共同目标通盘考虑和加以分解的前提下，对各个群体的活动内容、任务数量和质量标准、时限进行明确划分和规定，从而为各个群体设立具体目标。规划的核心内容是把群体的具体目标在时间顺序和活动内容上加以衔接。在合理规划的协调之下，各群体在特定时间内只需专注自身目标的实现，可避免在频繁的信息沟通和相互作用方面耗费精力，领导者的压力也因此得到缓解。领导者只需要依据规划的要求观察各群体的工作进度，尤其是群体的输入与输出环节上的衔接，就可以迅速减少群体间可能产生的问题，及时对不良群体行为加以纠正和调整，防止局势失控。

规划对群体间行为的协调作用也是有限的。规划是规章制度和活动程序的进一步深化和具体化，但规划同样不适应协调那些任务环境变动性过大、任务确定性过低的群体之间的行为。

## （四）团队建设

广义的团队建设指为了实现团队绩效及产出最大化而进行的一系列结构设计及人员激励等团队优化行为。团队建设是一个系统工程，任何一个组织都必须要有一个大家信得过的组织领导，能够在其指引下，制定组织未来发展的远景与使命，为组织制定清晰而可行的奋斗目标，选聘具有互补类型的团队成员，通过合理的激励考核，系统的学习提升，全面提升组织的核心战斗力和凝聚力。如此，组织才能战无不胜，产生核聚效应，获得更好的发展空间。

现代较为新兴的团队建设方式主要是体验式团队建设，包括集体露营、旅行或参加拓展训练等。其多以一种独有的方式着手，注重团队成员的参与性和亲历性，旨在通过构建“同甘共苦”的经历和体验，提高团队成员的自身素质和团队协作能力，增加团队凝聚力，达到成员与成员之间、成员与团队之间的融洽和谐。

## （五）联络人员

联络人员比起前面几种协调手段具有更大的灵活性，尤其表现在处理那些不确定性任务和目标上。联络人员是通过建立和加强群体之间的横向联系来协调那些不确定性任务。

联络人员协调群体之间行为方面的作用体现在以下几个方面：（1）信息沟通。联络人员的主要职能是在垂直等级制的信息沟通渠道之外，开创了水平沟通渠道，它不仅使信息分流，减轻了领导者的工作压力，而且更重要的是缩短了信息传送的距离和时间，提高了信息传送的准确性，并能够及时提供反馈。（2）可以为群体提供专业性指导。联络人员由于经常接触相关群体的具体工作，熟悉和积累了大量的专业知识，逐渐成为该领域的专家。联络人员的协调影响力主要来源于他的专业知识，而不是他所拥有的正式职权。他作为专业信息员可能向各个群体提供专业咨询，使各个群体在他的指导下实现“自愿协调”。（3）可以作为中间人调解群体之间的误解、不满和怨恨。联络人员的职责之一是利用自己的专家身份和中间立场，及时调解各种矛盾和冲突，随时向各群体介绍其他群体的工作情况、工作进度及对共同目标的贡献。联络人员所做的这些工作使各个群体都能了解彼此的状况，认清合作所带来的共同利益，使群体之间达到相互理解和相互信任。

联络人员的协调作用也有其局限性：（1）联络人员的自身素质是个不确定性因素，它直接影响协调的成效。（2）联络人员的协调能力也有限度，对那些数量过多、关系复杂的群体进行协调，联络人员的能力很难做到十全十美。（3）长期从事协调工作会给联络人员自身造成一定的伤害，具体表现在联络人员由于工作的职责和权限比较模糊，常常会陷入角色紧张状态。长期如此，联络人员就会厌倦自己的工作，由此导致协调效力的降低。

## （六）特别委员会

现代组织及群体之间矛盾和冲突的调节大多依赖于各种专业的协调委员会。这些委员会主要有特别委员会和常设委员会。

特别委员会是缘于某一特殊原因或为实现某一具体目标而建立的群体，一旦完成了协调任务，这个群体便自行解散。常见的特别委员会有两种：为解决复杂问题而设立的临时委员会和为完成一项综合性任务而组建的项目委员会。

临时委员会的目的是共同探讨群体间问题产生的原因，找寻解决方法，并付诸实施，当问题解决之后，临时委员会就会解散，其成员返回各自原来的群体。在复杂组织（如实业组织、医院、大学等）中所遇到的问题几乎不可能靠一个人的力量来解决，这时就需要各方面的专家共同合作，临时委员会就是解决这类问题的最好方式。例如，医院里的医生在遇到特殊的疑难杂症时就需要邀请各个科室里的专家进行会诊，从不同的角度进行深入研讨。此外，那些寻找空难事故原因的调查组、为抢险救灾成立的临时指挥部等都属于临时委员会。

项目委员会与临时委员会相类似，也是由从相互作用的诸群体中抽调的代表组成。两者的主要区别是，项目委员会的成立是为了实现一项涉及诸多群体的综合性目标，它的存续时间相对较长，所以它的成员都被赋予了相对持久和具体的任务，如招生委员会、移民委员会等。相反，临时委员会则与原来群体的关系比较密切，这是因为它所承担的工作主要不是靠委员会自身，而是靠各成员所代表的那些群体来共同完成的。这样，委员会成员就会经常意识到自己在原来群体和委员会中所扮演的双重角色，对群体间的协调作用也就更加突出。委员会成员经常往返于委员会和各个群体之间，承担着沟通信息、参与研讨、共同决策、贯彻决定和反馈信息等重要职能。

## （七）常设委员会

常设委员会是组织中正式设立的、永久性的综合协调机构，其活动宗旨是从总体上协调群体间的行为，提高组织活动的整体成效。

常设委员会是正式协调机构，委员会的成员不是从各个群体临时抽调上来的，他们通常是各个重要部门和重要群体的负责协调工作的经理或主管人员，在常设委员会中有固定的职位。常设委员会的决策主要涉及群体之间的关系，而不涉及各个群体内部的具体事务，如群体相互间的功能耦合网络、权力隶属关系、预算在各群体之间的分配等。

常设委员会的决策涉及群体关系的调整，而且可能对整个组织产生影响，因此它拥有很大的正式权力。它直接对最高领导负责并向最高领导汇报工作，同时从最高领导那里接受正式职权，包括人事和预算分配等重大权力。

常设委员会的协调任务主要是为了满足日益增长的群体交往、信息和整合方面的需求，在某种程度上它确实提高了群体间的活动成效。委员会在协调群体间关系、促成相互配合方面的功能主要表现在以下方面：它提供了各群体相互作用、共同参与决策的场所，发挥了集体决策的优势；它进一步推进了信息交流的速度和质量，成为组织内部信息流通的重要渠道、信息的集散地和加工中心；各群体代表的广泛参与，有助于激发他们的积极性，拓宽对决策的接受区，使各项决策容易得到贯彻落实。

尽管如此，委员会本身也不是十全十美，同样存在着若干不足和弊病，如议事效率低下、相互指责、议而不决等，这些弊病既是群体行为不协调的特征，也是委员会得以建立的理论依据。因此，评价委员会的成效应重点考察它所代表的群体间行为。那么，尽管议事效率低下一些，但如果达成共识便可在执行阶段获得各个群体的支持与合作，委员会在议事中浪费的时间就可以在执行过程中得到回报。

委员会的弊病不是结构本身的问题，要使这一机构更好地发挥作用，应做到以下几点：（1）加强对成员资格的审查。委员会的成员必须是真正的内行或专家。（2）严格控制委员会的规模。委员会一般不易过大，标准应以能够完成任务为限。若规模大，则每个成员发表意见就会占用大量时间，以致难以形成决策。

（3）在委员会召开会议之前应做好充分的准备，包括会议的日程、有关资料和文件的整理与分发等。（4）主持人应按照预定目标把握会议的进展，当委员的讨论偏离正题时，要及时引导他们回到议题上来。

虽然以上所讨论的几种协调手段，是有着一定的先后次序由高而低进行排列的，但是它们之间有着密切的联系，常常相互补充、共同解决群体间的协调问题。

## 三、群体冲突的原因

群体之间的矛盾是普遍存在的，它是群体间相互作用日益复杂化带来的不可避免的后果。虽然它对组织成效有很大的负面作用，但若能及时发现和加以调节，它就能促进群体间的相互理解与合作，激发群体成员对组织变革的探索。因此，正确处理和解决群体间行为的矛盾、实现转弊为利，是组织管理的重要工作之一。

在组织内部，群体冲突既可能在同一个层次（如学校的各个系所）出现，也可能在不同群体（如教师与后勤行政人员）之间发生。尽管冲突的内容和性质千差万别，但究其根源，可以归纳为以下三个普遍性的原因。

### （一）扩大自身的影响力

在群体的相互关系中，各群体都自觉不自觉地寻求各种途径，以获得对其他群体的更大影响力或支配权，从而提高自身的群体地位。这就势必对其他群体构成伤害，进而出现矛盾和冲突。

扩大影响力或支配权的一个重要方法，就是获取和掌握组织中的某些重要职位和职能，即通过提供垄断性或紧缺性服务的方式建立群体之间的支配-依赖型关系，使自身获得支配地位，迫使其他群体处于依赖性地位。如组织中掌握着聘任及审核权的人事部门就属于此类职位。由于它掌握着与其他群体息息相关的人事权，因而它在群体关系中处于优势地位，拥有较大的影响能力。

### （二）提高群体的综合地位

群体地位的综合性程度是由组织行为的最终成效同群体人数的比值来测定的，即某一促成组织行为成效的群体，其人数越少就越具有难以置换的特点，它对群体间行为绩效的作用就越显得突出和重要，因而其地位的综合性程度也就越高，例如企业里维修人员的综合地位就高于普通生产作业人员。通常在组织体系里，那些处于“瓶颈”地位的群体具有较高的综合地位。

提高自身的综合地位，既是各个群体在处理相互关系时的内在动机和行为趋势，也是引发群体之间行为矛盾的一个普遍性原因。在它的推动下，每个群体都倾向于争夺组织中的稀有资源，向其他群体虚饰、夸大自身的重要性，并据此形成自己独特的行为评价标准，所有这些都是引起群体间误解、猜忌、矛盾和冲突的导火索。

### （三）增加资源的份额

任何组织的资源都是有限的，在这一前提下，每个群体都会感到自己得到的份额远远不足以满足群体的需求，各个群体就会在组织的资源分配中努力增加自己的份额，由此成为产生群体间矛盾常见的原因。

各个群体获取资源的矛盾往往集中出现在预算分配中。当组织的整体预算水平增长时，各个群体要求增加的预算幅度一般都会超出总预算增长的幅度。这样，在组织的总预算额一定的前提下，增加一个群体的预算额，就意味着减少其他群体的预算比例，群体间的矛盾便不可避免地产生。

## 四、群体冲突后果及处理方法

群体间的冲突必然会在行为上产生一定的后果。它们既存在妨碍组织目标实现的消极作用，同时也具有推动群体适应、促进调整能力增长的积极影响。

### （一）群体内部的变化

如果以群体为单位，可以发现群体间的矛盾通常会给它带来这样几个后果：(1) 群体间的矛盾可能会促进群体内部的团结与整合，即群体间矛盾往往会导致群体内部凝聚力和向心力的增强。当群体发生矛盾的时候，群体往往要求成员放弃个人的不同意见及个人之间的竞争，全身心地投入群体活动中去。同时，群体也开始强调在目标和原则上保持一致性，强调与其他群体之间的区别和界限，这样群体的凝聚力无形之中被强化了。(2) 群体间的矛盾为转移群体内部的紧张状态提供了宣泄机制。群体整合性和凝聚力的增强，压制和掩盖了成员之间的分歧和争议，导致群体内部紧张关系的不断积累。而群体之间的矛盾就会成为转移内部紧张状态的宣泄渠道或安全阀，即把对群体内部的不满转嫁到其他群体。(3) 群体间矛盾可能会提高群体自身的集权化程度。当一个群体与其他群体处于紧张状态时，群体内部往往强调统一行动和统一步骤，群体规范得到高度认同。领导的权力因此得到进一步集中，领导发布命令的范围扩大，独立性增强。这一切都体现着群体内部的集权化的趋势。

### （二）群体间关系的变化

群体间的矛盾通常也会引发群体之间的各种关系的变化，主要表现在：(1) 群体之间的相互监督越来越严密。群体间一旦发生矛盾，各群体就会以一种挑剔的眼光监视对方，试图找出对方的缺陷和弱点加以攻击，使自己在冲突中占据上风。(2) 群体之间的态度日趋偏见和情绪化。处于矛盾状态下的群体之间的关系常常带有以偏概全、义愤谴责、同仇敌忾等非理性特征，而且随着群体间矛盾的发展，形成的偏见也会日益加深，并逐步掺杂进敌对的情绪。(3) 群体间的相互作用和沟通日益减少。在矛盾状态下，由于相互猜忌与防备心理的作用，群体间的交往日益冷漠化和表面化。随之，互动的频率呈现日益减少的趋势。

从上面的分析可以看出，群体之间的矛盾是不可避免的，如果不能及时对出现的矛盾加以解决的话，那么最终可能会导致矛盾的激化，影响组织活动的效能。为此，组织管理人员要主动运用各种调解方法消除或减少矛盾的消极作用，使其朝向积极方面转化。以下介绍几种调解群体间矛盾的有效方法。

（1）正视法。正视法是将冲突的各方成员或代表召集到一起，面对面讨论彼此的分歧，以便找出解决矛盾的方法。这种方法主要是给各方一个发表自己意见的机会。通过当面交换意见，各方可以对存在的矛盾和各自的状况有充分的理解，消除误解、偏见和敌意，从而有效地防止矛盾的进一步积累和激化。

正视法对于解决群体间的矛盾，尤其是那些由误解和积怨造成的情绪化矛盾常常是有效的。但是，如果冲突根源于对稀有资源的竞争，那么这种方法往往收效甚微。此外，运用正视法需要召开多次会议，投入大量的时间和精力，更需要主持会议的人具有出色的调解技巧，才能取得事半功倍的效果。

（2）共同目标法。共同目标法就是通过强化共同目标来调解矛盾。组织目标需要群体的共同努力才能够实现，在强化共同目标的基础上，各个群体有可能跳出狭隘的群体意识，以整个组织为参考体系，明确各自的差异以及各自在实现共同目标中的地位和作用，认清合作的重要性和实现各自利益的相关性。实际上，共同目标法就是求大同存小异，是一种顾全大局的做法。

共同目标法对于那些在相互关系上高度依赖、利益上关系密切的群体较为有效。因为共同目标是各群体生存和发展的基础，只有合作才能取得各自的利益。

（3）妥协法。妥协法是指让冲突各方都能做出相应的妥协，通过各方的妥协而解决矛盾和分歧。妥协法的实施需具备一定的前提条件：一是各方竞争的目标或资源可以用某种方式加以分割；二是一方在某些问题上的让步可以换取其他方在另一些问题上的让步。所以，矛盾各方的实力和地位是实施妥协法的制约因素，当各方势均力敌时就容易达成妥协；若各方实力对比悬殊，优势一方往往会坚持自己的意见而拒绝妥协。

妥协法的实施一般通过正式谈判的方式，如果调停人对矛盾各方妥协的条件和范围能够进行准确的判断，这种方法往往就能获得最佳效果。但是，妥协法也有它自身的缺陷，即它只能暂时缓解矛盾，而不能彻底根除矛盾。一旦各方实力和地位发生变化，就往往会推翻已达成的妥协方案，出现新的矛盾和冲突。

（4）结构调整法。结构调整法是指上级运用权力进行干涉，从结构上改变群体间的关系，解决群体间的矛盾。它包括两种常用的手段：一是领导者直接进行政策或人事干预，将一些矛盾主体调离现在的工作环境，重新安排工作。随着主要当事人的离开，群体间的矛盾也就迎刃而解了。二是领导者出面，对矛盾各方的群体地位、职能和权力关系进行重新分配，改变其相互之间作用的模式，使群体间关系的法定结构同实际运行状况相适应。这种结构调整手段不仅具有调解群体间冲突的效能，而且对组织变革和组织发展具有深刻的意义。

# 第四节 组织内的非正式群体

组织由群体构成，群体间与群体内部之关系是一种正式的社会关系。但是，组织运转通常并不能严格按照正式关系进行，组织的预期目的也常常不能够实现。之所以如此，是因为组织中存在的非正式群体会直接对组织的效率产生副作用，这也是结构严谨的科层制仍然缺乏效率的缘由。

## 一、非正式群体及其产生

一般来说，正式组织和技术系统决定了职员正式的或理想的社会关系，但是这种关系在实际操作中很少与组织规定达到吻合。在工作期间职员之间的相互聊天、取笑、工作间歇等是许多组织的构成部分。但是，这些做法从理想科层制观点看，却是一种违反规定的表现。

### （一）非正式群体的概念

非正式群体是由一定数量的个人（通常规模比较小）经过长期的相互作用所形成的社会团体。非正式群体内部有确定的结构，它们通常有自己的领导、有一系列群体目标、有一套用以规范群体成员行动的价值和规范，每个成员都在群体中扮演某一角色，但这种行为的开始和延续初期并没有自觉的目标或方向。从范围上说，非正式群体是组织的中下级职员联合体，而且一般是在组织规则不严密的地方产生的群体现象。

### （二）非正式群体的产生

非正式关系通常在两个背景下发生：一是在理想的正式关系的背景中形成。人们在正式组织环境中，不可能做到完全的非人格化。事实上，在所有组织成员之间都存在着情感吸引、厌恶、敌视、偏见等。随着时间的延长，工作中的上下级关系也不再是理想的社会关系，而是出现了许多新的变化。二是两个在工作中经常接触的个人有可能基于相互同情、钦佩、兴趣和趣味相投等，而在他们的正式关系中加入某些非正式的行为模式。

但无论如何，自霍桑实验以来，人们对非正式社会关系的态度已经发生了很大变化，由禁止、默许到将其普遍应用于组织管理。它的出现对管理者提出了更高的要求：管理者既要精通管理技术，又要懂得和理解职员的需求。

非正式群体的产生和发展在各类组织中并没有某种一致性特点。非正式群体的大小及影响程度受到组织规则的正式化和严格程度的限制，两者成反比例关系。因此，最容易出现非正式群体的地方一定是组织规则最薄弱的环节，如果这种状况不能得到及时控制，就将形成一套新的社会关系取代原有的组织关系，组织发展就将出现重大转折。

## （三）与非正式群体相关的问题

非正式群体对组织及个人行为有重要作用，具体表现在以下几个方面。

（1）人与人之间的关系。在正式群体中，人与人之间的关系是被正式规定的，个人行动受到严格限制。但大多数人并不喜欢这种被规定的关系，他们更喜欢一种不受约束、自由自在的交往关系。随着时间的延续，职员之间的相互认识逐渐加深，有些人性格豪爽，有些人不善与他人交往；工作速度有的快有的慢；有些人受欢迎，同伴都愿意帮助他完成工作，有些人却不得人心，常常受到同伴的冷落；等等。如此一来，群体成员之间就产生了一种特殊的社会关系，导致他们做出一些工作之外的事情。

（2）非正式领导。在正式群体中，领导者都由管理当局任命，而在非正式群体中，领导者是从群体成员中选拔出来的。如果一个正式领导成绩卓著，他就可能得到升职加薪；但一个非正式领导即使工作非常出色，也依然只能保留在原来的位置上，如果他不能使群体成员满意，群体就会选择另一个人来取而代之，以帮助群体实现目标。

正式领导有职有权，而非正式领导却没有职权。职权是发布命令的权力，是由上级授予下级用以履行职责实现目标的权力。非正式领导则可在两个方面运用权力：一是为达到非正式群体的目标，尽量使有关领导和监督人员相信，非正式群体成员正在为组织目标而努力工作，从而没有必要采取过分严格的监管措施；二是欲保持自己在群体中的领导地位不变，就要努力为群体多做好事。

（3）职权和权力。职权和权力是一个有机体。在非正式群体作用比较大的组织中，这两者可能是分离的，即拥有职权的人不一定拥有权力，而没有职权的非正式领导却可能享有支配权。这样，正式领导就要通过非正式领导的帮助来实现他的领导，并在大多数情况下尊重非正式领导的意见。

组织理论认为，正式组织由公司或机构建立，非正式群体则是由组织成员自己建立的。它实际上表现了组织目标与个人目标之间存在着严重冲突，组织目标的实现会影响个人目标，由此导致非正式群体的产生。所以，组织领导面临的重要任务就是重新整合个人与组织目标。

（4）工作中的政治。权力的运用通常都伴随着某种政治行为，有效的管理者经常运用政治手段来实现自己的意志，而不是按组织规则对人进行赤裸裸的惩罚。通过政治手段，个人在实现其目标时就不会引起他人的反感或疑问。日常工作中的政治手段实际上就是，在工作中注意区分出哪些策略是可以公开的（如刁难或责备他人），哪些策略是隐晦的（如塑造自己的形象、表扬别人、培养责任心等）。一般来说，隐晦的策略占大多数。此外，所运用的策略类型也会随着管理层次的不同发生变化。

（5）人的行为控制。正式组织对群体成员的工作成绩赏罚分明，组织成员获得成就或按照规则做事，就可能得到奖赏，违反操作规定或做错了事情，则会受到相应的惩罚。可是，非正式群体尽管对其成员也进行奖励和惩罚，但这种惩罚或奖励并不是实质性的，它只是一种表意性的概念，也缺少强制成分。群体成员也可以拒绝执行，但这样就可能使群体丧失凝聚力或出现分化趋势。因此，从性质上看，正式组织与非正式群体对行为的控制方式和控制效力有很大的区别。

（6）行为上的从属。尽管非正式领导有较大的权力或影响力，但只有正式领导才拥有奖励和惩罚全体职员的职权。正式领导可以给予那些服从命令、成绩突出的职员物质和精神上的奖励，而非正式领导只能给予群体内部自我情感方面得到满足的精神奖励，所以并不是每个人都愿意服从非正式群体的规范。某些人拒绝加入非正式群体是因为他们坚信这样做能得到更多的东西，因而甚至连最极端的群体排斥行为也不能改变他们的立场。

然而，那些服从非正式群体规范的职员则竭力争取成为非正式群体的一员，并希望通过它来寻求社交满足和支持。非正式群体的内部结构通常有三个子群体：一是核心群体，由非正式群体老资格成员组成，通常这些成员具有一定的社交能力和社会关系；二是边缘群体，由那些想进入非正式群体的成员组成，通常是新来的职员，核心群体从其中挑选成员加入自己；三是外层群体，由那些拒绝加入非正式群体的职员组成，这些人还达不到进入非正式群体所必需的基本条件，例如，他们的工作做得太多或者太少、性格不讨人喜欢、经常向上级打小报告等。如果已经构成了一个群体，那么群体成员无论在思想意识上，还是在行动方式上都具有一致性特征。

## 二、非正式群体的功能

自霍桑实验以来，非正式群体现象就引起了人们的广泛兴趣。尤其是在工业社会学的研究中，非正式群体现象的意义及在组织中如何对待非正式群体等，一直是研究和争论的焦点。不同的学者有不同的看法。

早期的组织管理学者（如泰罗、法约尔等人）认为，非正式群体是工人对待要求严格的工作环境的一种反应，是天然惰性、反抗性或不情愿合作的结果；也有学者（如梅约、赫茨伯格等人）认为，非正式群体现象是人类友情与合作需要的自然流露，是一种正常社会现象；此外，一些劳工组织则把非正式群体看成是一群无组织工人的天然保护工具，它们可以对抗管理人员的傲慢权力。但是，非正式群体只是某种初级联合体，它们的能力和对工人所起的保护作用有很大的局限性。

非正式群体的功能表现在多个方面：对正式组织来说，既包括积极作用，也存在某些消极因素；从组织的等级层次上，可以从三个角度进行分析，即组织结构方面、管理者方面和工人自身的态度等。

## （一）非正式群体对工人的意义

非正式群体为工人提供了另一种宣泄的渠道。也就是说，它们是缓和由工人角色与其能力之间的差距而引起的角色紧张的结果。非正式群体是工业技术和工业科层制的一种派生物和反作用。因此，对工人来说，非正式群体的功能主要有以下几个方面。

（1）减轻单调、厌烦和疲劳。霍桑实验的结论表明，工业生产方式本质上是非人格化和形式化，工人之间不允许有任何非正式的接触。经常性、重复性的工作以及苛刻严格的纪律会导致工人产生厌烦和疲劳，而非正式群体则可以缓和或减轻这种症状。

（2）提供获得地位的机会。非正式群体的形成意味着那些被排除在正式群体之外，或对群体目标持不友善态度的成员地位的丧失，即在正式群体中他们渴望的地位需求得不到满足，但他们在非正式群体中却可以满足这种需求，例如在非正式群体中扮演“领导”角色，而且管理人员也常常默认它的存在。因此，组织里的非正式群体给大多数职员提供了获得地位的机会，他们可以按照自己的意愿改变科层制对“地位”的解释。在这个范围内，非正式群体减少了群体成员的紧张。

（3）情绪反应的充分表露。这种功能表现在两个方面：一方面，非正式群体把那些在特点上相似的工人结合在一起，使那些在工作位置上相距较近的工人，或那些为完成同一任务而共同工作的关系固定化和一致化；另一方面，非正式群体通过提高聚集在一起的工人的互动频率来增加情绪反应，它为人们进行交谈、交换意见、沟通态度和形成共同价值观等提供了渠道。因此，它缓和了工人角色中情感中立和普遍主义原则所带来的紧张，从而为工人提供了另一种表露人格的渠道（这一点在科层制结构中是不需要的且有害于组织目标的实现）。

（4）提供独立的机会。相对于工业生产中非人格化命令和管理者的权力，非正式群体可以为工人提供“独立”和“自由发展机会”（其实这种独立和自由发展机会相对于科层制来说只是一种幻想）。非正式群体有助于工人在科层制的管制下获得更多的自由和独立，这种自由和独立从非正式群体对那些“告密者”或“异己分子”（霍桑实验的例证）的憎恶和控制中发现。

在工业组织中，工人的独立事实上只是靠一种“非正式”的方式获得幻想的独立，例如，“小人物”的“大骂”等。实际上，非正式群体成为发泄不满的场所，独立也只能在非正式群体内得以实现。工人在工作上的独立要求是否可以通过非正式渠道来实现，还存在着许多不确定性因素。在现实社会里，非正式群体对于达到这样的目的并不是完善的工具：首先，某些群体更多的作用是作为控制工人的手段，而不是为工人提供独立性的工具；其次，尽管某些群体不是由管理当局控制的，它们真正的目的是限制管理人员的权力或控制工作进程，但它们也只能通过有限的途径和在有限范围内做到这一点。所以，非正式群体提供的独立并不是真正意义上的独立。

## （二）非正式群体对管理者的意义

非正式群体除了对工人有积极意义之外，对管理者也有独特意义，主要表现在以下几个方面：

（1）有助于完成工作任务。相对于大型工业组织，非正式群体以它的灵活性发挥着作用。许多工作如果按照组织的“正式渠道”，将花费许多时间和精力，而非正式群体则可以通过关系直接找到当事人办理相关事宜。当然这样做的前提是两者目标一致且规则允许。

（2）有助于减轻管理者的工作负担。当管理者意识到组织存在非正式群体时，他们就可以依靠下级（依靠非正式渠道）来完成工作任务。同时非正式群体也可以创造出宽松友好的工作氛围，这有助于提高劳动生产率。

（3）提供工作满意感。满意感来自许多方面，它是一个相对概念。职员的满意与否取决于期望与所得之间的重合度。正式组织常常有非常严格的规章制度，成员的某些意愿会被束缚，他们就会感到不满意。工作满意与缺勤率、人员流动率和生产率密切相关。工作满意度越高，缺勤和人员流动的可能性越小，同时生产率也就越高。当人们对工作满意时，就会感到工作有意义，也愿意留在工作岗位上。因此，非正式群体有助于创造生产率高的气氛。

## （三）非正式群体的消极作用

非正式群体的消极作用主要表现在这样几个方面：

（1）抵制变革。非正式群体的一个基本原则就是对人的要求比较宽松，群体成员基本喜欢维持现状，反对变革，对群体提出的任何变革措施都采取一种抵制或者是部分地执行的态度。因此，群体成员往往会抵制采用新技术和新工艺，因为新技术的应用就意味着生产效率的提高，新的工作标准的制定，由此就会有某些成员被解雇，这是群体成员不愿意看到的结局。

（2）目标上的冲突。这种冲突是当群体成员感受到正式组织目标与非正式群体目标发生矛盾时的一种情形。一个人很难同时完成两个相互矛盾的目标。组织内不可避免地会出现非正式群体，并且正式组织与非正式群体的目标不可能总是协调一致，它们之间或多或少存在差别，管理者的工作就是尽量缩小这种差别，使之减少到双方都可以接受的程度。

（3）遵从行为的问题。非正式群体的长期存在，使它成为组织生活的一部分。非正式群体的规范本是为了劝说成员遵守非正式群体目标，但由于群体内部的和谐气氛，群体成员越来越少地考虑个人愿望，常常不加以权衡就附和群体的意见，他们也就不愿再去接受正式规范的约束了。

（4）谣言问题。这也是组织学研究中常常提到的一个问题。谣言或小道消息之所以能在非正式群体内部传播，是因为组织的正式沟通渠道发生问题。由于人们对某一类事件感兴趣，但又不了解全部信息，因此在非正式群体内部，人们会在事件信息里人为地填补未知的部分，从而形成所谓的谣言或小道消息。

## （四）管理者与非正式群体的关系

既然非正式群体是组织管理中不可回避的事实，管理者就要对非正式群体采取积极的措施，以便使非正式群体为组织目标做出贡献。

在非正式群体面前，管理者应做到以下两点：

（1）承认其存在的必然性。在管理学领域，许多学者认为，非正式群体弊大于利，并主张取消它的合法性。但也有学者认为，非正式群体是人性的自然流露和表现，而且在现代社会，由于人们的需求都是通过组织寻求到满足的，因此，取消非正式群体的想法，既不现实也不可能，管理者只能试图影响它的发展方向，而不是取消它。

（2）影响它的发展方向，使之为正式组织服务。管理者利用非正式群体为组织目标服务存在一个价值判断问题。如果管理者通过不正当的手段获取了非正式群体的内部信息，从而作为“对付”非正式群体的依据，那么则应属于不道德范畴。管理者可以通过正式渠道来与非正式群体保持联系，在人员招聘和组织内部各项改革之前，征求非正式群体的意见就可能使出台的政策更符合人性或人道的标准。此外，为非正式群体的某些活动提供必要的支持，既可以融洽管理者与组织成员的关系，又能提高组织的士气和凝聚力。

在非正式群体面前，管理者通常还会遇到这样一些问题：

（1）工作地位评估的矛盾。管理者在制定和修正组织规划时，很少考虑到外在社会生活的影响，即管理者对工作和职位的评价与社会上（或非正式群体）的一些评价标准存在不一致，两者的评价标准不同。组织内通常以职位的高低为标准，而在现代社会中，人们不再注意工资与技术职位的高低，而更看中舒适幽雅的工作环境。由此出现的评估矛盾就需要管理者在确定激励手段时考虑更多的要素。

（2）如何对待公平分配的问题。从理性上来说，组织与个人之间的关系是市场交换关系，这种关系以公平分配为基础。但是，组织成员在认识上却受到非理性因素的影响，例如组织成员常常按照自己的主观感觉，去衡量他对组织所付出的代价与所得回报之比例关系。人们通常认为，随着工作时间的增加和经验的丰富，就应当获得更多的奖赏。但实际情况是，与年龄、知识等诸多因素相比，组织成员的贡献在逐步减少，而不是增加。如果管理者单独修改这种交换关系，那么组织成员会认为这是不公平的分配。

公平分配问题存在于各个领域，如果预期的愿望不能被满足，那么员工会认为不公平，而且在这种分配中，人们也常常相互比较贡献与报酬的比例关系。但是个人在组织内部的条件——年龄、能力、选择机会和其他一些不明显的因素（如性别、种族等）很难评定好坏。在这方面的条件越好，则对报酬的期望值越高。作为管理者，如果很难确定正式结构以外的条件和愿望，也就很难做到绝对公平。如果分配不能达到公平，那么不仅对组织发展有害无益，也会影响到工作人员的积极性。

（3）工作与工作外地位不一致的矛盾。在组织内部，人们喜欢做各种各样的比较。如果比较的结果是地位一致，就会产生和谐关系，否则就会产生愤怒的情绪。例如，刚刚担任职员的大学生的待遇，如果好于上司或老一辈工作人员，就会造成地位上的矛盾。管理者在解决这些问题时，应尽量改善原有人员的工作环境，增加他们的权威，以提高他们的非正式地位。

## 案例分析：国有企业非正式利益群体的管理①

目前，国有企业非正式利益群体活动比较活跃。群体活动在企业各个层次、各个职能部门都能看到，而且多数群体不只局限于一个层级和部门，跨管理层级和跨职能部门的群体在企业内部形成了一个复杂的群体网络。因此，一个看似简单的建议、决策往往会引起“多米诺骨牌效应”——牵一发而动全身，简单的事件便可能引发群体对抗，组织制度与决议的贯彻执行就很成问题。

### 要求

1. 从非正式群体盛行的原因、消极影响以及如何管理等方面，谈谈你对这一现象的认识。
2. 分工、协作规则：学生个体参与。
3. 学习成果形式：研究报告。
4. 学习评定规则：教师评价。
5. 时间要求：一周。

### 讨论提示

组织内部部门或群体之间应该维持一种什么关系一直是个争论不休的问题。从霍桑实验之后，人们开始认识到并逐步承认群体的存在，组织内部职能部门之间的关系不再简单，会逐渐发展出许多非正式的关系，它们又可能影响到组织的正常发展。

我们在分析这个问题时，目的主要是看它对实现组织目标的影响，不同社会和地区对群体关系的看法有很大差异。中国社会环境（如案例）讲究人情关系，完全没有或者完全限制在短时期内都不现实。要想在制度上最大限度地避免可能出现的不利局面，就需要不断调整结构，不断改换部门，使影响目标实现的因素降低，因此设计适合组织成员状况的结构应该是思考的重点。

如果要了解一个组织内部的群体关系状况，那么可以设定一项工作的执行情况，分析影响因素，确定群体关系状况，然后找出规律，同时确定多久之后非正式的因素才开始起作用，从而进行有效预防。

### 分析与说明

国有企业是我国目前典型且占主导地位的组织形式。如果按照西方社会的观

---

① 关涛．国有企业非正式利益群体的管理策略．经济管理，2003（21）．

点，中国人是不善于组织生活的，并且分不清组织、家庭及社会之间应该保持一种什么样的关系，常常相互混淆。例如，我们常常会听到一些政府官员说自己是“父母官”，员工之间都是兄弟关系，领导者与被领导者之间都是“哥们儿”关系，要求下属办事都需要商量或者不能够以命令的方式，等等。这是我国的现实情况，我们不能判断这种关系是好还是坏，因为在某些时候这种关系可以维持企业的正常发展，且当出现问题或者遇到困难时各个企业的表现也不同，不确定的因素常常太多。

## 本章要点

1. 群体是指由为实现共同目标的两个以上的保持持续性相互依赖、相互作用的个人组成的社会单位。分析群体形成的原因一般有两个角度：一是从所属组织的角度看；二是从群体成员个人的角度看。

2. 群体结构是指群体成员之间比较稳定的关系框架或关系模式。影响群体结构的因素多种多样，主要包括个人因素、环境因素、群体类型因素及发展阶段因素，同时群体结构又反过来制约着群体行为。使用群体结构可以预测和解释群体行为的特征和结果。

3. 群体之间的关系是指组织内部的两个或两个以上群体之间的相互作用。这些相互作用的群体既可以共处一个部门，也可能分处不同部门。对于群体之间的行为来说，最重要的是如何对其加以协调来提高成效，因为这些群体同处于组织内部，群体间相互作用的成效直接影响着组织的运转状况及其目标的实现。

4. 非正式群体是由一定数量的个人（通常规模比较小）经过长期的相互作用所形成的社会团体。非正式群体内部有确定的结构，它们通常有自己的领导、有一系列群体目标、有一套用以规范群体成员行动的价值和规范，每个成员都在群体中扮演某一角色，但这种行为的开始和延续初期并没有自觉的目标或方向。从范围上说，非正式群体是组织的中下级职员联合体，而且一般是在组织规则不严密的地方产生的群体现象。

## 推荐阅读书目

1. 费雪．完美的群体：如何掌控群体智慧的力量．杭州：浙江人民出版社，2013.

2. 霍杰茨．现代工作中的人际关系．北京：中信出版社，2005.

3. 鲍尔．预知社会：群体行为的内在法则．北京：当代中国出版社，2010.

4. 罗宾斯，贾奇．组织行为学：第14版．北京：中国人民大学出版社，2012.

5. 孙科柳，孔德斌．团队应该这么带：世界500强企业总裁和管理大师谈团队管理．北京：人民邮电出版社，2013.

6. 席酉民．管理之道：混沌中的秩序．北京：朝华出版社，2005.

7. 于显洋，林克雷，李路路．组织行为学．北京：北京工业大学出版社，1994.

8. 张一驰．哈佛最受欢迎的管理课．北京：中国商业出版社，2013.

# 第七章

# 组织文化

每个组织都有自己的文化，组织文化是组织的灵魂。任何组织无论是从产生到发展，还是从兴盛到衰亡，都离不开特定的文化氛围，这种文化一旦形成并稳定下来，就会对组织结构的设计和运转、组织成员的态度和行为产生重大影响。本章内容包括三个部分，一是组织文化概述，二是阐述组织文化的研究步骤与研究方法，三是对组织文化的调查与实施问题进行说明。通过本章的学习，可以了解组织文化的基本内涵与外延，理解并能够进行组织文化的调查研究与实施组织文化的发展战略。

## 第一节 组织文化概述

把组织作为一个文化载体的想法，最初出现在管理学领域，它作为一种管理思想而重新审视企业组织，重视共同价值观在企业管理中的重要作用。其实，组织文化从组织设立开始就存在其中，与组织本身一样，其发展也是一个逐步制度化的过程。通过组织文化的形成，组织成员对基本的、合适的、有意义的行为有了共同的理解，逐渐形成一种确定的行为模式，这将有助于提高解释和预测员工行为的能力。

### 一、组织文化的概念

在学术界，文化正如其他的名词一样，存在有许多不同的定义：

（1）从广义的角度来说，文化指人类社会历史实践过程中所创造的物质财富和精神财富的总和。

（2）从狭义的角度来说，文化分为两个部分：物质文化是指人类在生产过程中使用的器械、工具和机器，通过人的劳动而生产出来的食物、衣服和房屋等，它们是精神文化的基础；精神文化则包括世界观、哲学思想、科学、艺术、道德、教育、社会的风俗习惯等。

(3) 文化是人类特有的社会现象之一，它与一定的地域条件和种族特性相联系，其发展程度与形态受一定的经济和政治状况的制约。它是人类社会的一种存在样式，是人类社会生存和发展的具体方式。它的表现形式分为三个层次：核心层，即价值观念；中间层，即社会组织与行为规范，也即机构、礼仪；最外层，即物质载体，包括服饰、器皿、建筑等。①

组织文化是社会文化的一种形式，是组织客观存在的一部分。组织文化（organizational culture）是指组织成员在长期的相互作用和相互影响过程中所形成的共同价值观体系，它是组织成员共有的人生观、思想意识、价值观念、假想、信念、期望、态度和行为准则的总和。

实际上，组织文化就是组织成员所共有的一种价值观体系，它可以通过一系列的关键特征表现出来：

第一，创新与冒险的意识。即组织在多大程度上鼓励员工的创新和冒险。

第二，严谨的工作态度。即组织在多大程度上期望员工做事缜密、善于分析和注意小节。

第三，目标定向性程度。即组织管理人员在多大程度上把注意力集中在结果上，而不是强调实际运转过程，或实现目标的具体手段与方法。

第四，人际导向程度。即管理决策在多大程度上考虑决策结果对组织成员的影响。

第五，团队精神的程度。即组织在多大程度上以团队而不是个人工作来组织活动。

第六，进取心的养成。即员工的进取心和竞争性程度如何。

第七，稳定性的程度。即组织活动重视维持现状程度。

以上几个方面可以作为评价组织文化的基本指标，通过考察，人们就可能得出关于组织文化的基本轮廓。组织成员对组织的情感和行为方式都建立在组织文化的基础上，同时组织文化又是组织与组织相区别的有效手段。

## 二、组织文化形成的基础

在组织研究和实践中，组织文化变得越来越重要。人们对组织中文化是怎样形成的问题越来越感兴趣。斯凯恩（Edgar Schein）提出，研究一个组织文化形成的最好方法是分析新公司是怎样创建的。下面是构成组织文化模型的几个要素。

### （一）组织与环境的关系

这方面反映出人对于自然所持的基本态度，人们可以从组织的关键领导者的观念中推断出这一态度。关键领导者可能认为人是受自然支配或屈服于自然的，

---

① 许鹏，陈力．企业文化．北京：人民出版社，1994：2.

或人与自然是协调一致的，或是人能在自然中找到适当的位置。

### （二）现实与时空的本质

组织中存在着一些语言和行为上的法则来规定：什么是现实的，什么是不现实的；真理是如何确定的；空间的基本观念是有限的还是无限的；时间的基本观念是直线的还是循环的、单期的还是多期的；财产的基本观念是共有的还是个人私有的；等等。

### （三）人性的本质

“人”的含义是什么？人有哪些内在特征和根本特征？人性善还是人性恶，还是不善不恶？人是完美无缺的吗？

### （四）人类活动的本质

什么是人类应该做的正确事情？人类活动应该是积极主动的还是消极被动的？人类活动是自我发展的，还是宿命的，或是其他什么？什么是工作？什么是玩耍？

### （五）人际关系的本质

什么是人们之间相互关系的“正确”方式？依靠权力还是靠友爱？生活是和谐的还是竞争的？是独立的还是群体协作的？人与人之间的关系是靠传统的世袭权威维持，还是靠法律维持，抑或是靠个人崇拜？

## 三、组织文化的发展阶段与层次

### （一）组织文化的发展阶段

组织文化不是一蹴而就的，它也需要经历一系列的发展阶段才能逐渐被制度化。一般来说，组织文化的发展可分为以下四个阶段：

（1）创建阶段。这一时期的组织文化，主要是组织的创始者对组织的形成和运转的一些基本构想，它包括建立一个什么样的组织、对组织成员的要求、最终的目标是什么，这一阶段组织的政策及策略等都有了基本的雏形。

（2）群体认同阶段。这一阶段是群体对已有的“构思”进行认同的阶段（包括群体对已有文化的认知），直到取得一种共识。

（3）共同价值观的形成。在前一阶段的基础上，组织成员按照创业者的思想进行活动，并逐渐形成共同的价值观和理念。

（4）共同价值观的普遍化。当组织规模进一步扩大后，创业者的这种共同价值观为更多的组织成员所接受和认同，形成确定的行为模式，并作为与其他组织相区别的明显标志。这时组织文化进入成熟和稳定时期。

以上是组织文化发展的四个阶段，我们可以用图 7－1 来进行总结。

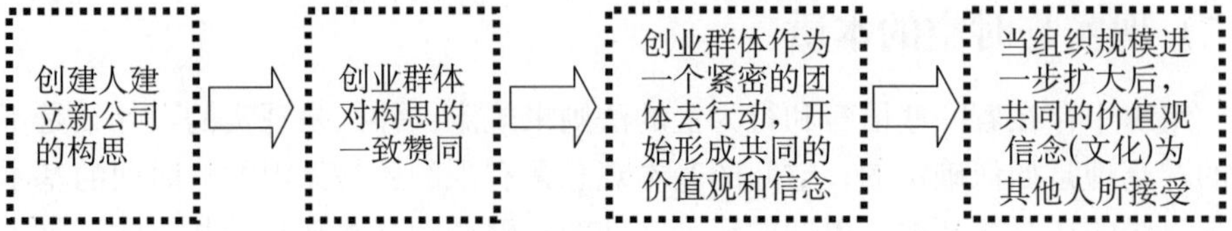


**图 7－1　组织文化发展阶段**

## （二）组织文化的发展层次

除了在不同阶段有不同的内容之外，组织文化还具有层次上的特征。对组织文化的发展层次的分析有助于认识组织文化的特征和作用，通常组织文化的发展要经历以下三个层次：

（1）初级层次：基本假设阶段。这一时期基本还处于未被知觉阶段，很难认定哪些因素能够构成组织文化。它包括组织成员对组织与环境的关系、现实与时空的性质、关于人性的基本假设及人类活动和人际关系的本质等的认识。这是形成组织文化的基础条件。

（2）中级层次：基本价值的认同阶段。这一时期，组织成员基本上形成了对外在环境的共识，并认识到这种共识的价值。人们可以识别这种文化，但还没有形成共同的价值观和确定的行为模式。

（3）高级层次：文物与创作阶段。在这一时期，组织文化中许多观念性的东西已经被物化，变成了人们可以看得见、摸得着的事物，诸如某种技术、艺术表现及明显的行为模式等。但是，这种文化形式很难进行高度概括和总结，需要专门的人员去解释或发掘已经表现出来的文化信息。

以上三个层次同样可以用图表的形式进行说明（见图 7－2）。

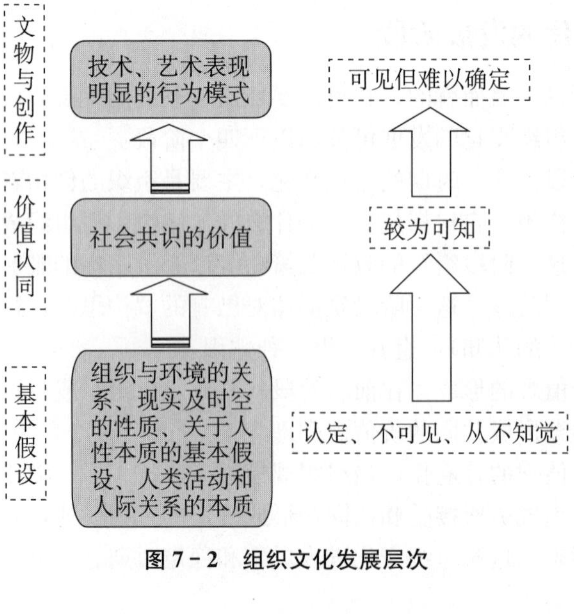


**图 7－2　组织文化发展层次**

## 四、组织文化的类型

文化类型的划分有助于人们认识不同组织文化的差异，认识人与文化之间的关系的重要性。美国学者杰弗里·桑南菲尔德（Jeffrey Sonnenfeld）把组织文化划分为四种类型：学院型、俱乐部型、棒球队型、堡垒型①。

（1）学院型组织文化。学院型的组织是为那些想全面掌握每一种新工作的人准备的地方。在学院里他们能不断地成长和进步。这类公司组织喜欢雇用年轻的大学毕业生，为他们提供大量的专门培训，然后指导他们在特定的职能领域里从事各种专业化的工作。日本的许多公司属于这种类型，美国的 IBM 公司、可口可乐公司、宝洁公司等也属于这种类型。

（2）俱乐部型组织文化。这种类型的组织文化比较重视组织成员的作用。在俱乐部型组织中，组织成员的资历、年龄和经验等都是至关重要的因素。它们非常重视成员的适应、忠诚感和承诺。与学院型组织相反，俱乐部型组织注重把员工的技能培养成通才型，而不是走专业化的道路，例如，美国贝尔公司、德尔塔航空公司、联合包裹速递服务公司、政府机构和军队等属于这种类型。

（3）棒球队型组织文化。这种类型的公司组织通常是冒险家和创新者的天堂。这类公司从各种年龄和经验的人中寻求有才能的人。公司根据员工贡献的多寡给付报酬，对工作成绩突出的员工予以巨额奖酬和较大的自由度，这就使员工拼命地工作。一般来说，在会计、法律、投资银行、咨询公司、广告机构、软件开发、生物研究领域内的组织较适用棒球队型组织文化。

（4）堡垒型组织文化。与棒球队型组织文化不同，堡垒型组织文化的公司组织主要注重于公司的生存问题。它们可能曾经是学院型、俱乐部型或棒球队型的组织文化，但是在困难时期衰落了，当前正处于保存自己依然存在的财产阶段。这种组织文化明显安全保障不足，它比较适合于那些喜欢流动并富有挑战性的人才，适合大型零售商店、林业产品公司及天然气探测公司等。

以上四种类型的组织文化并不是相互对立和相互隔绝的，而是相互渗透和相互影响的。有时一个组织内可能会出现许多种文化形式，或者在不同时期出现不同的文化形式。不同类型的文化也具有相互转化的可能。同时，这四种类型的组织文化还分别吸引着个性不同的人才。员工个性与组织文化的匹配影响着员工在管理层次上升迁的高度和难易程度。例如，一个冒险家在棒球队型组织中会很活跃，但在学院型组织中就可能无所作为了。

桑南菲尔德的分类主要是从组织之间的不同要素进行的，除此之外，在组织内部以及组织与更大社会之间也存在着许多种文化类型。

（1）组织内部的主文化和亚文化。组织文化往往代表着一个组织成员的共同认识。尽管组织成员来自各个不同的背景，或者处于不同阶层上的组织成员能够

---

① 罗宾斯．组织行为学．北京：中国人民大学出版社，2002：523.

使用相同的语言和词汇来描述组织文化。但是，承认组织文化具有某种共同特性，并不意味着既定的文化中不存在亚文化。其实大多数组织有主文化和亚文化之分。

主文化（dominant culture）是组织文化的核心价值观。它为组织中大多数成员所认可。人们一般所说的组织文化基本都是指组织内部的主文化，它显示了组织的独特个性和鲜明特点，也是一个组织区别于其他组织的基本要素。

亚文化（subculture）通常是由组织内部部门的设计和地理上的分布造成的。它通常出现在大型组织中，反映的是组织成员所面临的共同问题、形势和经历。例如，一家公司的制作部门就可以形成自己的内部职员共享的独特亚文化，实际上，在制作部门，既包括主文化的核心价值观，也包括制作部门全体成员的独特价值观。同样，如果组织的某个部门或分支机构远离组织总部，它就可能表现出不同的个性特点，尽管组织的主文化依旧保留，但是在这种团体内部就可能出现新的文化模式。

在正式组织内部，主文化作为一种共同价值观对组织成员的行为具有一种强有力的影响，是引导和塑造人们行为的有力工具。但是，任何组织内部都有亚文化的存在，它们也对组织成员的行为产生很大影响，而且如果这种亚文化的势力过大，那么还会降低主文化的作用与意义。

（2）组织内部的强文化和弱文化。在组织文化研究中，很多学者喜欢把文化分为强文化和弱文化，并认为强文化对组织成员的影响更大，并且与组织效率和降低成员的流动率有直接的联系。

在强文化（strong cultures）状态下，组织的核心价值观被组织成员高度和广泛认同。在组织内部，多数成员接受核心价值观的影响，那么人们的信念越坚定，这种文化对成员的行为和思想的约束能力越强。组织在任何时候都应该设法在设计合理的组织结构的同时，注意组织的主文化和强文化的设计培养，它们可以代替正式结构对组织成员的行为形成强有力的控制。

强文化带来的另一组织后果是，可以降低成员的流动率。在强文化中，组织成员对组织目标和运作方式取得了高度一致的看法，这种一致性有利于形成较高的组织凝聚力和战斗力。相反，弱文化则起不到这方面的作用，而且常常会抵消组织结构设计的功能。

（3）组织文化与民族文化的关系。虽然组织文化产生和发展于组织内部，但是它也是整体社会文化的一部分。不同的社会有不同的文化形态，不同的民族和社会有不同的文化习惯，这里主要应该考虑到民族和社会的差别，组织文化不可能超越民族和社会文化。例如，麦当劳在中国的众多分公司，更多还是受到中国社会文化的影响，而不是相反。这也是现今关于“外资企业本土化”问题讨论的焦点之一。实际上，只有那些成功地实现了本土化的公司才能更好地扎根于所在社会和国家的土壤。因为本土的、民族的文化对人的行为影响最强烈和持久，特异的组织文化无论是从生命力还是从影响力来说都远不及本土文化的作用大。因此，组织的结构设计和员工录用通常都要考虑到本土文化问题，以便能更好地被整合进更大的社会结构之中。

## 五、组织文化的功能

组织文化的功能表现在许多方面，从不同的角度可以进行不同的功能分析，在这里我们主要从功能的表现形式方面进行分析。

### （一）组织文化的显功能

从组织生存和发展的角度来看，组织文化的显功能具有如下两方面的表现：

（1）外部功能。文化的外部功能是组织为了适应环境并生存下去而产生的。首先，这种功能起着分界线的作用，即它使不同的组织相互区别开来。其次，组织文化表达了组织成员对组织使命、策略及基本任务的共识，或者一种认同感，它可以使所有成员在基本共识统一的前提下，顺畅地沟通与交流。再次，这种功能促使组织成员对目标和手段达成共识，这种共识可以使组织目标与个人目标之间取得平衡，即在追求个人利益的同时，更考虑到组织的利益。最后，它可以达成对测量方法和纠偏的共识。这种共识保证了组织的秩序，使每个职员都能够清楚地认知组织的规章制度，以方便相互之间的协调与配合。

（2）内部功能。文化的内部功能是指组织内部凝聚力的形成。它包括：

第一，共同的语言和共同的概念有助于增强社会组织的稳定性。文化是一种社会黏合剂，它通过为组织成员提供言行举止的标准，而把组织整合起来。

第二，形成对权力与地位的共识。组织成员来自五湖四海，身份和背景存在很大差异，这使组织的管理遇到很大问题。由于组织文化的作用，组织成员在权力与地位上形成许多共识，避免了许多矛盾的发生。

第三，形成对友爱、奖与罚、善与恶、意识形态与宗教等的共识。每一种文化都是在特定环境和背景下形成的，成员之间长期相互作用和相互影响，容易形成共同的价值观，而这种共识又会进一步加深业已形成的情感与友爱。

### （二）组织文化的潜功能

文化无论其性质如何都是组织构成的一部分，任何一种文化形式都有帮助提高组织承诺，增强组织成员行为的一致性、减少其行为的模糊性的功能。但是，如同组织结构一样，文化现象也存在着某些负功能或潜功能。

（1）组织变革的障碍。文化都具有一定的滞后性特征，在文化形成时期对组织发展有促进作用的因素，等到文化具有稳定模式之后便会成为一种阻碍组织发展的因素。也就是说，当组织的共同价值观与进一步提高组织效率的要求不相适应时，组织文化就成了束缚组织发展的因素。尤其是当组织环境处于急剧变动时期时，那些根深蒂固的组织文化可能就不合时宜了。因此，当组织面对稳定环境时，行为的一致性对组织而言很有价值，但它却可能束缚组织的手脚，使组织难以应对变幻莫测的环境。现在的许多大型组织在推行组织文化时，要充分考虑到组织文化的潜功能，对于一个组织来说，过去导向成功的措施，如果在现在与环境变化的要求不一致，就可能导致失败。

（2）组织多样化的障碍。虽然统一性或同质性可以维持组织的凝聚力，但多样性与异质性却是组织发展的条件，任何社会发展都始于差异性。组织文化强调共同价值观的作用，但容易忽略它对发展的障碍因素。

一般来说，组织在招聘新成员时往往希望他们能接受和认同组织的核心价值观，否则这些新成员就难以适应组织或为组织所接受。但是，管理人员也清楚，尽管种族、性别或道德观等差异，会使新成员与组织的其他成员或某些规章制度产生矛盾，但新成员却可能给组织带来新的生机。

组织内部的强文化使组织成员服从了组织文化既定的文化内容。它限定了组织可以接受的价值观与生活方式范围。显然，这里出现了一个两难的境地：组织招聘个性突出的职员，是希望他能给组织带来新的变化，但当职员处于强文化的作用下，不得不按照强文化的要求去做时，招聘的最初打算就失去了意义。所以，如果组织的核心价值观或强文化削弱了不同背景的职员带来的生机与活力，那么这种价值观或文化就成为组织的一个障碍因素。

（3）组织兼并和收购的障碍。兼并与收购是一种比较常见的社会现象，每一个社会都处于这种不断的分化与组合过程中。但是，由于组织的强文化或核心价值观的作用，一些特征鲜明的组织很难被兼并，或者用自己的价值观去同化其他社会组织。因此，从整个社会的发展趋势看，追求个性化和特色化的组织不利于适应环境，在竞争激烈的现代社会可能会丧失生存的机会。

# 第二节 组织文化的研究

组织文化是一种客观存在，但是许多组织并没有发现组织文化的表现形式和功能。这就需要研究者来提炼组织文化的精髓，找出组织赖以生存的核心价值观，从而更有助于组织的发展，扩大组织文化的影响力。本节主要论述两个问题，一是组织文化的研究步骤，二是组织文化的研究方法。

## 一、组织文化的研究步骤

组织文化的研究步骤包括以下十个：

（1）第一印象。即进入组织后给人的第一感觉，人们所看到或感觉到的主要是物化的组织文化。如果该组织具有一种强文化，那么研究者会强烈地感觉到该组织与其他组织的区别。

（2）系统观察。在第一印象的基础上，对组织的结构与组织成员进行系统观察，以便发现其中的关系。

（3）内行合作。尽管观察可以取得大量数据资料，但作为外来的研究者，只靠有限的观察很难得到真正的数据，这样就需要与组织内部的专门人员进行合作。

（4）真相披露。通过与内部人员的合作，研究者很快就可以得出某些结论。但是研究者在披露组织现象的同时，常常会遇到无法解释的组织现象，这就需要研究者进一步深入研究。

（5）共同探索。与内行共同探索文化的内涵，揭示组织文化的本质特征，以使组织成员能够清楚自己的行为和做法。

（6）做出假设。在探索的基础上形成关于文化的一些假设。

（7）进行研究。验证假设的过程，实际上又是一轮新的研究。

（8）透视假设。通过对假设的证明来修正已有的观点或观念，并提出新的研究题目。

（9）重新认识。是指对组织文化的认识，在与第一印象进行比较后，发现某些固定的、重复出现的行为模式。

（10）写下描述。将自己的研究和发现写出来，供所有的组织成员参考。尤其是对新的组织成员进行岗位培训，可以使他们很快地掌握组织活动的模式，更快地融入组织环境之中，有助于增强组织的内聚力。

## 二、组织文化的研究方法

组织文化的研究方法主要包括以下三种。

### （一）访问调查法

这是社会学最常用的方法之一。访问调查有两种形式：一是直接对调查对象进行开放式访谈，了解调查对象对组织文化的感觉与态度、对各种行为模式的认同程度等。二是通过问卷调查法进行调查。问卷的题目大多是封闭性的，要求调查对象按实际情况填答，然后进行分析归纳，形成一些关于组织文化的基本结论。

### （二）二次分析法

这种方法是指在已有材料的基础上进行的再研究。它通常是从历史的角度对组织进行系统的考察，比较关注组织结构的变化和其中所发生的故事，这样可以帮助管理者理顺组织文化的内涵与外延。另外，这种研究方法比较适合中国社会的实际状况，尤其适用于对文化现象的研究。因为人们在日常生活中很难觉察到组织文化的存在，只有在经过说明之后，才能确切地感受到文化的存在。

## （三）小组讨论法

小组讨论法是研究组织文化的基本方法，它主要通过研究人员与组织成员一起讨论与组织文化相关的要素，从中发现组织文化的特征。小组讨论的内容一般包括以下方面。

（1）组织与环境的关系。这方面涉及的论题主要有：第一，角色认同，成员需回答“我是谁”或“有何使命”“有何作用”等。通过对所回答问题进行归纳和总结，可以看出组织成员对整体环境与组织之间关系的共识。第二，组织成员如何看待经济、技术、政治、社会及文化环境对组织的影响，哪些环境是重要的，哪些是次要的，等等。第三，组织在环境中的地位，是控制环境、和谐共生还是屈服于环境、适应环境。对这些问题的讨论可以折射出组织成员的基本心态。例如，关于创新与冒险的意识。

（2）组织对现实的基本假设。这方面涉及的论题主要有：第一，什么是现实？怎么看待理想与现实的关系？第二，如何决定真与假？正确与错误的标准是什么？是传统的观点、宗教的观点、权威的观点、法规的观点、辩论的观点、经验的观点，还是科学的观点？对这些问题的讨论可以折射出组织成员在行为方式与做事方式上的共识、基本信念的形成等。

（3）组织对时间的假设。对时间的不同概念反映出一个组织的基本行为取向，内容主要包括：第一，时间的取向，即过去、现在、将来。第二，时间的概念，即线性、多元性、循环。第三，衡量时间的单位，即时、分、秒。例如，美国、英国、瑞典和荷兰似乎都比较重视掌握时间的速度，而日本、德国和法国则比较重视时间的同步。

（4）空间的性质。空间性质的内容主要包括：第一，可用空间的程度，如有限、无限、缺乏。第二，空间象征的意义，如空间是象征权位，还是某种关系？第三，距离规范，即在处理组织内外关系的过程中所包括的地位关系的正确距离、友谊关系的正确距离、陌生关系的正确距离等。

（5）人性的性质。关于人性的基本假设，与组织结构、组织权威及组织的规章制度的设立有密切关系，它包括：第一，关于人性的假定，即善、中性、恶。第二，人性被改变的可能，即不可变还是可变。组织成员对这些论题是否有一致性意见非常重要，如果分歧较大，那么在组织管理过程中就会遇到很多困难，组织成员的一致性行为和共同价值观也很难建立。

（6）人类活动的性质。人类活动的性质主要涉及人与自然的关系，组织成员在这些问题上能否形成共识，直接关系到核心价值观的内容。它具体包括：人类是控制自然、屈服自然，还是能够实现天人合一？

（7）人际关系的性质。这个论题主要涉及人与社会的关系，它是组织管理的基础。其内容包括：第一，人际关系的基础，即家族、群体、个人。在不同基础上形成的人际关系，直接影响人们对组织内外规章制度和法律的认识。第二，组织关系，实际上是组织与个人之间的关系，是权威关系、参与关系，还是同事关系等。

# 第三节 组织文化的调查与实施

在明确了组织文化的研究方法之后，接下来的问题就是如何才能进行有效的调查与实施，以及在这一过程中需要解决的问题。

## 一、组织文化的变项

组织文化的变项是研究的着眼点，它包括三个方面：

### （一）文化内容

组织的文化内容包括组织内部的核心价值观能被多少组织成员了解，组织成员表达核心价值观的方式，以及组织成员的行为模式，等等。研究者通过观察认识某种核心价值观被组织成员的认同程度，以及组织成员对共同价值观的解释是否具有一致性特征，可以考察组织成员所叙述的文化与行为模式是否保持一致性等问题。

### （二）文化边界

组织内部有许多种文化形式，那么，被普遍认同的文化来源于哪里？是单指一群人、一个单位的生活模式，还是指一个阶层的生活模式？正确区分组织内部的这些文化形式，将有利于组织成员对文化的了解和认同。

### （三）文化关系

组织文化的基本类型中强文化与核心价值观对组织的影响最大，占统治地位，是其他文化形成的基础。这里涉及不同文化之间是否具有相容性的问题，如果不能相容则会使组织的整合遇到很大困难；同时，还涉及组织文化的核心价值观和组织生活的其他方面能否和平相处，以及不同组织之间的文化关系。

在研究组织变项时，我们首先要明确一个组织并非只有一种文化。组织只是文化产生的环境，组织内许多层面都可滋生文化。其次，并非组织内所有文化内容均属于组织文化，部分文化是从外部“进口”的，而不是组织内部自发产生的。

## 二、组织文化的类别

组织文化类别形成的基础不同于组织文化的类型，后者主要是从组织外部进行观察，是指一个组织区别于其他组织的特征，而这里要说的是在组织内部文化的几种表现形式，即可能滋生文化的不同层面。一般来说，一个组织内部可能产生文化的层面主要有以下几个。

## （一）企业文化

企业文化是主管者的基本假定及行为模式被整体组织模仿而形成的一种文化形式。实际上，任何组织都有自己区别于其他组织的独特性文化。要想说明管理者与企业文化的关系，必须首先明确企业文化。若对企业文化的概念不清楚，认识不明确，就会在企业文化的建设中出现偏差，甚至步入误区。

企业文化既不是一般意义上的员工业余文化教育或企业的业余文体活动，也不是指企业装点门面的诸如宣传报道、厂区布置、企业标志等。这些内容最多只是企业文化外显的表现形式。肖汉平曾论述道：企业文化是指企业中长期形成的共同思想、作风、价值观念和行为准则，是一种具有企业个性的信念和行为风格。它实际上是一种新的管理思想——以人为中心的“人本主义”的管理思想，重视“人”在企业中的作用。从企业经营管理角度来说，可以把企业文化定义为一种建立在人本主义哲学基础上的，以“人”为中心的企业管理模式，它是由企业的全体成员在企业经营和发展过程中所形成的，包括企业的最高目标、共同的价值观、作风和传统习惯、行为规范和规章制度等，其中共同的价值观是核心。

企业是一群人组成的团体，它既是一种经济组织，又是一个人际群体。在企业文化的形成过程中，企业的领导者、管理者对企业文化的形成有重要的影响。这种影响是，领导者、管理者的思想观念成为企业上上下下所有员工都接受的价值观，影响所有员工在日常行为中的表现。这一过程是相当长久的，并且在这一过程中，领导者、管理者的价值观将与企业全体员工的价值观相互影响，最终达成一致，形成企业的共同价值观。也就是说，管理者与被管理者在长期的共处中，必须相互影响，相互感染，才能最终形成自己独特的企业文化。

企业文化对于企业管理的重要贡献在于，它是一种以人为本的企业管理文化，它不同于传统的以物为中心的管理思想。这种管理思想把经济活动中最具有能动性和可塑性的人放在重要的地位，在企业文化中，更加重视人的因素、人的管理、人的塑造。企业文化的产生弥补了传统企业管理的不足，使传统的企业管理更加有效。这是因为，通过企业文化的建设，人在生产、经营活动中更具有主动性，这无疑也会使物的因素能更好地发挥作用。

企业文化管理的最内层，即其核心内容的管理，主要是对精神文化层的管理，也就是对人的管理。所以管理者应该对人的群体意识和社会责任感充分了解，强调心灵的感召和情感的凝聚，要求自己和他人尊重人、重视人，给成员创造一个平等的环境。企业好比是大海中的一条航船，面对激烈竞争的狂涛恶浪，全体成员唯有齐心协力，同舟共济，才能使企业的航船破浪前进，每个企业成员才能在企业的成功中同时获得个人事业的成功和最大的物质利益。管理者要使全体成员充分了解企业与自己的这种休戚相关、荣辱与共的联系，激发成员对企业的归属感与责任感，使企业产生巨大的凝聚力，使成员爱企业，视工作为生命，全身心地与企业融为一体。只有这样，才能消除企业与成员的对立，消除管理者与被管理者的对立，消除工作与人生的对立；只有这样，才能使成员自觉认同企业的价值观念，把企业的目标作为自己的目标，以企业的成败作为自己的成败；只有这样，企业才能在激烈的市场竞争中获胜。

美国学者由于看到在日、美企业的国家竞争中，日本企业不断取得成功，而美国企业则在许多领域处于不利地位，便对日本企业取得成功的经验进行了研究与分析，结果发现，日本企业与美国企业在经营管理上95%是相同的，不同之处只有5%，而这5%就是企业文化管理上的不同。正是这5%的差别，构成了两国企业竞争力的差别。由此可见企业文化管理的重要性。

### （二）纵向文化

纵向文化是工业次文化的一种，属于“条块”的文化形式，即机构内部的某一分部或部门的文化。但它仍然是在共同价值观上形成的一种弱势文化。这种形式的文化在科层制体系中表现得较为普遍，我们也可以称之为集团文化。

### （三）横向文化

横向文化一般出现在大型组织中，它是不同层次或工种的文化。例如在煤矿企业中，从事井下工作和井上工作的人员就有截然不同的价值观和信念，主要表现在他们对各种文化基础认识上的差异，以及不同的遭遇和情感使他们形成各自独特的文化。此外，在组织层次中，如工人阶层与领导者阶层的文化也有很大区别。

### （四）单位次文化

在一个组织中，尽管可能有共同的价值观，但每个具体的次级单位也是产生文化的场所。人们长期生活、工作在一个单位，就会逐渐形成区别于组织核心价值观的文化，不过这种文化只能是弱文化，或者是一种与组织文化相容的文化形式，例如，某个大学的管理学院中就可能有区别于大学核心价值观的次文化。

### （五）泛组织文化

这种文化一般是从组织外部带进组织的，亦称“进口”文化，是指“进口”到组织内部的文化，例如同一地方的人或操同一种语言的人，尽管在不同的工厂工作，却构成了广泛的组织文化。

### （六）工业次文化

这种文化也被称为行业文化，是从社会的纵向角度对文化进行的一种划分。因此，不管组织文化的核心价值观有多么强势，它都要接受工业次文化，例如银行、法律、教育等专业机构所共有的文化内涵的影响。

## 三、组织文化的贯彻

组织文化一旦形成就要被实施并贯彻下去，是否被贯彻或贯彻的情况如何应从如下三个方面去考察：一是社会方面，指文化的空间、阶层及普遍影响；二是心理方面，指人们对同一文化的解释是否统一、一贯，或是否具有不同的解释，等等；三是历史方面，是指所形成的这种文化的长期性和稳定性。

例如，假日酒店开展的“笑脸迎人”策略是否会成为一种组织文化，主要应当分析以下几个方面：

（1）从总经理到清洁工是否都认同“笑脸迎人”策略的意义？这便是分析文化在空间上的分布程度。如果不同的阶层对这一策略有不同的理解，那么这一策略的效果及持久性就会出现问题。

（2）何谓“笑脸迎人”？这主要是从心理方面考察在组织成员中的解释是否具有一致性和一贯性的特点，包括总经理和员工的解释是否相同。如果不一致，就很难形成共同的价值观。

（3）“笑脸迎人”策略能坚持多久？这是从该策略的历史意义上说的，它关系到组织能否由此而形成一种共同的价值观。

## 四、跨文化管理

跨文化管理是社会发展的大趋势，每一个组织和个人都可能面临这样的问题。实行“无国籍经营”战略的跨国公司已经把触角伸到了全球各地，它们的子公司和分支机构遍布各国，形成全球经营形态。但是随着这一战略的展开，跨国公司将面临越来越多的陌生文化环境，它的管理人员和雇员来自越来越多的不同的文化背景，这就意味着更多的文化摩擦，从而使管理文化的交流、融合、取长补短更有可能、更有必要，跨文化管理成为一种必然趋势。

跨文化管理就是在保持本土优秀文化的基础上，兼收并蓄，博采众长，不断创新，自成一家。其步骤主要是：（1）识别文化差异。（2）敏感性训练。它的目的是加强人们对不同文化环境的反应和适应能力，促进不同文化背景的人之间的沟通和理解。（3）建立共同经营观和公司文化。通过文化差异的识别和敏感性训练，公司职员提高了对文化的鉴别和适应能力，在文化共性认识的基础上，根据环境的要求和公司战略的需要，建立起公司的共同经营观和强有力的公司文化。

在新的世纪，管理文化多元化已经超越工业经济时代满足员工需要的文化多元化含义，人们有不同的思考方式和思想观点，他们可以在不同文化和教育背景下，在管理实践中自主创新，建设具有个性特色的组织文化。

# 案例分析："阿里味儿"在生长①

在阿里巴巴人力资源副总裁卢洋看来，互联网产业是"只有第一，没有第二"的产业，"不能吃老本"。在这种情况下，"自下而上的草根创新才能够使企业保持持续的活力，背后需要的就是开放、透明、能够让员工保持充足自主性的文化"。不过知易行难，很多企业文化更多地被困于文本规章之中，长期束之高阁，如何使其成为行之有效的管理工具？而企业在超常规的高速膨胀过程中，如何保证企业文化的向心力？文化管理需要企业进行哪些制度和体制上的匹配？以下就是阿里巴巴的回答。

**文化为王：主张开放与分享**

文化建设一直是阿里巴巴发展的重中之重。2001年，强调"简单、激情、开放"等价值观的"独孤九剑"在阿里巴巴内部被奉为圭臬；2003年，阿里巴巴更是"争议性"地把价值观纳入绩效考核体系中来，而且占到50%的权重，甚至有时候会更加倚重。在阿里巴巴的招聘历史上曾多次出现由于价值观，而把一些精英人才拒之门外的案例，依照卢洋的话来说，原因就是"如果跟我们的价值观不相吻合，那么一个人能力越大，进来之后对组织的破坏力也就越大"。

其实，阿里巴巴的文化很简单，与互联网的基因一致，就是开放、分享。在卢洋看来，这种企业文化不仅能够应对由业务持续庞杂所可能引发的"大组织病"，而且能够保证一些有利于公司发展的先进制度得以真正实施。例如：为了激发员工工作的自主性，优化体系内的人力资源流转，阿里巴巴对转岗制度做了调整——以前都是在部门主管点头之后员工才可以转换岗位，如今只要接收方同意，原部门主管就要无条件放行。

**即使是毒草，也要让它长在阳光下**

"强大"的企业文化如何才能摆脱被束之高阁的尴尬，成为有效的管理工具？阿里巴巴的策略是虚事做实，也就是通过各种形式设置、各种程序动作使员工能够看得见、感受得到、理解得了。

"阿里味儿"就是阿里巴巴强化企业文化的一个阵地，事实上，许多公司不乏这样的设置，但是阿里巴巴的内网却有不一样的味道。在这上面，员工可以直言部门主管对自己的待遇不公，可以质疑公司的某项政策规定，甚至是集团高管走马上任也会被反对"围攻"。用阿里巴巴的一位员工的话来说，他们可以讨论任何事情而无论层级，发表任何观点而不论对错；即便是高管的观点也经常被员工"减芝麻"（"减芝麻"指表示不同意）。"一切管理上的问题，包括管理者的不成熟、员工的不理解，这些都没有什么不可以说的。"卢洋说阿里巴巴坚持的原则是"即使是毒草，也要让它长在阳光下"。也正是在这种潜移默化的培养中，每位员工都能以一个平等、客观的姿态参与到工作的讨论和执行中。

---

① 互联网生态管理："阿里味儿"在生长．(2017-08-08)[2020-05-10]. https://www.jinchutou.com/p-6209203.html.

**收放自如：管理不是一种控制**

对于阿里巴巴而言，一切规章和制度的出发点是“调动每一个人的积极性和创造性，使员工的能量能够最大化地释放出来”。不过另一个问题随之而来，解放员工是否跟管理是天然相悖的？“管理被想象成一种控制，是工业文明时代的思维，因为在标准化流程的情况下强调的是管理效率；但是互联网时代技术革新层出不穷，这个时候就要最大化地激发员工的自主性。”卢洋表示，在当前的产业环境下，人力管理应该彻底地转换思路，这样才能使全体员工集思广益，避免单纯“顶层智慧”所带来的创新瓶颈。

阿里巴巴给了员工宽阔的施展空间，充分激发了员工的创新冲动，“赛马”就是一个很好的例子。员工只要有好的想法和创意就可以提交到阿里巴巴的项目委员会，在经过审批之后，员工就可以放手去做，集团会为其配备人手、资金，甚至还有期权。阿里巴巴的很多好项目是通过“赛马”出现的。在阿里巴巴的历史上，就有刚刚转正的员工提交的项目脱颖而出，之后扩容成五六十人的团队，闯入该领域内全国第一梯队的例子。

不过，自由而活跃的“分子”如何被纳入整个组织的有机体中？员工自主性如何与企业的需求相匹配？这就需要给“自由”加一个前提。比如，晋升请求是由员工自己提出的，但是判断的标准是透明公开、具体而微的；转岗是没有主管限制的，但是存在一些硬性条件。“这样就避免了员工因为逃避而转岗，保证真正优秀的人才流动起来，这样才是‘活水’。”

**HR坐镇：2/3出自业务部门**

阿里巴巴的文化管理之所以成行，是因为一系列的体制和制度的共同作用。而在这个体系中，HR扮演着极为重要的角色，可以说，阿里巴巴的HR是其文化管理的操盘手。而要达到这样的预期，HR就必须熟悉部门业务和员工的需求，因此阿里巴巴的HR团队构成也很多元化，500多人中的2/3来自技术、产品、运营等各个业务部门，而只有少数是专业的HR出身。

这样的HR能把阿里巴巴的“家事”料理得细致周密，小到日常文娱，大到晋升庆祝，HR都能体贴入微地考虑到员工的需求。在“人性化管理”之外，阿里巴巴的HR中也不乏铁腕的角色。可以说，除了大部分公司HR的常规动作外，阿里巴巴的HR责任更重：在面试中对员工的价值取向进行严格审核，避免发生“用人部门因急于开展工作而忽略价值观考察”的情况；在日常业务开展过程中，阿里巴巴的HR也有一个特殊的设计，他们会给各个业务部门配置专人，进行现场督导巡视，跟员工谈心交流。正如前述员工所比喻的，阿里巴巴的HR就像毛细血管一样，深入每一个业务。

**要求**

1. 谈谈阿里巴巴的企业文化对你的启示。
2. 分工、协作规则：小组协作进行。
3. 学习成果形式：研究报告。

4. 学习评定规则：教师评价。

5. 时间要求：一周。

**讨论提示**

组织文化是成员长期相互作用的结果，是被发展出来的一种共同价值和理念的总和，而且文化本身不能使用对与错的标准进行评价。通过对这一案例的学习，大家既可以对阿里巴巴的组织文化具有一定了解，也可以由此对其文化与企业未来发展的方向、如何面对和处理重点与难点问题展开讨论。

**分析与说明**

文化相对于企业来说是重要的，就像企业的血液一样流淌在企业之中，既是区别于其他企业的典型特征，也是形成企业气质、维系企业基业长青的根本保障。任何一个企业都必须构建符合自身所处发展阶段和社会环境的大文化，并使之能够被所有员工认同。当然，这种文化也不是一成不变的定律，而需要随着企业的前进和社会大环境的变化而不断变化。

## 本章要点

1. 组织文化是社会文化的一种形式，是组织客观存在的一部分。组织文化是指组织成员在长期的相互作用和相互影响过程中所形成的共同价值观体系，它是组织成员共有的人生观、思想意识、价值观念、假想、信念、期望、态度和行为准则的总和。

2. 组织文化一般分为四种类型，即学院型、俱乐部型、棒球队型、堡垒型。

3. 组织文化的功能从性质上可以被区分为显功能和潜功能。显功能分为外部适应环境的生存功能和内部凝聚力的形成；对于潜功能，主要从组织变革、多样化和兼并收购方面进行分析。

4. 组织文化的研究方法包括访问调查法、二次分析法和小组讨论法。

5. 组织文化的分析变项包括内容、边界和关系。

6. 组织文化类别一般可分为企业文化、纵向文化、横向文化、单位次文化、泛组织文化和工业次文化等。

## 推荐阅读书目

1. 罗赛切．品牌背后的故事：企业文化与全球品牌．桂林：广西师范大学出版社，2006.

2. 沙因．组织文化与领导力：第 4 版．北京：中国人民大学出版社，2014.

3. 陈春花．从理念到行为习惯：企业文化管理．北京：机械工业出版社，2011.

4. 罗长海，等．企业文化建设个案评析．北京：清华大学出版社，2006.

5. 石伟．组织文化．2 版．上海：复旦大学出版社，2010.

6. 苏雪梅．组织文化与员工认同：理论与实证．北京：中国社会科学出版社，2012.

7. 王吉鹏，李明．企业文化诊断评估理论与实务．北京：中国发展出版社，2005.

8. 于显洋，廖菲．企业形象制胜．北京：新华出版社，1994.

# 第三部分

# 组织的运转过程

组织结构设计的最终目的是看它能否正常运转。上一部分讨论了组织的构成要素问题，组织结构是组织设计的结果，那么这种被设计出来的结构是否合理有效，能否正常运转，主要取决于本部分所讨论的四个内容，即组织权力与冲突、组织的决策过程、组织的沟通过程和组织的领导过程，它们是检验结构设计的重要指标。只要这四个过程运转良好，就证明结构设计得合理有效，否则就要进行再设计或局部修正。

# 第八章

# 组织权力与冲突

组织的运转过程实际上也是权力的行使过程，组织内部每一角色都拥有不同的职权范围、不同的权力关系。这种职权或权力关系是合法化的权力，在组织内部必须得到执行，而离开组织情境这种权力也就失去了意义和赖以生存的基础。

组织权力的价值标准与人们日常生活中的理想追求有很大的区别，组织结构与设计是通过不平等和差异化来获得效率的，需要把组织成员划分成若干等级和部分；相反，日常生活中人与人之间是一种平等友好的关系。因此，在组织内行使权力过程中所引发的冲突是人们的一个认识问题。从这方面来说，它就不是一个组织结构问题。

权力在组织内的行使就完全是一种角色行为，它不应当带有任何情感色彩，能否行使也不能以角色的意志为转移。所以，如果权力不能行使，其原因就是组织结构设计方面的问题。

本章主要从三方面来讨论组织权力：一是组织权力概述；二是权力的制约因素及影响；三是组织冲突。

## 第一节 组织权力概述

组织权力是合法化的权力，离开组织情境，组织权力也就失去应有的合法效力。在这一节中，主要讨论组织权力的意义及其相关概念。

### 一、组织权力的意义

组织权力是指在特定情境的相互作用的体系中，作用者按照自己的意图成功影响作用对象的能力。这是组织权力的最基本、最一般的意义。组织权力主要包括四个方面的意义：

第一，任何组织权力都依赖于特定的组织情境，离开情境组织的组织权力也就自然消失。权力情境的构成要素，包括时间、空间、任务、性质、目标取向等。例如，一个国家机关的局长或某企业的总经理，当他离开办公室（特定的组织情境）在商场购物时，他的组织权力便随之消失。若他此时使用该权力，则属于超范围“非法”行使，接受命令的一方有权拒绝执行。

第二，组织权力根植于相互作用体系。组织内权力的作用是保证规范和秩序，使组织行动具备可预测性。它体现为一种影响能力，但这并不是说凡具备影响能力的因素都可被称为权力，即使在组织内部也是如此。

人类行为的改变可以是由物质的、自然界的、自身生理方面的因素造成的，如天气的变化可能使人们放弃出行的计划，感冒发烧可以作为拒绝参加某个会议的理由。这类行动的改变一般都不涉及人们之间的相互作用，因而也就与权力无关。

组织权力最本质的特征就是组织成员之间的相互作用，它是职权和角色关系的表现形式。理解权力需要从两个方面进行，即作用者和作用对象，两者的关系既可以是上向与下向沟通关系，也可以是横向与斜向沟通关系。所谓相互作用就是指作用对象因作用者的行为而改变着自己的行为。也就是说，如果同处一个场合的两个角色或两个群体，各自的行动完全不依赖于对方而发生变化，则意味着它们之间不存在一种组织关系或权力关系，没有构成一个相互作用体系，也就没有权力存在的基础。

第三，组织权力是施加影响的潜在能力，而不是影响本身。成功地对其他成员施加影响力是组织权力存在的基本特征。组织权力的意义是指在使用时就表现出影响能力，而在不使用时就是一种潜在的影响能力，但并不能说明其没有权力。所以，组织权力在组织内部某个职位上具有稳定性和长期性的特点，只要占据该职位，无论行使与否都具备了相应的权力。

第四，权力表现为对作用对象的成功影响，即权力关系必须包含某种主体意志性。在组织结构中，权力都具备施加成功影响的可能，也就是说必须出现所希望出现的后果，作用对象的改变必须符合作用者的预期，否则就说明结构设计出现问题，必须加以调整或重新设计，方能保证组织目标的顺利实现。

当然，在相互作用体系中，常常也会出现作用者没有发出信息指令，作用对象却做出一定反应行为的事情。它基本上是一种无意识的影响行为，在组织中被称为非正式行为，它的出现会影响到正式权力关系。所以，严密的组织结构不允许这种情况的发生。

通过上述分析可以看到，组织权力的行使既是组织设计的延续，也是实现组织设计的手段。在这种相互作用体系中，组织意图及各群体目标都必须通过组织权力才能得以贯彻。组织权力的目的是控制人的行为的随意性，人一旦进入组织系统，就要严格按照角色要求，履行组织的权利与义务，实现组织的预期。

## 二、相关概念

权力是组织社会学中很难界定的一个概念，其内涵和外延都十分广泛，甚至有些概念可以与权力互为使用。澄清这类概念的含义以及同权力概念之间的关系，有助于更准确地理解和把握权力的内涵。尤其对组织规则和组织结构的理解，这些概念与行为学最大的区别是概念的使用是否符合组织的要求。

### （一）影响

影响是指在任何环境状态下都可能有意无意地改变作用对象行为的一种力量。影响发生是不分场合的，作用者也不是刻意影响对方，而且影响能力的产生与存在都可以脱离组织环境，作用对象的行为也是无法预测的，有时甚至行动方式被改变并不是作用者的本意。

组织权力是一种影响能力，它是组织内的合法化权力。行动者按照组织的意图有目的地在改变作用对象的行为，使行为结果按照预期的方式出现。从这个意义上说，权力比影响更具主体性和意志性。权力必须表现为特定的影响，但并不是任何影响都是权力行使的结果。所以，影响在外延上比权力更加广泛和不可预测。

尽管如此，权力和影响这两个概念还是有许多相似之处，其中某些影响方式还有很高的交叉性。按照影响程度的强弱顺序，影响方式包括以下几种类型：

（1）模仿。这种影响方式是指把某种行为模式作为一种典型，通过暗示的心理功能诱使其他人仿效，激发他人接近、达到或超过自身努力而实现其影响他人行为的目的。这是一种不需要角色直接接触的、不明显的影响方式。模仿的特点就是潜移默化，完全建立在对方自愿接受的基础上，不需要进行直接行为沟通。在组织内这种影响行为方式成本最低，但也可能带来盲从，或超越组织规则的私人关系，其目的或指向很难控制，常常会影响组织目标的顺利实现。

（2）建议。这种影响方式是指通过提出某种想法、推荐某种行动方式以实现影响的目的。它与模仿最明显的区别就是加强了作用者的主体意识，并突出了直接与作用对象进行沟通的特征。建议的影响能力主要取决于相互作用的具体对象和场合。

一般来说，组织环境中有两个方面的因素在影响效率，一是组织成员自身对能力、需求和状态的认知程度，二是组织工作的结构是否清楚、分工是否明确等。如果两个方面的状况都很清晰，就不需要使用建议这种影响方式；但是当作用对象自身和工作环境都不明确，且面临多重选择而犹豫不决时，建议的影响能力最大也最有效。

（3）劝说。这种影响方式是指通过督促、诱导的方式激起作用者所需要的行为，它比建议进一步加强了主体意志性。劝说通常是在工作环境状态清晰明确，而组织成员动力不足或超越了组织规则的许可范围时，管理者所采用的一种调整方式，其目的是改变作用对象的行为指向，以使他的行动符合组织的要求。劝说是具有更大的压力并接近组织权力的范畴。

（4）强制。这种影响方式是指以实施暴力或惩罚相威胁，迫使作用对象做出所期望的行为。作用者为达到目的有时甚至采取最极端的手段施以肉体上的暴力，但这种影响力在正式组织中的表现形式是按照相应的规则进行的。对那些违反组织规则、不执行命令的成员，最重要的强制手段就是工资及职务的降低、处分、开除职务等。

在上述影响方式的排列中，作用者的主体意志依次递增，而对作用对象意愿的考虑却依次递减。模仿是一种自愿选择，建议开始加强作用者主体的意志，劝说更进一步考虑作用者的意愿，而强制以不遵守规则为特征，以剥夺威胁，基本上不考虑作用对象的意愿。

尽管每一种影响方式都可能获得成功，但成功的可能性却存在很大的差异，它的分布情况依照上述顺序依次递增，即模仿成功的可能性最小，建议和劝说的可能性次之，成功可能性最大的是强制性影响。但是，我们也应看到这种成功需要付出很大的代价，如果这种控制手段经常被使用，就说明组织结构需要进行相应调整。

## （二）权威

权威是一个带有很强的社会学色彩的概念，与权力经常混合使用。

权力概念的着眼点是作用者，重点是指令的发出能否被贯彻执行，是衡量组织成效的重要手段；权威则是衡量组织内上下级之间的关系是否融洽的尺度，反映的是管理者得到拥戴的程度。因此，权威把着眼点放在互动体系的作用对象方面，是指在一个互动体系中，由于作用对象的自愿接受和普遍拥戴，作用者获得了无须借助强制力量而成功施加影响的能力。

既然权力存在于互动体系中，那么就要考虑互动双方的因素。能否成功地行使权力不仅取决于作用者的能力和素质，还会受到作用对象角色的个性、修养和愿望，以及普遍的社会价值观念的影响。尽管权力和权威都是为了贯彻组织意图、控制和改变组织成员的活动的能力，但权威与权力还是存在很大差别的，如权威是建立在作用对象的特定心态，包括对作用者的认同、承认和自愿服从组织规则上的，因而权力的合法化程度较高，它的运转无须借助强制和劝说的方式，从而提高了组织活动效率，降低了权力的运转成本。

从表面上看，权力与权威没有多少区别，都是一种命令与服从的关系。就命令方面来说，它们两个的本质是相同的，都是某种主观意图得以贯彻执行，而从作用对象的服从方面来说就有很大的不同。权力的服从依赖于强制力量，是建立在恐惧、害怕的基础上的，作用对象担心不服从会导致对自己不利的后果。权威的服从则依靠作用对象的认同、承认和信赖。这种命令与服从关系是建立在尊敬、拥戴、自愿的基础上的，作用对象是出于自身信仰或情感而认为应该服从。

权威作为一种合法化的权力，由于取得了作用对象的认可，双方的关系比较融洽，发生冲突的可能性降低，因而其影响也就比权力更加持久和稳定，执行成本最低。组织内的权力都具有合法性，只是职员在认知上存在差异，有时因对某个领导者有好感而自愿服从，有时会因厌烦某个领导者而拒绝执行。同样，能否取得作用对象的拥戴，还取决于作用者方面的某些因素，如发出的指令是否符合组织的需要，是否在职权范围之内，是否与执行者的价值观念相一致，等等。因此，在进行组织设计时既要考虑到领导者的因素，更要注意满足被领导者的因素，只有那些符合组织利益，能够为实现目标起推动作用的权力，才是合法化的权力；如果组织内权力的行使遇到阻力和反抗，就要进行结构或人事调整，或者重新设计组织结构。

总之，一个组织若想建立稳定、持久和高效率的权力系统，就必须考虑管理者与被管理者两个方面的因素，一方面管理者要正确运用手中的权力（如不滥用），另一方面，组织管理者还要对组织成员进行教化，使组织成员理解权力的行使过程，并认可权力系统，从而降低运行成本，使相互作用的双方都有利可图。

## （三）职权

职权也即职位权力，是指与组织正式职位相联系、根据职责而确定的制度化权力。它与权力和权威在很多方面具有一致性，实际上，权力与权威既都是职权的表现形式，然而又超出了职权的范围，通常带有很浓厚的角色色彩，比如，成员的个性、品质、体格、容貌、仪表、气质、知识等都可以使权力关系发生变化。凡是得到广泛承认的价值物均可以赋予这一角色影响他人的能力，使它在相互作用体系中获得更多的支配权，它的每个因素都可能转化为一种权力与权威的有价值资源，但职权则不具有任何角色方面的特点。

职权的影响范围相对狭窄，它具有以下几个突出特点：

（1）职权与正式职位密切相关。权力与权威的形成与职员个人有密切关系，这种关系是唯一的和不可替代的。而职权与职位密切相关，它不受个人因素的影响，只要占据某个职位便同时获得了相应的职权，同样，离开这一职位也就丧失了相应的职权。例如，大学校长的职权与具体个人没有必然联系，校长的更迭并不改变这一职位上的职权性质和内容。所以，职位规则是不变的，而职位上扮演角色的个人却随时都可能发生变化。俗语说，“铁打的营盘，流水的兵”就是这一情境的生动写照。

（2）职权是根据职责而确定和授予的。它的实施范围只限于完成特定职责，而不能超出职责范围。一个校长可以指示秘书起草文件，但不能指使秘书为自己按摩。职权是一种只限于工作领域的权力。同样，在非工作环境下指使秘书为自己做事，也违反了职位规则。

（3）职权是明确成文的制度化权力。职权具有明确性和清晰性，它的权力范围由成文的法规、条例、协议、活动细则明确规定，内容包括该职位的任务、权力范围以及具体活动程序，这消除了职位规则的模糊性。同时把这些规则公布出来，让所有组织成员都知晓，可以监督职权的行使过程，保证了组织活动的可预测性。

(4) 职权是一种法定权威。职权作为一种合法化权力也具备权威的一些特点，但它不是建立在作用对象对某个具体作用者的拥戴的基础上的，而是奠基于对成文的法规、章程的认可和接受。因此由职权体现的权威不会因作用者的人事变动而改变。由于其合法性的基础是对合乎理性的法规的信赖，因而其又被称为法理权威。

(5) 职权是一种非人格化的权力和权威。职权的法理基础是指成功行使权力的原因不在于个人，而在于理性的法规。合乎理性、合乎法规是行使职权的最高准则，不仅作用对象据此决定自己的服从与否，职权的拥有者也要受到理性法规的限制。也就是说，只有在法理规定的范围内，作用者的影响力才能正常发挥，职权的行使才能获得成功。

(6) 职权具有高度的可预测性。组织目标的实现依靠权力的正确使用，与职位密切相关的职权由于具有非人格化的特点，很少受到角色或偶然变动因素的干扰，能够比较稳定地发挥权力功能。因此，职权运转状态直接决定组织目标的实现。

## 三、组织权力类型

组织权力基本是一种成文的职位权力，权力的行使及影响程度受到固定规则的限制。但是，组织权力并非千篇一律，从其履行的功能、作用方式及组织性质等方面考察权力，将有助于组织设计从多个角度审视权力及其运转。组织权力有如下几种类型。

### (一) 强制权

强制权是指建立在规则或规范基础之上，对不服从指令的组织成员进行处罚的能力。它是维持组织运转普遍而有效的手段。

一般来说，强制权的实施手段主要有这样几种：批评、训斥、降职、降薪、降级，直至解雇等。强制权是一种负强化手段，目的是保证组织效率而禁止某种行为的发生，或者是以此来纠正偏差组织行为。对作用者来说，强制权的行使是按照组织规则对不承担责任的成员予以处罚，并使受罚者清楚偏差的代价；从作用对象的角度看，如果不按照操作规范行事就将受到相应的惩罚，如某些愿望得不到满足，某些价值物被强制剥夺，某些不愿意得到的结果被强加于身，等等。在这里，强制权能否起到预期效果还取决于这种负强化物对被强化者的意义，如果作用对象对得到的负强化物无所谓，就达不到预期效果。

强制权的行使是组织权力的极端形式，经常会遇到反抗、抵制，使相互关系趋于紧张，尤其当负强化物运用不当时，可能引发激烈冲突。因此，强制权的有效性既取决于对违反规则的正确界定，也受制于负强化物的种类和强度的影响，如果这两个方面都能被有效设计和运用，职员也知道自己的行为将引发的后果，强制权的使用就不会产生紧张与冲突。

## （二）奖酬权

奖酬权是指作用者给依照组织规则和命令完成工作的职员分配有价值资源的能力。这种权力是强制权的相对物，是一种正强化手段，目的是鼓励某种行为方式，而不是限制。

奖酬权的实施手段包括物质性的与精神性的奖酬，如鼓励、表扬、发奖、增薪、晋升职务等。奖酬权是组织的职位权力，行使这种权力的管理者基于这样一种假设，即满足需要是刺激行为的最好方式，但这种方式能否真正起到预期的激励作用还取决于作用对象的认同程度。作用对象一般认为只要按规则做事、服从指令，就会得到相应的奖励，获得或增加某种有价物。

奖酬权的作用者与作用对象之间是一种契约关系，作用对象在完成预定任务后就自然获得相应的奖酬。如果这种约定不能够按期实现，奖酬-服从关系的格局就面临破裂的可能，从而影响组织目标的实现。

奖酬权是巩固和维系权力关系的重要手段之一，如果将奖酬权与目标相结合，并制定出详细的操作规则，具备公开性和公平性，就能激发成员工作的积极性，提高组织运行效率。相反，如果这种奖酬与目标的实现无关，而且是隐秘的、任意的、不公开的，则可能导致不满、紧张、对立乃至冲突，涣散组织的凝聚力，削弱权力关系，最终导致组织无法实现预期目标。

奖酬权的有效行使与奖酬种类有密切关系。组织设计的一个重要环节就是确定有吸引力的报酬，并加以详细分类，制定评价和奖酬标准，换句话说，就是量化奖酬权。凡是加入组织的职员都会认同这套规则，明确自己在组织中的位置和职责，这是保证组织成员活动效率的基础。

## （三）法定权

法定权是根据角色在组织中所处职位而被正式授予的权力。这种权力具体包括强制权、奖酬权等诸多权力类型，且它们的表现形式都具有非人格性、制度化的特征，都是一种职位权力。

法定权在组织中具有明确的垂直隶属关系，由此形成组织内部的权力等级体制，即直线主管或直线权威都是法定权的表现形式。例如，大学校长的法定权大于副校长，校长按规定可以对副校长提出要求、命令、指示；副校长各自分管下属的部处或系所的领导，副校长的法定权大于部处或系所领导。正式组织内部的结构都是由法定权确定的形式，一般表现为金字塔式的权力分层，职位越高，权力越大。

法定权使每个职员都明确了自己的权力地位，知道了自己的归属，以及自己所具有的权力范围和指向，从而保证了组织内部的命令统一、指挥统一的原则，避免了相互推诿或职责不清的问题。

## （四）专家权

专家权是指作用者通过自己的专业知识所产生的一种影响能力，这是现代组织中常见的权力形式。但是，在组织设计的正式结构中一般不存在专家权，专家一般作为组织直线权力系统之外的咨询式幕僚。

随着科学技术的飞速发展，专业化和专门化的出现，专业知识对人的影响日益增大，这种影响力有时会超过组织中法定权力的等级关系，将自上而下的影响方式转变为横向平行的甚至自下而上的影响方式。例如，一个外科医生可能会因为内科同行的意见而改变手术方案；一个总经理可能听取经济顾问、总工程师或法律顾问的意见而改变自己的最先决策，甚至调整组织目标；确定一架飞机能否正常飞行必须依照检修技师的最后报告而定，其他主管人员则无权干涉。

与其他类型的权力相比，专家权是一项比较容易得到普遍接受的权力。专家往往通过渊博的知识和对专业工作的充分自信赢得其他职员的好感和信赖，因而常常被视为权威，并受到领导和职员的重视。

但是，专家权在现代组织中也存在一定的问题，即对组织权威构成威胁，往往会破坏命令统一的原则，而且过多听取专家的意见会使组织决策缓慢，容易丧失新的发展机会。专家与直线主管的价值观念有着天然的矛盾，两者的有效配合是组织发展的重要基础。

## （五）关联权

关联权是指在法定权之外，由作用者个人因素造成的附加影响能力，它是法定权的一种补充。这种权力关系的产生不是组织设计的结果，而是作用者由外部带进组织的，这些因素包括作用者的个性特征以及依附于个人的人际关系。例如，作用者的个人魅力、广泛的兴趣、幽默的风格、机敏高超的社交能力以及感染力、涵养等。这些关联因素增强了作用者权力的影响力。

此外，作用者与主要领导者的密切关系，或广泛的社会关系也是形成关联权的基础。比如，一个总经理助理或秘书，尽管其直线权力地位很低，但由于他能够接近总经理，与总经理之间存在着密切的工作关系，因而就有机会直接影响总经理的想法，左右总经理的思路和决定，由此影响整个组织的发展进程。

再者，那些与组织外部或组织的上级部门的高级领导有着亲密的友谊或特殊的私人关系（老同学、老战友、老部下等）的组织成员，尽管在组织内没有正式职权，但往往能借助于这些关系的力量，对组织活动产生很大影响力。虽然这不是组织设计的结果，但组织不可避免地要遇到这些问题，处理不当就可能影响组织的正常发展。这种现象已经引起了组织社会学的广泛注意。

## （六）信息权

信息权是指由信息来源、信息处理和信息发送等方面的信息机会所产生的影响能力。现代社会进入了信息化时代，那些获取信息机会能力越强的人，控制能力就越强。在组织内部通常存在着正式沟通与非正式沟通网络，在这一网络中，从事收集、加工、发送信息的职员掌握着信息中枢，他们比那种单纯作为信息源或信息终端的职员拥有更多的信息机会。

在正式信息沟通网络中，信息机会通常取决于职员在正式结构中的位置，而在非正式沟通网络中，信息机会则取决于作用者的个性特征及人际关系。例如，秘书处于正式结构中法定的信息中枢位置，有机会得到有关组织内部活动及外部关系方面的各种最新信息，有权对这些信息进行汇总、筛选、过滤、加工处理，并向上级汇报；有可能最先得到上级的反应，了解上级的意图；有机会经过自己的加工而将上级的意图转化为指示或命令向下级传达。正是这种信息中枢的位置以及与之相关的信息机会，赋予了秘书较大的信息权和影响力。

除秘书之外，组织内部的某些联络人员也具有这种信息中枢的位置和信息机会。当然这些都是组织设计的结果，是由于组织任务的差异带来的权力机会的差别。在组织正式结构之外，也有一种非正式的沟通网络，即所谓的“消息灵通人士”，他们热衷于收集、传播小道消息，但是由于这种信息的来源不明确，稳定性较差，信息的网络变化不定，因而这种信息权往往不被承认。

尽管信息权没有法定权那么明确、清晰的作用，但它对组织的影响力是不可忽视的，而且有逐渐扩大的趋势。

## （七）职能权

职能权是指在相互作用体系内部，由于不对等的职能依赖关系，依赖程度较低的作用者所获得的对另一方控制和支配的能力。专家权和信息权都属于职能权的范畴。

组织内部存在着许多功能上相互依赖的群体，它们之间需要密切合作才能够实现组织目标。在这种相互作用的体系中，各自工作任务的不同会导致群体职能地位的差异，有的群体直接依赖性高，有的群体直接依赖性低。如果这种职能依赖关系不对等，那么，依赖性较低的群体在相互作用体系中就能获得相对较大的控制权和影响力，而那些具有高度依赖性的群体，则不得不从职能上服从对方。

除了知识、技术和信息之外，职能权还来自那些重要部门，或占有稀缺资源的部门，又或对实现组织目标起重要作用的部门，等等，这些部门都是形成职能权的基础。例如，组织中的财务部门，履行着综合性的服务部门的职能，承担着组织各个部门所需要的资金供给、审核、分配等重要任务，对依赖于它的职能部门有较大的职能影响力。总之，组织内的工作单位由于占有的资源和职能的不同，其支配能力和影响力也就不同。那些资源丰富、不需要与作用对象交换资源、较少依赖其他部门的群体，职能地位相对较高；相反，那些需要其他部门有效配合、支持才能开展工作的群体，其职能地位较低，对组织做出的贡献少，所以无论是该群体，还是该群体领导者的职能权力都非常有限。

组织内的职能权并不是组织设计的结果，很多都是在组织内自发形成的，也会随着相互关系的变化而改变。它们受组织外在环境影响较大，一旦外在环境发生变化，组织目标就要做出相应的调整，内部功能群体的职权关系也会发生变化。

尽管权力类型多种多样，相互关系交叉复杂，但它们都属于相互作用体系中的一部分，是组织设计的重要因素。一般来说，强制权和奖酬权属于法定权的范畴，具备清晰、稳定的权力关系，是构成权力系统的主体结构；专家权、关联权、信息权和职能权的权力关系则随着情境和相互作用体系的变化而改变，具有波动性、模糊性和不可预测性的特点。组织设计的重点是前一类权力关系，同时要设法控制后一类权力关系对组织目标实现的不利影响。

# 第二节 权力的制约因素及影响

权力关系既是影响组织运转的重要因素，也是检验组织设计的基本尺度。除了理解权力及其各种类型之外，还需要进一步认识制约权力的各项因素，了解权力的影响，这将有助于把握和改进组织中的权力状况，为组织设计提供必要的理论支持。此外，我们还要讨论权力行使所造成的某些后果，对组织成员的活动和组织秩序将产生怎样的影响，等等。其实，这两个因素正是组织冲突的根源。所以，本节研究内容可以为人们提供解决冲突的其他方法。

## 一、权力的制约因素

制约因素也是影响因素，在一个相互作用体系中，每个部分都在相互影响与相互制约。在组织设计原则里，如果出现没有制约的权力关系，那么将会对拥有权力的管理者以及组织发展产生消极影响。组织内的制约因素通常包括三方面，即环境的确定性、资源的替代性及任务的中心性。

### （一）环境的确定性

任何组织都在特定的环境中运行，环境的稳定性和易变性直接影响组织内部的权力关系。同样，权力关系的设计与实施也可以最大限度地降低环境的不确定性。

组织所面临的环境一般包括内部环境和外部环境两方面。内部环境是指组织内工作的明确程度、分工的完善程度、内部规章制度的完备状况等；外部环境通常指组织所面临的各种外部因素，包括政治、经济、文化和法律状况等。这两种环境中的任何一个方面的变化都可能影响权力关系。环境的不稳定破坏了组织活动的一致性、有序性和可预测性，从而增加了组织活动的成本，降低了效益。但是，组织只有在这种环境下才能获得较大的发展。权力关系的变化就是要控制环境的不确定性，控制环境的能力越强，说明组织的生存能力越强；环境的不确定因素越多，环境的可变性越大，则组织内的权力越正式，权力的分化程度也就越高。

组织环境的不确定性因素与组织内角色或群体的地位密切相关。一般来说，在权力系统中地位越低，在环境中所需要控制的外在不确定性因素越少；群体和角色的权力地位越高，其所面临的环境越复杂，不确定性程度越高，其越有责任为组织创造一个良好稳定的环境。因此，组织内部的高级领导者的主要任务就是保证内外环境与权力关系的和谐。

在组织内部，群体之间的关系也是一种环境关系，一个群体常常对另一个群体构成环境不确定因素。因此，在群体之间也需要减少和控制彼此所带来的不确定性问题。这种控制手段以直接合作的方式来调整和配置权力关系，它包括合同、吸纳和合并三种方式。

(1) 合同是基于群体间协商而确定相互作用方式的一种合作方式。双方通过谈判，各自依照对方的要求而限制自己的行为，目的是给自己创造一个长久的发展空间。通过降低彼此行为中的不确定因素，从而实现群体间的有效配合。实际上，组织之间的平衡与协作方法也依靠合同制度，只是这种合同制度的规则由更大的社会结构来制定，合同双方按约定履行各自的职责，从而使环境得到有效控制，体现在人们面前的就是社会秩序。

(2) 吸纳是指在无法进行合作的基础上，成立一个新的协调机构，以分享权力的方式来整合不确定的组织环境。这种协调机构的成员分别代表各自群体的利益，他们共同协商制定新的规则来调整权力关系，以稳定群体或组织之间的关系。现代社会出现了许多这种新型“联盟”组织，目的是减少不确定性因素。

(3) 合并是指两个或两个以上的群体，通过人员或资源的重新组合所采取的一种消除不确定性因素的方式。它是在使用前两种形式仍无法降低不确定性的情况下，采取的一种消除互为环境的状态的方式。这种方式使两个群体或组织形成统一行动的能力，即形成新的权力关系系统。

## （二）资源的替代性

组织内部影响权力的资源通常是指占有和支配人力资源、物资设备、财务预算的状况，它是权力的基础。所谓行使权力实际上就是行使支配资源的能力。

组织和角色占有资源的状况可从两个方面来认识：一是同类资源的来源，二是该资源在数量上相对于需求的稀缺性。资源的替代性是指反映这两个方面状况的一个综合指数。如果同类资源的来源少，相对需求严重不足，这一资源的替代性程度就低，权力就大；相反，如果同类资源可以从多种渠道很容易获得，在数量的供给上又相对丰富或者过剩，这一资源的替代性就高，价值就小，权力地位就相对较低。

资源状况与权力的关系：在一个组织中，角色或群体资源的替代性同其权力地位之间存在着反向关系，即资源的替代性越低，对其他人的影响力越大，权力地位也就越高；相反，资源替代性越高，则影响力越小，权力地位越低。但是，当资源替代性的差异相等时，权力的分配便趋于均等化；相反，资源替代性的差异越大，权力等级的垂直分化也就越大。这种状况表明，权力是一种不对等的交换关系。这种关系意味着交换双方各自资源的替代性不同，因而双方对交换关系的依赖和获益程度就存在差异，即拥有较低替代性资源的人对交换关系的依赖度低，从交换关系中获得的比较利益较小；而拥有较高替代性资源的人对交换关系的依赖度高，从交换关系中获得的比较利益较大。所以，这种不对等关系的存在对他是有好处的，但他为了维持交换关系，只能以服从为代价，由此而形成新的权力关系。

资源的替代性与组织职位有密切关系：如果一个职位在组织中处于核心位置，其他群体在完成任务时都要与它交换资源，则该职位在组织结构中的替代性就较低，因而它的职位权力相对重要，与其他群体是一种不对等交换关系。例如组织的财务部门、办公室主任或总经理助理等。

例如，打字员与项目经理的作用。一个打字员，他的主要工作是打印文件，如果胜任此项工作的人很多，那么这一资源的替代性就高。打字员为了自己不失业，就不得不接受较低的组织地位和较低的薪水，甘愿服从他人的指挥。相反，项目经理的角色在组织内的情况就有很大的不同。这种角色既需要一定的专业知识和技能，也需要具备丰富的工作经验以及各种依附于角色的业务关系。所以，这种角色在社会上很难找到，企业的经营发展也急需这种角色加盟，因此它的替代性很低，薪酬也就很高，而企业的选择余地很小，只能以较高的组织地位和较丰厚的物质报酬与之交换。项目经理自己则有很大的选择空间，他在公司的权力和影响力都因此而膨胀。

### （三）任务的中心性

任务的中心性是指角色或群体所承担的工作在组织目标系统的中心地位，即它执行的任务在整个组织活动和成效中占有重要比重和分量，它是制约组织中角色或群体影响能力的重要因素。

组织运转的最终目的是实现总目标，但在达标过程中，依赖于各子目标的实现程度，它与总目标之间具有同等发展的结果。也就是说，组织内每个部门的工作都对总目标的实现做出了贡献。虽然它们在实现目标这一点上没有差异，但是这些各个部门的目标对总目标的贡献有大小之分。有些工作对实现总目标来说至关重要，若将其取消或其没有实现预期目标，则将对组织产生全局性影响，导致组织整体活动效率的降低，甚至危及组织生存，所以，其工作任务就属于中心性任务；其他一些工作的重要性程度相对较低，对中心任务起辅助作用，如果不能实现预定目标，尽管也会对组织的其他工作产生影响，但不是实质性影响，影响幅度也相对较小，不至于威胁到组织的生存问题。组织设计所遵循的基本原则是，保证任务中心程度与权力成正比例关系，即中心程度越高，权力越大，中心程度越低，权力越小。只有如此，组织才能从结构上最有效地保证组织目标的实现。

任务的中心性不仅取决于任务本身的性质，还与组织的基本目标及其他相关工作有密切关系。同一项任务和工作在不同的组织中的地位和作用可能会发生根本性的变化，因而它的影响力也会随之改变。例如，在医院中，医护人员的工作同救死扶伤的人道主义医疗宗旨密切相关，处于中心任务的位置，若取消医护工作将从根本上动摇医院存在的合法性。因此，医护人员在医院中就拥有较大的权力。但是，如果医院作为大学的一个附属部门，那么尽管医护人员的工作性质没有发生改变，但因它与学校“教书育人”的宗旨不再密切相关，所以不再具有中心任务的地位。它要为其他部门提供服务，所以医护人员在这种组织内的影响力便随之降低。

组织权力体系的功能是控制内外环境中的不确定性因素，实现内部资源的交换与结合，从而高效实现组织目标。在发挥这一功能时，环境的确定性、资源的替代性及任务的中心性等因素都是组织设计权力系统的重要指标，因为这些因素制约着组织内部的权力类型、权力配置及权力的强度。

## 二、权力的影响

权力系统的运行效率体现为权力行使之后的结果是否为结构设计的预期，同时包括怎样实现这一预期。权力行使的目的是改变角色与群体的行为方式，使它们都能为组织目标服务，做出自己的贡献。权力的这种影响方式主要有以下三种。

### （一）顺从行为

顺从是指在互动双方意见不一致的情况下，作用对象出于对作用者的回报而依照作用者的意志行事。在这里，作用对象的回报是针对作用者所提供的奖酬或取消施加惩罚的预期而做出的一种理性反应。

顺从是一种典型的权力影响方式，它是指在相互作用的双方行为出现不一致的时候，由于作用者掌握着作用对象所需要的外在资源，而作用对象又急需要这种资源却不能在其他地方得到满足，作用对象就只能放弃自己的意见，服从作用者的意志，从而实现双方的成功交换。

顺从行为的出现并不能增强作用对象与作用者之间的关系。在这里，服从是以资源交换为基础的。其中奖酬权、惩罚权、信息权和职能权都是典型的交换资源，换言之，顺从行为是这些权力类型运行的结果。

顺从行为有四种类型：一是全面顺从，从态度到行为都表现为高度的一致性，作用对象对作用者的要求没有任何异议。例如，教师所采用的教学方法也是校长所喜欢的做法。二是行为服从，这种情况的顺从只表现在行为上，在特定环境内，作用对象迫不得已地按照作用者的要求，作用对象自己却并不喜欢如此。例如，教师虽采用校长指定的方法，心里却喜欢另一种。三是态度服从，当作用对象与作用者的意愿相同时，往往会出现这种顺从的情况，而作用对象的行为表现并不以作用者的意志为转移。例如，教师采用的方法是他自己喜欢的，刚好又是校长喜欢的。四是态度教化，如果态度和行为都不能按照作用对象的要求表现，那么这往往是因为顺从动机出现问题，需要进行组织教化来改变作用对象的态度和行为。例如，教师改变态度，逐渐接受校长的方法。

无论是全面顺从，还是态度与行为顺从，都需要具备这样几个组织条件：

（1）作用者必须让作用对象知道他控制着某种涉及作用对象的资源，如果作用对象不知道或者不相信作用者拥有这些资源，或者认为这些资源对自己不重要，那么他就不会表现出顺从行为。

（2）作用者必须能够监督作用对象的行为，而且要让后者知道。顺从是对不一致行为的协调过程，监督在这里起着很重要的作用，没有监督，作用对象实际上就已经脱离了互动情境，他就可能违反作用者的意愿，而实施有效的监督就至少可以保证作用对象的行为顺从。

（3）作用者必须有能力对作用对象的行为进行评估，即掌握一定的标准，判定对方是否执行了自己的意图以及执行的程度。在这里，作用者通常都是管理者的角色，他必须是内行，对作用对象的角色规范有充分的了解，有权力和能力进行评估，并迫使作用对象顺从他的意志。

（4）双方的资源交换，即对顺从行为给予的回报必须按照事先的约定及时兑现，否则就无法长期维持这种交换关系。顺从的目的是获得某种利益，如果这种顺从没有满足作用对象的愿望，他就会终止这种交换关系。

## （二）一致行为

一致行为是指作用对象受作用者的吸引，出于建立、维持或增进相互之间良好关系的期望而自愿按照作用者的意志行事。

顺从依靠作用者占有的资源进行不平等的交换，迫使作用对象从利益与后果方面考虑顺从的意义；而一致是作用者依靠自身的魅力，即与他自身相关联的人格特征及人际关系来影响作用对象的行动。后者的目的纯粹是维系和增强他们相互之间的良好关系，并不涉及顺从的具体内容、后果及意义。

在组织内部，一致行为的产生和维持应具备这样几个条件：

（1）作用者本人应具备一些独特的人格魅力，包括渊博的知识、丰富的工作经验、迷人的外表等。这些因素是产生一致行为的基础。

（2）作用对象在内心情感上为上述特征所吸引，如表现出佩服、崇拜、羡慕的心理，从而才有可能放弃自己的愿望，通过模仿对方的行为、体验对方的情感等途径自动接受作用者的影响，目的是建立一种友好关系，满足情感需要。

(3)一致行为的结果必须有助于巩固和发展他们之间的关系，使其从形式化关系变为特殊的个性化关系，并符合双方愿望。作用者感到并向作用对象表示自己非常重视他的行为，而作用对象则表现出增进关系的愿望，并得到满意的回报，如此才能保证一致关系的维持。

一致行为相对于顺从来说，是一种自觉自愿的服从，作用者不需要花费额外的资源，无形中降低了权力运行成本。同时这种关系还能够获得比较长期和稳定的影响效果。但是，一致行为也可能导致某种消极后果，例如，可能使作用对象产生盲从心理，限制作用对象的个性和主动性的发展与发挥。同时，由于这是一种特殊关系，其替代性较低，是产生派系和小团体的温床。长此以往，组织内部的权力体系会出现僵化和任人唯亲的局面，成为阻碍变革和发展的因素。所以，组织的权力系统在运转过程中要竭力避免这种状况，经常更换作用者的位置，以免使组织结构的变革产生剧烈震荡。

## (三)内化行为

内化是指作用对象出于自身的内在信仰和价值标准，在自己认为正确的行动方式范围内，接受作用者的影响，依照其意图行事。

组织成员的内化行为是效率最高的行为方式。它是组织结构与组织成员的完美结合，双方均以组织规则为行动标准，组织运转成本也最低。这种行动方式的基本特征是，作用对象不考虑作用者的自身情况，只关心指令的内容是否合理合法，一旦得到合法性依据，作用对象就会自觉自愿地接受作用者的影响，因为他觉得这是正确和恰当的行动方式，而既不是从利害关系的角度考虑是否接受影响，也不是为了增进与作用者的关系接受影响。在权力类型中，法定权和专家权通常容易引起内化行为。

内化行为的获得应具备以下几个条件：

(1)指令的来源要符合组织内部的法定程序。每一个组织都有固定的沟通程序，遵循着指挥统一的原则。尽管组织内部有许多权力类型，但并不是每一种权力的行使都具有合法性。例如，公司的部门经理应该遵循其主管副总经理的指示，却可以拒绝其他副总经理或总经理秘书的指令，因为其与后者不具备合法的权力关系。

(2)指令的内容必须与作用者承担的组织职能相关。组织内部的每个成员都有明确的职责范围，如果管理者的指令是在改组职责之内的事情，作用对象就会服从，但超出职责的指令则可能被拒绝。例如，上级有权按规定制止下属在工作场所吸烟，但是，如果上级禁止下属在其他场合吸烟，或者强行要求下属戒烟，那么，他的权力就不具有合法性效力，下属有权拒绝执行。

(3)指令要与作用对象的价值观念相吻合，要被视为应该的、正当的指令，这是一种全面服从的方式。每个成员都有自己的生活、知识、技能等不同背景，如果这些因素与组织的价值系统相吻合，那么作用对象就容易产生内化行为。再者，管理者的要求也要充分考虑到作用对象的价值观念，只有这样，管理者才能更有效地行使权力。例如，公司主管要求会计师伪造财务账目以逃脱税收检查，这项指令尽管符合法定管理程序，但与会计师的职业价值观相违背，通常在这种状态下就不会产生全面服从的内化行为。因此，内化行为的产生取决于互动双方的因素，需要两者的共同努力才能够实现。

组织成员的内化行为是组织设计得好坏的一个检验标准，能够产生内化行为就说明组织内部的权力系统运转状况良好，效率高。前两种形式（顺从行为和一致行为）或者因为权力成本过高（评估与监督的费用），或者因为下属无视组织规则而导致结构僵化。只有内化行为是建立在组织规则之上的，因此具有一种稳定、可预测和长期的互动关系。

当然，内化行为也并非一蹴而就，它的出现取决于许多内外环境因素，如社会的规则化、理性化、组织化，人们遵守规则的观念与意识的形成，等等。如果社会缺乏这种理性化和相互信任的环境，那么组织内部就不可能出现内化行为。同样，内化行为也需要组织管理者通过营造组织文化，对成员进行规章制度的培训，以提高成员的文化素质和设计合理的权力系统等，这些投入可以对内化行为对组织的贡献产生事半功倍的效果。

权力行使的表现方式可以从两个方面来进行分析，即作用者和作用对象。在顺从方式中，作用者是权力的拥有者，他使用的各种手段，如评估、监督和惩罚等都体现着强制性。在一致和内化的服从方式中，作用者则以权威的面目出现，他的支配权得到了作用对象的认可，意志受到尊重，命令被自愿执行，所以，作用者不需要使用任何强制手段便能达到目的。但是，这两种行为方式仍然存在着本质的差别：一致行为来源于对作用者人格特性的吸引，从作用者角度看是属于个人魅力型权威；内化行为则来源于作用对象对理性法规的尊重与遵从，这种权力关系属于法理型权威。

现代社会的组织关系都是建立在法理型权威基础上的，要求严密的组织设计，个人魅力型和强制型的领导方式逐步让位于法理型领导方式。所以，尽管在组织实践中还存在大量的非理性方式，许多领导者也在运用以上三种影响方式，以增强其权力的综合效力，但是，这种影响力既不是组织设计的结果，其方向和力量也无法测量。因此，组织理论既不提倡也不反对领导实践中采用上述方式，其决定标准是看它能否有利于组织目标的实现。

## 第三节 组织冲突

权力体系的职能是维持组织的基本结构和运转方式，采取一种最方便的手段实现组织目标。但是，在这一过程中，由于环境不确定因素越来越多，组织结构也变得越来越复杂——专业化和专门化受到挑战、标准化和规范化越来越模糊、权力关系的依赖程度越来越弱，这一切不可避免地导致组织内部一系列的冲突。研究和认识组织冲突的目的在于监控组织冲突，使冲突的形式与手段被理性设计，为组织设计找到适宜的结构形式，以便组织能最有效地实现目标。此外，对冲突类型和原因的探讨，能使组织成员对冲突的认知达到一致，从而就可以避免许多冲突的发生，使组织结构健康良性地运行。

## 一、组织冲突的意义

组织冲突是指相互作用的各方由价值体系的差异，或在稀有资源的分配过程中的矛盾所引起的对立或斗争，其目的在于给对方造成破坏和伤害。这一概念包括如下方面的内容：

（1）冲突是一种相互作用的方式，冲突双方有直接和公开的行为接触。它不是一种心理或情绪上的对立，即仅有心理或情绪上的对立，并不表明两者之间有冲突。虽然敌对情绪或敌对态度可能引发冲突行为的出现，但其还不是冲突，所以在分析冲突时应对这两者加以明确区分。敌对情绪或敌对态度能否转化为或何时转化为实际冲突，取决于特定的环境条件。

（2）冲突的发生既有主观根源，也有客观基础。主观根源是指互动主体在价值体系和对事物的认知上存在差异；客观基础主要是组织结构设计上的问题，例如，用工制度、分配结构、人事安排等设计得不够合理。因此，这里就有两种冲突，一种是围绕着观念意识方面的冲突，另一种是围绕组织资源而展开的争夺和竞争式的冲突。

（3）冲突的目的是通过某种行动给对方带来伤害和破坏，因而其是一种直接的反对关系。冲突与竞争的最大区别是，竞争是一种间接的反对关系，互动主体之间不需要直接的行为接触，没有恶意的伤害和破坏；由于争夺的客体不同，竞争在强度上不像冲突那样激烈和不择手段。

## 二、冲突观念的变迁

解决冲突的方式和手段取决于对冲突采取何种态度。从以往文献研究来看，关于冲突观念的认识主要有以下三种观点。

### （一）传统观点

这是冲突的早期观点，也是比较流行的一种观点。这种观点认为组织中的冲突都是不良的、消极的，不仅干扰着组织的一致性行动，而且因动摇着现存的组织结构而具有破坏作用。冲突被认为是反常的病态组织现象，组织应该竭力避免冲突的出现。

冲突的传统观点主要流行于 20 世纪 30 年代到 40 年代。在这一时期，人们普遍认为冲突是一种功能失调的结果，冲突的主要原因有很多，如沟通不良、成员之间缺乏坦诚和信任、管理者不能满足组织成员的某些需要等。这种观点在组织实践中是以冲突的出现来评价管理者或员工的工作成绩，认为只要有冲突出现就会破坏组织的稳定发展，把出现冲突的原因归结为成员之间的个性矛盾，并且一般通过人事变动等方式来化解冲突。例如，一项旨在提高公司运转效率的改革措施，会影响到许多成员的利益，引起诸多人际关系中的矛盾，尽管组织活动效率提高了，但总经理还是有可能因为没有处理好其他方面的关系而遭到解雇。

### （二）人际关系观点

冲突的人际关系观点，在 20 世纪 40 年代到 70 年代的冲突理论中占据统治地位。它认为，对于所有群体和组织来说，冲突都是与生俱来的，是组织发展不可避免的后果。所以，不能笼统地把冲突看成破坏性功能，不能忽视冲突对组织结构的维持和整合所具有的积极功能。人际关系学派建议接纳冲突，使它的存在合理化。既然冲突不能被完全消除，那就要改变对冲突的态度。在组织实践中，既然冲突被视为相互作用关系复杂化的必然产物，那么就不能仅在个人层面上寻找产生冲突的原因和解决方法，而应从产生冲突的背景和相互作用关系的结构方面加以解决。

### （三）相互作用观点

与前两种观点不同，这一理论认为不但要接纳和允许冲突的存在，而且要鼓励冲突的出现。因为在现代社会中，那种关系融洽、和平、安宁与合作的组织往往对变革的需求表现出静止、冷漠和迟钝，缺乏变革的动力与激情，由此就可能使这种组织在激烈动荡的环境中丧失竞争能力和生存的机会。在组织实践中，鼓励管理者维持一种冲突的最低水平，允许冲突的存在，这既能使组织保持生命力，又会对群体和个人产生一定的压力，迫使他们不断努力和创新工作。所以，对这种观点来说，把冲突看成好的还是坏的本身就不恰当，冲突的好坏取决于冲突的类型。

## 三、组织冲突的类型

根据不同的分类标准，组织冲突通常有以下几种类型。

### （一）个人内冲突、个人间冲突与超个人冲突

这三种类型的划分是根据冲突发生的层次和领域进行的。组织冲突不涉及个人因素，这里的冲突均是在组织状态下发生的冲突，它们的出现对组织达标将产生重要影响。

个人内冲突，也叫角色内部冲突，是指由角色的扮演者内心失调而导致前后行为出现矛盾的状况。这种情况常常表现为组织内角色的要求与扮演者能力之间距离较大。严重的个人内冲突将导致无效的组织行为，影响组织目标的实现。

个人间冲突是指冲突参与者以个体目标和个体角色的身份而进行的冲突。在这类冲突中，每个人只代表自己，个人的利益和目标被置于优先考虑的地位。这是组织内部典型的冲突类型，冲突双方没有认识到个体目标与组织总目标之间的关系，管理者的任务就是要重新调整和设计组织的目标系统。

超个人冲突是指冲突参与者以群体代表的身份进行冲突的情境，代表者的行为内化了群体目标、群体利益和群体期待，他的行为代表群体的行为。组织内的许多冲突属于超个人冲突。严格来说，前两种冲突都不属于组织冲突。

## （二）手段性冲突与目的性冲突

这两类冲突的区分是以冲突行为与所要达到的真实目的之间的关系为标准的。

手段性冲突是指互动双方在实现目标的过程中，因采取的达标手段不同而引发的冲突。这类冲突的目标在冲突行为之外，冲突行为本身仅仅是一种实现目标的手段，它的最终意图是追求没有实现的外在目标，一旦目标实现，冲突也就化解了。

目的性冲突是指互动双方为了发泄受挫折、被剥夺而产生的冲突行为。它的目标就是冲突行为本身。这类冲突往往会破坏组织内的秩序和规则，对冲突双方都是一种伤害。

手段性冲突与目的性冲突之间有三方面的差异：

（1）冲突对象的置换性不同。在手段性冲突中，冲突对象置换性程度较低，即冲突双方始终针对妨碍自己达标的同一个对象，一旦对象被置换，冲突便自行消失，组织理论解决这类冲突的方法就是重新设计结构。而目的性冲突的对象就是冲突本身，冲突的目的是发泄或释放内在的紧张状态，因此其置换性程度较高，即无论对象如何置换，都不可能解决冲突。日本企业里的“情绪发泄室”就属于这种被置换的对象，这同样可以有效地缓和目的性冲突。

（2）两种冲突行为本身的置换性不同。手段性冲突是群体或个人实现其他目标的一种手段，所以只要能达到同样的目标，个人就完全可以放弃冲突行为，而采取其他更为有效的非冲突手段。目的性冲突本身就是最终目的，即只有借助冲突的方式才能发泄不满和紧张，取得心理上的平衡，因此，冲突形式本身不能置换。

（3）两种冲突的强度不同。冲突强度是指各方投入冲突情境中的力量、精力以及能量。手段性冲突投入的相对较少，如果投入过多，冲突就会带来负面效果，对各方都是一种伤害。如果冲突强度过大，他们就可能退出冲突情境，寻找其他更有效的达标手段。目的性冲突遵循的是非理性的情绪逻辑，冲突行为通常总是充满敌意和攻击性的，投入的能量较大，冲突强度较大，只有如此才能从冲突中获得满足。

## （三）基础性冲突与非基础性冲突

这类冲突的分类标准是以冲突是否涉及相互关系赖以建立的基础为依据的。

基础性冲突是一种原则性冲突，它涉及相互关系赖以建立的共同目标、核心价值观、根本利益的分歧和矛盾。这种冲突一般是很难调和的，冲突的结果往往是群体或组织的分裂，而且冲突的强度和破坏性也是巨大的。

非基础性冲突是指各方在相互关系赖以建立的基础存在共识和保持稳定的前提下，所发生的一种非原则性冲突。这种冲突在总目标一致的基础上，可以通过谈判、协调等方式加以解决。冲突的原因大多是手段性冲突，不会对组织目标的实现产生很大的破坏作用，相反还可能成为组织发展的动力。

## 四、组织冲突的原因

在组织运转过程中，导致冲突的原因主要有目标上的差异性、行为期待上的差异性以及价值资源分配上的差异性。

### （一）目标上的差异性

组织在总目标的基础上分化为许多不同的子目标，这些不一致的目标常常是导致冲突的主要原因。此外，如果互动双方在组织活动的基本方向和完成任务的评估标准上存在不同的看法，那么也可能引起行为上的冲突。

在组织内部，影响目标差异性的因素表现为两个方面。

（1）目标取向。目标取向包括时间取向和任务取向两个方面。在互动体系中，不同群体与个人在目标取向（包括对组织任务的性质和发展前景的看法）上存在很大分歧；另外，互动各方在对任务完成情况进行评估时，所参照的时间段差距越大，则各自的评估标准越难取得一致，由此而引起相互隔阂、不满乃至冲突的可能性都随之增长。例如，生产人员（短期性和材料加工性任务）同科研开发人员（长期性和科研性任务）之间各自活动的目标取向存在的较大差异，导致他们对组织目标的看法存在很大分歧，这种分歧的程度常常大于生产人员之间或科研开发人员之间的分歧。

（2）达标障碍。达标障碍是指相互作用各方在实现目标的过程中形成的下述关系：一方目标的实现妨碍了另一方目标的顺利实现。在组织内部，这种妨碍状况具有一定的普遍性。比如，当某种新产品的研制成功和投产降低了传统产品生产者的地位及重要性时，新产品的研制者和生产者对原有产品的生产就构成了达标障碍。这种关系使新旧产品生产者双方很难对目标取向产生一致性看法。障碍程度越严重，双方的意见分歧越大，就越有可能出现蓄意破坏和伤害对方的冲突行为。

### （二）行为期待上的差异性

如果相互作用各方的实际行为没有满足对方的期待，或者与对方期待相违背，那么很容易因相互之间的隔阂而引发冲突。这就是行为期待的差异所产生的冲突。

互动双方在任务职能上的相关性直接制约着行为期待的差异性。行为之间的职能相关性越强，则互动越频繁，出现期待差异的机会也就越多。同时，职能的相关性也意味着相互控制的可能性，因而相互报复的机会和手段就增加了，同时，发生冲突的频率也随之上升。

互动双方职能上的相关性有三种类型：并列关系、单向型关系和双向依赖关系。

在并列关系中，双方不存在直接的职能交换行为，彼此很少或者不存在相互行为上的期待，也就没有冲突的可能。

在单向型关系中，一方工作任务的完成常常需要另一方的配合与支持，也就是说，一方任务的完成情况受制于另一方的行为输出。单向型关系的双方，相互间出现很多行为上的期待，差异性逐渐增多。例如，同样的行为对互动双方的意义和重要性有很大差别，常常是一方认为适当的行为，另一方却认为不适当，甚至与对方的要求和期待相去甚远。

双向依赖关系是一种直接的职能交换关系。任何一方的行为表现都会给对方造成影响，而且这种影响有时会反过来给自身造成连锁反应。在这种密切依赖的相互作用中，各方通常都倾向依据自身的需求来确定自己的期待值，一旦对方的行为没有满足自己的期待，他就会责怪对方，并有意采取不合作的方式，或者不实现对方的期待来报复对方。如此下去就形成一种恶性循环，最终导致冲突的爆发。所以，组织内部各部门联系越密切，相互依赖关系越强，则彼此期待的差异性越大，越容易出现冲突。

## （三）价值资源分配上的差异性

每一个组织都按照不平等的原则分配组织内部的稀有资源（资金、设备、人员、信息、权力等），这种不平等分配资源的方式，是以公平和效率为基本前提的。这种不平等的分配方式，使差异性格局长期存在，并得到了组织内部多数成员的认可。但是，这种稳定的分配格局一旦被打破，就会引起许多成员的不满，使成员出现相对剥夺或绝对剥夺感，从而引发组织冲突。价值资源分配上的差异性对组织冲突的影响受三类因素的制约：

**1. 组织结构功能合理性**

由互联网应用普及所推动的组织制度、结构变迁给组织内部原有的分配格局带来了巨大震动，旧的分配格局随组织结构功能变迁被打乱，而新的分配格局尚未建立完善。部分组织成员的权力和利益因此受到了不利影响，若加之管理者对组织的和谐性重视不够，对成员的任务分配、绩效评价、奖惩标准等表现不公，那么，由分工不合理、部门权责不明等所引发的个人或部门间的矛盾冲突就极易发生。

**2. 任务确定性**

任务的确定性程度决定着完成这项任务所需要的信息量，任务确定性程度越低，对信息的需求量也就越大。现代社会已经进入了信息化的互联网时代，组织环境的稳定性逐渐减弱，任务确定性程度也越来越低，为有效控制变化的环境，对信息的需求量随即增大。这意味着互动双方为了完成任务和进行有效合作，必须掌握和运用越来越多的信息。为此，组织需要经常调整内部信息的沟通渠道，按照任务的需求来分配信息，其结果就是加大了信息分配的差异性，即有群体或个人得不到必要的信息，导致决策失误和活动效率下降，从而很容易产生不满和怨恨。相反，那些占有足够信息并取得成功的人士，会出于巩固地位的考虑，垄断所得到的信息，有时甚至会封锁乃至隐匿信息，从而导致这两类人之间产生冲突。

**3. 资源稀缺性**

无论是哪一个社会，哪一级组织，它所拥有的有价值的资源相对于需求来说总是有限和稀少的。为了充分而有效地提高资源的运用效率，需要经常根据环境的变化调整资源的分配政策。但是，每次调整都是对原有利益格局的改变，从而会造成个人或群体相对重要性的升降。但是，组织内许多团体和个人不是把这种调整看成必然的组织活动，而是把它人格化，归结为某些地位上升者剥夺了地位下降者的资源与权力，从而便对地位上升者产生偏见，并往往容易采取某些过激和破坏性行为，以发泄心中的不满。

# 第四节 组织冲突的影响与解决方法

冲突是组织中不可避免的普遍现象。对待冲突的问题，关键不是怎样调节和消除冲突，而是认识冲突，明确冲突对组织的影响与后果，了解哪些冲突有利于组织发展、哪些冲突必须加以消除，等等。同样，控制冲突的方法也不是万能的，而且常常是一种冲突的解决却引起另一类冲突的出现。总之，组织冲突既有缓解紧张、促进整合的功能，也有松懈、瓦解，甚至分裂组织结构的负功能。组织是否允许、接纳和鼓励冲突，一方面要视冲突的类型而定，另一方面也要考虑组织结构及组织成员的承受能力。

## 一、冲突类型的功能分析

冲突类型既是区别功能并决定是否容许、接纳与鼓励冲突的基础，也是确定影响性质的重要条件。

### （一）正功能的冲突类型

一般来说，超个人的群体冲突、手段性冲突及非基础性冲突，从总体来看具有积极的正功能，它是可以被组织接纳和鼓励的冲突类型。

超个人的群体冲突，起源于组织环境的变化以及群体之间实际关系的改变，具有广泛的现实基础和客观必然性。因此，超个人的群体冲突是组织应对环境变化而进行自身调节的主要动力，其结果常常有助于增强和发展在共同目标、共同规范上的共识，进而形成新的联合方式，重新调整群体之间的关系，使之更能适应新环境的需要。

手段性冲突是为了获得特定结果的工具性冲突，它可以采用非冲突的方式予以替代，通过这种替代也能够有效地实现双方既定的目标。手段性冲突的积极意义在于，它始终直接针对产生不满的原因，推进组织内部关系的不断调整，把现有的冲突纳入制度化轨道，以避免个体非理性因素介入冲突情境中，从而有助于消除紧张，提高组织的适应能力。

非基础性冲突不涉及组织的基本目标、核心价值观和根本利益，这种冲突的解决不会对组织机体造成伤害，它可以把不满和对立情绪分散到各个部门加以消化和吸收。这对整个组织机体缓解内部紧张状态有极大的促进作用，从而提高组织的整合性功能。

### （二）负功能的冲突类型

同上述情况相反，个性化冲突、目的性冲突和基础性冲突总体上具有较大的负功能。组织无法通过制度化的途径加以接纳和消化，只能通过非制度化的形式或者创造新的制度结构重新整合冲突，它是组织力图抑制的冲突类型。在组织实践中，只能通过人事调动或结构调整的方式解决冲突。

个性化冲突将个人私利、个人恩怨、个人情绪置于优先考虑的地位，与组织环境的变化没有必然联系。冲突的结果是以牺牲组织利益为代价换取个人利益，常常会损害组织内部稳定的人际关系。个性化冲突除了具有强烈的人格化特点，如个人意气、人身攻击之外，还是一种不可预测、难以控制的冲突。在组织实践中，通常采取把当事人与冲突情境相隔离的方法解决冲突。

目的性冲突具有浓厚的情绪色彩，为了发泄不满和敌意，冲突双方可能会不择手段地参与到冲突情境中。参与双方的卷入程度由片面到全面不断提高，双方都投入了大量的时间、人力、精力和能量，因此很难控制冲突的发展方向和范围。此外，目的性冲突本质上是为了发泄不满，而不是针对冲突的根源，因而冲突的建设性程度较低。在组织实践中，对冲突的解决只能依靠结构调整，即便如此也只解决了现有冲突，随着组织的发展还可能再次出现目的性冲突。

基础性冲突涉及组织的基本生存原则问题，它把冲突双方分成全面敌对的两个阵营，使冲突各方的敌意、不满和紧张都聚集到唯一的核心分裂线上集中爆发，结果常常会使组织发生分裂，或者以一方吞并另一方而结束冲突。在组织实践中，基础性冲突很难通过相互调解、相互妥协和改良等和平途径得到解决，往往须经过激烈的革命方式，重新确定组织的生存原则。

## 二、冲突的控制途径

冲突的控制途径是一种预防冲突的措施。每一个组织都需要从结构上规范冲突，使冲突具有可预测性，以此保证组织的秩序和效率。

组织结构从灵活性与适应性方面可分为弹性结构和刚性结构两种。弹性结构是指组织对待冲突的制度化容纳水平，即冲突的承受度。在弹性结构中，组织设计出了既能使对立情绪直接表达出来，又不会导致关系中断的一种公开制度框架。刚性结构则是指组织结构缺少公认的允许对立双方直接表达对立和不满行为的制度化渠道。刚性结构实质上是以传统冲突论的观点为基础的，不允许冲突的存在，认为一旦出现冲突就会对组织发展造成损害。控制冲突的途径主要是在组织设计中保持结构弹性。

### （一）弹性结构的设计内容

弹性结构以人际关系和相互作用理论为基础，并根据各自组织的特点进行设计。一般来说，弹性结构的设计包括几个方面的内容：

（1）组织内部在基本价值观达成共识的前提下，结构是否允许以及在多大范围内允许冲突的发生。允许范围越大，则结构弹性度越高；相反，允许范围越小，则弹性度越低而刚性越强，由此组织处理冲突的制度化水平下降。

（2）组织内部冲突各方的组织化水平。这一水平越高则弹性度越高，反之则越低。组织化与人格化是一组性质不同的概念，组织化水平的提高意味着人格化水平的降低，冲突的可预测性提高，弹性增强。

（3）组织内部冲突各方所共同遵守规则的完备程度。规则越完备，则弹性度越高；相反，没有冲突规则或规则越不完备，则结构弹性度越低。

### （二）冲突类型与弹性结构的关系

弹性度直接制约着冲突的发生，下面从冲突类型与弹性结构的关系方面，观察冲突的产生与发展受到弹性结构制约的情况：

（1）弹性结构与个性化和超个人性冲突的关系。冲突的组织化程度是结构弹性的重要指标，具有高度弹性的结构，组织内部对冲突的层次有这样一些规定，即禁止人格化冲突，不允许冲突双方为了私人利益而相互进行人身攻击，只允许冲突发生在组织与群体之间，集中反映群体之间的利益与矛盾，冲突各方有义务限制本群体成员卷入个性化冲突，等等。但是，在低弹性度结构中，个性化冲突由于没有组织规则控制而频繁发生，并会出现许多不可预测的后果。

（2）弹性结构与手段性和目的性冲突的关系。在这里，结构弹性度越大，手段性冲突出现的频率越高，而目的性冲突越受抑制。结构弹性度增大是指在冲突问题上形成的制度化规则越完备，允许冲突发生的范围越大。在这种条件下，冲突由于可以比较自由而不受限制地发生，因此通常不会积累过多的情感能量；由于规则赋予冲突较强的预见性，因此冲突常被用作暴露问题和解决问题的有效手段。相反，结构弹性度越小，意味着冲突规则越不完备，组织无法预测何时会发生冲突，并不了解出现冲突该如何处理，所以就一定要抑制冲突，不允许有任何冲突的发生。可是组织冲突是一种必然现象，不出现只是暂时的，这种受到压制的冲突经过长时间积累，往往会产生更大的冲突，使冲突的能量和范围也逐步扩大，一旦爆发，就只能采取目的性冲突的形式。

（3）弹性结构与基础性和非基础性冲突的关系。结构弹性度大就表明组织允许冲突随时发生，把冲突作为生存与发展的调解手段。所以，弹性结构会把这些冲突的力量分散到组织各个不同的环节、阶层和阶段上，不致形成危机的总爆发。也就是说，弹性度越大，非基础性冲突出现的可能性越高；相反，僵化的刚性结构，由于长期压制冲突，就可能使各方面积累的、长期得不到解决的冲突联合起来，形成大规模的冲突。在这种情况下，组织很难控制冲突的发展方向，冲突会很快超出就事论事的范围，使长期积累的敌意迅速蔓延，最终产生基础性冲突，导致组织崩溃。

## 三、组织冲突的解决方法

组织冲突的解决方法是指在冲突发生后组织所采取的一种补救措施，目的是化解冲突与矛盾，使其破坏性降到最低程度。常见的方法有如下几种。

### （一）回避法

回避法是一种冷处理的方法，它通常不是去深究冲突产生的根源，而是想利用回避的方式使双方逐渐消除冲突。回避法一般采用隔离和限制互动的方式。

隔离是把冲突双方分离，使他们互不接触，这样双方的冲突行为就可能停止，避免了进一步激化。如果冲突涉及突发性、无关紧要而又亟待解决的问题，则隔离手段是有效的方法（如裁判把产生冲突的球员暂时分开等），但是，用回避法处理涉及重大问题的冲突则效果不大，有时还可能引起更大范围的冲突。

限制互动是指允许冲突双方在正式的、有监督者在场的条件下进行有限的接触，而且在接触过程中尽量不涉及焦点问题，并在相互尊重和理解的基础上，逐渐达成共识。

在组织实践中，回避法的应用性较差，处理冲突的能力有限，尤其是在冲突双方功能性依赖较强的条件下，隔离法将使组织付出高昂的代价：一方面它妨害了组织的正常运转和效率，另一方面隔离法所需的监督人员花费了大量的人力和物力，给组织造成重大经济损失。

### （二）化解法

化解法是指对冲突双方的激烈情绪进行降温，使之心平气和、恢复理智，冷静地对待冲突问题。化解法也是“搁置法”，它希望通过时间的自然流逝来淡化矛盾和解决冲突。化解法的效力取决于冲突的性质、对抗性程度以及解决问题的时间限制。如果冲突范围小、对抗性程度低以及有充裕的时间，化解法就会有很高的效率，否则就不适合采取化解法去处理冲突。

在组织实践中，化解法的实施要点是：先使双方冷静下来，消除情感色彩和人格化攻击，坐下来恢复理智；为双方讲解冲突的利害，指出其共同的利益和相似之处；诱导双方认识冲突行为给各自带来的损害；使双方在理智的基础上善待彼此。化解法在短时期内是有效的，可是由于它回避了冲突的根源，冲突很可能在经过一段时间后再次爆发，因此冲突的解决还需要其他更为有效的方法。

## （三）结构调整法

结构调整法是一种从根本上解决冲突的方法。它是在认识冲突根源的基础上，分析组织内外环境因素的变化，进行必要的人事与结构调整，重新确立冲突双方的关系，使组织杜绝此类冲突的再次出现。

回避法与化解法是消极对待冲突的方法，把解决冲突的愿望建立在双方自我醒悟的基础上，很难确定能否或何时才能真正解决冲突，对组织发展造成的伤害较大。结构调整法则相信，只有通过规则和程序才能从根本上解决冲突。

在组织实践中，运用结构调整法需要注意掌握以下三个要点：

第一，对冲突的原因进行详细分析，即确定冲突是由目标差异、期待差异和资源分配差异中的哪种因素造成的；同时，对制约冲突的因素也要进行系统分析，如对组织内部的目标取向、达标障碍、相互依赖性、任务确定性及资源稀缺性状况进行系统分析，并以此为基础制定结构调整方案。

第二，对冲突的类型、功能与结构弹性的关系进行研究，在结构调整时尽量避免产生消极影响，发挥积极作用。因为结构调整的目的是缓解冲突，促进发展。所以，组织管理者要权衡调整哪些冲突及如何进行、组织结构的承受能力如何等，而不能以牺牲组织发展为代价进行任意的结构调整。

第三，把解决冲突与提高结构弹性密切结合起来。通过结构调整强化组织成员对冲突的共识，制定预防和处理冲突的规则，提高应对冲突的组织化水平，从而使冲突的发生及解决在制度化的轨道上进行。

### 案例学习：渠道冲突——出牌先看手中牌①

年初，刘江一直觉得有块大石头压在心上，W省的新总代理商的业务毫无起色，下面的经销商人心涣散，整个市场仿佛陷入了疲惫的、无组织的状态。刘江也曾向大区经理H反映多次，奇怪的是一直胸有成竹的H总是支支吾吾，没有实质性的意见，这越发让刘江心里发毛。

前年年末，W省原总代理商在完成任务的情况下又接了另一品牌，被公司以做同类产品的理由换掉了，而他去年窜货走的量，远远高于新总代理商；新总

① 渠道冲突：出牌先看手中牌．[2020-04-10]. http：//www. yesky. com.

代理商做了一年，量掉了一大截，现在只能勉强维持。

其实，原总代理商在市场中可以说是最早做品牌产品的经销商之一，队伍能力强，管理也较规范。几年前，W省不是公司重点市场，原总代理商在公司支持很少的情况下，从最后一名开始“拓荒”，做了三年，跃升至全国第三名，并且销售曲线一直稳步上升。更重要的是，原总代理商的思路与公司很合拍，他在抓销量的同时，对管理渠道颇有手段，市场上产品的品牌也声名鹊起，这样的成绩一时成为业内佳话，其省会市场也成为公司的样板市场。

后来，由于竞争激烈，全国市场情况越来越不容乐观，许多区域的销量下滑严重，W省的销售也出现了这种迹象。公司销售总监、市场总监等高管考察市场后，给了一些区域一定的支持，其中包括W省。最终，获得支持的区域只有W省超额完成了当年的销售任务。让人料想不到的是，当年年末，他们又接了别的牌子（其实这个牌子与我们属于不同细类）。

听别人说，原总代理商接另一个牌子的主要原因是大区压货压得他几乎无法周转。而刘江后来了解到，原总代理商做品牌比较注重自己的产品组合，对风险和利润的考虑有自己的一套。甚至他们在做培训时，不仅培训二三级市场的店长，而且将下面的经销商集中起来，灌输这种经销商盈利思路。

这种情况让大区经理H十分忧虑。刘江知道H的压力：下辖的5个省，除了刘江所在的S省勉勉强强完成任务，W省超额完成任务外，其他三省的销量都直线下滑，H的“宝”自然要多押给W省了。

当时，H让W省原总代理商从接手的品牌退出，并大量压货，最终未能谈成，于是公司收回了信用，撤了原总代理商在W省的总代理权。

之前H也曾在W省物色人选，但由于W省原总代理商的能力大家有目共睹，同行中没人愿接。甚至有人说：人家栽树你摘果，谁知道下一个会不会轮到你！其他行业的物色了一个，但那人由于不敢贸然“下水”，犹豫之后便没了下文。

H不动声色，动员刘江所在的S省总代理商与别人合作，成立一个新公司，到W省接管市场。等刘江知道消息时，H已将刘江与W省区域经理做了对调，希望他熟门熟路，能与新总代理商配合默契。

结果，事与愿违，一年做下来，刘江可以说是焦头烂额。

刚开始跑二级市场时，几个大户还跟刘江反映原总代理商这样那样的问题，一段时间后，刘江发现新总代理商与大户沟通不畅，管理不到位，大户们私下里还跟原总代理商“藕断丝连”；其他市场的经销商有些是原总代理商将自己的员工培养后派回去当小老板的，根本不吃刘江那一套；一级市场大店多是原总代理商自己的店。更重要的是，原总代理商的店大、位置好，服务一如既往，口碑一直不错。

让刘江感到棘手的是，下面的经销商除了从新经销商那里拿货外，也从原总代理商那里拿货，有的甚至只从原总代理商那里走货。明摆着原总代理商是从别的省倒回的货，H也打报告要求公司查处，但查来查去，最后还是不了了之。

其间，H也曾支持新总代理商跟原总代理商谈判，把市场“盘”下来，但原总代理商要价太高，双方无法谈拢。

年终盘点，新总代理商想打退堂鼓了。赔钱是一方面，更重要的是他们对市场失去了信心。不过让刘江弄不明白的是，不知H对新总代理商做了什么工作，年初，他们又往库里压了许多货。

前段时间，由于家中有事，刘江赶回家处理一些事情。其间，有同事打电话说H突然辞职了。刘江一下子蒙了，忙给H打电话核实，H说："手续刚办完，我想先休息休息再说。等你的事完了，有机会我们聊聊。"

刘江回到W市场时，却听到另一种小道消息：新总代理商被H害惨了，压了满满的货，拿到的返利刚分了H一半，H就跑了。

这几天，刘江的头越来越大：新总代理商主动跟原总代理商联系，要求帮忙走货；自己走也不是留也不是，因为跟公司签了两年的合同；新大区经理已经发话，让他拿出W省的市场报告……搞不好，今年的奖金又该泡汤了。

刘江忽然想起过年遇到前任（已跳到另一家公司）时了解到的情况。

听前任介绍，原总代理商的业务主要放在两条线上：店面和渠道。尤其在店面管理、围绕店面由各业务组拓展业务、为二级和三级经销商出谋划策、培训他们的店长等方面有自己的一套，而且统一价格和售后服务都做得不错。

与他合作的厂家也比较看重他，有的甚至让他参与公司管理人员的电话会议，这是因为原总代理商能根据市场情况提出运作方案，有较强的品牌推广能力，能对厂家的广告、促销策略提出建设性意见，而且他做的知名品牌运作良好，不知名的小牌子也被他操作成功过。

原总代理商观念新，思路多，更难得的是，无论是同行还是跟他合作的厂家，都相当肯定他的人品和能力。刘江曾跟H一起，与原总代理商见过两三次，感觉人很宽容，话说得中肯在理。相比之下，平常颇自负的H倒显得有些尴尬。

思虑良久，刘江产生了两个思路：一是继续扶持新总代理商，促使新、老总代理商联手销货。二是建议以原总代理商替换新总代理商，重整市场。究竟选择哪个，拿起笔，刘江又陷入了犹豫中……

**要求**

1. 根据案例，结合所学知识，提出解决组织冲突的若干方法，并分析每种方法的利弊。
2. 分工、协作规则：小组协作进行。
3. 学习成果形式：分析报告。
4. 学习评定规则：学生互评＋教师评价。
5. 时间要求：一周。

**讨论提示**

案例中的冲突主要是结构设计的问题。这里反映出我们在设计结构时应重点考虑以下几点：

（1）结构设计要符合当时企业发展，以及企业外部环境需要。

（2）当外部或者内部环境发生变化时，组织结构也要随之改变。

（3）组织结构是在某一特殊群体中形成的，没有普遍适用的结构形式。所以，案例中提到的学习先进的做法与经验也不能够使企业脱离困境。

**分析与说明**

解决冲突不能就事论事，因为结构问题一定都是相互联系的整体，应该从根本上解决，从总体上进行思考。同时在考虑方案时也要与自己的实力相结合，好的计划需要有合适的人才去执行。

## 本章要点

1. 组织权力是指在特定情境的相互作用的体系中，作用者按照自己的意图成功影响作用对象的能力。这是组织权力的最基本、最一般的意义。

2. 组织权力基本是一种成文的职位权力，权力的行使及影响程度受到固定规则的限制。但是，组织权力并非千篇一律，从其履行的功能、作用方式及组织性质等方面考察，组织权力有如下几种类型：强制权、奖酬权、法定权、专家权、关联权、信息权和职能权。

3. 组织权力的制约因素是影响组织权力的重要因素，在一个相互作用体系中，每个部分都在相互影响与相互制约。在组织设计原则里，如果出现没有制约的权力关系，那么将会对拥有权力的管理者以及组织发展产生消极影响。组织内的制约因素通常包括三方面，即环境的确定性、资源的替代性及任务的中心性。

4. 权力系统的运行效率体现在权力行使之后的结果是否为结构设计的预期，同时包括怎样实现这一预期。权力行使的目的是改变角色与群体的行为方式，使它们都能为组织目标服务，做出自己的贡献。权力的这种影响方式主要有以下三种：顺从行为、一致行为和内化行为。

5. 组织冲突是指相互作用的各方由价值体系的差异，或在稀有资源的分配过程中的矛盾所引起的对立或斗争，其目的在于给对方造成破坏和伤害。

6. 组织冲突通常有以下几种类型：（1）个人内冲突、个人间冲突与超个人冲突，（2）手段性冲突与目的性冲突，（3）基础性冲突与非基础性冲突。

7. 在组织运转过程中，导致冲突的原因主要有目标上的差异性、行为期待的差异性以及价值资源分配上的差异性。

8. 冲突的控制途径是一种预防冲突的措施。每一个组织都需要从结构上规范冲突，使冲突具有可预测性，以此保证组织秩序和效率。控制冲突的途径主要是在组织设计中保持结构弹性。

## 推荐阅读书目

1. 克朋．组织环境：第2版．北京：经济管理出版社，2011.

2. 韩玲梅．冲突与协调：转型期农村组织及其关系研究．杭州：浙江大学出版社，2007.

3. TJOSVO D，胡君辰，陈弋风．冲突管理：学会在一起工作．上海：上海远东出版社，2005.

4. 肖龙．管人不如管环境Ⅱ：组织环境再造．北京：北京大学出版社，2011.

5. 于柏青．公共组织冲突管理研究．北京：中国社会科学出版社，2012.

6. 于显洋，林克雷，李路路．组织行为学．北京：北京工业大学出版社，1994.

# 第九章

# 组织的决策过程

著名管理学家彼得·德鲁克（Peter Drucker）认为，在一个系统中，主管人员最终做出有效的决策比什么都重要。决策既是企业管理的职能，也是其他各项管理职能的基础。无论管理者在组织中的职位如何，他都要具备一定的决策能力。职位越高，决策能力越重要。本章主要介绍决策概述、组织决策的程序、影响个人决策的因素、群体决策的特点与问题和组织决策的方法和技术。通过本章的学习，应掌握决策的基本概念和决策程序、影响决策的各种因素及其运用组织决策为实际工作服务的能力。

## 第一节 决策概述

决策是组织运转不可缺少的一个环节，正确理解决策的内涵和外延是决策优化的前提条件。这方面的内容一般包括决策概念与理论观点和决策类型。

### 一、决策概念与理论观点

#### （一）决策概念

人们在生活和工作中经常要做各种各样的决策，如吃什么、买什么、穿什么、去哪里游玩、如何工作、如何发展自己等。所谓决策，是指对各种可能的解决问题的办法进行选择。它是人们在行动之前做出的决定。在组织管理工作中，决策就是组织（如企业）为了实现某一特定目标，从两个或两个以上的备选方案中选取一个满意的方案，并付诸实施的过程。这一概念包含三方面内容：

（1）决策的目标性。组织要想在竞争中占有优势，就必须有明确的目标，而且没有规定目标和没有以目标为基础的决策都是缺乏科学性和可行性的决策。先有组织目标，然后才能谈得上决策的选择问题。

（2）决策是一种抉择。管理者为了实现组织目标，就要在时间、环境，以及人、财、物等限定条件之间进行权衡。决策活动的本质是对两个或两个以上的方案或途径进行抉择。它是一种现实性与可行性之间的选择，忽视任何一个方面都可能对组织目标的实现产生不利的影响。

（3）决策是一个过程。组织所面临的环境错综复杂，影响方案的因素有很多，不存在尽善尽美的方案，选取的方案也仅是优化或尽量满意的方案，选取方案只是整个选择过程的某一阶段。

决策与决定不同，决策主要强调“在各种可能的方法中进行选择”，而决定则是按照组织规则和政策做出的。例如，当一个企业向银行贷款时，其资产和贷款额应有一个相应的比例，不符合这个规定的申请就必然会被拒绝。这就是按规定办事，而不属于决策范畴。当然，这种按规则做出的决定也可以被称为决策，因为规则之内也有许多可能，应该说，按规则做出的决定属于日常的常规性决策，而一般的决策则属于创造性、灵活性的决策。

决策的特征是人们面对各种问题，对于可能的解决方法的结果没有完全的把握。他们寻找各种可能的方法，然后在这些方法中进行选择，最后确定一个方案。被选的方法尽管不一定最好，但可能是最实用的。在这里，“决策”与“解决问题”不完全等同。决策是整个处理问题过程的一部分，属于发现问题、做出判断的阶段，而真正处理问题还需要具体实施这个方案，并对实施的结果进行评价和检查。

组织决策无论是个人决策，还是集体决策，都包含三个共同要素，即选择、后果和责任。首先，决策者必须针对问题，在各种可能的解决方法中进行选择。其次，只要决策者做出选择并付诸实施，就会产生一定的后果。不同的选择会产生不同的后果，对组织目标的实现会产生不同的影响，而这些后果，往往又可能与原有的目标相冲突。最后，决策者一旦做出决策并产生后果，就一般都要对这种后果负责任。因此，决策具有很大的风险性，这可能会反过来影响决策的质量。

## （二）理论观点

决策理论经历了若干发展阶段。早期的科学管理理论的代表人物是泰罗，他主要解决了企业内部的劳动生产率问题，但很少考虑外界环境对管理的影响。在第二次世界大战以后，随着科学技术的飞速发展和时代变迁，决策理论也一直在不断发展。下面介绍几个主要的决策理论。

### 1. 完全理性决策论

完全理性决策论又称客观理性决策论，代表人物有英国经济学家 J. 边沁、美国科学管理学家 F. W. 泰罗等。他们认为人是坚持寻求最大价值的经济人。经济人具有最大限度的理性，能为实现组织和个人目标而做出最优选择。其在决策上的表现是：决策前能全盘考虑一切行动，以及这些行动所产生的影响；决策者会根据自身的价值标准，选择能产生最大价值的行动为对策。

**2. 连续有限比较决策论**①

连续有限比较决策论的代表人物是西蒙。西蒙认为管理就是决策，所以他研究的主要兴趣是决策及其实施过程。他认为人的实际行动不可能合乎完全理性，决策者是具有有限理性的行政人，不可能预见一切结果，而只能在供选择的方案中选出一个“满意的”方案。西蒙的有限理性思想实际上就是针对经济学理论中充分理性这个前提假设提出的。

**3. 理性组织决策论**

理性组织决策论的代表人物为美国组织学者 J. G. 马奇。他承认个人理性的存在，并认为由于人的理性受个人智慧与能力所限，因此决策必须借助组织的作用。通过组织分工，每个决策者可以明确自己的工作，了解较多的行动方案和行动结果。组织给个人提供一定的引导，使决策有明确的方向。组织运用权力和沟通的方法，使决策者便于选择有利的行动方案，进而增加决策的理性。而衡量决策者理性的根据，是组织目标而不是个人目标。

**4. 现实渐进决策论**

现实渐进决策论的代表人物是美国的政治经济学家 C. E. 林德布洛姆。他的理论的基点不是人的理性，而是人所面对的现实，以及人应对现实所做的渐进改变。该理论要求决策程序简化，决策实用、可行并符合利益集团的要求，力求解决现实问题。这种理论强调现实和渐进改变，受到了行政决策者的重视。

## 二、决策类型

决策类型可以从不同的角度进行划分，在每个组织中都存在若干决策类型，共同影响组织目标的实现。

在决策过程中，组织管理者面临各种不同的环境状态，要在不同的条件下进行决策。从这个角度看，决策可分为三种类型：首先是在稳定条件下进行的确定型决策，这种决策属于计划性决策，是组织内部的常规性决策，不存在大的风险性，对决策者的压力较小，决策的后果是已知或可预测的。其次是在风险条件下进行的风险型决策，这是一种非计划性决策，是处在急剧变化的环境下做出的决策，风险性较大，会对决策者产生很大压力，决策的后果是未知和很难预测的。但是风险性与收益成正比关系。最后是在不稳定条件下进行的不稳定型决策，这是一种介于确定型决策和风险型决策之间的决策类型。

同样，决策的内容也因决策的时间、对象、方法、要求、形式和条件的不同而不同，若从决策方法论的角度也可划分出以下几种决策类型。

### （一）按性质可以分为战略决策、管理决策和业务决策

战略决策是指涉及组织发展方向和远景规划的重大决策，也可称之为政策决

① 关于西蒙的决策理论，我们在第二章第四节中已有详细阐述。

策，它是组织最高领导者的工作之一。管理决策是为实现战略目标所采取的决策，是战略决策的具体化，也可称之为部署决策，包括各种规章制度的建立、设备的更新、销售渠道的选择等。业务决策则指组织内部为提高日常经营活动的工作效率而做出的决策，如业务部门的协作和日常任务的分配等。

### （二）按领导层次可分为高层决策、中层决策和基层决策

高层决策是解决组织全局性的、长远性的及战略性的重大问题的决策。中层决策是解决组织在计划期内生产经营任务及某些专业性的管理决策问题的决策。基层决策则是解决日常作业任务中的问题的决策。

### （三）按时间长短可分为长期决策和短期决策

长期决策是关于组织发展的长远性和全局性的重大决策，一般以 5 年、10 年或更长的时间为决策周期。短期决策则是为实现长期战略目标所采取的策略手段，一般以 1 年或几个月为基本单位。

### （四）按问题出现的状况可分为程序化决策和非程序化决策

程序化决策是按原来规定的程序、处理方法和标准解决组织管理中经常重复出现的问题的决策，也称组织的决定，属于计划性决策。非程序化决策则是用来解决以往没有先例的新问题的决策。

### （五）按决策模式可分为纯理性模式和有限理性模式

**1. 纯理性模式**

理性人的基本假设是：决策应该是一种理性决策，每个人都会仔细地考虑要达到的目的以及达到目的的手段；人会系统地尽一切可能搜集和占有各种有关的信息资料，系统地评估一切可能的方案，并且肯定会以精明的头脑选出最优的方案来实施。决策的最终依据只有一个——实际利益的收益，它决定性地左右着人的决策。

假如一个人想购买一套大客厅、小居室、采光好、易于重新装修、质量好的两居室住房。他在本地区以至全国搜集信息，比较所有同类住房的情况，最终选择了一套具有他预先向往的优点，同时又是最便宜的住房。他对这样的决策的后果感到满意，这是最理想的决策。纯理性模式的决策过程包含如下几个步骤：

第一，收集所有与决策有关的信息。包括各种不同方案的情况，各种可能出现的后果和后果出现的可能性，这些后果与原来设想的目标相吻合的程度，每一种可能的后果与目标之间的比较，等等。

第二，考虑做出决策。决策可以按照两种方式做出：一是在掌握全面信息的基础上，追求“尽可能缩小损失”和“尽可能扩大盈利”的法则，即所谓决策科学中的“最小法则”和“最大法则”。这两个法则出于不同的考虑，也有不同的

决策后果，但决策者都会认为自己做出了正确的选择。二是不追求“尽可能缩小损失”和“尽可能扩大盈利”，而是期望获得一个长远的收益，例如每年盈利 10 万元，争取 10 年内盈利 100 万元。

第三，若决策是在掌握全部信息的基础上做出的，那么这种决策风险最小，人们也有可能预测出可能的结果。即使出现小的损失和失误，组织也可以承担得起。这样，决策者就可以根据相似的情况做出更为常规的、准确的决策。

第四，信息处理技术和工具保证了信息能够被有效处理，并可以使决策过程建立在使用数字方法的基础上，使决策更加准确。

尽管这种决策模型在理论上是完美无缺的，但是在实践中很难全部做到。其原因主要有：首先，决策者不一定选择到一种对组织目标完全有利的决策，因为决策要受到各种社会环境、个人利益和人际关系的影响。例如，他之所以做出该决策，可能仅仅是因为想讨上司的喜欢。其次，人们很难占有全部信息，如买房子的顾客，肯定不能占有全部的房产信息。再次，由于认识上的局限性，人们即使掌握了有关方案的全部信息，也很难处理这些信息。最后，对各种决策可能产生的后果很难预测。尤其当决策涉及人的行为和反应时，不可能像自然科学那样精确地进行预测。

因此，纯理性的模型为人们认识、研究决策模式提供了许多有益的启示；但是在事件中也有很大的局限性。

**2. 有限理性模式**

有限理性模式的决策观点认为，人的能力和局限性决定了人很难做出完全合理或理性化的决策。西蒙曾指出，与大量问题相比，人在阐述和处理复杂问题方面的能力是很小的。处理现实中的各种问题需要客观、理性的行为，或者至少是近似客观的理性。也就是说，人只能近似地实现合理化或理性。人的理性和能力都有一定的局限性，它受到决策者的知识水平、个性和动机以及决策环境的影响，使决策很难保证合理性。有限理性模式的基本观点包括。

第一，在很多情况下，决策不完全是理智思考的结果，而是与各种压力相互妥协的产物。例如，一家商场决定采取措施改善服务态度，很可能是由于外界的批评和领导的不满意。这种压力越大，人们做出某种决策的动机越大；期望值定得越高，决策所制定的目标也就越高。如果没有这些批评和不满意，即使问题依然存在，商场领导也未必会做出此种决策。

很明显，在这种情况下做出的决策，并非出于这种认识：商场服务态度的好坏，直接关系到销售额，最终直接影响每个职工的收入，因此有必要改善服务态度。以上认识属于完全理性的思考。如果从一开始就出于完全理性的考虑，那么这个决策的各个方面都不会是完全理性的。

第二，许多决策不是在占有全部信息的基础上做出的。这里不仅仅是有无可能的问题，更重要的还是有无必要和有无条件的问题。一方面，决策者不一定需要占有全部的信息，例如一个商场要确定某种商品的价格，并不需要在全市或全国搞一次全面调查，而根据生产厂家的价格、当地批发市场的批发价格、周围几个同行的价格就可以确定了。实际上，决策者在搜集信息时，既要考虑成本，也要考虑方便。另一方面，需要做出决策的周期情境也不允许花很长时间、很大精力去搜集全部信息，许多需要决策的问题是突然出现的，并要求马上做出决策，决策者往往是在对情况进行大致估计后就做出了相应的决定。

第三，决策者不可能在找出所有方案后，再选择一个最优方案。通常决策者都是先找出一个能够解决问题的方案，如果这个方案确实能够解决问题，他就不必再费力去寻找其他方案了。也就是说，方案的选择只需要满足最低标准，而不是追求最高标准，这也被称为“低限满足”。或者决策者将找出的能够解决问题的方案去与另一个方案进行比较，然后选择最适合的方案。在这里，决策者已经做出了很大努力，但他并没有找出所有可能的方案。

无论决策者的行动符合上述可能的哪一种，有一个事实是无法改变的，即人们在找到相对满意的方案后，就会停止寻找其他方案的努力，尽管其他潜在的方案可能是最优的。人们经常不是按照完全合理的方式去选择方案的，被选择的方案虽然符合解决问题的要求，但不见得是最理想的方案。例如，当人们想买一件衣服时觉得价格合理就行了，最多跑几家商店进行简单比较，但这个价格未必是全市最低价格。

第四，决策者方案的做出受许多人为因素的影响，因此选出的方案不一定是最优的。影响方案选择的最主要因素是个人的决策经验，人们在对各种方案进行比较选择时，经常从个人的经验出发，而不是出于严密的逻辑思考。决策者根据自己所经历的以往情境，找出类似的情况，然后选择自己认为最有效的方案。当然，其他因素，诸如个人兴趣、知觉能力、价值观念，甚至性别都可能成为影响决策的重要因素。

有限理性模式比较贴近现实中的决策过程，它为人们探讨决策的形成、影响因素以及不同类型决策的决定要素提供了比较适宜的基础。

# 第二节 组织决策的程序

按照一定的程序进行决策，至少有三方面的优点：首先，节约时间、费用及各种开支，不会造成无谓的浪费。其次，减少决策的不确定性和风险性。按组织规则办事，可以减少因个人或偶然因素而影响决策的正确性。最后，使用统一的程序，有助于协调决策中的不同意见，使决策意见趋于一致。一般来说，决策的程序包括以下几个方面。

## 一、明确问题与目标

组织决策与解决问题密切相关。当组织出现问题，或者现有发展状况与愿望之间出现差距时，就需要做出决定去解决问题或改变现有组织状况。

管理者在决策之前，要进行广泛的调查研究，了解组织内外环境的状况，认清组织的优势和劣势，只有如此，才能正确地发现问题和确定目标。目标的确定要求明确具体，即明确其责任和约束条件，并满足需要和切实可行。可是在实际工作中，人们经常不能做到准确地判明问题，其原因包括：

（1）错误地确定问题所在。当组织管理者在审视自身状况时，常常会指出组织目前存在的问题。例如，把企业营业额下降的原因归结为营销人员的士气低下，从而采取一系列改革措施。但是这种审视往往是错误的，营业额下降很可能是由于企业产品老化或产品质量存在问题。如果错误地确定了问题，组织存在的问题就得不到解决，组织就会出现一系列的决策失误。

（2）从表面现象上判明问题，忽视了问题的本质。在判明问题阶段，人们往往容易就事论事，而不去深究产生问题的原因。例如，职工士气不高，可能是由许多原因造成的，可能是工资太低，也可能是工作太劳累，又得不到领导的支持，或者是对此项工作没有兴趣，等等。不同的问题需要采取不同的方法才能解决。

（3）知觉误区。人们在观察问题时存在着知觉上的误区或死角，阻碍着人们对问题的全面认识。通常组织成员对别人工作范围内的问题比较敏感，观察得也比较准确，但难以察觉或忽视自己的工作中的问题。

组织决策在判明问题的同时，还要确定解决问题的目标。它主要是指人们想要在多大程度上解决问题，是想把问题缩小到最低的限度，还是想有一定程度的改善，或者想根除存在的问题。决策者确定的目标对决策方案的选择有决定性影响，有时甚至直接决定具体方案。

## 二、信息收集与处理

在明确问题和确定所要达到的目标之后，并非马上制订解决问题的方案，而是先收集和处理各种有关信息，为制订方案打下基础，这便是决策过程的第二个步骤。它包括以下几个方面的内容。

### （一）信息的来源

信息的来源有许多渠道，例如专门的调查结果、各种档案材料、专家的意见和看法，甚至自己的记忆和经验等。尤其是决策者在过去类似情境中的经验具有很大的影响作用，因为它往往带有决策者本人的亲身感受，这是其他信息不可替代的优势。此外，同样的信息，由于来源不同，其意义也就大不一样，如同一句话，从一个 70 岁的老人嘴里说出来与从一个 20 岁的年轻人嘴里说出来相比，其中所包含的意义肯定不同。

### （二）信息的种类

为了做出正确的决策，决策者应收集到以下三方面的信息：各种可能的方案，每个方案可能造成的结果，各种结果出现的可能性。如果每一种信息都被换算成具体的数字，如成本、收入、利润等，决策者就可以在比较明确的基础上进行选择了。

### （三）信息的重要性

信息过多往往会损害决策的质量。一方面，决策者会陷入信息的海洋中，浪费时间和精力；另一方面，过量的信息不但使找出有用的信息更加艰难，而且可能淹没有用的信息，造成遗漏。例如，当人们面对过量信息束手无策时，往往会就近或就便搜集一定量的信息，而匆忙做出总结，结果造成信息的失真，降低可信性。

决策者在搜集信息时，或者信息过量，或者信息不足，如果这时就匆忙决策，那么势必不符合科学决策的要求。信息的搜集程度和范围取决于信息对决策的重要性程度，两个极端都应该避免。

### （四）信息的综合处理

这里的综合处理是指根据决策要求，把信息按一定的方式组织起来，或者按照一定的方法使用这些信息。信息处理的方法有：

（1）互补法。即把收集到的信息进行分类，寻求信息之间的互补性，即使用已有的信息来补充未知的部分。

（2）最低标准法。这是过滤信息的方法之一，例如领导在考虑提职的决策中，可在众多的信息里先确定一个最低标准，然后按照这些标准去识别信息。例如学历再低也不能低于大学本科，工作时间再短也不能少于 5 年。但是，这种方法不能用一个变量去弥补另一个变量。

（3）重点法。决策者通过对所有的信息进行考虑，确定出一种最重要的信息作为决策的依据，对其他方面不再考虑。采用这种方法，既可以节约搜集信息的时间和精力，同时也可防止不必要的信息的干扰。

信息搜集和处理是组织决策的重要环节。忽视了这个环节，决策就失去了客观依据。有些决策者不能正确使用信息或进行信息比较；有些决策者尽管搜集了大量信息，但不能正确地归纳和整理；有些决策者未能深入地开发搜集到的信息，并使之发挥更大的作用。

## 三、方案的制订与选择

在判明了问题和分析了所得到的信息后，决策就进入了第三个阶段——方案的制订和选择。而且无论信息的收集完整与否，决策者都必须拿出解决问题的方案。

## （一）要探索和拟订各种可供选择的行动方案

在制订方案之前通常要确定方案的制订标准，例如方案的构想和方案的约束条件、方案的应变条件等。这样，一方面可以提高工作效率，另一方面还有利于各方案之间进行比较。决策者在制订方案的过程中，要考虑到所有可能的情况，勇于创新思路，找出若干种解决办法。当然，方案的制订还要依靠群体的智慧，群策群力，既可以让职工参与决策，也可以让专家协助决策者共同制订解决方案。通常，方案的制订和选择有两种情况：

(1) 决策者是纯理性的、掌握完整信息的，即决策者找出了所有能够解决问题的备选方案，并知晓每种方案的后果和后果出现的准确可能性。这时的决策是明确和简单的，即能选择能够最优解决问题，并带来最大收益的方案。但是，按照现有的人力及科学技术的限制，决策者很难做到完全理性。

(2) 决策者只是按有限理性进行决策，尽可能地掌握有关资料，再确定一项方案。这很难说决策者已经发现了全部可能的方案，对于结果及可能性更无法做出精确的预测，因为许多因素会影响决策者做出判断，例如，上级的意图、群众的心愿、政治或政策的变化等，都使决策者做出最优决策受到限制。上海股票市场初期的情景就很形象地说明了这些因素的影响。股票刚刚上市时，许多人尤其是知识阶层人士认为，在极不正规的股市中风险也最大，因而不能入市；但另外一些人却没有考虑这么多，决定入市，并发了大财。因此，做出最优决策往往很困难。

但是，无论决策者有什么样的愿望，通常决策都是这样做出的：

(1) 决策方案的确定。在这里，决策者实际上追求的是一种能得到适当认可的标准。也许他还不了解存在其他潜在的最优方案，或许因各方面情况的制约，只有一种方案被各方认可。例如，组织可以要求99%的出勤率，但不能要求100%，因为任何一个单位都不可能找到完全不会生病、无须请假的职工。

(2) 在方案和目标确定后，应分析有关的方案是否有助于达到这一目标或标准，因为方案等于实现目标的手段。方案如果可以实现目标，就属于备选之列，否则就将被排除在备选之外。

(3) 方案是否可行。即现有的人力、物力和财力以及组织周围的环境是否可使这个决策生效。最优方案必须也是最实用的方案，它必须符合组织的实际情况。

## （二）分析、比较和选择方案

在拟订方案之后，就要对这些方案进行比较和评价，并选择最优的决策方案。比较和评价的内容一般包括该方案是否符合所有约束条件、方案的技术指标如何、方案实现的可能性及经济上的合理性。在论证的基础上进行综合评价，要估计出经营形势的变化和方案执行中将会出现的问题。最后，从备选方案中选出一个满意的方案。同时，还可选择若干方案以备急用。

## 四、方案实施与评价

这一步骤是要将选定的决策付诸行动。在实施过程中，要保证让所有执行方案和受决策影响的人员了解到方案的内容和实施程序。在传达决策时，应尽量使用决策执行者所熟悉的语言，并说明该决策的逻辑性和制定的理由，以便最大限度地保证决策实施的成功。同时，在决策执行过程中建立信息反馈系统，将每一步的实施结果与预期目标进行比较，如有差异可及时进行调整，以保证决策目标的实现。

但是，在对一些失误进行总结和评价时，应当尽量避免下面的情况：

（1）为自己的失误进行辩解。由于当时过分相信自己的决策，当决策失误时极力为自己当初的决策辩解，想说明当时的决定并没有错，从而妨碍了科学的评价。

（2）“交学费”的态度。当决策出现失误时，常常认为这种失误不可避免，属于学会正确决策的“学费”，因而认为理所应当，心中坦然。这种态度妨碍了对最初决策的仔细检讨，妨碍了研究哪些失误在当初是可以避免的，哪些失误的程度可以减小，等等。“交学费”的想法实际上与赌徒的想法一致。赌徒的想法是一次赌输，再次押宝，直至输光。而那些利用“交学费”来开脱责任的人，无非是为下次更大的失误寻找借口。

（3）“事后诸葛亮”的态度。不论决策正确与否，都摆出一副“我早就知道”的样子。如果决策失误，那么这种态度会掩盖决策时的问题；如果决策是正确的，那么这种态度又会妨碍决策者对决策的正确总结。

为了比较形象地说明决策的基本过程，我们以实务进行分析。假设某家企业计划下一年度增加利润10%，为此，企业要制定一个具体方案。问题的焦点是，如何才能增加10%的利润。以下是决策步骤：

第一步是寻找所有可能的信息，并进行综合分析。比如，要了解与提高利润有关的潜力有哪些，它们目前的状况如何。这涉及降低成本、降低消耗、扩大市场、提高销售队伍素质、推出新产品、调整人事，甚至是裁员或增员。应记住，这时应确保信息是全面的。

第二步是在现状的基础上评估各种实现目标的可能性，特别是确定从生产、储运到销售、人事的每一方面可在多大程度上帮助接近目标。

第三步是确定运用哪些规律来寻找必然性，比如要确定哪些管理操作可以实现具体的成果。

第四步是找出要达到满意结果需要评价的指标和具体参数，比如说可以从降低损耗、扩大市场来实现目标，进而确定损耗降低率、市场增幅等。

# 第三节
# 影响个人决策的因素

从决策主体来看，决策者基本可分为两类：个人和群体。个人决策是指决策主要由某个人做出，其他人的意见不起决定性作用。群体决策是指决策由两个以上的决策者参与做出。两种决策的主体不同，使得决策行为出现很大差别。本节主要讨论影响个人决策的一些因素。

## 一、对问题的感知

感知过程表明，在人的感觉的形成过程中，外界刺激和感觉者的过去经验具有同样意义。面对相同的信息，具有不同经历的人往往会产生不同的看法和结论，这在决策方面也会表现出来，如对一个人的评价。

个人感知的不同，使个人决策带有明显的个人特征，并且会在决策过程的许多方面表现出来。比如，一个工作小组职员之间产生了矛盾，在分析矛盾的原因和处理态度上，不同层次和不同年龄的领导会得出不同的结论。从事党务的领导者认为这是由于思想觉悟问题；年纪大的领导认为这是由于资金分配不合理；年轻的领导者认为这是由于职工不适应新的奖金分配制度。同一种现象却被判定为不同的问题，尽管这三个问题可能都存在。但是，这种不同的感知会影响决策信息的搜集、决策方案的制订及选择，最终影响根本问题的解决。

## 二、能力和知识

除了感知不同，决策者个人的经历、训练和性格也存在很大差异，它是导致个人能力和知识差别的基本原因。个人能力的不同使决策方案出现差异，尤其在信息处理和方案的选择上。有些人既可以从纷繁复杂的信息中找到最有价值的部分，也可以从部分信息中对问题和方案做出准确的判断；但是也有些人在过量信息面前表现得束手无策，不知道该如何归纳。能力出众的人往往视野开阔，能从多种甚至相互对立的各种方案中选择最恰当的方案，能从各种不同的意见中总结和发现那些最有价值的部分，并且乐于接受新事物、新观点。相反，那些能力较弱的人则显得思路闭塞、眼界狭窄，他们在各种不同意见中缺乏主见，甚至不知道该听从哪位专家的意见，因此，这些人基本上都是按照自己预先的设想进行决策的。

知识的不同可能带来更为复杂的问题。知识丰富的决策者，眼界开阔，判断力很强，决策准确。但是，也可能出现另一种情况，即深厚的专业知识本身可能会束缚眼界，决策者在考虑问题时也总是从狭隘的专业知识出发。例如，一位工程师可能认为，提高劳动生产率的最好办法是采用新技术和创新组织结构，而忽视了组织管理和职工士气问题。

### 三、个人价值观

个人价值观就是个人对这个世界的看法和基本观念。一切信息的处理和决策方案的选择都受个人价值观的影响，因此，决策最终可以归结为一种判断或选择。有些决策者认为，职工群体之中存在的等级差别是一个问题，因为每个人都该是平等的，而其他决策者却并不把它作为一个问题来对待。

此外，在确定决策目标和方案选择方面，个人价值观的影响更为显著。人们往往会从个人价值观方面进行判断，如果他说得有道理，就认为他的价值观是积极的。当然也有人认为，价值观在一定意义上是非理性的，其中，偏爱就是这种非理性的表现形式之一。例如，有些人在选择雇员时，注意男性而忽视女性，但他并不是从组织的工作岗位或效益的角度考虑问题，而是因为他对女性存有天然的偏见。

### 四、信念

信念是人们对事件相互关系的看法，是对某种东西的确信。它与价值观的区别在于，它往往是建立在一些事实根据（也许这些事实根据不准确）的基础上的。例如，某些人确信经常梳头可以使头发长得更密，天然化妆品对皮肤肯定无害，等等。信念可能来自以往经验的积累，来自对类似事物的类比、概括，也可能来自传闻，或者出自对权威的信任。

对决策者来说，由于过去经验积累所形成的先入为主的意见会对决策产生重大影响。决策是一种经常性行为，前一次决策往往会对之后的决策产生影响。研究证明，对前一次决策的错误负有责任的人往往会进一步为这一决策投入资源，意图是挽回前一次错误造成的损失。其实，这只能是决策者的一厢情愿，它只可能产生有害结果，而且错误越升级，更改的可能性越小，决策者的评价能力越低。

## 第四节
## 群体决策的特点与问题

在现实生活中，许多组织决策是以群体的方式做出的。即使那些拥有绝对权力的总经理，他们也要经由董事会任命，并服从董事会的意见。因此，如果不对群体决策进行研究，就无法理解和认识群体决策的特点，以及它在组织运转过程中的作用。

## 一、群体决策的特点

群体决策也称集体决策。根据决策实际形成的过程和人们在决策形成中的地位，即根据人们参与决策程度的不同，可将决策分为以下几种类型：

（1）决策者作为个人去收集资料和做出决策，其他人既不直接介入决策选择过程，也无权评价各种选择方案。

（2）决策者和其他人协商，听取他们的意见和建议，然后自己进行归纳、整理、借鉴，并形成组织决策。这是一种比较常见的决策形式。

（3）决策者和其他人一起讨论，达成一致意见并一起决策。在这里，所有参加决策讨论的人，都直接成为决策者。

群体决策是我国社会组织常见的一种决策模式，与个人决策相比，群体决策有以下明显的特点：

### （一）集中知识和信息

群体决策可集中各类专家，使决策群体的知识结构和专业背景趋于合理。每个专家都可以为群体带来不同的知识、信息和经验。集体成员越多，讨论的问题就会越全面，也更能够从多种角度观察问题，对于解决问题更具有启发性。利用多学科知识往往比仅利用某一个学科的知识更有优势。例如，由管理学家、社会学家和心理学家组成的研究小组，在对如何提高职工士气的课题进行研究时，往往比单一学科的研究更加全面和有效。

### （二）相互启发，相互弥补

决策群体成员之间的相互作用，有助于克服个人的狭隘性，这种现象被称为“社会促进作用”，它有助于激发群体的创造性。个人决策常常因自身的知识、能力等因素的限制，而导致决策失误。但是，在群体情境中，由于每个人的知识背景、社会地位、社会经历不同，在讨论问题时一个人的意见可能启示另一个人的思路，或弥补某些不足，甚至不同成员之间相互对立的意见和矛盾，会刺激对方产生更多更好的想法。

### （三）开放性

个人在思考问题时，常常从自我观点出发并有一个逐渐扩展的过程，因此开放的程度有一定的限制。而群体则不同，它从进入决策情境开始就几乎是全面开放的，每个人都以不同的知识和利益为基础。在决策过程中，各种不同的观点和信息经常会发生碰撞，它是产生新观点、新思维的情境，最终的决策是多种观点的综合。因此，群体决策既易于归纳不同意见，也易于优化个人决策。

### (四) 有效性

有效性是指决策实施的可能性问题，个人决策实施是自上而下的贯彻，大多数组织成员并不理解决策的意图，他们各自的利益需求也可能得不到充分表达，对决策能否实现也不承担责任，决策目标的实现就变成了决策者个人的事情。群体决策则不同，由于参与决策的人数较多，基本能够代表大多数人的利益，决策目标的实现与大多数组织成员密切相关，因此，目标实现的可能性增大。

### (五) 稳妥性和效率

个人决策带有较强的个人特征，常常因人而异，因时而异。尽管这种决策具有快速反应的特点，但是其稳定性较差，带有相当大的决策风险。相反，群体决策由于参照了多数人的意见，作为群体合力结果的决策，更为科学，它不会因人而变化。它的稳定性和科学性高，会使组织避免失误，减少损失，因而也就更有效率。尽管群体决策在讨论初期会浪费大量时间和精力，容易产生一些矛盾和对立，但总的来看是利大于弊。

## 二、群体决策的问题

在了解群体决策的特点的同时，也要注意它的某些缺陷，做到扬长避短。在组织环境中，应使个人决策与群体决策相互补充，在不同的环境状态下使用不同的决策方式，而不能绝对地采用或弃用某种方式。群体决策通常遇到的问题是：

### (一) 反应较慢

从形式上看，群体决策需要在多个人之间进行协调，所花费的时间自然比个人决策多。如果组织的外在环境相对稳定均衡，群体决策的优势就比较明显。相反，当外在环境变化迅速，可预测性较差，而且需要随时做出相应的决策时，个人决策就可以显现出它的灵活快速的特点。

### (二) 团体偏移

团体偏移是群体决策经常出现的问题之一，它主要是指在决策过程中因为某些原因而出现的保守性和冒险性问题。

研究证明，群体决策偏于保守。这是由于群体要在大多数意见的基础上进行决策，就必须将多人的意见综合起来。当参与决策的成员意见不一致时，常常出现有限度的妥协和让步，所有极端的意见，无论是保守的还是激进的，都不可能被完全接受。人们经常会发现这样一种现象，即所有参与决策的人都对决策结果有某种程度的不满意成分。

与群体决策的保守性并存的是冒险性。人们在团体中进行决策时往往会比个人单独决策时更倾向于采纳冒险或保守的结论，其中大多数偏向冒险一端。这种现象又叫作“极化现象”。出现这种情形的原因，在偏向保守时，可能是怕担责任，或者保守意见出自关键人物；在偏向冒险时，可能出自“人多胆壮”的心理，或者该团体较崇尚冒险精神，对逞强者尤其乐于接受。

群体决策之所以出现冒险性问题，主要是因为“责任分散”。在群体决策中，每个人都仅承担一部分责任，而无须承担全部责任，这便使“集体负责变成集体不负责”。如果一个成员提出了冒险的建议，由于大家分担责任，因此在其他因素的作用下，大家或者不加反对，或者可能做出更加冒险的决策。有人做过这样的实验：在讨论一项投资决策时，先让每个人单独提出一个数额，然后组织讨论每个人的决策，以形成一个统一决策。结果表明，群体决策的冒险水平一般高于个人决策的平均冒险水平。

上述两种现象的出现，可被称为“谨慎转移”或“风险转移”。究竟是什么因素或条件决定发生哪一种转移，有人认为主要取决于决策之前每个人的潜在倾向，而集体讨论会加强这种倾向。在组织决策中避免这种现象的方法主要是：首先，强调决策的理智性，在集体讨论时应尽量保持平和心态，争论的焦点是问题本身，而不能进行个人攻击，或相互指责，或为了坚持自己的意见、维持自己的地位而强行通过某项决议。其次，培养个人独立的思维意识，不能人云亦云，要敢于发表自己的意见。只有这样，才可能有效避免保守性和冒险性的群体倾向。

## （三）遵从压力

在群体决策过程中，“谨慎转移”和“风险转移”的形成是由于遵从压力的存在。遵从压力会导致群体成员避免说出与群体不同的认识，对群体外的人形成某种另外的看法，带有偏见，同时认为自己的决策是最合理的，对反对意见采取怀疑的态度。这一切都可能导致做出错误决策。

遵从压力也可产生团体沉思的现象。与个人决策一样，群体决策也会出现一些不良现象，影响决策质量，其中团体沉思是一种典型。团体沉思是指大家决策时一言不发，表决时一致通过，过后又都对方案不满意。有多种原因或心态会导致团体沉思：团体被个人把持；怕个人意见遭到大家反对；责任分散，有事大家一起分担，人人都有份。在这种情况下，团体的优越性不仅丝毫体现不出来，反而使正确结论无法产生。这时，根本没有决策可言。在组织管理中避免这种情形出现的方法包括：第一，建立一个气氛和谐、充分民主的团体，使每个成员都能并愿意畅所欲言；第二，在决策之前，对所有参与决策的成员进行动员，让每个人准备一份决策方案或决策设想；第三，在讨论决策议案时，尽量不要提出完全不成熟的意见和问题，同样，对于已经成熟的问题，也不要再继续讨论，以免破坏决策气氛。

### (四) 矛盾和对抗

决策群体中的矛盾和对抗主要来自三个方面：第一，由于经历、经验的不同，群体成员会产生判断上的不一致，我们可以称之为判断性矛盾。第二，出于目标、价值观不同，群体成员对某种决策方案实施的后果看法不一致，我们可称之为评价性矛盾。例如，有人认为生产效率是组织发展的最终目标，有人认为劳动保护和人类自身的发展占组织目标第一位，由此发生矛盾和对抗。第三，群体成员因在某一决策中所处的地位、所起的作用、所代表的利益不同，从而发生矛盾和对抗，我们可称之为分配性矛盾。例如，在决策过程中有些人的意见占据上风，为群体所接受，有些人的意见被群体否决，后者就可能觉得自己已经丧失了决策权力。

产生矛盾和对抗损害了群体决策。一方面，矛盾和对抗有可能远离组织所要解决的问题，可能发展成相互攻击，而不管对方的意见是否正确，一律反对；另一方面，对抗双方为了加强自己的力量，有可能争取其他成员的支持，破坏对方的计划，实现自己的计划，从而导致组织的分裂。

### (五) 先决策结论

在现实中有这样的情形：人们在实际决策前已经先期有了一个想法，以后的决策并不遵从前述的模型步骤，只是用以支持这个先在的想法，所有的信息搜索、比较、推理都倾向于支持这个想法，而其他不利于此想法的信息或推理都被“无意识”地排斥。结果，人们越想越觉得这个先在的想法合理，这个想法也就自然地成了结论。实际上这里并没有真正的决策，而只有对先在结论的维护。现实中有这样的人，他提出自己的方案供大家讨论，指出要民主决策。但实际上，他总是倾向于说服别人接受这个方案，别人的意见实际上得不到尊重和采纳。这种决策方式对于管理者来说十分危险，这样不仅得不到最佳决策，而且管理者会受到“假民主、真独裁”的指责。

### (六) 主观概率

在实际决策中，人们对可能性和必然性的判断往往并不遵从客观概率，而会遵从一些“主观概率”。所谓主观概率并不是对客观事物发生的可能性的科学描述，而只是人们自己头脑中臆想出的可能的程度。比如，一对夫妇一连生了 6 个女儿，于是他们认为下一胎一定会生儿子，因为他们觉得连生 7 个女儿的概率是很小的。他们的观点是错误的，他们把每一胎生男生女的概率，同二项分布中同一事件连续 7 次发生的概率混为一谈了。客观概率是，每一次生男生女的概率总是一样的，都是 0.5，而连续 7 次生女儿的概率是 $(0.5)^7$，约等于 0.8%。在经营中经常会遇到涉及概率问题的决策，比如市场起落的可能，产量增降的可能，若干竞争对手中标的可能，股市涨跌的可能。管理者在决策时只有以客观概率为推理的依据，才可提高胜算。

# 第五节 组织决策的方法和技术

人们在实践中经过长期摸索，形成了许多有特色的决策方法，使个人或群体决策尽量得到改进，以保证决策的科学化和理性化。这些方法有些是组织性的，有些则是纯技术的。下面介绍几种典型方法供人们在组织决策时参考。

## 一、头脑风暴法

头脑风暴法就是在决策环境中，对决策参与者不加任何限制，让决策参与者头脑中的各种想法都能表达出来，从而形成科学决策的过程。这种决策方法主要是针对决策问题，如遵从压力，而制定的一种科学方法。在这里，参与者的意见表达得越充分，形成的新方案越多，也就越有可能得到一个确实有创造性的解决问题的机会，形成的决策就越科学。

为此，头脑风暴法要求：第一，决策群体负责人在决策会议之前，应把组织期望达到的目标和各种已有的决策方案通报给全体成员，让他们对决策的问题和已有的方案有充分的了解。第二，在决策过程中，鼓励参与成员尽情地发表自己的意见。在会议上禁止对其他人的意见提出批评，每个人只提自己认为最好的方案，因为相互之间的批评有可能抑制创造性方案的提出。

## 二、列单法

头脑风暴法尽管有助于科学决策，但仍然会对群体情境有诸多影响，为此有人提出了列单法。

列单法是指在决策会议讨论之前，每位参与者先提出自己的方案，或对已有方案进行评论，然后再集中讨论每个提案，进而形成科学决策的过程。

列单法是一种群体决策方法，主要是通过会议的形式进行决策。一般来说，这种会议的参加者最好为 7～10 人，围坐在会议桌旁边。其过程如下：

（1）由主持人介绍将要讨论的决策问题，以及已有的解决方案，然后每个人把自己的意见写在纸上，不要相互商量和讨论，以免影响独立思考。

（2）在写完之后（这一过程为 10～15 分钟），每个人读出自己的意见，这时的要求是：第一，每个人的发言不按座位或职位顺序进行。第二，每个人每次只读一条意见，而不是把自己的意见一次读完。这样做的目的是使其他人忘记意见提出者。

（3）由专人记录每条意见，但不记录这条意见的提出者，直到所有人都没有意见为止。

（4）按记录下来的提案进行逐条讨论，焦点是该提案的优点及可行性，每个人都可以发表意见。

（5）对各项提案进行文字形式的投票表决，计算投票的结果，得票多的提案意见就可能成为群体的决策。

列单法与头脑风暴法的区别是，列单法在提出议案时，避免了成员之间的相互影响，有效防止了决策过程中的压制和遵从问题。但是在讨论和表决议案时，尽管理论上每个方案都得到了充分讨论，但仍然会存在相互影响的问题，它比头脑风暴法只是稍微有所改进而已。

## 三、德尔菲法

美国著名的兰德公司发展了一种新的决策方法，即德尔菲法，目的是避免面对面的讨论所造成的不利影响。这个名字来源于古希腊著名的德尔菲神谕。德尔菲法强调，参与决策的成员互不见面，它是通过一种精心设计的调查问卷方式，将许多专家的意见集中起来，形成决策的过程。

德尔菲法也叫专家调查法，其基本过程是：首先，由决策主持人将一系列需要讨论的问题设计成一份调查问卷，在专家与主持人之间问卷可能要往返多次，第一次问卷中提出的问题较为一般，允许专家自由填答，然后返给主持人，由他送到专门的研究者那里。其次，决策主持人将第一轮的意见归纳起来，再设计一张调查问卷送给决策参与者（专家），要求他们提出改进意见。最后，将所有意见通过统计方法集中整理，形成一个决策性建议。在征询专家意见的过程中，专家有权提出自己的独立见解。如果这种意见与大多数专家意见相差较大，应该要求专家对自己的意见做出更为完备的说明。通常经过两次这种反复就会形成较为一致的意见，也可能需要更多次。

德尔菲法将不同专家的意见分析综合，及时反馈，逐渐形成一致意见，从而形成科学估计，它属于一种背对背的方式，完全避免了列单法和头脑风暴法的不足。但这种方法需要较长的时间周期，分析起来也比较复杂，不适合时间要求紧的决策。同时决策的效度和信度在很大程度上取决于各类专家的素质，即这些专家是否为该领域的杰出人才，他们对所要讨论的问题是否有足够的兴趣，以及他们是否愿意花时间和精力思考并提出令人信服的建议，等等。

## 四、决策树

组织决策是一件复杂的系统工程。不仅每一项决策存在不同的解决方案，而且每种方案的结果也是千差万别。为了更好地掌握决策技巧，人们发展了一种决策树的方法，即把与决策问题有关的决策方案排列起来，对每种方案的后果加以评价，最后做出选择。由于这个过程用图来表示就像是一棵树的形状，因而被称为“决策树”。

决策树是指使用系统分析方法，把各种决策方案及出现结果的可能性进行分组排列，然后确定最佳方案的决策过程。在这里，我们可以通过一个关于渔民的选择①的实例来反映决策树的应用过程。

假如，一个船主在新的打鱼季节到来之前，有两种可供选择的方案：保留旧船，或卖掉旧船买新船。而这两种选择依赖于两种可能的条件，即渔情好（0.7的概率），或者渔情不好（0.3的概率），而且，购买新船需要增加投资，会抵消好渔情带来的收益。这里，我们主要集中讨论每种方案和情况所产生的可能性收益。如图9－1所示，如果购买新船，而渔情又好的话，则可以盈利90 000美元。但是一艘新船若遇到坏渔情，则将造成10 000美元的损失。相反，如果保留旧船，在遇到好渔情的时候，会产生80 000美元的纯收益，而在遇到坏渔情的时候也可以获得20 000美元的收益，因为省掉了买新船的钱。

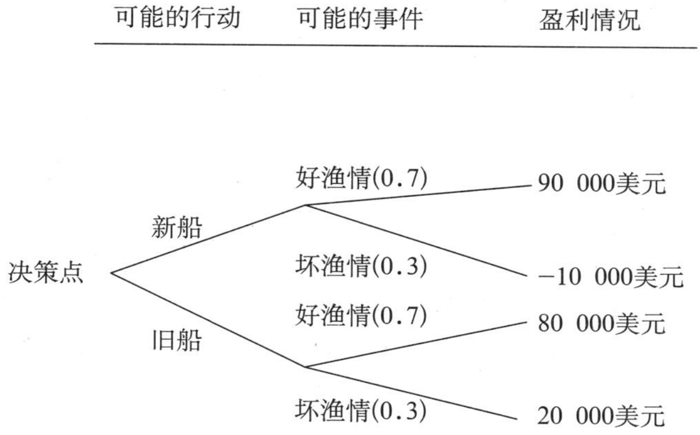


**图9－1　渔民的选择**

事件交叉的两边都可以用期望值来加以估价。用概率乘收益额然后相加即得期望值，买新船为60 000美元，留旧船为62 000美元。这个方法使决策者能用未来结果的最好估价来明确地考虑每个可行的决策方案。决策树的实际意义在于它有能够把几个决策方案联结在一起的能力，这样就可以观察一定时期内“决策-可能的条件-结果”这一连续体的影响。如果把分析的时间延长至两年或三年，则决策树会无限延伸，变得更加茂盛。

连续系列中增加的决策可能使总系统的情境发生变化。例如，一年期分析表明船主应保留旧船，两年至三年期的分析可能表明船主应尽早购买新船。从这方面来说，决策树方法比较适合于短期和中期计划。对于长期计划来说，由于未来计划包含许多不确定的因素，会使决策变得异常复杂，决策树分叉延伸的准确性便受到怀疑。

① 卡斯特，等．组织与管理．北京：中国社会科学出版社，1985：443－446.

## 五、定量辅助方法

随着现代通信和信息技术的发展，社会环境变化的速度越来越快，整体社会结构也发生着翻天覆地的变化。由此，组织决策所面临的情况日益复杂，需要考虑的因素和涉及的问题也越来越多样化。例如，一项经济政策的实施，不仅可能波及成千上万人的生活，而且受到政治、经济、文化、心理、国情及国际等各方面因素的影响。影响因素可能的数量远远超出了人们的想象和能力范围。因此，在决策过程中，借用电子技术和数学方法使决策手段有了很大发展，使人们可以处理复杂的决策信息，并进行大规模的决策活动。以下便是几种典型的定量辅助方法。

### （一）线性规划

线性规划主要用于最佳的资源分配决策。例如，一家企业现在已有了若干工厂和仓库，拟议中的新厂址选在什么地方最合适？在这里，除了解决选址问题外，线性规划还可帮助确定最有利的产品构成，例如所需要的原材料是自制的还是外购等。

### （二）排队论

排队现象在人们日常生活中能经常见到，如顾客排队买食品、机械排队等待修理、事件排队等待处理。等待的时间、等待者的耐心，都会对经营结果产生不利的影响。为解除或减少此类排队现象，就必须增加各部分的服务能力。排队论就是针对这种情况，在排队等待费用和服务费用之间找到一个最佳平衡点。

### （三）博弈论

这是一种模拟的方法。它是将准备实施的决策或情况尽可能真实地模拟出来，并观察将要产生的后果，从而有助于抉择方案。现代模拟技术主要是通过计算机来完成的，即先把各种因素输入计算机，然后通过改变某一项或某一组因素，观察整个工作系统的变化情况。

### （四）概率论

概率论主要是一种确定风险的方法。它的目标是分析决策方案的哪种结果、在什么情况下、有多大出现的可能性。它是在现有资料的基础上，通过科学的统计分析所做出的推断。这种推断尽管可能是错误的，但不是毫无根据地胡猜。

以上决策方法虽然在决策实践中发挥出了很大作用，但也有一定的局限性。尤其在现实社会中，每一项决策都面临着不同的问题，而问题本身又很难进行定量分析，例如人们的价值观念及其变化，就很难用量化的方法进行测定。因此，在掌握和使用定量辅助方法时，要充分考虑到它的局限性，不能对所有的事物都进行量化计算。

## 六、云计算技术[①]

随着信息和网络技术的不断发展，当今社会中所充斥的各种数据正在以几何级数不断增加，大数据伴随着通信网络已经延伸到了社会的各个角落，使得组织在进行决策时不得不面对规模极为庞大的数据样本，这给决策者所带来的新问题就是应如何对所获得的大数据进行储存、解读和应用。基于这样的时代变化和要求，利用云计算技术对巨量数据进行处理计算、正确解读并合理应用，能够对企业发展乃至国家治理决策提供最为可靠和经济有效的依据。

云计算技术的核心思想是通过网络将大量的计算资源联系起来，进行统一管理和调度，实现资源的继承和优化。随着云计算技术的发展，对利用云计算技术实现组织的智能决策的研究不断展开。相对于传统决策而言，大数据环境下的决策需要打破部门、层级与专业之间的各种局限，利用非线性、多属性和自下而上的决策模式来穿透行业与区域之间的界限，做出更加科学、准确和客观的决策。通过云计算平台即能对来自不同数据源的巨量数据进行转换和筛选，消除冗余和异常数据所带来的干扰，对可用数据进行深入挖掘和多维度分析，这便能够给智能决策提供开放性的决策环境、虚拟化的决策资源以及决策问题的协作求解。

目前国内外对利用云计算技术进行决策的研究已经逐步展开[②]，提出了很多决策方法与模型，对决策系统的构建提供了理论指导。因此，以云计算技术创新为基础，实现云计算平台下的智能决策，必将成为大数据时代决策技术发展的重要方向。

### 案例分析：让听得见炮声的人来决策[③]

下面是华为总裁任正非在华为销服体系奋斗颁奖大会上所说的几段话：

我们在从以技术为中心，向以客户为中心的转移过程中，如何调整好组织，始终是一个很难的题目。刚开始我的认识也是有局限性的。我在 EMT（经营管理团队）会上讲话时说，要缩短流程、提高效率、减少协调，使公司实现有效增长，以及现金流的自我循环。但我提出的措施，确实有一些问题，将机关干部和员工压到一线，会增加一线的负担，增加成本，但并帮不了什么忙。机关干部下去以总部自居，反而干预了正常的基层工作。后来我听取了一些中层干部的反映，他们认为组织流程变革要倒着来，从一线往回梳理，平台只是为了满足“前线作战部队”的需要而设置的，并不是越多越好、越大越好、越全越好。只要减

---

① 韦国森．基于云计算的决策应用的研究综述．中国管理信息化，2018，21（15）．

② KAVIS M J．让云落地：云计算服务模式（SaaS、PaaS 和 IaaS）设计决策．北京：电子工业出版社，2015．

③ 华为任正非总裁在销服体系奋斗颁奖大会上的讲话．中国企业家杂志，2012－08－27．

少平台部门，减轻协调量，精减平台人员，效率自然就会提高。这样EMT决议还未出笼就被反了一个方向。但如何去实现这一点呢？问题仍然摆在前面。这次访问利比亚时，我听取了北非地区部的汇报，有了一些启发。

北非地区部努力做厚客户界面，以客户经理、解决方案专家、交付专家组成的工作小组，形成面向客户的“铁三角”作战单元，较深地理解了客户需求，有效地提升了客户的信任，关注良好有效的交付和及时的回款。“铁三角”的精髓是为了实现目标，而打破功能壁垒，形成以项目为中心的团队运作模式。这给下一阶段组织整改提供了很好的思路和借鉴，公司主要的资源要用在找目标、找机会，并将机会转化成结果上。我们后方配备的先进设备、优质资源，应该在前线一发现目标和机会时就能及时发挥作用，提供有效的支持，而不是拥有资源的人来“指挥战争”“拥兵自重”。应该让听得见炮声的人来决策。

而现在我们恰好是反过来的。机关不了解前线，但拥有太多的权力与资源，为了控制运营的风险，自然而然地设置了许多流程控制点，而且不愿意授权。有过多的流程控制点，会降低运行效率，增加运作成本，滋生官僚主义及教条主义。当然，因内控需要而设置合理的流程控制点是必需的。去年公司提出将指挥所（执行及部分决策）放到能听得到炮响的地方去，已经有了变化，计划预算开始以地区部、产品线为基础，已经迈出了可喜的一步，但还不够。北非地区部给我们提供了一条思路，就是把决策权根据授权规则授给一线团队。这样我们的流程优化的方法就与过去不同了，流程梳理和优化要倒过来做，就是以需求确定目的，以目的驱使保证，一切为前线着想，共同努力地控制有效流程点的设置。我们进一步的改革，就是要使前端组织的技能变成全能的，但这并非意味着组织要去设置各种功能部门。基层作战单元在授权范围内，有权力直接呼唤炮火。当然炮火也是有成本的，谁呼唤了炮火，谁就要承担呼唤的责任和炮火的成本。后方变成系统支持力量，必须及时、有效地提供支持与服务，以及分析监控。公司机关不要轻言总部，机关不代表总部，更不代表公司，机关是后方，必须为前方提供支持与服务，不能颐指气使。

公司的最高决策机构是EMT会议，EMT成员只负责在会议结束后，推动决议的执行，他们实行首长负责制，也不能自称总部。机关干部和员工更不能以总部自称，发号施令，更不能要求前方的每一个小动作都必须向机关报告或经机关批准，否则，机关就会越做越大，越来越官僚。一线的作战，要从客户经理的单兵作战转变为小团队作战，而且客户经理要加强营销四要素（客户关系、解决方案、融资和回款条件、交付）的综合能力，要提高做生意的能力；解决方案专家要一专多能，对自已不熟悉的专业领域要打通求助的渠道；交付专家要具备能与客户沟通清楚工程与服务的解决方案的能力，同时对后台的可承诺能力和交付流程的各个环节了如指掌。其他非主业务的人员，要加强对主业务的了解，了解达不到一定深度的，不能成为管理干部及骨干，没有这种经历的，要去补好这一课。

我们并不否定廿年来公司取得的成绩。廿年来，公司实行的是高度的“中央集权”制，防止了权力分散而造成失控、形成灾难，避免了因发展初期产生的问题而拖垮公司。但世界上没有一成不变的真理，今天我们有条件来讨论分权制衡、协调发展。通过全球流程集成，把后方变成系统的支持力量。沿着流程授权、行权、监管，来实现权力的下放，以摆脱“中央集权”带来的效率低下、机构臃肿，实现客户需求驱动的流程化组织建设目标。我相信成功过的华为人，完全有可能实现这一次变革。

未来的不可知性使我们的前进充满了风险，面对着不确定性，各级主管要抓住主要矛盾，以及矛盾的主要方面，要有清晰的工作方向，以及实现这些目标的合理节奏；多做一些自我批判，要清醒地感知周围世界的变化，“深淘滩，低作堰”。“深淘滩”就是多挖掘一些内部潜力，确保增强核心竞争力的投入，确保对未来的投入，即使在金融危机时期也不动摇；“低作堰”就是不要因短期目标而牺牲长期目标，多一些输出，多为客户创造长期价值。“财散人聚，财聚人散。”能救我们的，只有我们自己。

**要求**

1. 结合所学知识，谈谈你对任正非的这番话的理解。
2. 分工、协作规则：学生个体参与。
3. 学习成果形式：论文，1 500 字以上。
4. 学习评定规则：教师评价。
5. 时间要求：一周。

**讨论提示**

决策的类型划分主要包括：(1) 按决策的性质可以分为战略决策、管理决策和业务决策。(2) 按决策的领导层次可分为高层决策、中层决策和基层决策。(3) 按时间的长短可分为长期决策和短期决策。(4) 按决策问题出现的重复程度可分为程序化决策和非程序化决策。(5) 按决策模式可分为纯理性决策和有限理性决策。

说决策是一个过程，是指组织运转包含着一系列大大小小的决策，决策之间都是相互联系的，形成一个相关整体。谁来决策？怎样做决策？制定决策后如何保障执行？这些问题都关乎企业的稳定与发展。

**分析与说明**

中国企业从 1978 年至今一直没有形成完整的发展思路，企业制度在不断发生变化，外部环境也在每天变化，人才更是像走马灯一样每天变化，这一方面是企业自身发展的需要，另一方面也是企业无法控制的结果。

企业在发展初期都依靠某个“能人”，即所谓的“能人经济”。但到企业发展后期，只有拓宽发展渠道，给予更多“能人”发挥的空间，并提供一系列明晰的权责、物力等制度保障，才能更好地留住人才，使企业走得更远。

## 本章要点

1. 决策是指对各种可能的解决问题的办法进行选择。它是人们在行动之前做出的决定。在组织管理工作中，决策就是组织（如企业）为了实现某一特定目标，从两个或两个以上的备选方案中选取一个满意的方案，并付诸实施的过程。

2. 决策有许多类型，我们一般注重从决策模式进行分析。

3. 组织决策的程序主要包括四个步骤：明确问题与目标、信息收集与处理、方案的制订与选择、方案实施与评价。

4. 影响个人决策的因素主要有对问题的感知、能力和知识、个人价值观、信念等。

5. 群体决策是我国社会组织常见的一种决策模式，与个人决策相比，群体决策有明显的特点：集中知识和信息；相互启发，相互弥补；开放性；有效性；稳妥性和效率。

6. 群体决策通常遇到的问题是：反应较慢、团体偏移、遵从压力、矛盾和对抗、先决策结论及主观概率。

7. 组织决策方法包括头脑风暴法、列单法、德尔菲法、决策树、定量辅助方法（线性规划、排队论、博弈论和概率论）和云计算技术。

## 推荐阅读书目

1. KAVIS M J. 让云落地：云计算服务模式（SaaS、PaaS 和 IaaS）设计决策．北京：电子工业出版社，2015.

2. 弗里奇．权力的博弈：重塑组织决策力与执行力．北京：人民邮电出版社，2013.

3. 迪登尔，福斯特．组织管理决策．上海：上海远东出版社，2004.

4. 陈建安，仇一颗．动态环境下组织内部决策权配置的理论与方法．长沙：湖南大学出版社，2010.

5. 李友梅．组织社会学与决策分析．上海：上海大学出版社，2009.

6. 席酉民，刘文瑞．组织与决策．北京：中国人民大学出版社，2009.

# 第十章

# 组织的沟通过程

组织结构能否良好运转取决于组织沟通是不是存在问题。沟通是检验组织结构设计是否有效的一个标准，如果运转不畅，就要进行重新设计和调整。当然，除了结构上的问题外，还有许多非结构上的原因，如组织成员自身存在的问题。沟通过程实际上是人与组织的融合过程。

本章首先研究信息沟通的过程，无论是组织的领导者还是组织成员都应当了解组织内信息是如何被组织、传播和解释的；其次，讨论信息的流动规律和基本类型，以使其和组织结构相适应；再次，说明信息沟通的障碍，解释感知、推断、语言和地位是如何导致沟通失败的；最后，说明有效沟通的方法和技术，力求通过结构调整，实现组织的最佳沟通。

## 第一节 组织沟通概述

组织沟通的目的是把被分化的结构整合起来，发挥结构设计的效率。结构设计并没有过多地考虑人的因素，沟通是把结构与人的因素相结合，考察结构与人的因素相融合的过程。

### 一、组织沟通的含义

所谓沟通是指人与人之间传递信息、指令、思想或观念的过程。组织沟通这一概念包含三个内容。

（1）组织沟通是维持组织运转的手段。组织沟通是角色与角色之间的信息交流，人只是其中的一个载体，组织的沟通过程实际上就是组织的指令与计划在水平层次和垂直层次上的传递过程。人在这种信息传递过程中也是一种信息媒介，按照组织设计，组织内的信息流动表现了角色之间的互动关系，是维持组织整合的基本手段。

（2）组织沟通是正式沟通，所有信息传递均被正式规定，不能进行任意的解释和修改。组织结构由众多的部门和职位构成，这些部门和职位依照分工的原则形成了一个互动体系。部门与部门、职位与职位，以及部门与职位之间的联系都存在大量的必不可少的信息，角色之间需要交换意见和看法，协调和解决各种矛盾，了解各自的期待和愿望，相互调整各自的行为，从而保证组织的有效运转。

（3）组织沟通是一个过程，即从发出指令到接收和反馈，注重被执行的情况，是整个沟通体系的一部分，而一般人与人之间的沟通不强调结果。

考察信息和指令在组织结构中的运转状况，目的是检验组织结构的有效性，即一项指令在执行过程中是如何发生变化的，受哪些因素的影响，为什么会发生偏离既定目标的现象，等等。

## 二、组织沟通的过程

组织沟通一般经过六个步骤或涉及六个方面的因素。通过六个步骤要实现这样一个目标，即一个有价值的信息指令被转换成接收者能够理解的方式，再经过一个适当媒介或途径传递给接收者，最后接收者能够准确地接收并理解该信息指令。

### （一）创造有价值的信息

组织沟通所传递的各种指令是一种正式信息，是根据组织运转需要所形成的信息，如果信息出错或者信息没有实际价值，那么将对组织的效率和目标产生不利影响。因此，信息发送者的指令和计划应是经过深思熟虑的完整信息，不完全信息则会导致谣言等沟通上的障碍。

### （二）信息的编码过程

信息发送者要把发送的信息指令通过某种方式表达出来，例如，文件或会议的形式，或者某种语言和动作，等等。信息表达力求准确无误，否则就无法使接收者接收到准确的信息。

编码涉及组织内外两个方面的因素，组织内部要看编码人员的能力，能否准确地把决策者的意图表达出来；此外还涉及组织成员的接受能力，如果使用很正式的书面文字，就要求成员有一定的文化水平，如果下属文化水平较低，则宜于采用通俗易懂的语言加以表达。组织外部因素指人们的生活习惯、爱好、风俗等。总之，信息的编码过程如同选择恰当的文字组成一个完整的意思，也即发送电报时需要把文字转换成一组数字一样。

### （三）选择传递渠道

信息传递渠道的选择取决于所传递信息的种类，在组织内部信息的传递通常有这样几种情况：一是向下传递信息，这种信息通常是一个指令或计划，既可以采取会议或文件的渠道，逐级下传，也可以采取直接见面的方式，或者语言的方式，或者非语言的动作方式进行传递。二是向上传递信息，这种信息通常是一种良好的建议或不满的牢骚，既可以逐级向上反映，也可以越级反映。在这里，选择什么样的信息传递渠道，取决于信息发送者对这种渠道的看法。例如，他如果认为逐级反映意见时，意见可能会被某一个层级的传递者扣留，就会采取越级直接反映意见的渠道。此外，他还可能根据情况的不同而选择其他传递信息的渠道，如现在常见的电话、微信或电子邮件等。

但是，无论采取什么样的传递渠道，都可能带来信息量的损失。渠道越长，损失量越大；环节越多，损失量也越大。所以，为保证信息传递的可靠性和准确性，要选择最短的媒介和最少的传递环节。

此外，人们生活的自然环境对组织沟通也有很大影响。如信息传送者所在房间的布置和颜色的选择，可能导致一个特殊的沟通形式；与情绪相关的颜色会影响沟通的实际效果（见表 10－1）；有时尽管选择了合适的传递渠道，但所处环境的因素导致了沟通的失败。因此，有效的沟通既要选择合适的传递渠道，也要考虑沟通的环境。

**表 10－1　情绪与颜色的关系**

| 情绪 | 颜色 |
|---|---|
| 兴奋、刺激 | 红 |
| 安全、舒适 | 蓝 |
| 忧伤、不安、心烦意乱 | 橘黄 |
| 温柔、抚慰 | 蓝 |
| 保护、防卫 | 红 |
| 沮丧、失望、不高兴、忧郁 | 黑 |
| 镇定、平静 | 蓝 |
| 高贵、尊严 | 蓝 |
| 愉快、欢乐、高兴 | 黄 |
| 挑战、对立、敌对 | 红 |
| 强有力、坚定、专横 | 黑 |

资料来源：威克斯纳．颜色和情绪的相关程度//霍德盖茨．工作中的现代人际关系学．北京：中国人民大学出版社，1989：376.

## （四）接收者通过某种渠道接收到信息

信息发送者把信息按时送达接收者手中，或者接收者通过某种渠道接收了信息。这一环节主要涉及信息传递渠道和接收时的环境要素，它将影响接收者对信息的解释。

## （五）解码过程

解码过程是指接收者对信息的解释与翻译过程。从理论上说，这种理解与翻译应按照发送者的本意进行，不应该误解或曲解接收到的信息。但在实际工作中，两者很难做到一致，因为它要受两个因素的影响：

一是信息编码。如果编码者没有按照接收者所能理解的方式，或者没有考虑到接收者的因素，而只是从信息本身出发进行编码，那么即使再准确的编码也不可能被完全接收。另外，如果编码本身就混乱不清，那么接收者无论如何也不可能做到准确理解。例如，在工作中经常会遇到这样的情况，听一个人发表意见听了很长时间也不知道他说的是什么，这既可能是因为说话者本身没有搞清楚自己要说的事情，也可能是因为说话者虽然有明确的想法但无法用准确的语言表达出来。

二是接收者解码。这一过程如同把电报传送的一组组数字翻译成文字一样，不仅必须懂得翻译的技巧和相关知识，还要对信息有准确的理解。这种理解除了受接收者自身素质的影响之外，还受到他在组织中的地位、环境及个性因素的影响。例如，年轻的总经理为了表示感谢而送给秘书小姐一束玫瑰花，秘书小姐将如何理解呢？

## （六）接收者对信息做出反应

信息接收者在对所接收的信息加以判断后，采取了某种反应行为，信息发送者就可以通过接收者的行为表现，来确定信息是否被接收者完整准确地理解，这一过程即信息反馈过程。对信息接收者来说，这种反馈相当于他也发送了一个信息（见图 10－1）。

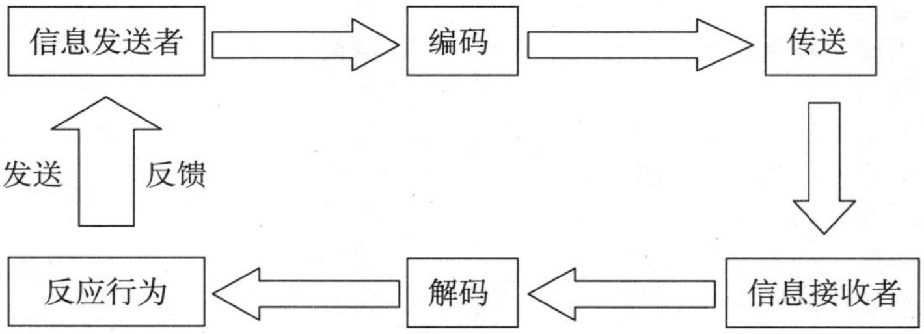


**图 10－1　信息的反馈过程**

通过对信息沟通过程的研究，可以得出这样几个方面的结论：

（1）组织结构的垂直分化层次要尽量减少，以缩短信息上向和下向传递的距离。

（2）组织结构设计要具有较高的弹性，允许越级或直接向最高领导提供建议。

（3）可以设计专门的“联络人”制度，以便信息能够直接送达接收者手中。

（4）为保证信息能准确传递，应采取多样化渠道或重复查询机制。

# 三、组织沟通的功能

组织就是人们为达到特定目标而建立起来的共同活动的群体形式，如果没有沟通，组织将不复存在。实质上，组织内的所有行动都可以在形式上被归结为沟通行为。在一个组织内，各个部门、不同等级和岗位上的个人之间如果没有合理顺畅的信息沟通，组织成员之间就无法了解彼此在做什么与想什么，管理部门也就无法了解基层工作的信息。同时，领导者就无法在充分掌握情况的基础上做出决策、发布正确的指令；即使发出了指令，也可能由于沟通渠道不畅通，而无法被基层贯彻执行。

没有沟通，整体组织不可能达到协调与统一，不同部门与不同职员的工作目标就会分散。到那时，组织成员都按照自己的需求和理解去实现各自的目标，组织总体目标就很难实现。具体来说，组织沟通的功能表现在以下几个方面。

### （一）沟通是正确决策的基础

某项组织决策的制定一般经过明确决策目标、收集资料、制定决策以及实施决策等几个步骤，从这里可以看出，任何一个步骤都离不开有效的信息沟通。若想做出正确的决策，决策者必须掌握足够的信息，包括组织各部门、各成员的工作状况、看法、认识和观点，组织外部各类环境的变化的特点和趋势，等等，如果缺少这方面的信息就很难做出准确的判断，采取相应的措施。在决策过程中有时即便掌握了必要的信息，但如果不准确或不及时，也会影响正确的判断。

### （二）沟通是有效控制的手段

一个组织若想保持长期的稳定发展和统一行动，实现预定的组织目标，至少要满足两个条件：一是组织的各项决策能够被每个执行部门和执行者贯彻执行；二是领导者能够随时纠正偏离行动，或根据不断变化的情况对不适应的部分进行调整。这就要求组织内外保持流畅的沟通渠道，使下向传递的指令能够迅速被贯彻执行，上向的建议和问题能够及时得到处理。只有这样，组织的活动才能始终保证朝向组织的目标，而不致偏离预定的轨道。

### （三）沟通是促进关系的手段

组织结构的设计是否完美无缺，关键看它是否适应和满足了人的需要。尽管组织是一组相互关联的角色系统，但真正在角色中起作用的还是人的因素。尤其是工业社会以来，工业组织已经成为人类生活中必不可少的要素，人类的各种需要和活动都只能在组织中完成。所以，能否满足需要逐渐成为检验组织设计的重要尺度。

组织是一种人群集合体，人群的各种特征会对组织的产生及发展有极大的影响。人有情感、有不同的需要和动机，合理有效的沟通会促进组织内人际关系的和谐。在组织生活中，成员既需要情感的交流和满足，也需要有人对自己的工作给予正确的评价。例如，人都有社会交往的需要，组织结构如果给予职工之间交流想法和情感、诉说工作中的喜怒哀乐的机会，就可能使组织成员对工作产生满意感；职工如果能与直接管理者进行经常性的交流，就更有可能将交流转化为一种工作动力。同时，管理者如果对组织成员的工作成绩给予及时的表扬与认可，就会使管理和工作激励产生事半功倍的效果，增加组织成员的工作满意感。

### (四) 沟通是协调关系的手段

组织沟通方式是组织设计的结果，目的是组织能够有效地协调，进而顺利地实现组织目标。但是，能否做到协调，既取决于结构设计，也受制于人的因素。如果组织内部各部门、群体及员工之间都能够相互了解对方的工作情况和内容，清楚对方的态度，理解彼此的意图，认识到自己角色的权利和义务，尤其当相互之间发生分歧时，及时沟通彼此的看法，那么沟通对促进组织之间的工作协调、相互配合、缓解甚至消除矛盾都有积极的作用。

在一定意义上，人们可以将组织的管理在形式上归结为信息的沟通过程。许多研究表明，人们在组织中的各种工作，有大量的时间花在沟通上。美国的一项调查表明，在企业中，生产工人每小时进行 16～46 分钟的沟通活动；基层管理人员工作时间的 20％～50％用于同各种人进行语言沟通，如果加上各种方式的文字性沟通，诸如写报告等，这一比例最高可达到 64％；而经理人员在工作内则有 66％～89％的时间用于语言沟通。组织领导经常开会、找人谈话、下基层等，其中很大一部分属于信息沟通的内容。

组织沟通的有效性就是让组织内所有的成员都能参与到组织活动中来，使每一个人都能感受到自己是这个组织不可或缺的成员之一，将自己与组织联系起来，形成一个完整统一的整体；同时，沟通使组织的每个部门和成员都能明确组织的目标和自己的任务，对组织达标起到积极的推动作用。

## 四、现代社会的沟通趋势

现代社会，尤其是 21 世纪以来，现代通信技术的飞速发展对组织沟通产生了巨大影响。例如，电话、电视、复印机、图文传真机、录像会议、电子会议、电子邮件、移动电话（3G 或 4G 电话）、个人电脑等装置的出现都极大地改变了组织的沟通系统，使组织内的许多沟通类型发生了质的变化，沟通变得越来越平等，信息逐渐实现成员的共享，组织内的横向与纵向沟通、非语言沟通的范围在逐渐缩小。

电子沟通使组织成员不必坐在办公室，无论他们在哪里，现代的通信装置都可以使他们随时随地保持密切的联系。电子沟通使组织内的界限变得越来越不重要，因为计算机在接入互联网以后，组织内的等级结构就被打破了，组织成员可以跨越任何一个等级给所需要的人发送电子邮件，甚至在家里也可以与公司保持密切的联系，接收与发布指令，还可以与远在其他国家的生意伙伴讨论问题，等等。这一切都说明传统的等级制结构已经名存实亡了，而且，组织之间的界限也由于互联网的发展变得越来越模糊，同时，电子信息的传递快速、准确及不受干扰的优点也是传统沟通所无法比拟的，因而现在许多大型组织把计算机和互联网技术应用于组织沟通。

电子信息沟通的发展既极大地提高了信息流动的速度，也实现了在任何地点接收信息的可能。无论是管理者还是职员，每天都可以 24 小时不分地点地处理信息。这无疑是一场信息革命，对组织结构将产生深刻的影响。但它的出现对人类自身来说也存在不利的一面，即人与人之间缺乏真诚的交流，没有了非正式沟通的乐趣，组织成员对组织也难以形成归属感，等等。

# 第二节 组织沟通的类型

依照组织分化的方式，组织沟通有多种类型，每一种类型都有自己的特点，并在组织中发挥着不同的功能。区分信息沟通类型的意义在于准确把握沟通特点，修正组织结构，使其设计发挥出最大的效率。在组织内部，根据沟通的性质、方向和所使用的媒介，组织沟通的类型可分为三种形式。

## 一、正式沟通与非正式沟通

组织沟通从性质上可区分为正式沟通和非正式沟通。

### （一）正式沟通

正式沟通是指组织的信息按照明确的规章制度所规定的方式进行传递。在这里，所要传递的信息是正式和成文的，是以明确公开的方式表达出来的，同时，各个传递环节也都有明文规定。例如，一个组织的领导者根据自己的权力和责任发出指令，然后指令按照组织规定逐级传达至最基层的执行工作人员，或者是在某个特定的会议上宣布一项处理决定；一个企业的生产组长按照企业的要求，每天需要将生产情况向上级做出书面报告或者口头汇报；一个职能部门把本部门讨论的决定或发现的问题，按照有关规定通报其他相关职能部门。这些沟通既不是随意进行的，也不是可有可无的，而是必须进行的工作，组织内多数沟通是这种正式沟通。

正式沟通是信息传递的基本方式之一，它是按照事本规则建立起来的沟通形式，沟通过程中不允许掺杂任何情感因素，每个角色的行动都具备可预测性，它是组织效率得以保证的前提条件。此外，正式沟通还包括发现问题、控制偏差、收集信息等所有工作内容。组织的统一行动和相互协调也有赖于正式沟通的健全和畅通。

### （二）非正式沟通

非正式沟通是指通过非正式渠道传递的非正式信息。这种传递信息的方式不是组织规定的，而是组织成员在长期相互作用中形成的，并且常常会对组织效率产生负面影响。非正式沟通有以下两种表现形式。

（1）当正式沟通的渠道无法满足或妨碍了必要的信息沟通时，需要借助非正式沟通的方式来满足必要的信息沟通。在一个大型组织中，工作人员常常会遇到这样的情况：如果按照正式渠道提出某一申请报告，或协调某项工作，那么往往要花费很长的时间和很多精力，而且可能由于长期的公文旅行与繁文缛节的手续，仍然得不到满意的答复，又或者等到信息反馈回来后早已错过了大好的时机。每当这时，为了组织的效率和效益，人们往往通过非正式渠道传播信息。例如，直接找到关键的办事人员，或越级汇报工作，或根据具体情况找熟人自行协调。

（2）通过非正式沟通来补充和丰富正式沟通的信息。这是一种有意识地利用非正式沟通的方式来弥补正式沟通的不足的方式。其表现形式主要是“小道消息”的传播。小道消息是指组织成员出于好奇心而私下传递某些意见，他们所传播的信息属于那种不能或无法通过正式渠道进行传播的信息。小道消息有以下几个特点：

第一，传递信息的不确定性。一般来说，小道消息传递的信息具有很大的不确定性，真实性成分较少。一位美国学者通过对 6 家公司调查后发现，在所研究的 30 条小道消息中，9 条是确定的，5 条有歪曲，16 条全无根据。其他研究人员还发现了另一种情况，即如果小道消息不带感情色彩，那么其准确率往往可达到 78%～90%。

第二，传递和扩散的速度快。小道消息的传递有时采取的是一个人向另一个人的单向式传递，但更多的时候是由一个人听到消息后，同时又转告给另外三四个人，然后再由他们继续向外传播，因而消息的传播速度非常快，范围广泛。研究表明，当年美国总统肯尼迪被暗杀后 90 分钟内，92%的美国人就知道了这个消息。当然现代社会的新闻媒介的信息传递起了很大的作用，但仍有许多人是通过其他人转告而了解到这个消息的。

第三，消息来源较模糊。小道消息的传递往往都是非正式的，很多消息是道听途说，得到消息的时间和地点都不固定，有些信息甚至是从陌生人那里偶然听到的，而且许多传播者在说过之后自己也就忘记了，因而很难追查到信息的准确来源。

第四，消息传递的弹性较大。小道消息在传递过程中有很大的弹性，信息传递的前后往往不一致，这是因为小道消息多数是在人与人之间直接传播的，每个人由于自身的知识背景和理解能力、感情色彩、想象以及权威性，都有可能对听到的信息进行再加工，以致信息面目全非。

第五，有新闻性与现实性。小道消息被传播与它自身的特点和内容有密切关系：一是新鲜、离奇甚至刺激，越是超出常规的信息，人们谈论得越多，传播越快；二是这个消息越是与人们的工作有联系，或越为人们所熟悉，人们就越喜欢谈论和传播。

非正式沟通在各类社会组织中都是一种客观存在，也是无法避免和消除的。

非正式沟通既有负功能，也有正功能。有些小道消息可以作为正式沟通的一部分，有些小道消息是组织实际情况的反映，还有的小道消息常常是成员愿望和不满情绪的自然流露。如果人们对非正式沟通保持敏感和清醒的认识，那么将有助于组织信息传递，协助管理者了解组织的真实情况，改善组织的活动质量。如果要消除小道消息的不利影响，那么最根本的方法是调整组织结构设计，提高正式沟通的效率。

## 二、纵向沟通与横向沟通

按照信息沟通的方向，组织沟通可分为纵向沟通和横向沟通。

### （一）纵向沟通

纵向沟通是指组织内的信息按照从领导到基层，或从基层到领导的形式，即自上而下或自下而上的方式进行传播。在组织学研究中，纵向沟通也被分为下向沟通与上向沟通两种形式。这种沟通是按照组织的等级层次进行的，是组织权力的行使过程。

下向沟通是组织领导向组织管理人员和基层工作人员发送关于工作指令的信息，例如，项目计划、与工作相关的其他指令、有关的工作程序、对工作的评价以及对职工进行教育等。下向沟通是否顺利和无障碍，直接关系到组织活动的效率，它是组织控制的重要手段，为所有组织成员的活动提供依据。同时，有效的下向沟通，还可以避免小道消息的不良影响，提高组织的控制能力。

但是，下向沟通也存在着一定的问题。这种通过正式职位权力而强制进行的信息沟通，不可能做到完整无缺。各级权力阶层的分化与分割，加之传递者有意无意地误解、曲解或其他的未知原因，则有可能导致信息量的损失。通常，领导者发送的信息每经过一个层次，就会损耗一部分。美国学者尼柯斯在对 100 家工业公司的调查中发现，信息在逐级下向传递的过程中有巨大的损失量。从表 10－2 中可以看出，董事长的一项指令层层损耗，等传递到班组长时，竟然只剩下了 20%。可见，若想保持信息的真实性，减少传递环节十分必要。此外，下向沟通还有一种可能，即领导者的指令被层层加码，最后超出了基层办事人员的能力和范围，使指令改变方向或变得无效。

**表 10－2　下向沟通过程中信息损失量表**

| 层次 | 信息损失百分比（%） |
| --- | --- |
| 董事长 | 0 |
| 副总经理 | 37 |
| 高级经理 | 44 |
| 企业主管 | 60 |
| 总领班 | 70 |
| 班组长 | 80 |

上向沟通是指组织信息从下级流向上级的过程。这种信息流动最常见的目的是提供信息反馈的意见和建议，它可以检验下向沟通信息的准确性程度，由此达到双向沟通的良好效果。

上向沟通主要表现在两个方面：(1) 汇报工作。组织的基层按照规定，将自己的工作情况向上级汇报；组织管理者则根据工作状况来判断下向沟通的指令是否达到了预期目标，以便能及时调整和纠正所出现的偏离行动。(2) 反映意见。基层员工按照确定的程序或固定形式，将自己的一些意见、建议、观念和情绪向上级反映，并期待得到重视。

但是，大量实践表明，上向沟通的信息常常被中间管理者人为地压缩或删节（如表 10－3 所反映的情况），出现“报喜不报忧”的现象。当然，许多好的建议或意见传递到高层领导那里，就能够受到重视或发挥出作用。因此，上向沟通若想对组织发展有正面功能，就应当解决好两个方面的问题：一是各级管理者应保证上向沟通的信息无论好坏都要如实上报；二是对上报的信息，组织管理者要认真对待和分析。这样，一方面可以鼓励人们积极进行上向沟通，另一方面还能充分发挥上向沟通的积极作用，使组织保持一种良性循环状态。

**表 10－3 组织的上向沟通表**

| 管理者 | 接收到的信息 |
|---|---|
| 董事长 | 管理和工资结构是非常出色的，福利和工作条件是好的，而且会更好 |
| 副董事长 | 我们非常喜欢这种工资结构，希望福利计划和工作条件将会改善，我们非常喜欢这里的工作 |
| 总经理 | 工资是好的，福利和工作条件还可以，明年还会进一步改善 |
| 主管人 | 工资是好的，福利和工作条件勉强可以接受，我们认为应该更好一些 |
| 领班 | 我们感到工作条件不好，工作任务不明确，保险计划很糟糕，然而我们确实喜欢竞争性工资，我们认为公司有潜力解决这些问题 |
| 工人 | |

资料来源：霍德盖茨．工作中的现代人际关系学．北京：中国人民大学出版社，1989：381.

## （二）横向沟通

横向沟通是指在同一层次上的人们之间，或超出正式等级指挥系统之间的信息传递过程，例如，同一层次的部门之间、职员之间的沟通，部门 A 经理与部门 B 经理因工作需要所进行的沟通，或者部门 A 内部职员之间的沟通。这种沟通的目的是促进相互间的合作与配合。

此外，横向沟通还发生在不同部门及不同层次之间，通常被称为“斜向沟通”。例如，董事长打电话给部门 A 经理询问工作进展情况，或部门 B 经理打电话给财务副总经理询问本部门的支出情况，或者部门 A 经理直接询问部门 B 职员生产材料的采购情况，等等。这种斜向沟通的目的也是使相互配合与协作发挥出最大效率。法国管理学家亨利·法约尔曾给予这种沟通形式高度重视，认为在组织内部存在大量横向或斜向交叉的信息沟通，它们对组织活动效率具有积极作用。由于这种交叉沟通形式早在 1916 年由法约尔首先提出，因此后人称之为“法约尔桥”或“跳板理论”。在图 10－2 中，经理 C 与 A2 的交谈，经理 B 与经理 C 的联系，经理 B1 与经理 C1 的沟通，都属于斜向沟通。

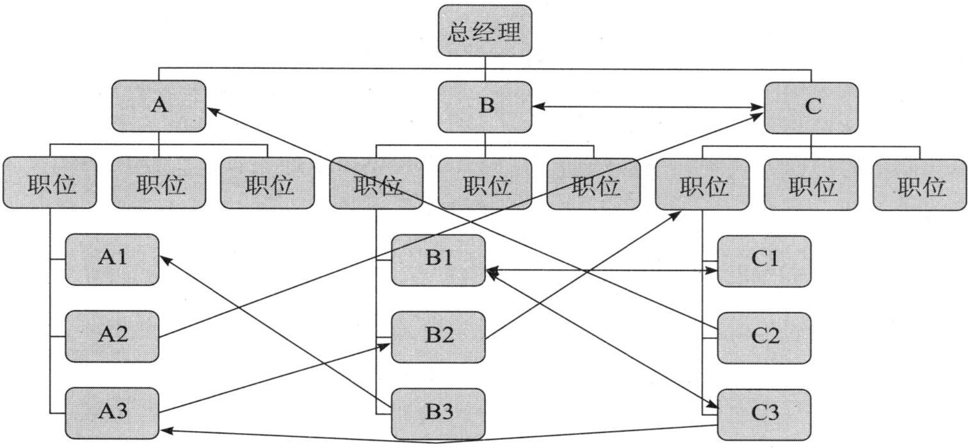


**图 10－2 法约尔的跳板理论**

横向或斜向沟通在运行过程中会导致两种结果：一是可能对正式的纵向指挥系统产生破坏作用，因为它们跨越了不同的部门，离开了正式的指挥系统；二是如果这种沟通的目的是更好地完成工作任务，使相互协作的各个部门直接进行有效沟通，从而避免直线式的繁文缛节的沟通方式，则对组织效率的提高有积极作用。所以，若想使这种沟通避免第一种结果出现，而实现第二种结果，则要保证两个基本前提条件：（1）在进行沟通之前，告知直接上级领导者并得到他的允许；（2）把斜向或横向沟通的效果通报给直接领导者，以便使其能继续支持任何形式的信息沟通。

## 三、语言沟通与非语言沟通

根据所使用的媒介，沟通可区分为语言沟通与非语言沟通。这两种类型的沟通与其他形式有许多不同之处，常常混合使用，具备相辅相成的功效，不能把它们单独割裂开来。

### （一）语言沟通

语言沟通是指借助于口头语言和书面语言所进行的信息沟通。组织内部许多信息是以口头语言和书面语言的形式进行传递的。研究表明，组织成员在工作时间内大约有 50%的时间用来进行语言沟通，如口头语言和书面语言，比较而言，口头与书面混合的沟通效果最为理想。

口头语言沟通是一种面对面的直接的沟通形式，具备快速、双向反应，可反复进行并容易理解的优势。管理者在遇到较复杂的问题时，可以给下属提供询问的机会，并最终把问题搞清楚，或者信息发送者应该经常重复那些重要的部分，以便使接收者更好地理解信息。当然这种沟通受许多不确定性因素的影响，如沟通双方的表达能力、当时的沟通环境、当时的心态、接收者的理解能力等都会影响沟通的效果。

书面语言沟通是指通过文件和报告等方式进行信息传递的过程。这种沟通方式具有准确、稳定、可永久保留等优点，但往往过于死板、不能及时得到反馈，同时还易受接收者的理解能力的影响。一项比较研究显示，在口头、书面及两者混合使用的沟通方式中，书面沟通问题最多，效果最不理想；混合使用的沟通形式效果最佳，它既综合了两者的优点，又避免了各自的不足。

## （二）非语言沟通

非语言沟通是指运用表情、体态和行为所进行的信息沟通，其主要形式包括表情、体态、动作和交往距离等。当组织处于沟通状态下时，很多信息是通过非语言的方式进行传递的，而且非语言的方式会加强信息沟通的效果，例如，沟通的双方通过观察彼此的表情、动作和行为表现来补充对语言的理解。

表情是非语言的沟通形式之一，例如眼睛和面部表情。中国人常说眼睛是心灵的窗口，说明了眼睛在信息传递中的重要作用。人们在信息交流中常常根据对方眼神的变化来判断信息的内涵。当一个人兴奋和激动的时候，瞳孔会放大。管理者可以通过观察对方的眼睛来判断某些事情，尤其当对方受到压力或动感情的时候。

动作语言作为一种非语言沟通方式，在沟通时起着重要作用，这些动作主要包括信息交往时的姿态、身体位置、触摸和动作方式等。例如，当一个管理者昂首阔步地走过坐满下属的办公室时，另一管理者则与每个员工点头致意，下属对这两种方式会解读出完全不同的信息。同样，当一位管理者坐在宽大的办公室后面接待来访者时，来访者会感觉到对方发出的保持等级距离的明确信息；而当管理者离开办公桌，与来访者面对面坐在沙发上时，表达出的信息就完全相反。如果在与对方沟通的同时，还做着其他的事情，就等于发出了一个信息：你的话对我并不是很重要。当双方紧紧握手时，表明双方都具有坚定的信心。如此这些，人们在工作中都会有切实的感受。

行为表现是非语言沟通的第三种方式。在组织内部，职员是否遵守规章制度，是否按照组织的要求做事，只要观察他的行为表现就一目了然。例如，如果看到总经理亲自打扫办公室，就说明他对清扫工的工作不满意了；如果职员经常迟到早退，就说明他蔑视组织的规章制度。作为管理者，对成员既要听他怎么说，更要看他怎么做，即所谓的“听其言，观其行”，一个人的行为表现才是他真实的想法。

此外，组织经过长期发展也会形成许多物化了的东西，我们可称之为组织结构的表面化。例如，办公室的设计和摆设也表达着一种无言的信息，尤其是接待不同的客人选择有不同装饰的办公室等。这种非语言的方式常常反映一个组织的总体面貌，给人深刻的印象。

在现实工作中，语言沟通与非语言沟通往往同时出现。非语言沟通又是无意识的、习惯性的行为方式。这种沟通方式，缺乏明确性与可预测性。它要求沟通双方必须在同一个意义上使用某种非语言的方式，否则就可能出现歧义，导致误会。对于组织领导者和管理者来说，应当对这两种沟通形式保持高度敏感，以便及时准确地理解各类符号所包含的信息。

以上分别讨论了三类沟通形式，它们各有特点，都是组织所必需的沟通形式。当然，这些沟通形式并不是相互割裂的，而是密切联系的一个沟通系统。组织结构就是在这样一系列沟通形式下被整合为统一的整体，进而发挥出设计的效率。因此，良好的结构运转离不开有效的信息沟通，作为管理者，既要了解各种沟通形式的特点，更要善于利用各种沟通形式来高效率地实现组织目标。

# 第三节 信息沟通的障碍

尽管组织内的信息沟通是经过周密设计，而且严格按规则运行的，但仍然不能取得令人满意的效果。一方面，由于信息沟通的载体是人，有许多不确定性因素，因此沟通所设计出来的效益与效率同样也就存在诸多的不确定性因素。要想最大限度地避免这种不确定性，就要使管理者明确那些导致不确定性的因素，即影响沟通的障碍因素。另一方面，阻碍沟通的其他因素还包括组织的、工具性的及文化性的因素。

## 一、感知障碍

感知是一个人对现实世界的看法。感知作为人们认识、选择和理解外部环境刺激的过程，在很大程度上受个人心理、生理、生活经历等众多因素的影响。即使是同一环境、同一信息，不同的人由于感知的不同，也会按照自己的参照系来进行理解。世界上没有两个人会具备完全相同的心理和生理条件，也不存在两个人拥有完全相同的生活经历的情况，因此，每个人实际上都是一个认识中心，都会从自身的角度看待事物。尽管组织结构、规则具有普遍性和统一性，但由于感知差异而产生的各种不同的意义，是信息沟通的最大障碍，具体表现在以下几个方面。

### （一）环境与知识背景的差异

每个人在进入组织之前都有特殊的生活环境和知识背景，如果这方面的同质性较强，就会产生那种“心领神会”的交流，彼此无须多说或多做解释，就能理解对方的意图，甚至包括那些隐藏在语言背后的意思。可是，如果双方在环境和知识背景方面的差异较大，彼此在互动过程中就会遇到许多麻烦，即便是对同一事物或规则的理解也会出现截然相反的看法。因此，当对方要表达某一信息时，接收者实际上是在环境和知识背景的帮助下，去理解对方所表达的意义的，这样，双方如果环境和知识背景相似，就很容易沟通。但是，这种状况也使组织内那些缺少共同背景的人与人之间的交流变得困难。

各种约定俗成的动作、行话和规矩等都是这种情况的典型反映。人们在一起工作时间长了，很自然就会发展出许多小范围的语言特点，这些词语和动作的形成极大地方便了沟通。把组织规则转变成群体内容易理解的语言形式，也使小群体内部产生一种亲近感。当一个外人刚加入这个群体时，他很可能对这个群体内的规则不理解，因为他与小群体成员没有共同的生活经历和工作经历。

### （二）组织成员的特性

除了环境、知识和经历这些外部客观因素会影响人们对信息的理解外，成员的动机、情绪、个性、感觉等都可能对信息的理解产生影响。组织成员在沟通时，如果心情好就会认真接受和考虑他人提出的建议，比如，一个生性乐观、希望得到晋升的组织成员，很可能把管理者每一次的鼓励和微笑都理解为晋升的信号；而一个心胸狭窄、生性多疑的组织成员，在组织沟通中常常会把遵守规则理解为对自己的不满或有意刁难，甚至会把他人的注视理解成对自己的不满。

### （三）组织成员的偏好

虽然组织规则所表达的意义对每位成员都是一样的，但在实际运转过程中，常常会出现这样的情况：信息接收者或者出于个人愿望，或者出于眼前利益，总是有意无意地强调信息的某一个方面而忽视另一个方面，或者强调某一个信息而忽略另外的信息。实际上，组织成员经常有选择地接受信息，如人们比较熟悉的“报喜不报忧”“偏听偏信”“忠言逆耳”等都反映了这种情况。这种偏好或认识上的选择性，主要原因是组织成员为了避免矛盾、冲突，有意无意地排斥了一些信息。关于人们为什么会出现这种选择和偏好，心理学家做出了这样的解释：第一，人们一般都不重视与原有的看法、期望和价值不一致的信息；第二，人们一般更重视从一个不太可靠的来源得到的、比原来的期望要好的坏消息；第三，如果从这个来源得到的信息与过去的期望相比一样，他对这个来源就不太重视；第四，如果这个信息比原来期望得还要坏，他对这个来源就更不重视。

### （四）感知遗漏

良好的信息沟通是指信息的接收者在适当的地点和时间接收到了发送者的信息。在这里有两个关键的因素，即信息的发送者和接收者。按通常的规律，只要发送者把信息表达清楚，接收者听清和看清，就会取得良好的沟通效果。但在组织的实际运行中却很难满足这两个条件。对发送者来说一目了然的信息，实际上可能遗漏了很多。即使是清楚的信息，成员在沟通时也可能出错，如有些智力测验题，乍看上去很简单，但如果不好好考虑，很难得出正确的答案。

例如，使用一个模糊的信息。我们可以用以下数学练习来类比此种情况。图 10－3 有 9 个点，研究一分钟后，按照要求用 4 条直线把 9 个点连接起来。规则要求：必须一笔画完；如果在一条线上出现重复，比如你从左边画到右边，然后又返回左边离开的点，算两条线；必须用直线，不能用曲线。[①]

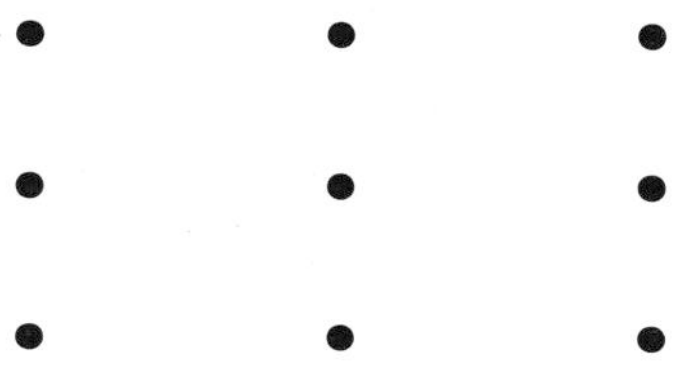

**图 10－3　数学练习**

在完成这个练习（不要超过 5 分钟）时会发现，你画的线必须超出 9 个点形成的方框，才能解决这个问题；如果试图在方框之内解决，直线不会少于 5 条。同样，当经理们进行沟通时，通常认为他们的信息是清楚的，然而，那些信息实际上经常模糊不清，信息接收者往往最后会问："上司这句话是什么意思？"

## 二、语言歧义

组织内的信息沟通尽管有许多类型，但大部分沟通依然是通过语言来完成的。组织规则的实际执行也是通过语言的解释来得到确认和理解的，语言互动具有不确定和难以控制的特点，尤其跨文化的语言沟通是现代社会的一个最大问题。20 世纪 50 年代以来，电子技术和国际互联网的发展，使全球化的趋势日益明显，不同文化、不同国家和种族之间交往越来越频繁和必要。但文化、风俗和习惯等方面的差异，使这种沟通变得很困难，因此，语言也是沟通的最大障碍之一。

在组织沟通中，人们之间传递的任何文字和语言，从字面上解释都存在多种含义。每个人在进行语言沟通时，都会按照自己的情况给所使用的语言赋予特定的含义，这就使语言存在着被误解或被曲解的可能。语言歧义就是指人们在沟通过程中对语言产生歧义性的理解。这种歧义主要有以下三种情况。

### （一）不同背景下的不同理解

语言歧义通常是由于背景不同而产生理解上的差异。在一般的语言沟通环境

① 霍德盖茨．工作中的现代人际关系学．北京：中国人民大学出版社，1989：384.

中，对于同一句话，听者如果从不同的背景出发，就可能会产生完全相反的理解。例如，一个新任管理者在就职演说中讲道“我们为迎接21世纪的到来，必须加大企业的改革和改组力度”，对这句话所传递的信息，有的人理解为是新任领导者的决心，有的人认为这不过是老生常谈，随便说说而已，有的人则可能认为这是新任领导者要进行组织调整和裁员的信号，或者认为这是对组织状况的不满的评论。所有这些看法都与个人在组织中所处的位置有密切关系，当然也不能排除这里面有些本来就是新任领导者要传递的信息。

跨文化沟通则会遇到更多的问题。例如，有些词句无法在两种文化中互译，对中国社会中的“单位”一词就不能用英文的“organization”来理解。还有许多语言的习惯和认知上的差异，如中国人常说的“你吃饭了吗?”，在许多其他国家的习惯中，说这句话可能就意味着你要请他吃饭。

### （二）一词多义

在语言沟通环境中，一词多义无论是在中文还是外文里都是一种普遍现象。语言的多义性很容易造成对同一信息的理解的歧义性。中国语言中普遍存在着一音多字、一字多音的情况，而外国语言也同样存在这种情况。例如，英文中最普通的一个词“round”，在标准的词典中至少可以查到79种含义。日语中的“mokusatsu”（默殺）可以解释为“不理睬”或者“不加评论”。在第二次世界大战期间，美国、英国、法国和苏联在《波茨坦公告》中提出了对日作战的最后通牒，日本政府在回答时就使用了“mokusatsu”这个词，其本意是“不加评论”，但西方通讯社却把它翻译成了“不理睬”。据说，这一态度对后来美国决定用原子弹轰炸日本广岛和长崎影响很大。

### （三）缺乏上下文的联系

语言沟通是分离式的，需要许多词和句的有机组合才能表达一个完整的信息，所以，上下文之间的联系就显得非常重要。组织成员之间的沟通问题，就是因为缺乏对整个语言信息的把握，常常有意或无意地单独挑选出某一句话或几个字，并对此进行有目的的理解，即所谓的“断章取义”。其实，任何一个完整的信息所表达的意义都有赖于同其他语句的关系。在整个沟通过程中，每一个语句都可以单独表达一个意义，如果把它放在上下文中理解就会是另一个意思。这便是语言沟通产生歧义的根源。组织成员之间若想保持有效的沟通，就要注意听完发送者的所有信息，然后再加以全面理解，方能得到一个完全的信息。

## 三、信息过量

在组织沟通过程中，信息的质量和数量对组织结构能否良性运转起到关键作用。信息占有量大、信息质量高，对组织沟通起很大作用，但也并非信息量越大越好。过多的信息非但无助于组织的沟通，反而会妨碍正常的组织沟通。信息过量是指大量信息和信息沟通蜂拥而来，使组织活动陷入繁重的沟通之中，从而影响了正常的组织工作。信息过量对组织沟通往往产生两方面的不良后果：

（1）根本无法或没有能力处理超量的信息。尽管现代科学技术的发展使人们处理信息的能力增强，但人们能力增强的速度仍然赶不上信息量增长的速度。由于信息爆炸，最终人们只能是简要地、有选择地或部分地处理超量的信息，不可能对信息进行全面、深入和认真的分析，有时还会对信息采取不理睬、不积极的态度，结果导致许多有用的、有价值的信息未被认真对待。

（2）花费大量时间在信息沟通上，影响了其他工作的正常进行。信息量过大使组织要投入大量的人力和物力来处理信息。本来组织沟通是为了更好地实现组织目标，但是，由于信息量过大而使处理信息的工作变成了工作的目标，这势必妨碍组织目标的完成。因此，合理的信息沟通不取决于信息量的多少，而取决于所收集信息的质量。日常工作中的“文山会海”就属于超负荷的信息沟通，这种状况使许多人浪费了大量的时间和精力，无法进行正常的组织工作，而且最终的结果是，这种沟通对组织发展没有产生任何积极的作用。

## 四、地位差异

组织结构是由不同的职位和部门构成的一个互动体系。在这一系统中每个职位上的人都具备特定的地位，由此导致了他们对组织内各项事物的相同或相异的看法，且看法相同或相异的程度主要取决于他们在组织内的地位差别。通常，自然和谐的沟通是在相同的地位上进行的。如果地位不同的人进行沟通，就有可能产生冲突。其冲突的原因有如下几个方面。

（1）地位不同产生压抑感而导致冲突。地位的差别意味着权力与资源的占有状况不同，地位较低的职员常常会感受到压抑，不能充分发表自己的意见或进行有效沟通。相反，地位相等或接近的职员之间的交往则比较顺畅和自然，想发表什么意见都可以，不必担心因一时的疏忽而受到伤害。例如，职员与职员之间，一般管理者之间的沟通都是如此。

（2）人们经常根据地位的高低来判断信息的准确性。通常，人们都愿意相信地位较高的职员会提供相对准确的信息，而对地位较低者提供的信息人们总会有许多疑问。在这里，被注重的因素不是信息本身，而是信息发送者和接收者的地位。这种差异会导致认知上的不同，从而产生冲突。

（3）人们愿意与地位高的人进行信息沟通，而对地位较低者的意见不够重视，甚至否定，因此经常发生冲突。一项调查实验的结果提供了有力的证据：实验者要求 105 名经理记录他们在一周内进行的每一个沟通情景，并且要求他们说出对每一次沟通的态度。结果表明，这些经理在与比自己地位高的人进行沟通时，把这种沟通评价为有价值的、令人满意的、令人感兴趣的和精确的沟通。但是当他们与地位比自己低的职员进行沟通时，则表现出截然相反的态度。这些地位较低者如果知晓这种歧视，就不会去积极地与经理进行沟通，甚至会与经理产生冲突和矛盾。

## 五、其他因素

除以上因素外，还有许多因素可能成为有效沟通的障碍。这里主要讨论以下三个方面。

### （一）时间因素

组织沟通往往因受时间限制，而不能达到完全有效的结果。因为组织沟通只是在有限的组织工作时间内进行的，职员在组织内的活动时间是固定不变的，所以管理者不可能实现对每个人的成功沟通。此外，沟通时间也会影响到沟通效果，例如，沟通是选择在刚上班不久、接近下班的时候，还是工作进行当中进行。在每个时段上人们的感觉及情绪都有不同的变化，选择恰当的时机是有效沟通的重要因素，往往会起到事半功倍的效果。

### （二）环境因素

这里的环境因素是指组织沟通的背景，即在什么状况下沟通最有效。如果沟通在一个噪声很大的环境中进行，接收者就会很费力，常常难以听清发送者的信息，而使沟通中断，因此，选择适当的环境进行沟通有重要意义。当然，选择的环境必须与沟通的内容相适应，有的工作需要在会议室进行，有的工作需要在车间来完成，有些工作可以在对方的办公室进行，有些工作则必须在自己的办公室完成，等等。

### （三）利益因素

任何正常的组织沟通都可能涉及个人利益，此时沟通者很难保证价值中立。例如，在很多情况下，职员出于自身的意图，可能有意对上向沟通内容进行“筛选”，目的是保护自己的利益不受侵害。因此，组织应当设计出更为严格的措施，保证信息的完整性和准确性，而且职员在涉及自身利益时应采取主动回避的态度，以维护沟通系统的良性运转。

信息沟通的障碍是一种客观存在，并不是通过组织设计就可以解决的问题，它需要两方面的努力：一是从组织结构上完善沟通网络，尤其在正式沟通形式的制定方面，应尽量避免非正式沟通现象的出现，最大限度地控制人的随意性，增强组织沟通的可预测性；二是组织成员要严格遵守沟通规则，明确哪些地方容易出现沟通问题，从而有意识地避免此类问题。

# 第四节
# 改善沟通的技术方法

组织沟通是组织实现目标的基础，要保证有效沟通，可从两方面进行考虑：一是组织的制度性措施，即如何设计和制定正式的沟通规则；二是组织成员如何掌握沟通的技术和方法。以下将对改善沟通的技术方法进行详细介绍。

## 一、沟通步骤

组织沟通不同于日常生活的沟通，它有着确定的步骤和方式。如果经理人员和组织成员都能了解沟通的程序或步骤，许多沟通方面的问题就可能避免。组织沟通的步骤有以下四个。

### （一）注意

注意是指全身心地投入沟通之中，注意对方发出的信息，只有这样才有可能引起对问题的注意。信息发送者在传递信息的过程中，实际上面临着一个争夺“市场”的问题。信息接收者可以同时接收多方面的多种类型的信息，他可能在思考许多与这个信息无关的事情。这就迫使信息发送者既要保证传送的信息有足够的趣味，还要使这个信息对接收者有积极作用。如此，才能真正引起接收者的注意，使他认真接收信息，而不至于思考其他事情。

### （二）理解

对传递信息来说，不仅仅要引起接收者的注意，更重要的是使接收者能够全面认识和理解信息的真正含义。在组织活动中经常会遇到这样的情况，例如，经理在给下属布置工作任务时，经常会问：“你听明白了吗？”这时接收者常常会回答：“是。”其实，在多数情况下，这种答案都是不确切的。接收者可能是基于某种压力才这样做的。因此，若想使接收者真正理解信息的意义，经理人员就应当采取另外一种方法，即询问接收者“你明白了什么”，这样，接收者就会重复信息的内容，经理人员也就可以用它来检验接收者是否准确地理解了信息。

### （三）接受

接受是指接收者同意收到的信息，并按照信息的指令从事工作。在正式沟通中，很少出现下属拒绝接受上级信息的情况，除非这个信息会对接收者的利益造成巨大的损害或构成巨大的威胁。

### （四）行动

这一步骤实际上是信息反馈过程，它可以检验信息接收者是否按照信息的要求去做了。从信息沟通的角度看，到了这个阶段，信息沟通的过程实际上已经结束。但是，在行动阶段里，仍然有许多问题需要解决，否则信息沟通就达不到预期的效果。例如，外在环境发生了不利于实现目标的变化，原有那些为实现目标所配套的资金与设备不能及时到位，等等。

## 二、表达技巧

一个好的沟通者应该具有较好的表达能力，能将自己的意思完整地表达出来。信息越简单，就越容易被正确地理解和执行。如果是文字信息，就应该简明扼要，具有一定的可读性；如果是语言沟通，就要说清楚，培养一种“见什么人说什么话”的能力。

## 三、换位思考

换位思考是指信息发送者把自己放在接收者的位置上思考信息沟通，这样可以使他设身处地地从他人的角度去考虑问题，也可以说是“设身处地，由己及人”。若组织成员都能够超越自身，从他人的角度来考虑问题，就为相互理解提供了基础；如果组织成员之间缺乏这种能力和愿望，沟通就会经常出现障碍。因为有些成员既很难理解对方为什么这么说，也不清楚自己的反应会给对方造成什么样的影响。所以，组织成员必须学会换位思考。

换位思考首先是能与对方建立起情感上的沟通，可以帮助发送者更好地预测接收者的反应。例如，一个管理者如果能够设身处地地为下属着想，了解下属的困难和问题，就能够做出恰当的决定，通过信息沟通激励下属更加努力地工作。

换位思考也是一个沟通观念问题，它体现出一种寻求理解沟通的主观愿望，学会沟通就是学会与人交往。怎样才能进行有效的沟通和理解呢？无论是在组织内，还是在组织外，都有许多东西是人们无法理解的。例如，对古代的一些人和事，对国外发生的一些事件，等等。人与人之间是不可能达到完全地相互理解的，这种沟通理解只是一个方法的问题，而不是最终目的。你真心去理解了，但可能理解不了；你若不去理解，则永远也无法实现真正的沟通。真正的理解既不是渴求到的，也不是寻觅来的，希望得到理解首先应学会去理解别人。你理解农民劳作的艰辛吗？你理解大杂院居民拥挤的感受吗？你理解失学少年的绝望吗？你理解进入老年的父母吗？你理解妻子儿女希望你做一个怎样的丈夫和做一个怎样的父亲吗？煤油大王不是绝对理解不了捡煤核的老婆婆的辛酸，林妹妹不是绝对理解不了焦大的苦闷，关键在于能否做到“设身处地”和“将心比心”，这才是开启沟通理解之门的关键。

组织沟通与人们日常生活中的交往有很多一致性特点。前者受正式规则的限制，不如后者那样随意。在现代社会中，组织成员之间以及管理者与成员之间的沟通如果只有规则，就不可能达到真正的沟通。

## 四、动作语言

动作语言（body language）是一种重要的非语言沟通方式，常见的动作语言有转动眼睛以向别人示意、握手或拍别人的肩膀、站立和坐卧的方式，以及穿着打扮的方式等，这些都对信息的沟通有重要影响。一方面，它有助于信息沟通取得良好效果，另一方面，它对组织正常运转也有着许多不利的影响。由于动作语言的出现，组织的正式规则会受到扭曲，导致次级关系初级化，影响正式目标的实现及组织效率的提高。但作为一种改善沟通的方法，组织在一定范围内允许适当的动作语言。

眼睛运动是动作语言的重要形式。许多经理认为撒谎的人不会用眼睛看着听者，这是不对的。高超的骗子经常盯着听者的眼睛说谎，他们懂得这能提高听者对他们的可信度。触摸也是一种重要的动作语言信息，它可以增强发送信息的力度，有助于接收者理解信息指令，例如，紧握双手、拍肩膀或者蹦跳等，都是动作语言的表现形式。同样，身体位置也是多语言的一种表现方式，包括站立位置和坐卧位置等。办公室的布置也可以反映出主人的某些信息。

组织沟通的目的是最有效地实现组织目标，所以，不论动作语言对改善两个人的沟通多么有利，只要超越了组织规则就应当被禁止。

## 五、接收和反馈

组织内大量的信息传递是通过书面的方式，而很少采用面对面的沟通方式。但面对面的沟通方式依然普遍存在，并在组织内起着很大作用，所以，培养有效的倾听习惯就变得很重要。倾听是一件很困难的事。研究表明，多数人一分钟的讲话速率约为125个字，但其听觉的识别能力却高达600个字。这就使大脑很清闲，会有很多时间来“胡思乱想”，或考虑对讲话者提出的问题如何回答，等等。这样，人们就不能专心听别人在说什么，而常常在考虑怎样对别人提出的问题做出反应，从而最终影响了沟通效果。为了改善这种状况，组织机构可以通过训练的方式来提高成员接收信息的能力。

## 六、写作技巧

写作是一种常见的组织沟通方式，它是以书面语言的形式进行沟通的，可以消除因语言而造成的某些不利后果。一般来说，提高写作沟通技巧的方法有以下几种。

（1）写作技巧不是靠天分就能达到较高水平的，它需要大量的后天训练。只要写得多了，自然也就熟能生巧。因此，作为初学者更要强迫自己写作、写作、再写作，才能越来越有成效。

（2）写作还要掌握一套规则，尽量减少随意性。通常，写作要经历这样三个步骤：一是构思，熟悉组织内的各种情况；二是确定材料的准确性，必要时要核对所收集的材料；三是对写出来的文稿润色修饰，保证文稿读起来自然顺畅。

（3）把写好的文稿送给同事或他人，并请求他们对所起草的文稿提出意见，这样就可以再进行有效的修改。

## 七、沟通制度

组织沟通不仅是技巧和方法的问题，沟通作为一种组织制度，它的效果和效率完全取决于组织结构的设计。这里所说的沟通问题，实际上就是组织设计问题。改善沟通必须有制度性措施做保障，否则再好的沟通网络也会因人员的变化而失去意义。沟通的制度性补充措施是指从沟通制度结构方面，对现有的沟通网络进行调整、改进或补充，以便达到沟通渠道的良性循环。组织除了正式制度之外，还需要如下几种补充制度形式。

### （一）日常沟通

由于组织内的沟通类型往往并不能充分表达组织成员的意愿，或者沟通形式本身存在缺陷，例如上向沟通和下向沟通的距离问题，横向或斜向沟通可能违反命令统一原则等问题，因此需要从制度结构上加以补充和修正。例如，定期出版的小报、黑板报、印刷的小册子以及例行的沟通制度等，既可以缩短管理者与员工的沟通距离，同时还可以使不同群体成员的信息得到及时沟通。

### （二）职工会议

职工会议是一种很有价值的沟通形式。它是指组织成员定期或不定期地聚集在一起，发表意见和提出对组织工作的改进措施。这种职工会议不是那种每年一两次的职工代表大会，而是针对某些具体问题，以会议的形式鼓励职工发表意见。国外的一些机构常把这种会议称为“垂直参谋会议”。

在一般组织中，都有相应的例会制度，但多数会议形式在同级人员之间进行，信息沟通也会因此受到限制。而职工会议是由一定范围内的管理人员和普通职工共同参与的，实行不同等级职员的直接接触和直接沟通。这种形式的沟通既可以弥补上向和下向沟通的某些不足，也会得到组织成员的拥护。

### （三）建议制度

职工会议不可能经常进行，而且在会议上即使鼓励职工发表意见，仍然会遇到许多问题。例如，职工可能出于维护领导的面子不愿意直接提出批评意见，或者在会议上会受到某些压力，等等。为改变这种状况，组织一般采取的制度性措施是建立一套建议制度，使之具备一种强行向上沟通的功能，诸如各种领导的接待日、协商对话办公室、领导热线、意见箱等。这种制度性措施一般是为中下级职工准备的沟通形式，它可以避免上向沟通时某些信息被过滤掉，或被增加某些信息的可能。同时，领导者还要对这种沟通方式予以鼓励，并对一些好的建议进行物质奖励等。

## 案例分析："互联网＋"时代，从内部颠覆企业管理模式①

"互联网＋"时代到来，纵观整个互联网的发展史，我们发现互联网企业已然以全民注视的姿态站立在历史上前所未有的鼎盛位置。冯仑说，互联网会改变一切传统行业，这代表了中国所有企业对互联网新的认知和认同。不论是淘宝电子商务颠覆了传统零售业，还是小米营销改变了传统手机业，无论是微信促变了传统运营商模式，还是余额宝等互联网金融势不可挡地冲击了传统银行业，大家都意识到了"互联网模式"对这个世界的改变，催生出众多企业家"头顶上的天就要变了"的恐惧。

这一切改变仅仅是互联网全面颠覆这个时代的开始。如前所述大家已所熟知的互联网思维，基本上是基于改变企业外部营销方式，消除传统营销所带来的时间、空间和数量级别的限制，打破传统营销渠道中因信息不对称而产生的成本，从而以更低成本、更快速度、更精准服务来与传统行业竞争，吸纳客户，打通渠道，传统行业俨然在以老旧的长枪大刀对抗互联网模式高精尖的飞机大炮，被颠覆也是不言而喻的。但互联网仅仅只能做外部营销的颠覆吗？当然不是！

互联网颠覆传统行业的核心在于改变了因信息不对称而发展受限的行业模式。互联网有效地破除了地域限制，使信息更加自由地流通，提升了沟通效率，消除了一切信息不对称，这是对传统行业最直接、最有影响力的冲击。我们可以从每个行业中找到信息不对称的线索，而这种因信息不对称而产生的无效成本同样存在于企业内部。

调查显示，虽然每人每天平均工作 8 个小时，但只有不到 3 个小时是在做自己的本职工作，也就是每人每天平均只有不到 40%的实际工作时间。其他时间都被各种开会、邮件、同事的打扰等占据，这些"非本职工作"被我们称为工作中的"磨损"。

这种磨损的产生是因为在团队协作中团队成员需要分配任务，同步进度，沟通交流，交换文件，讨论问题，以使整个团队能够持续协同工作。团队或公司规模越大，这种磨损越严重，团队的工作效率越低。这也是为什么很多时候增加人员数量并不能产生 1＋1＞2 的效果，反而有 1＋1＜2 的无奈。

因此，我们发现企业和团队内部管理需要一套能够帮助减少磨损、提高效

---

① 互联网＋时代，从内部颠覆企业管理模式．（2015－08－27）［2020－05－10］. https：//www.sohu.com/a/29538069_210830.

率、消除信息不对称的系统。这种改变看起来微不足道，但是如果公司或者团队通过采取减少开会、邮件、不必要的沟通等工作方式，将磨损时间从6个小时减少到3个小时，有效工作时间从3个小时提高到6个小时，那就意味着效率提高了100%。

我们通过对人们日常工作内容的分析，发现以任务为核心的任务管理系统可以有效地帮助团队和企业完成任务分配，同步并跟踪，聚焦任务讨论，透明共享信息，让团队专注工作本身，并进行有效的个人和团队的时间管理，从而减少开会时间和邮件沟通时间，避免团队沟通中不必要的干扰时间。通过消除企业和团队内部的信息不对称，企业和团队跨越了内部沟通的距离，提升了100%以上的效率，这种互联网模式可以有效地改变团队，颠覆以往的工作方式。更核心的是，团队内部的所有任务及记录，也正是企业内部的大数据资产，它们可以被用于数据分析和制作报表，来了解团队的工作状态。

今天，信息化迅速发展，企业的运营管理数据、政策法规、公文、文档和公告等都在不断更新和变化。攘外必先安内，是该选择继续用传统的大刀长矛去奋力抵抗，还是该用飞机大炮火力全开地主动拥抱互联网模式的下一个改变？答案不言而喻。

**要求**

1. 结合所学知识，谈谈你对互联网时代应如何提高组织沟通效率的认识和理解。
2. 分工、协作规则：学生个体参与。
3. 学习成果形式：论文，3 000字以上。
4. 学习评定规则：学生互评。
5. 时间要求：两周。

**讨论提示**

虽然网络沟通已不再是新生事物，但网络沟通的效率仍受到诸多因素影响，比如网络连接的稳定性和信息传递的全面性等。此外，随着网络资源越来越丰富多样，对信息正确性和准确性的辨别也已成为一种必须具备的能力。正确看待互联网给组织沟通带来的利弊变化是我们有效利用其开展工作的重要前提。

**分析与说明**

现代社会，尤其是近十几年来，现代通信技术的飞速发展为组织沟通带来了巨大影响。例如，电话、电视、复印机、图文传真机、录像会议、电子会议、电子邮件、移动电话、个人电脑等装置的出现都极大地改变了组织的沟通系统，使组织内的许多沟通类型发生了质的变化。沟通变得越来越平等，信息逐渐实现成员的共享，组织内的横向与纵向沟通、非语言沟通的范围在逐渐缩小。

电子沟通使组织成员不必坐在办公室里，无论组织成员在哪里，现代的通信装置都可以使他们随时随地地保持密切的联系。电子沟通使组织内的界限变得越来越不重要，因为在互联网出现以后，组织内的等级结构就被打破了，组织成员可以跨越任何一个等级给所需要的人发送电子邮件，甚至在家里都可以与公司保持密切的联系，接收与发布指令，还可以与远在其他国家的生意伙伴讨论问题，等等。这一切都说明传统的等级制结构已经名存实亡了。同时，组织之间的界限也由于互联网的发展变得越来越模糊，而且电子信息的传递快速、准确及不受干扰的优点也是传统沟通所无法比拟的，因而现在许多大型组织都把计算机和互联网技术应用于组织沟通。

电子信息沟通的发展既极大地提高了信息流动的速度，也实现了在任何地点接收信息的可能。无论是管理者还是职员，每天都可以 24 小时不分地点地处理信息。这无疑是一场信息革命，将对组织结构产生深刻的影响。但它的出现对人类自身来说也存在不利的一面，如人与人之间缺乏真诚交流，没有了非正式沟通的乐趣，组织成员也难以对组织形成归属感，等等。

## 本章要点

1. 沟通是指人与人之间传递信息、指令、思想或观念的过程。组织沟通一般经过六个步骤或涉及六个方面的因素，即创造有价值的信息、信息的编码过程、选择传递渠道、接收者通过某种渠道接收到信息、解码过程、接收者对信息做出反应。通过六个步骤要实现这样一个目标，即一个有价值的信息指令被转换成接收者能够理解的方式，再经过一个适当媒介或途径传递给接收者，最后接收者能够准确地接收并理解该信息指令。

2. 沟通是检验组织结构设计是否符合实际需要的尺度。沟通的功能表现在：沟通是正确决策的基础；沟通是有效控制的手段；沟通是促进关系的手段；沟通是协调关系的手段。

3. 组织沟通是组织设计的结果。依照组织分化的方式，组织沟通有多种类型，每一种类型都有自己的特点，并在组织中发挥着不同的功能。区分信息沟通类型的意义在于准确把握沟通特点，修正组织结构，使其设计发挥出最大的效率。

4. 影响沟通的障碍因素主要包括感知障碍、语言歧义、信息过量、地位差异及其他因素，如时间、环境和利益等。

5. 良好的沟通取决于合理的制度结构，而不是职员的知识和素质。组织沟通是组织实现目标的基础，它包括组织的制度性措施和某些沟通的技术和方法。

## 推荐阅读书目

1. 格拉伯．沟通的力量：公共组织信息管理．上海：复旦大学出版社，2007.

2. 谢弗．领导解决方案：协调战略、创建团队、管理沟通．北京：人民邮电出版社，2003.

3. 马金，库帕，考克斯．组织和心理契约：对工作人员的管理．2 版．北京：北京大学出版社，2000.

4. 黄步琪，黄宇隽．知人、知面、知心：人际交往与组织沟通．杭州：浙江大学出版社，2008.

5. 杰纳兹，多德，施奈德．组织中的人际沟通技巧．3 版．北京：中国人民大学出版社，2011.

# 第十一章 组织的领导过程

对组织来说，能否良性运行取决于两个要素，一是组织结构的设计，二是领导者的选择。领导者是影响组织运转的重要因素。如果缺乏有效的领导者，即使组织结构设计得再合理，也不会发挥出它应有的潜能，组织的运转将处于混乱无序、一盘散沙的状态。本章将主要探讨领导者的基本职能、领导方式与组织结构及外在环境之间的关系，重点考察制约领导成效的社会及环境因素。

## 第一节 领导概述

领导者就是在组织结构框架内，激励员工实现目标的主体。他是组织政策的制定者和组织活动实施的推动者。本部分将对领导的概念进行澄清和界定，区别领导者与一般管理者的不同，集中讨论领导者、领导工作以及领导职能和领导者的能力。

### 一、领导与领导工作

领导概念具有双重含义，其一是指一种实际活动或组织的一项基本程序性的工作，即领导工作活动；其二是指推动与实施组织活动的主体，即领导者。

#### （一）领导工作

领导工作指的是在特定的组织环境中，某个人（或某些人）通过直接相互作用而对其他人施加影响，从而使人们的行动集中于完成特定目标的过程。这一定义包括这样几个关键点：

（1）领导过程是一个在个人之间施加影响的过程，它强调相互作用过程中的主体意志和影响有效性。领导工作的前提是相互作用体系中存在着比较稳定的影响力绝对差异值，即相互作用各方的影响力不均等，一部分人的影响力大于受制于人的影响力（正值差异），另一部分人则相应地拥有差异负值。

（2）领导工作受特定环境制约，即在不同组织环境中，领导关系可能会发生变化。例如，某项产品的开发研制工作在研究阶段时，精通业务知识的专家可能指挥着整个工作活动过程，但进入设备安装和调试阶段时，工作的主要任务变为检验新产品的性能，技术娴熟的操作人员可能会取代前者指挥别人。

（3）领导工作的核心职能是激发下级成员的潜力，指挥和协调与目标相关的群体活动，促进目标的实现。考察领导工作成效的尺度是看他是否实现了组织活动的目标。如果领导工作没有能够实现预期目标，则意味着领导工作是无效或低效运转，亟待改进。

### （二）领导者

领导者是领导工作的主体和核心要素，指的是在特定环境下的相互作用体系中被赋予或实际承担着指导和协调与目标相关的群体活动这一职能的个人。这一定义具体包括以下几个方面：

（1）领导者是某种意图（活动目标、群体预期状态）的集中体现者和承担者。他通常代表着组织的特定目标或某种群体的需求。

（2）领导者是互动的发动者，因而在相互作用体系中拥有超出其他人的影响力，能够对其他人施加影响——控制、指挥、协调——从而贯彻自己的意图。

（3）领导者的影响力是权力的体现。领导者影响力的基础和源泉包括法定权、奖酬权、强制权、关联权、信息权、专家权和职能权等。领导者调动资源的能力和数量，决定着影响力是否有效及质量如何等。

（4）组织中通常存在着正式领导者和非正式领导者。正式领导者依据组织职位而被授予相应的职权，而非正式领导者没有获得正式职权，但他由于自身具有某些对其他成员形成吸引力的个人品质（经验、知识、背景等）而获得超出其他人的影响力，在实际工作中履行着领导职能。

## 二、领导职能

领导的职能众说纷纭，不同的领导在不同的组织状态下有各不相同的职能。本部分主要涉及领导的一般职能。

### （一）领导职能的内容

领导工作和领导者的职能是一致的，它通过个人之间的直接互动，促进和激励下属的行为来实现组织目标。领导职能与一般管理者的职能有所不同。一般认为，领导职能是管理者职能的一部分，而不是全部。领导职能的核心是通过直接的相互作用引导其他成员追求已经确定的目标，为此领导者必须把群体团结起来，把组织成员的潜力调动出来，形成目标方向上的合力。

领导者的作用就是通过各种激励手段，将目标意识灌注到每个下属心中，吸引下属追随自己，激发他们为实现组织目标而共同努力。而管理职能除了上述任务之外，还包括如组织结构的设计、群体内部互动关系的设计、组织活动的整体规划、组织和群体目标的确定与调整等。

领导不是管理。领导与管理有很大区别。许多机构管理得很不错，但领导却很差劲。这类机构处理日常事务的能力可能出类拔萃，然而却可能从未问过这些日常事务究竟是该干还是不该干。

以大学为例。校长该做什么？他应当是个概念论者。作为一所大学的领导者，校长除了是谋士外，还要有企业家的远见，并且需要花时间考虑那些影响学校命运的因素。校长必须教育其他管理人员，使他们不仅知道有必要分清领导与管理，而且了解要为校长创造条件，使校长摆脱日常琐事的纠缠。领导者可以冒风险、出差错，除了彻底发挥自己的创造性外，还应鼓励下属也充分发挥创造性。领导者与管理者的最大区别就是：领导者能抓住要害，管理者把事情办好。

因此，领导能力体现在四个方面：引起注意、善于表达、赢得信赖与驾驭自我。(1) 领导能力是能通过一系列的意旨或远见来吸引众人的注意的能力。这类意旨或远见不是神秘或宗教的含义，而是针对成果、目标或方向的。这些领导者明显具备的第一种特质是吸引他人，这不仅因为他们有远见，而且因为他们竭尽全力献身理想。(2) 领导能力是一种表达能力。为了让别人清楚他的理想并把众人团结在自己的周围，领导者必须善于表达自己的见解，沟通和团结是相辅相成的。(3) 领导能力是赢得信赖的能力。信赖对所有机构都是重要的，信赖的主要决定因素是可靠性。最近的一项调查表明，人们宁愿追随那些观点不同但值得信赖的人，而不是那些同声同气但不断改变立场的人。(4) 领导能力是驾驭自我、了解及有效地运用自己技能的能力。驾驭自我是至关重要的，如果没有这方面的能力，领导者和管理人员就可能“成事不足，败事有余”。

领导者应该有自知之明。他们从不说失败的概念。他们把人们称作失败的事情都叫作失误、差错、失利、亏损等。

领导赋予工作人员权力。在领导得力的机构中，授权的效果在以下四个方面最为明显：(1) 人们觉得自己是重要的。每个人都感受到自己对机构的成就有一定的贡献。(2) 吸取教训和善于处理问题。领导者重视吸取教训和善于处理问题，下属也会这样做。(3) 人人感到是团体的一员。即使某些员工彼此并不特别喜欢，也都能感受到这种团体意识。(4) 工作是刺激的。哪里有领导者，哪里的工作就有刺激性、挑战性、吸引力和乐趣。领导艺术的要素是把人们“导向”目标而不是推向目标。(5) 对于出色领导者和以其为核心的机构来说，工作与娱乐恰到好处地融合在一起。领导者的责任是恰如其分地在员工之间协调工作与娱乐。

## (二) 履行领导职能的具体任务

为了完整地履行领导的职能，领导者一般要完成四项具体的任务：

(1) 分配工作任务。领导者把自己的意图具体化，向下属传达具体明确的指示、任务，使每个人都知道自己该干什么和怎么干。分配工作任务应该准确无误，否则将会影响到任务的执行与完成。

（2）指导和监督工作任务的执行。领导者要随时掌握下属活动的情况以及进度，并运用各种方式给予指导和监督，对下属之间的相互配合给予协调。对那些需要下属发挥主动性、创造性的工作要考虑适当地放权，对于工作中的风险和失误要有充分的估计，要敢于支持下属的工作，并对某些失误承担责任。总之，在这一阶段，领导者要掌握组织运转的全面情况，及时解决达标过程中遇到的各种问题，并对计划进行必要的调整。

（3）工作评估。在工作任务执行和完成后，领导者的重要职责是对工作质量、进度和完成情况进行检查与验收。评估的标准要预先公开，征求各方的意见，使每一个成员都心中有数。评估过程要遵循实事求是、公正合理的原则。

（4）分配奖酬。对按规定完成或超额完成工作的人，应按照工作质量和数量进行奖励，包括物质奖励（如金钱或实物）和精神奖励（鼓励、表扬或授予荣誉称号）等。

在履行领导职能问题上，领导工作的成效可以从两个角度测量：一是工作效率，二是群体成员的满意程度。

## 三、领导者的能力

在明确了任务和职能后，领导者应该具备怎样的能力，才能与领导任务和职能相匹配，是组织社会学探讨的一个重要课题。

领导者的能力多种多样，不同组织也有不同的需要，如营利与非营利组织的区别。组织理论研究表明，任何一种组织形式最早都发源于经济组织。经济领域最活跃、最具有创造性，也是组织形式的实验基地。因此，这里主要以经济组织的领导者为讨论的重点。

### （一）强化自我意识

领导者对自己的长处和短处要有全面的了解，包括别人的看法及其又是如何影响到他人的等。从他人的角度来认识自我，有助于领导者增进有效行为。只有达到这种自我转变，领导者才能有效地领导组织变革。

### （二）领导者的反馈习惯与意愿

虽然提供和接受反馈的能力是一种很难掌握和运用的管理技术，但它却是帮助领导者发挥潜能的有效工具，因为人们在工作环境中很难确切地知道自己的长处和短处，而这些因素又直接对组织的效率产生重要影响。因此，那些熟悉并能够有效运用反馈的领导者，常常能帮助个人及团体更好地了解自己的潜能，从而把人们的潜能转变为现实的工作能力。具备提供和接受反馈的能力是未来成功领导者的基本能力要求。

### （三）求知的意愿和能力

领导者应具备接受新知识，并愿意改变自己的观点和行为的能力。同时，求知的意愿还与创造力、形成新观点的能力密切相关。不断学习和尝试新事物可以使人开阔视野，寻求到解决问题的新方法。

### （四）兼顾工作和生活的能力

现代社会中的人们越来越重视工作与生活的关系，每个人都应当兼顾这两者，否则就是一个不全面的人。而一名有效的领导者也并不是单纯由事业和工作地位决定的，他更需要家庭与工作的相互平衡和相互融洽，但这并不等于说工作时间减少了，而是说领导者应当对所有的方面应付自如，并使之相互统一，因为个人的能力和价值观表现在多个方面。

### （五）尊重差异的能力

由于全球一体化趋势的不断发展，领导者的能力也必须随之发生相应的变化，尤其是对跨文化的环境和背景下的工作人员差异性的尊重和理解。而且，领导者不仅需要对语言、传统、文化这些本身就重要的因素进行分析，还需要具备一种能从截然相反的观点中找到补充和发现的综合能力，允许百家争鸣、各抒己见的胸怀，领导者要充分尊重别人的意见和建议，强调包容性，排除狭隘性。

# 第二节<br>领导学的研究重点

关于领导活动的研究一直集中于领导工作成效，即领导者履行职能效果的决定因素。根据对不同因素的重视程度和侧重点，可以划分出三大研究重点：个人素质、个人行为和环境因素。

## 一、领导素质研究

关于对领导者个人素质方面的研究始于20世纪30年代，当时许多心理学家对领导者进行了大量研究，希望发现领导者与被领导者在个性、社会、生理或智力因素方面的差异。他们认为，领导者的个人素质是决定领导工作成就的关键因素。领导者素质问题一般包括如下几个方面。

### （一）生理特征

生理特征包括年龄、性别、身高、体重、相貌等。在早期的研究中，一些学者对生理特征进行过详细而又系统的研究，但由于研究结果相互矛盾，很难在实践中予以确认，因而没有得出实质性的结论。

## （二）智力因素

智力因素包括智商、知识面、判断力、口才、书写能力、演算能力等。成功的管理者的理想智商范围是120～135。根据最佳成人智力测验的结果，这个范围包括了样本总体的91%～99%。智商为115～119的人虽然可以担任某些管理职务，但在晋级竞争十分激烈的大公司里却很少。智商在115以下的管理者，在与其他管理者竞争时明显处于劣势。那些智商超高（比如，超过135）者有时会过分讲究理论，对许多直线职位上的例行工作表示厌烦。①

但这并不是说智商水平高的人就能做一名有效的领导者。例如，一个能言善辩、擅长推理但不精通计算的人，在会计师事务所或银行机构就很难做得更好。它与智商水平的高低没有必然的联系。

## （三）个性因素

个性因素的内容主要包括独立性、自信心、遵诺守时、机敏、果断等。这些方面的研究在现代组织学理论中很少受到重视，缺少普遍的推广价值。但是，近年来关于情绪智力的研究取得了很大进展。

情绪智力，是由美国记者丹尼尔·戈尔曼（Daniel Goleman）于1995年出版的《情绪智力》一书开始引起普遍关注。该书风靡全球，成为畅销书，一年之内仅精装本就销售超过300万册。该书中所讨论的情绪智力的思想，在许多领域尤其是在企业界被普遍接受，成为培养人的素质的重要内容。由于该书的宣传，加之学术界的研究积累，人们已经接受这样的观念：情绪智力是比传统的智商更重要的东西，它能更好地预测人的职业成功。

一般来说，情绪上成熟的领导者能够以平静的方式指挥下属，而不是任意斥责犯错误的下属，往往能取得很好的管理效果。有效的领导者懂得人生的目的和意义，他们了解自己，知道自己往哪里走，以及如何达到目标等。他们务实、果断，并对自己的能力充满信心。

## （四）解决问题的能力

解决问题的能力主要包括工作责任感、风险承受力、富有进取性、在新的环境中具有开拓性、愿意接受挑战性任务、高层次激励需求等。这些素质能力对提高领导者的工作效率有积极作用。

激烈的竞争和变化多端的市场给管理者的决策带来极大的困难。管理者的决策不可能预测到未来市场的所有细节，而只能建立于可能性或概率，而不是确定

---

① 霍德盖茨．工作中的现代人际关系学．北京：中国人民大学出版社，1989：274.

性的基础之上。这就意味着管理者经常要冒一定的风险，因此，风险意识与胆识是管理者不可或缺的一种品质。

风险意识是对风险性的客观估计以及在不确定情境下敢于决策的勇气。但是，勇气和对可能性的估计并不是一回事。比如，对一件事的决策取决于两个因素：事件本身的价值和事件成功的可能性。对这两个因素估计的乘积就决定了行为的驱动力。但实际上，人们往往并不按照这种方式来决策。在一定限度内，人们倾向于采取冒险行为，决策时按照事件价值而不考虑可能性；但当超出一定限度时，人们又反过来倾向于采取保守行为，决策时按照事件可能性而不考虑事件价值。这之间有一个转折，上述的限度就是转折点。不同人的转折点是不一样的，这恰恰就反映了人的风险意识的特点。

作为一个管理者，恰当定位自己的风险意识很重要。有人只能运作百十元钱的买卖，有人则能自如地调度成百上千万的资金。那么，确定自己的风险意识就成为领导者决策的首要任务。表 11－1 是一个检验冒险-保守转折点的例子。

**表 11－1　测试你的冒险性——选择 A 还是 B**

| A 选择 | B 选择 |
|---|---|
| 100%的可能性 | 10%的可能性 |
| 1 元 | 10 元 |
| 10 元 | 100 元 |
| 100 元 | 1 000 元 |
| 1 000 元 | 10 000 元 |
| 10 000 元 | 100 000 元 |
| 100 000 元 | 1 000 000 元 |
| 1 000 000 元 | 10 000 000 元 |

表 11－1 中的每一行都给出一对选择，每对选择的价值-可能性乘积都是一样的：在 A 选择下，你有 100%的可能性得到一定数量的钱；而在 B 选择下，你有 10%的可能性得到比 A 情况多 10 倍的钱。虽然每对选择的价值-可能性的乘积总是一样的，但你会发现，当风险金额较少时，你更倾向于选择 B，即采取冒险倾向；而当风险金额较大时，你会转而选择 A，即采取保守倾向。看看你在哪种情况下开始由选择 B 转向选择 A，这也是一个检测冒险性的方法。实际上，每个人都或多或少有一些投机性，只是有人敢“大赌”，有人只是“小赌”。发人深省的是，B 选择中自上而下事件的可能性是不变的，但人们却随着价值的增高而转向 A，变得保守起来。这并不是一种理性的结果，而是人格特性使然。

## (五) 社交能力

社交能力包括乐于合作、帮助他人、不端架子、平易近人、广交人士、风趣幽默等。这些素质对于加强群体凝聚力，形成和谐融洽的群体气氛及良好的人际关系都很重要，但这一切都以信任与合作为基础。

人际信任是人际合作的基础。领导者通过信任的襟怀，赋予他人责权利，有助于形成人际关系的牢固吸引力，形成坚实的人际纽带，也就能形成企业内部向心力的基础。

建立人际信任的方法之一是关怀他人、为他人行善、赢得他人的尊敬和关心。领导者的任务之一是最大限度地争取所有员工对工作的投入，实现企业最大效益。这就要求领导者必须关心员工，以信任赢得合作。当领导者处于团队核心位置时，信任与关怀就尤其重要，它对于推动团队合作、增强凝聚力具有更大作用。

### （六）个人社会背景

个人社会背景主要包括家庭出身、经济背景、社会关系、受教育水平等。这些因素对领导者的影响缺少量化指标，很难知道其影响力的大小。但是，人的社会化方式和程度，会对人的后天行为产生巨大影响。只是这种来源于以往经验的管理方式与所领导的群体能否有机配合，便成为决定领导成效的主要原因。

### （七）激励动力

有效的领导者具有强大的激励动力，尤其是实现获得权力或控制局面的机会。领导者的需求状态与马斯洛的需要层次相对应，可以得出这样几个方面的结论，即成功的领导者往往对实现尊重和自我实现的高级需要感兴趣；一般领导者比较关心归属等中等需要；不成功的领导者一般很重视对安全和生理需要的满足。此外，领导者与下属的需求状态往往是一致的，即成功领导者的需要层次高，下属需求也处于同样的层次，而且下属有着与上司相似的激励动力。

### （八）领导欲望

领导欲望是指要想成为有效领导者的人，必须有强烈的当领导的意愿，并且愿意承担由领导职位所带来的责任。

关于领导者应具备什么样的特质，众说纷纭。在大众媒介里传播得最多的方面包括智慧、领袖魅力、果断、热忱、顽强、勇敢、正直、自信等。在学术界，人们也做了大量的尝试。基伯（C. A. Gibb）的研究报告认为，天才领导者应具有七种先天特性：善于言辞，具有英俊潇洒的外表，具有过人的智慧，自信，心理健康，有支配欲，外向且敏感。

说到特质，曾经有一种不太恰当的看法，认为领导者的特质是先天的、与生俱来的，这就抹杀了后天教育、环境和实践经验的作用。大量研究并没有证实领导者的成功与遗传的关系。而今，人们不再把领导者特质看成是遗传的，而是把注意力放在寻求与领导者的成功相关的特质上。

# 二、领导行为研究

对领导行为的研究主要流行于 20 世纪 40 年代末到 60 年代中期。这种研究主要是针对领导素质研究的缺陷而进行的探索。这一时期，研究人员开始把注意力转移到领导者的行为方式以及和下属的互动行为上，也即重点关心的已经不再是领导者本身“是怎样”的，他们的禀赋和素质如何，而是他们都“做了些什么”以及是“如何去做”的。在这方面的研究中有两个著名的概念模型。

## （一）领导行为的连续统模型

领导行为的本质特征就是运用权力影响下属，因此领导者的个人行为特征可以通过他运用权力的程度加以区分。领导者的权力同下属的行为自由度形成此消彼长的互补性关系，这种关系可以通过领导行为的连续统模型综合地反映出来（见图 11－1）。

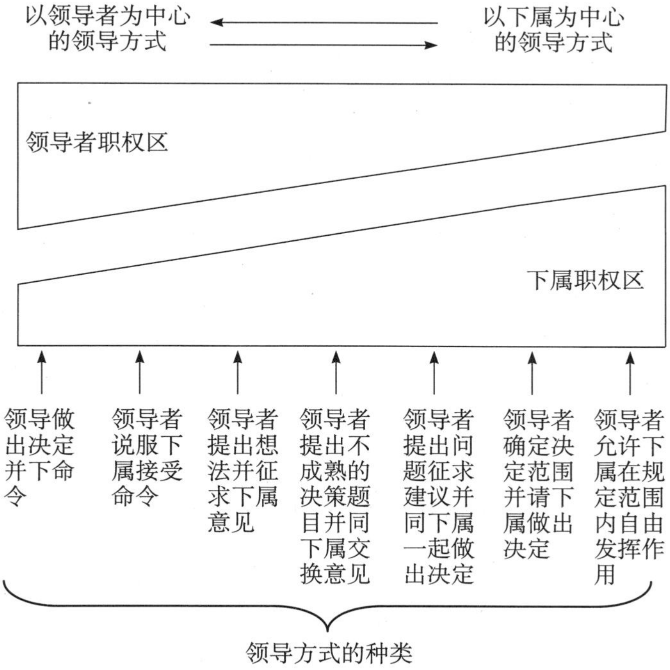


**图 11－1　领导行为的连续统模型**

从图 11－1 中可以看到，领导者的行为不仅仅包括“集权”和“民主”两种极端类型，在两者之间还存在着许多不同风格的、可供选择的领导行为方式。这种模型强调的领导者行为风格的灵活性和适应性是决定领导效能的重要因素。在这里，重要的不是对各种行为方式进行抽象的利弊评价，而是结合相互作用关系及其发生在其中的特定情境选择适当的领导方式，也即那些能够充分考虑自己的能力、下属的能力以及工作任务的性质而恰当运用权力的领导者将获得较高的领导效能。

有的研究人员还就领导者如何选择领导方式提出了具体建议，主张领导者先回答下列问题，再把答案归类，从而在连续统中寻找相应的行为方式。这些问题是：

（1）是否存在某种可以用来区分各种解决办法的合理性程度的质量要求？

（2）领导者本人有没有足够信息以做出高质量的决定？

（3）是否已构成了必须加以解决的问题？

（4）下属接受决定对其执行任务是否具有决定性作用？

（5）领导者若自行决定，能否顺利地为下属接受？

（6）下属在解决问题的过程中能否分担组织目标？

（7）在选择解决问题的方法上，下属之间是否有可能发生冲突？

上述处方可以帮助领导者在独裁和民主的范围内，选择恰当的领导方式。

## （二）领导者二元行为取向模型

领导行为的研究人员经过在各类组织中进行广泛调查，概括出一个重要发现：在任何领导方式中都包含着两个基本取向，即对工作的关心和对人的关心。以工作为中心的领导方式是指领导者对工作任务抱有热情，给自己和下属都规定了明确的任务，这类领导者常常积极投身于工作活动之中；而以人为中心的领导方式是指领导者热衷于营造一种相互信任、尊重下属意见、体贴下属情绪的人际关系气氛。显然，领导方式的这两个取向与领导成效密切相关。

但是，领导方式的这两种取向是彼此独立的，某个领导者在一种取向上的投入程度与在另一取向上的投入程度没有实质性联系。一种行为方式取向既不取决于另一取向，也不能够有效预测另一种取向。可以从由这两个基本取向的维度构成的领导行为方格图来综合确定领导方式（见图 11－2）。

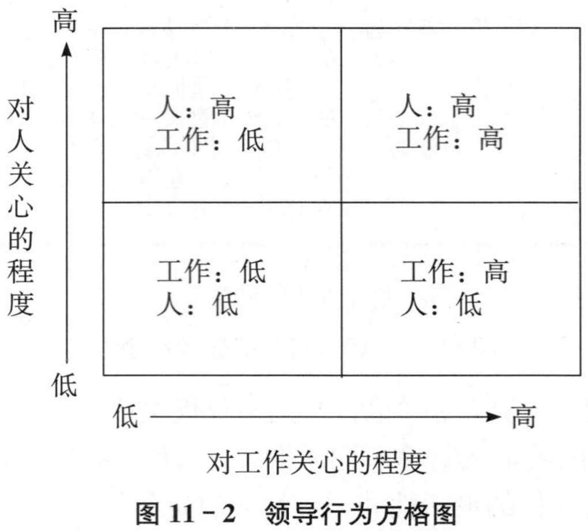


**图 11－2 领导行为方格图**

在图 11－2 中有四种基本领导方式，但这并不是说其中某一种是“最好的”“最有效的”领导方式。各种领导方式的有效性还要取决于上下级之间的关系以及工作任务的性质。例如，一个系、所的领导所采取的领导方式可能是置身于组织之外，对工作和职员都采取低度关心的态度。因为一方面，他所领导的研究人员都是合格的，具有高度的自我激励和目标认同，不需要他过多地关心和过问；另一方面，他所领导的研究人员都是高度专业化的，其满意感主要来自同行的赞许，而不重视单位领导的评价。因此，这种领导只需要提供必要的帮助，及时排除达标障碍，就会获得较好的领导成效。

对领导成效的研究，考察领导者方式比考察领导者素质更加贴近领导工作的实际，因为它不再是孤立、静止地考察领导者自身的素质，而是把领导工作上下级之间相互作用的关系及工作任务统统包容于自己的视野中，因而具有更大的说服力和应用性。但是，无论是领导行为的连续统模型，还是领导者二元行为取向模型，都只是提出了领导者的行为类型，而没有在这些行为方式同领导成效之间建立起理性的逻辑关系。这也是领导行为方式理论的局限性。

## 三、领导的环境因素

领导成效除了受领导素质和领导者行为方式这两个因素影响之外，更重要的是受环境因素的制约，它已成为近 20 年来领导方式研究的重点。环境理论的观点是把所有涉及领导工作的内外因素全部列入考察范围，对之进行归纳、分类，由此探索领导方式与领导成效的关系。涉及领导方式的环境因素有如下几个。

### （一）领导者特征

领导者特征相对其职位角色来说，是一种影响较大的环境因素。个人不可能完全与角色的要求相吻合。这种领导者特征有：（1）个性，即领导者的自信心、自制力、气质、智力和其他个人能力，也包括前面提到的领导者个性成熟等特征。（2）需求和动机，包括领导者在运用权力、控制局面方面的愿望、领导欲的大小，以及他的需要层次及在各个层次上的需求比重。领导者需求是行为动力的重要因素，既影响领导方式的选择，也决定领导方式的成效。（3）以往经验。以往领导与被领导的经验对一个领导者选择领导方式有重要影响，例如，曾经接受过独断领导或者使用独裁型领导方式并获得成功的人，可能还会选择这种方式。

### （二）下属特征

领导方式的成效不仅取决于领导者特征，而且受制于所领导的下属的特征，了解下属群体的特征将有利于领导者选择恰当的领导方式。下属特征包括的内容有：（1）下属个性。下属的自尊心、智力、性格等因素会影响到领导方式。（2）下属需求和动机。下属低层次的需求和动机会使他们更容易接受工作定向型的领导方式，而高层次的需求和动机则会使他们对上述领导方式产生反感和抵触情绪，因而关心职员的领导就容易得到他们的认同，同时也提高了领导成效。（3）以往经验。以往的生活习惯和工作习惯决定了他们所接受的领导方式，如果领导者所实施的方式与他们以往的经验不符，他们就会感到不适应，甚至会抵抗领导方式的实施，也就很难有什么领导成效。

### (三) 群体因素

领导者与下属共同构成的相互作用群体，也对领导成效起制约作用。其中比较重要的群体因素包括：(1) 群体的不同发展阶段制约着领导方式模型。组织内的群体也有一个产生、发展和消亡的过程，群体在不同的发展阶段需要不同的领导方式。如果群体已经发展到内部协调阶段了，领导方式却依然停留在“创业型”阶段，那么组织管理和发展都会遇到严重问题。(2) 群体的正式结构与非正式结构的关系制约着领导方式的选择，因而领导者需要重视这个问题。此外，群体内的凝聚力、群体规范和规模都影响到领导成效。(3) 群体任务的性质、确定性程度以及任务所要求的相互合作、相互依赖关系，都会对领导成效产生影响，不同的任务要求有不同的领导方式。

### (四) 组织因素

组织因素与领导活动关系最为密切，它包括的内容有：(1) 领导者在组织中拥有的权力资源，即权力资源状况制约着领导者的影响力。在权力资源中，法定权、奖酬权及强制权资源状况影响力最强。(2) 组织的法规和程序，即领导者只能在限定的范围内选择合乎规定的领导方式。组织规则对领导者范围及权力行使方式都做了正式的明文规定。(3) 专业分工状况，即高度的专业化分工会限制和缩小行政领导的影响力。例如，在大学、医院及高科技组织里，领导者的职权会相对缩小或受到很大限制。(4) 组织确定的解决问题的时间，即如果任务压力大而时间又非常紧急，那么下属对形成决定的参与程度将受到限制；相反，时间充裕则有可能扩大下属的自由度，提高其参与决策的弹性。

## 第三节 领导模式理论

关于领导职能的研究，从历史上看，经历了三个阶段，即领导者素质研究、领导方式研究和环境理论研究。从中我们可以得出一个一般性的结论：不存在适用于一切组织活动的“最佳”的领导方式，领导工作的成效是众多因素综合作用的结果。因此，应当倡导一种因地制宜的领导方法，即参照具体环境来选择领导方式。这种研究结论的意义是表明了人们不再单纯探究领导方式的细节，而是综合考察制约领导成效的具体环境，从而确定领导方式、领导环境同领导成效之间的对应关系。现代领导学研究的主要理论有权变理论、达标理论、情境领导理论、归因理论等。

## 一、权变理论

权变理论是一种随机应变的理论，它主要考虑环境因素对领导成效的作用，而且认为环境因素是可以分析和分类的。权变理论的基本假设是：一个领导者所能取得的成效取决于他的领导方式是否存在着某种适用于他所处的具体环境的条件。因此，权变理论的前提是否认存在着适用于一切场合的“最佳”领导方式。

一般来说，影响领导成效的环境因素有许多，权变理论所涉及的中间变量包括工作的结构化程度、组织上下级关系的群体气氛、领导者的职权范围、下属角色的知觉、群体规范的程度、信息的可靠性、下属对领导决策的认可程度、下属的工作士气等。

权变理论研究的核心问题是：“在何种情况下什么样的领导方式最为有效?”这个问题涉及两类不同的变量：领导方式变量和环境变量。回答这一问题需要把这两类变量联系在一起，作为决定领导成效的综合制约因素。

最早对权变理论做出理论性评价和发展的是弗莱德·菲德勒（Fred fiedler)。菲德勒权变模型（Fiedler contingency model）指出，有效的领导取决于两个因素的合理配合，即领导者与被领导者相互作用的方式以及情境对领导者的控制和影响程度。

### （一）领导方式变量

权变理论认为，虽然领导者有可能根据环境的变化而调整其具体的领导方式，但每一个领导者都有着基于个性的稳定不变的领导方式，它们构成了权变理论的领导方式变量。

如果按照传统的意义理解管理者，也即只考虑对物和过程的管理，那么一个管理者可能和一个领导者相去甚远，因为一个好管理者可能是一个“坏领导者”。一个只注重工作的管理者，可能总是能完成工作任务，但不受下属欢迎。所以，领导者必须注重人际关系建设，成为人际关系的积极协调者。

有具体的方法可以诊断一个管理者的人际取向。当年，菲德勒为了确定领导者的领导风格，也就是确定是工作取向还是人际取向，曾设计了一种特殊的调查问卷。它并不是直接询问一个领导者是工作任务取向还是人际关系取向，而是了解一个领导者如何看待自己所最不喜欢的同事。菲德勒所设计的调查表就叫作“最不喜欢的同事”（the least preferred coworker）调查表，也就是著名的 LPC 表。菲德勒选择了 16 对形容词，其中每一对含褒义词和贬义词各一个，并用 8 分制等级确定两个词之间的心理评判距离。LPC 表让受测者对自己经历或想象中的一个最不喜欢与之合作的人在 16 对形容词确定的维量上进行评判。比如，如果觉得这个人令你非常舒服，就打 8 分，圈选数字“8”；若觉得令你非常不舒服，就打 1 分，圈选数字“1”。分数越靠近哪一端的形容词，就越具有这种形容词的特质。把 16 个维量上的分数相加，就能得到评判者自己的 LPC 分数。

菲德勒相信，在 LPC 问卷回答的基础上，可以判断出领导者的风格。如果 LPC 分数高，那么表明领导者即使对自己最不喜欢与之共事的人也能用褒义词给予较好的评价，说明他能容忍别人，很乐于与同事形成友好的人际关系。菲德勒称之为人际关系取向型领导；相反，如果领导者对“最不喜欢的同事”的看法比较消极，即 LPC 分数低，则领导者主要感兴趣的是生产活动，故被称为工作任务取向型领导。此外，在菲德勒的问卷中还有 16%的回答者的分数处于中间水平，很难对其进行归类。因此，菲德勒的问卷实际上只包含 84%回答者的内容。表 11-2 就是菲德勒设计的 LPC 问卷，领导者可以对领导风格进行自我诊断。

**表 11-2　菲德勒领导风格 LPC 问卷**

| | | |
|---|---|---|
| 令人舒服 | 8—7—6—5— \| —4—3—2—1 | 令人不舒服 |
| 友好 | 8—7—6—5— \| —4—3—2—1 | 不友好 |
| 拒绝 | 1—2—3—4— \| —5—6—7—8 | 接受 |
| 有帮助的 | 8—7—6—5— \| —4—3—2—1 | 对人无助的 |
| 不热心 | 1—2—3—4— \| —5—6—7—8 | 热心 |
| 紧张 | 1—2—3—4— \| —5—6—7—8 | 轻松 |
| 疏远 | 1—2—3—4— \| —5—6—7—8 | 接近 |
| 冷漠 | 1—2—3—4— \| —5—6—7—8 | 热情 |
| 合作 | 8—7—6—5— \| —4—3—2—1 | 不合作 |
| 支持 | 8—7—6—5— \| —4—3—2—1 | 敌对 |
| 讨厌 | 1—2—3—4— \| —5—6—7—8 | 有趣味 |
| 喜欢争吵 | 1—2—3—4— \| —5—6—7—8 | 幽默 |
| 自信 | 8—7—6—5— \| —4—3—2—1 | 犹豫 |
| 有效率 | 8—7—6—5— \| —4—3—2—1 | 无效率 |
| 忧郁 | 1—2—3—4— \| —5—6—7—8 | 愉快 |
| 坦诚 | 8—7—6—5— \| —4—3—2—1 | 戒备 |

菲德勒认为领导者的风格是与生俱来的，个人不可能改变自己的风格去适应变化的情境。当领导风格与情境要求相矛盾时，即领导者风格是人际关系取向的，而领导职位要求工作任务取向时，要想达到最佳效果，要么改变情境，要么改换领导者，双方很难进行调解。

但权变理论认为，LPC 问卷的测量结果反映的主要是领导者的基本需求倾向，而不一定是实际的上下级关系。也就是说，LPC 分数高的领导者并不一定受下属欢迎，只是他本人把良好的人际关系视为第一目标，完成工作任务则是第二位的。同样，LPC 分数低的领导者实际上受下属欢迎的程度也许并不低，但是对他来说，人际关系的重要性仅仅是第二位的。对权变理论来说，组织的工作成效除了受制于领导方式以外，更重要的是还取决于特定环境变量。

## （二）领导成效的环境变量

权变理论的根本主张是：究竟哪种领导方式更有效，取决于具体的工作环境。菲德勒提出的著名的权变理论模型，主张从三个方面的情境因素的具体组合来确定哪种领导风格的效果更好。

（1）上下级关系：领导者与下属的关系，下属对领导者信任和尊敬的程度。

（2）任务结构：工作程序化、规范化的程度。

（3）领导者职权：领导者在甄选、培训、提拔、调薪、解聘等人事方面的影响力、权力的大小。

如果把上面三个因素按照好坏、高低或大小两级来评定的话，就可以产生 8 种组合方式，而与这 8 种组合所对应的不同领导方式的工作绩效就可以表示为：当上下级关系已经比较融洽、协调时，如果工作结构化程度高或领导职权大，领导应转变为工作任务取向型比较理想，这时的绩效最高；当上下级关系很好，但工作结构化程度低，领导职权又不大时，人际关系取向型领导工作效果比较好；如果上下级关系很差，而且工作结构化程度低，领导职权不大，那么工作任务取向型领导绩效比较好。

权变理论在上述分析的基础上，区分出三类影响领导成效的环境变量：第一类变量是群体气氛，指的是领导与下属之间的关系，包括领导对下属的吸引力，下属对领导的忠诚及信任程度。群体气氛越融洽，领导越容易得到下属的支持与合作，其影响力也就越大。第二类变量是任务的确定性，指的是群体任务的规范化及程序化水平。任务确定性高，则领导者及其下属明确知道自己该干什么、如何去做，出了问题也知道如何解决，这对领导者比较有利。第三类变量是领导者职权，即领导者依据其职位所获得的权力。区分职权大小、强弱的基本指标是领导者在多大程度上可以利用发奖、提职、处分、开除等权力资源来指挥下属。

## （三）权变领导模型的应用

在 LPC 的分数基础上，把它与环境因素相匹配，就会达到最佳的领导效果。权变领导模型具有较强的应用性，其应用步骤是：先将领导方式变量同环境变量结合起来，共同构成坐标图；再将对各个群体、组织中相应领导成效的研究结果构成的坐标点列于坐标图上，从而直观地呈现出领导成效同各类变量之间的关系。图 11－3 是权变模型的创始人菲德勒在研究了 1 200 个工作群体后，把领导方式变量（LPC）与环境变量相匹配而形成的领导成效坐标图。

领导成效在坐标图中的变化曲线告诉我们，工作任务取向（LPC 评分低）型领导者在最有利的环境（组合 1、2、3）或最不利的环境（组合 7、8）下最为有效。也就是说，当面对 1、2、3、7、8 类型的情境时，工作任务取向型领导者工作成效最好；而人际关系取向（LPC 评分高）型领导方式则在中等有利或中等不利的环境（组合 4、5、6）下最有效。

在实际工作中，按菲德勒的观点，个体的领导风格是稳定不变的，或者说改变的可能性很小。因此，提高领导成效的途径只有两条：第一，替换领导者以适应环境。例如，如果群体所处的情境被评估为十分不利，而目前又是一个人际关系取向型管理者进行领导，那么替换一个工作任务取向型管理者就能提高群体绩效。第二，改变情境以适应领导者。通过重新设计任务，或提高或降低领导者可控制的权力因素（如加薪和晋升等活动），也可以做到这一点。假设工作任务取

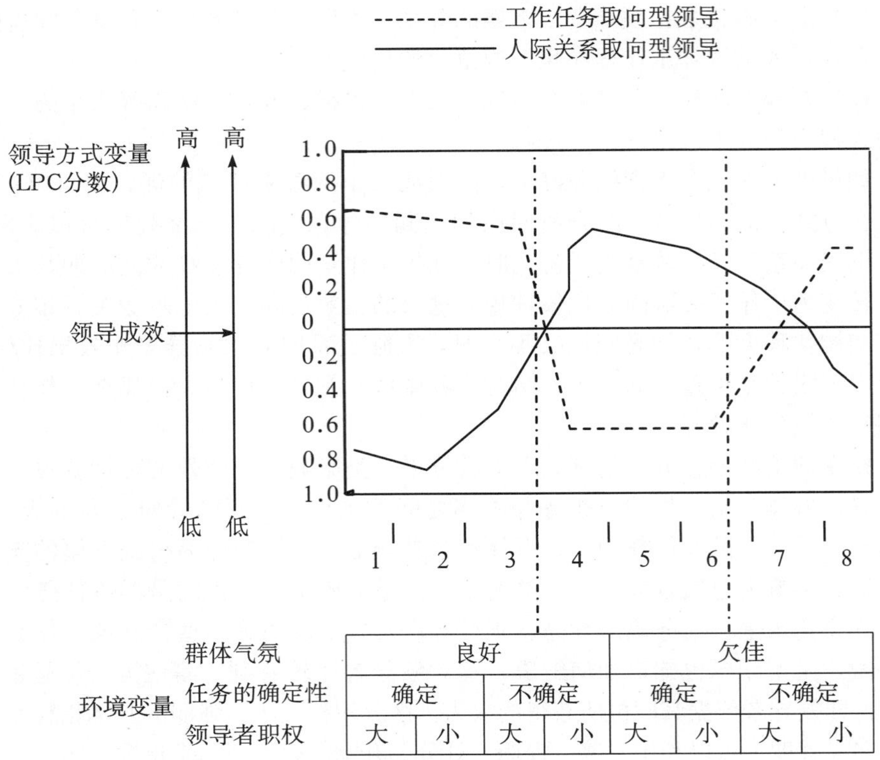


**图 11－3　领导成效坐标图**

向型领导者处于第 4 种类型的情境中，如果该领导者能够显著增加他的职权，即在第 3 种类型的情境中活动，则该领导者与情境的匹配十分恰当，会因此提高群体绩效。

## （四）模型评价

菲德勒权变模型的结论具有广泛的应用价值，这些研究结论主要有以下几个方面：（1）不能简单地断言一个领导者或一种领导方式是“最佳的”或“最差的”，要根据具体环境来确定；（2）领导者所使用的领导方式相对不变，而环境因素的改变则相对容易些；（3）环境变量中的任何一个（如群体气氛、任务的确定性、领导职权）都具有改变的可能性；（4）既然改变领导方式的难度大，那么除了创造环境来适应领导者风格之外，另一个提高领导成效的重要途径是将领导者安置到最能发挥他特长的环境中。

但是，菲德勒权变模型也存在一些不足，如这一理论模型过分强调改变领导方式的困难，对领导者加强自身训练一概否定，LPC 问卷缺乏逻辑规律，回答者的 LPC 的分数存在不稳定的问题，以及关于领导方式对环境变量的影响方面，在实践中很难对组织气氛、任务结构和领导职权进行有效量化。所有这些都受到了学者和实际工作者的批评。

1987 年，菲德勒及其助手乔·葛西亚（Joe Garcia）针对原有理论中的某些不足，提出了认知资源理论（cognitive resource theory），这是菲德勒权变模型的新发展[①]。这一理论有两个基本假设：（1）有才智的领导者比德才平庸的领导者能制定更有效的计划、决策和活动策略；（2）领导者通过指导行为传达了他们的计划、决策和策略。在此基础上，菲德勒和葛西亚阐述了压力和认知资源（如经验、奖励和智力活动）对领导有效性的重要影响。

菲德勒的新理论可进行三个方面的预测：（1）在支持性、无压力的领导环境下，指导型行为只有与高智力结合起来，才会导向高绩效水平；（2）在高压力环境下，工作经验与工作绩效之间成正相关；（3）在领导者感到无压力的情境中，领导者的智力水平与群体绩效成正相关。当然，菲德勒的新理论还缺乏足够的数据支持，尚需要更进一步的研究。

## 二、达标理论

达标理论也叫路径-目标理论（path-goal-theory），是一种领导权变模型理论。这一理论研究的重点是，领导者的工作是帮助下属实现他们的目标，并提供必要的指导和支持，以确保他们各自的目标与群体或组织的总体目标相一致。

### （一）达标理论的基本模式

达标理论是由罗伯特·豪斯（Robert House）提出来的。这是一个很受欢迎的理论，它吸收了俄亥俄模型的工作取向和关系取向的概念，并同动机的期望理论相结合。这个理论认为，领导者的主要任务是帮助下属达到他们的目标，同时提供必要的指导或支持，以确保他们的目标可以和群体或组织目标相互配合。所谓路径-目标，意味着有效力的领导者应帮助下属明确可实现目标的路径，减少障碍和危险，促成目标的实现。豪斯强调，领导者的领导方式要想被员工接受，就必须能为员工提供现实的和未来的满足感，也就是要能满足员工的各种需要。领导者的领导方式要想具有激励性，就必须将绩效的实现与员工需要的满足相结合，同时提供有助于绩效的培训、指导、支持或奖励。

完成这一职责可以采用两种手段：第一，领导者对下属的工作成效给予富有吸引力的奖酬。在下属完成工作目标以后，领导者应根据每个人的具体情况分别给予相应的赞赏、表扬、职务提升或工资晋级，从而提高下属的效价的知觉度。第二，在实现工作目标的过程中，领导者应通过指导、培训、解释目标等方式减少工作中的障碍，降低任务的模糊性，使任务得以明晰。通过这两种方式，领导者可以有效地强化对下属的激励。

### （二）领导行为方式

豪斯的达标理论按强化激励提出了四种领导行为方式：

---

① 罗宾斯．组织行为学．北京：中国人民大学出版社，2002：327－328.

（1）指令性行为。指令性行为的特点是决策过程无须下属参与，领导者就任务、活动、控制和协调等方面的问题独自做出决定，并向下属发布指示和命令。其目的是让下属明确理解领导者的意图和期望，减少下属在行动目标和活动途径上的盲目性、模糊性。当工作非程序化而且复杂时，适宜采用指令性的领导方式，而当工作程序化程度较高而且职工接受能力强时，则不宜采用这种领导方式。

（2）支持性行为。领导者的支持性行为是以关心下属的个人需求为特征的，支持性行为包括关注、过问、赞赏、表扬下属的行为，关心下属的个人生活及情绪，为下属创造一种和谐愉快的工作气氛。

（3）参与性行为。参与性行为是以加强上下级之间的相互沟通为特点的，无论是工作决策、解决工作中遇到的问题，还是处理涉及群体利益的有关事宜，领导者都能主动同下属商量，认真征求和听取下属意见，接受和采纳下属的合理建议。

（4）成就定向性行为。这种行为的特点在于，领导者为下属设立挑战性目标并提出高标准的工作要求，同时对下属实现这些目标的能力表示充分的信任。领导者既要表现出强烈的成就期望，又要不断地鼓励下属提高工作成绩。

上述四种领导行为方式的一个总目标就是运用领导者掌握的各种权力资源，加强下属的内在动机同工作目标的结合度，扫清达标途径中的各种障碍，帮助下属寻找和确定最适合他们的达标途径。

豪斯根据对各种情境的分析，同时考虑到员工自身的各种特点的组合，确定了这样一些路径：

（1）当工作结构模糊不清或压力较大时，指令性领导可以使下属有较大的满足感。

（2）当工作结构清楚时，支持性领导可以使下属有较高的工作绩效和工作满足感。

（3）当下属拥有足够的能力和经验时，指令性领导显得多余。

（4）正式权力系统越明确且僵化，领导者越需要表现出较多的支持性行为，减少指导性行为。

（5）当工作团体内存在冲突时，指令性领导可以促成较高的工作满足感。

（6）下属越是内控型的人，则越满足于参与性领导；下属越是外控型的人，则越满足于指令性领导。

（7）当工作结构模糊不清且通过努力可以获得高绩效时，成就定向性领导可以提高下属的期望。

## （三）环境因素

达标理论同权变理论一样，认为环境因素对领导方式的运用及其成效具有重要影响。达标理论确定的环境因素包括下属特征和工作环境特征两个方面。

（1）下属特征。下属已有的内在知觉状态决定着他们对特定领导方式的态度

(拒绝或接受)。这种知觉状态可分为三种，即能力知觉、控制力知觉和需求状态知觉。能力知觉是指对自己的工作能力有一个正确的认识，既不能过高地评价自己的工作能力，也不能对自己的工作能力缺乏信心；控制力知觉是指对自己的技术能力能否恰当地运用；需求状态知觉则是指对自己当前的需求是不是很明确，例如是工作需求、生活所迫，还是自我实现需求的满足，等等。

(2) 工作环境特征。制约领导成效的工作环境主要包括以下因素：下属任务的确定性、群体发展阶段和组织中的规章制度对成员的管束程度、组织环境的不确定程度等。这些工作环境特征就构成了影响领导成效的总体环境。例如，当环境特征可以表现为任务明确、组织处于上升发展阶段且有明确的规章制度和稳定的外在环境时，就可以确定为环境特征高(或称之为合适的机遇)，反之则为环境特征低。

把下属特征同环境特征结合起来，两者的关系就构成了制约领导方式及其成效的环境状态，组织领导则由此选择合适的领导方式，不同的领导方式在不同的环境状态下其成效则有显著的不同(见表 11-3)。

**表 11-3 环境因素与领导方式的关系**

| 下属特征 | 环境特征 | 环境状态(下属与环境的关系) | 适应的领导方式 |
|---|---|---|---|
| 高 | 高 | 一致 | 成就定向性行为 |
| 低 | 高 | 不一致 | 参与性行为 |
| 高 | 低 | 不一致 | 支持性行为 |
| 低 | 低 | 一致 | 指令性行为 |

### (四) 达标理论及其贡献

达标理论注重领导者的激励作用，把领导工作的重心确定为增强下属的效能意识，明确其期望知觉，从而提高其在提高工作目标中的行为驱动力。达标理论为领导科学做出的主要贡献是：(1) 强调领导者既要关心工作，又要关心人的需要，从而将两种长期分立的领导行为定向统一起来。(2) 给出了领导者在选择领导方式时应该考虑的制约因素，即下属需求特征和环境特征。(3) 在强调领导活动中的环境因素的重要性的基础上，发展和深化了期望理论。领导者并非事必躬亲就能够产生预期成效，这对于指导领导工作具有更强的应用性。

## 三、情境领导理论

情境领导理论(situational leadership theory)是由保罗·赫尔塞(Paul Hersey)和肯尼斯·布兰查德(Kenneth Blanchard)提出来的一种权变模型理论。这种理论是重视下属的权变理论，强调选择正确的领导风格可以获得领导的成功。在这方面，赫尔塞和布兰查德认为下属的成熟度水平是一个权变变量，领导方式的成功与否很大程度上取决于下属的活动。由此他们界定了四种不同的领导模式。

（1）指导式：高工作-低关系。领导者决定工作任务，告诉下属做什么、怎么做以及何时何地去做，强调指导性行为。

（2）推销式：高工作-高关系。领导者同时提供指导性与支持性行为。

（3）参与式：低工作-高关系。领导者与下属共同决策，领导者的主要角色是提供便利的条件与沟通。

（4）授权式：低工作-低关系。领导者提供极少的指导或支持。

在具体情境中究竟采用哪种领导模式，取决于被领导者的成熟度。这里所谓的成熟度是指个体对自己的行为负责任的能力和意愿，包括：第一，工作成熟度，指一个人的知识和技术水平。工作成熟度越高，执行任务的能力越强，越不需要他人指导。第二，心理成熟度，指从事工作的意愿或动机。心理成熟度越高，工作热情越高，越不需要外来推动。两种成熟度按高低组配，可以形成四种成熟度构型，它们分别对应不同的领导模式（见表 11－4）。

**表 11－4　领导模式与员工成熟度的关系**

| 领导模式 | 工作成熟度 | 心理成熟度 |
|---|---|---|
| 指导式：高工作-低关系 | 低 | 低 |
| 推销式：高工作-高关系 | 低 | 高 |
| 参与式：低工作-高关系 | 高 | 低 |
| 授权式：低工作-低关系 | 高 | 高 |

表 11－4 表明：（1）当员工能力低、工作热情不高时，要采用指导式管理，要明确规定工作任务、角色职责，指示员工做什么、怎么做。（2）当员工工作能力低但工作热情高时，要采用推销式管理，领导不仅要有明确的工作指导行为，还要富有支持性鼓励行为。（3）当员工工作能力很高但工作热情较低时，要采用参与式管理，不采取过多的指导性行为，而是与员工共同决策，调剂沟通。（4）当员工能力和工作热情都很高时，应采取授权式管理，即很少采取指导性行为，也不必有过多的支持性行为。

不难看出，这种权变理论主要关注情境中的人的因素，突出对人的管理的方法意识。

情境领导理论的应用前景还有待进一步探讨，这一理论很少被研究者重视，它的一些结论还缺乏证据支持。但它得到了管理专家的认可，并常常作为主要的培训手段来应用。世界上许多大型公司，如北美银行（Bank of America）、卡特皮拉公司（Caterpillar）、IBM 公司、美孚石油公司、施乐公司等采用了这种模型。

## 四、归因理论

领导理论一般有两种倾向：或是认为下属因素影响领导成效，或是认为领导方式决定下属的工作满意度。但是，现代科学研究表明，领导方式与下属行为之间并不是单向的因果关系，而是存在着双向的影响过程，即领导方式影响下属行为，而下属的某些行为也可以使领导者改变领导方式。这就是归因理论的核心。

## （一）归因理论的视角

归因理论是着重研究下属行为如何改变着领导方式的一种理论。在这里，领导方式已不再是领导过程的原因和出发点，而是结果和归宿，这体现了归因理论视角的独特性。

归因理论的中心论点是：领导者通常不直接根据下属行为而采取行动，而是借助于一系列因果关系来解释下属行为何以发生，然后再根据所归纳的原因采取适当的行动。归因理论的任务就是为领导者提供归纳原因的概念框架，给出分析归因过程的通用模型。

## （二）观察内容和观察线索

归因过程的出发点就是将下属行为置于领导者的视野之内，使领导者对情况进行详尽观察和准确把握。在这里，领导者的观察一般包含两个方面：

（1）观察的内容。包括两类因素：第一，下属的表现，即出勤情况、工作是否努力，是否遵守纪律、服从指令，与同事之间的关系是否融洽以及工作效率高低，等等。第二，影响下属行为的外在因素，即工作设备状况、任务负荷量、工作的时限性、下属之间在工作中相互协作的需求等。这些方面的详尽观察，构成了领导者需要对之进行归因解释的客观事实。

（2）观察的线索。指的是指导领导者对观察到的事实进行比较、分析的几个重要方面，其中重要的是三条线索：第一，区别性。在区别性指导下，领导者要有意识地比较某个下属在承担不同任务时的行为表现是否存在着区别，即他是在任何工作中都具有同等成效，还是在某种工作中高效，换一种工作则变成低效。如果是后一种情况，那他的行为表现就是有区别的。第二，一贯性。一贯性是指领导者观察下属行为在特定时间内的变化幅度，如果下属行为每到这个时段就发生较大的变化，其行为就具有一贯性。第三，广泛性。广泛性要求领导者在观察下属行为时，不应把每个下属行为分隔开来孤立观察，而应该将承担同类任务的所有成员进行广泛比较。如果这些成员的工作表现差异较大，那下属行为就不具有广泛性；相反，如果这些成员的行为一致性较高，那么意味着此类行为方式具有广泛性。

## （三）归因及处理方式

在明确观察内容之后，领导者要确定下属行为的原因，以便决定自己所采取的领导方式。

（1）原因归类。归因理论把可能影响下属行为的原因分为两类：一类是下属个人方面的原因，包括下属能力的高低、努力程度的不同、责任心大小的差异、勤快和懒惰的区别、期待的特异性等；另一类是外在归因，如工作设施的好坏、下属工作量的大小、协作关系的强弱以及任务期限的紧张程度等。这种不同的原因对行为产生了很大的影响。

（2）领导者处理方式。即领导者通过归因过程而采取的具体处理方式。如果确定是个人方面的原因，则对有关当事人做特殊处理，比如离岗培训、强化激励、调离工作岗位等；如果确定是外在原因，则应设法改善整个工作环境、调整协作关系和更新设备等。

归因理论是一种新型的领导理论，还存在许多不完善的地方，例如，没有把领导者的行为本身当作影响下属行为的一个原因，这是归因理论的最大盲点，它可能导致整个归因过程的重大失误。但是，归因理论的独特视角已经引起了人们的广泛兴趣，一些研究成果也已证实了归因理论的基本假设，即在一定条件下，下属行为改变着领导者的行为方式。

# 第四节 领导工作与领导力

本节主要探讨有效领导者在日常工作中做些什么样的事情。通过本节的学习，应了解开展协作必备的三个关键因素、职员需要领导者劝导的原因、领导者进行劝导的几种方式，以及如何提升领导力等。

## 一、组织协作

在组织结构设计之后，若相互之间要达到有效配合，就需要领导者从中进行协调，使每个下属的活动都能与其他成员相配合、相衔接，从而为实现群体目标做出贡献。组织协作的关键是处理好三个因素之间的关系，即领导者、下属和环境之间的关系。

### （一）领导者

领导者是协作关系的建立者和组织者，是开展协作活动的关键性要素。领导者的职责就是在自身同下属之间创造出相互信任的和谐气氛，并指导建立所需要的协作关系。为此，领导者需要具备较高的素质和丰富的工作经验，有能力获得下属的信赖和拥戴，这样才能有效地实现下属之间的合作。在这方面，领导者需要把握的原则是：在同上级打交道时要代表其下属群体，在同下属打交道时则应支持下属成员的工作。一旦协作关系建立，领导者的任务就是维持和推动这种协作的进一步发展。这就要求领导者熟悉下情，能够及时体察群体的利益、愿望和情绪，了解工作中的困难和问题，帮助下属清除工作中的障碍，并根据下属的能力及特长为其规定相应的任务和目标，激励和督促下属实现工作目标，等等。

### （二）下属

下属是协作关系的一部分，并起着相当重要的作用。如果下属对领导者所采取的领导方式不满，或者下属之间人际关系紧张，就会给协作带来困难。此外，在建立协作关系的过程中，尤其要注意非正式群体对协作关系的影响。如果下属之间形成了与正式结构相对立的潜在的非正式结构，且非正式群体的工作目标与群体的工作目标相冲突，那就可能导致整个组织的瘫痪，从而丧失组织与下属之间的协作基础。

### （三）环境

协作不仅受领导者和下属的影响，环境因素在协作关系中也起到重要作用。工作环境对协作关系的障碍因素集中在两个方面：(1) 组织经营方式，这是组织结构设计的问题，组织内部制度化结构常常制约着协作关系的形成。如推销员的奖励制度，如果奖励是按照推销员个人定额指标的完成情况来确定的，那么在推销员之间建立协作关系的可能性就极小，这就涉及奖励制度的变革问题。(2) 下属工作目标的潜在冲突。在组织结构的设计中，常常会出现达标障碍问题，即一方目标的实现会阻碍另一方目标的实现，或者以损害另一方的利益为前提，这样双方就很难建立起持久的协作关系。

在协作关系上，领导者是协作的主动的和积极的因素，他可以控制下属和环境的变化，使之朝着协作的方向发展。只要协作的目的达到了，组织目标自然就会实现。

## 二、理智劝导

领导者工作的另一个重要领域就是对下属进行理智劝导。所谓理智劝导是指领导者与下属讨论那些引起下属情绪波动的问题，消除下属情绪上的波动及心理失衡，使下属恢复与群体的协作。这部分内容包括以下两个方面。

### （一）下属心理失衡的原因

(1) 因努力没有达到预期目标，不能满足需求而产生沮丧和挫折感。心理挫伤程度与激励程度之间存在着正向相关关系，激励强度越高，因努力受阻而产生的挫折感也越大。因此，领导者在提高激励水平的同时，必须理智地进行劝导，帮助下属从沮丧的情绪中解脱出来，以求得心理上的平衡。

(2) 因他人地位提高而产生的相对剥夺感。在群体内部，当某些成员获得物质或精神奖酬、地位上升的时候，那些未获奖酬，且仍然处于原有位置上的成员往往会通过社会比较而感受到自己实际地位的下降，即产生所谓的相对剥夺感。因此，领导者在对某一成员进行奖酬的时候，除了做到赏罚分明和办事公正外，还应当考虑到其他成员的感受。领导者可以借助劝导的方式来使下属摆脱相对剥夺感，恢复心理平衡。

（3）由于在一些重要问题上出现意见分歧，从而产生对立和冲突。虽然在群体内部，对立和冲突是不可避免的现象，但是它会破坏群体内的相互信任气氛，使人际关系趋于紧张，导致协作关系的破裂。同时对立和冲突还会浪费人们的时间和精力。因此，领导者应当对对立和冲突保持高度的敏感性，力图通过劝导的方式来控制对立和冲突，并使之转化为有利于组织发展的因素。

### （二）劝导的作用

劝导的作用是引导下属形成理性的态度，尽快恢复心理平衡。不同的劝导方式有不同的作用：第一，建议，即领导者提出行动方案由下属实施。下属在心理失衡状态下很难做出明智的选择，或者会趋向于选择消极的活动。领导者这时如果能够理解下属的感受，为下属着想，并对行动提出理智的建议，则有助于下属摆脱不良的心理状态，恢复理性和行动能力。第二，恢复信心。在群体中，成员常常由于不知道别人如何看待自己而产生心理压力，领导者应采取宽容、谅解的态度，帮助下属恢复信心。第三，宣泄的渠道。下属在遇到挫折后，并不一定需要实际问题的解决，有时只是想发泄一下心中的不满和怨气，需要同情和理解，这时领导者就需要扮演一个特殊的角色——好的听众，给下属一个倾诉苦衷、发牢骚、出怨气的机会，这能帮助下属缓解紧张情绪，消除心理障碍。第四，重新定向。下属遇到挫折的原因有多种，其中最主要的就是目标确定不当。因为每个人的能力各不相同，遇到挫折，不是因为能力不够，而是因为没有找到合适的位置。这个时候，领导者主动帮助下属分析失败或挫折的原因，根据下属的能力、兴趣以及组织目标重新确定行动方向，也是劝导工作的重要方面。

## 三、领导力提升

学术界对领导力的研究虽多，但鉴于领导力的本质十分复杂，目前仍尚未形成具体且被广泛接纳的领导力定义。大多数研究者给领导力下定义主要基于以下两点：（1）领导者与被领导者之间的相互影响过程及其结果；（2）通过领导者的特质和被领导者的认知，以及影响过程发生时的情境来解读该影响过程。需要区分的是，领导力并不完全等同于权力和管理概念，领导力要求拥有权力，且其重要性高于管理。换言之，领导力更指向一种“目的驱动的行动，引发基于价值观、理想、愿景、标志以及情感的改变或者转型变革”[①]。

领导力提升对提高组织、团队和团体效能具有重要作用。已有研究普遍认同，领导力是任何一个组织群体在竞争中求得生存与发展的决胜实力，主要表现为：

（1）确立组织的价值观、长短期发展方向以及绩效目标，高瞻远瞩，确保组

① 戴，安东纳基斯．领导力的本质：第2版．北京：北京大学出版社，2015：5－6．

织能有效应对内外部环境变化。

（2）促进组织沟通，在绩效目标中均衡各方利益，提高成员满意度。

（3）通过培育组织文化和价值观，营造高绩效的组织环境。

（4）客观评审组织绩效和能力，优化人力和其他资源配置，保证组织具有持续提升改进和创新的能力，等等。

大数据时代的到来为组织管理和发展带来了新的挑战，为更好地顺应时代发展要求，提高组织效能，企业组织等都需要从领导者、被领导者、企业制度和组织管理、领导力评估和激励机制，以及企业文化等要素着手，全面推进领导力提升。具体策略和要点包括①：

（1）实现领导者个人的能力提升，为组织领导力提升奠定基础。领导者的地位和作用决定了其个人能力提升的必要性和紧迫性。作为组织发展战略的制定者和影响组织成员目标达成的执行者，领导者必须不断学习，扩充自己的知识储备，提高创新能力和战略思维能力。此外，领导者还应树立以人为本的现代管理理念，帮助组织成员树立正确的世界观、人生观和价值观，内化成员思想并使其与组织目标一致。

（2）通过结构化培训，提升被领导者的素质和满意度。领导力的实现需要通过领导者与被领导者的相互作用，被领导者的素质和满意度部分决定了领导者为产生影响而做出努力的效果，最终影响组织整体领导力的实现和提升。人员选拔、岗前培训、在岗培训、员工考核和团队建设等结构化的培训体系，将有利于提高人与职务的能力匹配度，促进员工自我鞭策，完成组织绩效。

（3）完善适应时代发展的规章制度和管理方式，提高组织管理的规范化、智能化和自动化水平。面对大数据时代巨量、庞杂的数据资源和瞬息万变的社会环境，企业必须根据自身情况和发展目标将先进的管理理念、决策机制、信息化意识等引入规章制度之中，运用互联网思维构建起有利于企业成长的组织架构。与此同时，企业领导也只有提高自身的信息化和数字化水平，重视云计算等技术的应用，提高管理工作的规范化、智能化和自动化程度，才能有效提高企业效能。

（4）建立合适的领导力评估体系和激励机制，系统规划领导力提升路径。当前主要的领导力评估方法包括关键事件法、领导力 4E 评估法、360 度评估法和自我评估法等，通过对组织成员的知识水平、人际交往及沟通能力、业务能力和战略能力等进行评估，组织成员可以清晰地认识到自己的能力和在组织中的地位，系统地规划职业生涯，有利于个人及整体的领导力提升。

（5）形成具有强大生命力的组织文化和令人振奋的组织愿景。文化是一种软管理模式，建设适合的组织文化不仅能够增强组织的凝聚力和向心力，培养组织成员的认同感和归属感，解决制度所不能解决的问题，还能够使组织本身获得强

---

① 于洪生．解析领导力：“道”“学”“技”．北京：中国法制出版社，2013. 胡继华，张再生．企业领导力提升要素与对策分析．山东理工大学学报（社会科学版），2007（3）. 金千凯．大数据时代企业领导力提升策略．黑龙江科学，2018，9（23）.

大生命力，提升组织领导力。具有强大生命力的组织文化及愿景建立，既需要对组织所处环境和发展现状具有清晰认识，也需要对发展过程进行总结，以及对未来社会发展态势有所预期。

## 案例分析：打造领导力，我的九点思考①

在文章开始前，需要说明的是，虽然我这些经验是从一流的企业中积累而来的，但它们并不一定适用于所有企业或所有管理者。我所强调的领导力更多反映了一种趋势，即既可以为现代企业管理者提供参考和借鉴，也可以为大家提供有关领导艺术的最新诠释。

**愿景比管控更重要**

在著名企业管理学家吉姆·柯林斯有名的《基业长青》一书中，作者指出，那些真正能够留名千古的宏伟基业都有一个共同点：有令人振奋，并可以帮助员工做重要决定的“愿景”。愿景就是公司对自身长远发展和终极目标的规划和描述。缺乏理想与愿景指引的企业或团队会在风险和挑战面前畏缩不前，它们既不可能对自己所从事的事业拥有坚定的、持久的信心，也不可能在复杂的情况下，从大局、从长远出发，果断决策，从容应对。

优秀的领导者会与员工分享企业的愿景，如果可能，还会让员工参与愿景的规划。如果能让员工充分理解管理者关于企业长期发展方向的思路，让一同工作的所有人拥有相同的努力目标，那么，一家企业会拥有无穷的原动力。

**信念比指标更重要**

拥有正确的价值观是成功的企业能够保持基业长青的秘诀。每一个企业的领导者都应当把坚持正确的信念、恪守以诚信为本的价值观放在所有工作的第一位。成功的企业总是能坚持自己的核心价值观。例如，谷歌公司的核心价值观之一是“永不满足，力求最佳”。谷歌的创始人之一拉里·佩奇指出：“完美的搜索引擎需要做到确解用户之意，切返用户之需”。对于搜索技术，谷歌不断通过研究、开发和革新来实现长远的发展，并致力于成为这一技术领域的开拓者。

同时，公司整体的信念或价值观也必须在员工身上体现出来。通用电气公司董事长兼CEO杰克·韦尔奇在论述员工评价标准的时候指出，对员工绩效的考察必须与对其价值观的考察结合起来，并着重看该员工的价值观与公司的价值观（尤其是坚持诚信的信念）是否吻合。

**人才比战略更重要**

新时代是人才的时代，新时代的主流经济模式是人才密集型和智力密集型的经济。拥有杰出的人才可以改变一家企业、一种产品、一个市场甚至是一个产业的面貌。因此，企业管理者应当把“以人为本”视作自己最重要的使命之一，不遗余力地发掘、发现人才，将适合企业特点的优秀人才吸引到自己身边。

---

① 李开复：关于如何打造领导力，我的九点思考．(2019-01-25) [2020-05-10]. http://www.360doc.com/content/19/0125/23/27972427_811318890.shtml.

好的管理者重视员工的成长，给予人才最大的发展空间，为人才提供足够的培训和学习机会。在微软中国研究院，每一位新员工在加入后都会经历3个月的培训，而在谷歌中国工程研究院，公司甚至还愿意出学费让员工到斯坦福大学读硕士。在员工加入的初期，优秀的领导者会尽量给新员工分配一些不是特别紧急的项目，并允许他们在项目中犯错误、积累经验。经过这种实践与学习紧密结合的培训，几乎每一位新员工都得到了长足的进步，并很快地适应了实际工作的需要。

**团队比个人更重要**

在任何一家成功的企业中，团队利益总要高过个人利益。企业中的任何一级管理者都应当将全公司的利益放在第一位，部门利益其次，个人利益放在最后。好的管理者善于根据公司目标的优先级顺序确定自己和自己部门的工作目标以及目标的优先级。此外，管理者还应该勇于做出一些有利于公司整体利益的抉择，就算这种抉择对自己的部门甚至对自己来说可能会造成损失。

也就是说，当公司利益与部门利益或个人利益发生矛盾的时候，管理者要有勇气做出有利于公司利益的决定，而不能患得患失。如果管理者的决定是正确、负责任的，他就一定会得到公司员工和领导者的赞许。此外，管理者应该主动扮演团队合作协调者的角色，不能只顾突出自己或某个人的才干，而忽视了团队合作。此外，公司的中层管理者要善于把握自己的角色定位，让自己成为老板和员工之间沟通、协调的桥梁，而不要让自己与老板或员工对立起来。

**授权比命令更重要**

新时代的管理需要给员工更多的空间，只有这样才能更加充分地调动员工本人的积极性，最大限度地释放他们的潜力。新时代是一个平等的时代，人人都拥有足够的信息，人人都拥有决策和选择的权利。将选择权、行动权、决策权部分地甚至全部地下放给员工，这样的管理方式将逐渐成为新时代企业管理的主流方式。

授权最重要的就是权力和责任的统一。授权不仅仅代表分摊所有的职责，然后由领导做协调的工作。授权更应当是：组织一个互信的团队；制定团队的目标，并且大家都同意把团队的目标作为最重要的目标；团队所有成员彼此互相帮助、监督，大家有话直说，看到问题直接提出。

**平等比权威更重要**

在企业管理的过程中，尽管分工不同，但管理者和员工应该处于平等的地位，只有这样才能营造出积极向上、同心协力的工作氛围。

平等的第一个要求是重视和鼓励员工的参与，与员工共同制定团队的工作目标。这里所说的共同制定目标是指，在制定目标的过程中，让员工尽量多地参与进来，允许员工提出不同的意见和建议，这种做法可以让员工对公司的事务更加支持和投入，对管理者也更加信任。虽然与员工共同制定工作目标不代表每一位员工的意见都会被采纳，但当他们亲身参与到决策过程中时，当他们的想法被聆听和讨论时，会产生强烈的参与感和认同感，会因为被尊重而激发出更多的责任心。

平等的第二个要求是管理者要真心地聆听员工的意见。我在2000年被调回微软总部出任全球副总裁，管理一个拥有600多名员工的部门。当时，作为一个从未在总部从事领导工作的人，我更需要倾听和理解员工的心声。为了达到这样的目标，我选择了独特的沟通方法——“午餐会”沟通法。使用这样的方法，在不长的时间里，我就认识并了解了部门中的每一位员工。最重要的是，我可以在充分听取员工意见的基础上，尽量从员工的角度出发，合理地安排工作。

**均衡比魄力更重要**

在吉姆·柯林斯的《从优秀到卓越》一书中，作者通过大量的案例调查和统计，讨论并分析了一家企业或一位企业领导者是如何从优秀（good）上升到卓越（great）的层次的。该书的重要结论之一就是：最好的领导者是具备了很好的情商，能够在不同个性层面达到理想的均衡状态的“多元化”管理者。

一位企业领导者在成功的基础上，要想进一步提升自己，使自己的企业保持持续增长，使自己的个人能力从优秀向卓越迈进，就必须努力培养自己在“谦虚”“执着”“勇气”这三个方面的品质：谦虚使人进步；执着是指我们坚持正确的方向，保持矢志不移的决心和意志；成功者需要有足够的勇气来面对挑战。

此外，均衡的、多元化的管理者尤为重视对自己的情商的培养。在领导力方面，情商远比智商更重要。许多人可能认为领导力最重要的是战略、运营、技术等“硬技能”，其实，以情商为核心的“软技能”更加重要。

**理智比激情更重要**

管理者应善于理解自己，能够在工作中自觉地、理智地进行自省、自控和自律。管理者应该对自己的能力有充分的认识和理解，清醒地知道自己的长处和不足，明白哪些事情是自己擅长的，哪些事情是自己办不到的。只有充分地自省，才能在各种复杂情况面前做出正确的判断，才能在与同事或下属合作时，得到他人充分的信任。在发生危机或面临挫折的时候，管理者要能够充分自控，并在理智、冷静的基础上做出审慎的选择。除了自省和自控，管理者也应当时刻保持自律，无论在什么时候，都要以身作则，不能有特权阶级的作风。

管理者在沟通时必须明白，你的一举一动都在被他人关注着。

**真诚比体面更重要**

真诚是所有卓越的管理者都具备的品质。管理者应当学会以诚待人，尊重员工，让员工知道你理解并且感谢他们的工作。一些领导者为了面子，处处维护自己所谓的权威，不愿将自己的真实一面暴露给员工。殊不知，这种遮遮掩掩的领导者是很难得到员工的真正信任和支持的。

真诚意味着管理者善于使用同理心，从他人的角度出发考虑问题。对管理者来说，体现同理心的最重要一点就是体谅和重视员工的想法，让员工觉得你是一个非常在乎他们的领导者。真诚也意味着管理者需要对员工充分信任，既不要对员工指手画脚，也不要任意干涉员工的行为方式，既要坦诚地面对自己，也要坦诚地面对他人，努力赢得员工的信任。

领导力是一门综合的艺术。它不仅包含了各种具体的管理技能和管理方法，也囊括了前瞻与规划、沟通与协调、真诚与均衡等诸多要素。

### 要求

1. 阅读原文，结合所学，就其中1～2个观点有理有据地谈谈自己的见解。
2. 分工、协作规则：学生个体参与。
3. 学习成果形式：论文，3 000字以上。
4. 学习评定规则：学生互评。
5. 时间要求：两周。

### 讨论提示

组织领导过程是组织存在和发展的重要因素。近年来，关于“领导力”的研究逐渐增多，领导力是什么？企业领导者应该具备什么样的素质和能力？如何更好地培养和发挥领导力？这些都是我们需要回答的问题。此外，在学习时需要注意：(1) 不能只从一个方面考虑领导力问题，当我们说到某种因素时必须对其他影响因素进行控制，也就是说你要掌握其他因素，不能泛泛而谈。(2) 学生可以从网上收集资料，或者找到实际能够接触到的案例——既可以是退出市场的竞争失败的企业，也可以是现在发展比较好的企业。这样在比较和讨论之后，各自的观点就很容易理解了。

### 分析与说明

此篇文章的导言中讲，企业家都是劳碌命，但并非每家企业都因企业家忙碌而美好。为什么？因为绝大多数企业家抓不住重点，仅仅在焦虑地本我出演。我们一直提醒企业家，最重要的工作是研判局势、激活组织。开复先生的这篇长文，用了很经典的九大对比组，摆事实讲道理，准确地说明了在商业、人才等各种竞争都越来越激烈的今天，激活组织最重要的精神底色是什么。这是对本文的一种解读方式。而从社会学的视角看，我们也可以在人与人、人与组织、组织与组织的关系方面对本文进行再次解读。

## 本章要点

1. 领导者与管理者的工作有很大差异，领导者的工作是抓住工作要害，而管理者的工作是要把事情做好。

2. 虽然领导者与组织内部所有的工作都有关系，但他既不需要做所有的工作，也不需要对所有工作负责任。

3. 领导者应当了解权变理论，它是指导行动的比较满意的理论之一。

4. 领导方式多种多样，要因人而异，是否有成效取决于多种因素。

5. 领导者需要做的事情很多，但并不是每一件都要做好。

## 推荐阅读书目

1. 库泽斯，波斯纳．领导力：如何在组织中成绩卓越．北京：电子工业出版社，2018.

2. UNDERHILL B O，MCANALLY K，KORIATH J J. 以成果为导向的高管教练：培养组织领导者的终极指南．上海：上海交通大学出版社，2010.

3. 诺伊歇尔．服务型领导：有效释放员工能量．北京：中国铁道出版社，2006.

4. 尤克尔．组织领导学：第 5 版．北京：中国人民大学出版社，2004.

5. 刘冰．权力变革：企业领导人更替研究．北京：经济管理出版社，2006.

6. 温亚其．教练型领导：管理者赢的智慧．北京：商务印书馆，2006.

7. 文茂伟．当代英美组织领导力发展：理论与实践．杭州：浙江大学出版社，2011.

8. 张鼎昆．管理场：激发组织正能量的领导力．北京：清华大学出版社，2013.

9. 陈春花．激活个体：互联网时代的组织管理新范式．北京：机械工业出版社，2015.

# 第四部分

# 组织系统的变迁与发展

每一个组织都有它确定的生命周期，没有哪个组织必然长久生存下去，组织寿命的长短取决于它适应环境的能力。无论如何，组织都必须使自身不断适应环境变化的需要，它们也必须使一个系统能够生存下去，以便实现基本目标。换句话说，每一个组织都需要稳定性和连续性，同样也需要适应性和变革性。

组织变迁是第十二章的论题。我们以企业组织为例，讨论组织变迁的动力和阻力，以及组织变迁的方式等。有变革就必然会触动某些群体和个人的利益，一般来说，对组织有利的变革常常对组织成员不利，会引起他们的强烈不满。那么如何保证变革的顺利进行，也是我们即将讨论的重点。

第十三章主要集中讨论未来组织的发展。我们的一些推测由于存在诸多不可预料的因素，例如科学技术的飞速发展、电子通信技术的广泛使用等，都在急速地改变着社会面貌和人们的价值观念，因此很可能只有一部分是正确的。另外，我们还讨论了未来组织发展给社会和管理带来的冲击和影响。

# 第十二章 组织变迁

组织必然要进行变革，因为组织是一个不断与外在环境发生相互作用的开放系统。组织变革是适应环境和自我调整的必然要求，但组织变革并非一帆风顺，而是阻力重重。组织管理者需要不断强化变革的动力，以削弱变革的阻力，在对变革力量的合理干预和对变革过程的有效管理中实现组织目标。本章主要有两个议题，首先，全面了解组织变迁的过程和特点，其次，对组织变迁的阻力要有清醒的认识，并了解组织变迁时可能出现的问题及其相应的对策。

## 第一节 组织变迁概述

组织变迁是对组织现有状态的修正和改变，目的是使组织更好地适应内外环境的变化，以便能顺利实现组织目标。变迁是一种自然的历史过程，每一个组织都不可避免地会发生变迁。那么，了解组织变迁的原因、内容、阻力和消除阻力的方法，将有利于组织更好地适应环境的变化。

### 一、组织变迁的原因

组织变迁的发生，是多种因素相互作用的结果。但是最基本的原因可归结为两个方面：外部环境和内部环境的变化。

#### （一）影响变迁的外部环境

组织变迁常常是由环境的变化引起的。环境的不确定性对组织方式产生了很大影响。这种不确定性主要取决于两个因素：一是环境复杂性，其高低取决于环境中有多少不同质的构成要素，其对组织的影响表现在结构复杂性和集权化程度上。随着外部环境复杂性的提高，组织就要设置更多的职位和部门来负责对外联系，并配备更多的综合人员来协调各部门的工作，结构复杂性就随之提高，集权化程度则相应降低。二是环境变动性，它取决于环境中各构成要素是否发生变化及各种变化的可预见性有多大。稳定不变的组织，可以更多地依靠程序和规则来规范成员的行为，但如果环境多变动荡，则组织只能转而依靠不正规的手段来进行行为控制，而且在应付动荡环境的过程中，组织还要暂时地采取集权化。

组织的外部环境一般包括技术、法律、政治、人口、生态和文化等诸多因素。具体表现在以下几个方面。

（1）法律和政策环境的变化。组织在社会中的活动，是在国家法律和政策范围内进行的。国家出于多种原因，不仅会不断调整法律和政策，还会有意识地利用法律和政策去刺激组织进行变迁。当法律和政策改变之后，如果组织不进行相应的改变，其生存和效率就会受到很大影响。我国经济体制和其他体制改革对各种组织的影响，就充分说明了这一点。例如，在国家逐渐改变高度集权、大包大揽的体制后，如果一个组织不能及时调整专业结构、经费获得方式，在以后的组织运作中就会遇到很大的困难。法律和政策的变化，归根结底表现为体制或制度的变化，而制度是组织方式的基础。当社会中的制度结构发生变化后，组织变迁是迟早的事情。

（2）科学技术的发展与变化。第二次世界大战以来，科学技术的发展日新月异，变化的速度越来越快，对组织的影响也越来越大。科学技术的变化，势必会引起组织中的工作方式、决策方式和信息处理方式的变迁。如在家里工作，就已经是许多发达国家的现实。又比如，随着科学技术水平的提高，企业生产的机械化和自动化程度日趋提高，企业中有越来越多的工作职位趋于单调乏味，另一些职位则变得充满趣味性和挑战性。科技的进步促使工作扩大化和丰富化的呼声越来越高，同时随着电脑技术和互联网的应用及信息管理系统的建立，重大问题的决策重新集权化，而次要决策则走向更大程度的分权化。

（3）竞争性环境的变化。组织所面临的外部环境是一个竞争性环境，即大量具有同一目标的组织在同时进行活动。由于信息和通信技术的发展，经济逐渐走向全球化和一体化，企业所面临的竞争更加激烈。例如，由于国内外直接的竞争对手提供了新的产品和劳务，因此公司就要调整战略和技术。公司也可以感到间接的影响，如流动房屋的增长就会对那些提供永久房屋的人产生影响，滑水和游艇的不断扩展很可能会削减对观赏性体育活动的要求。除了企业组织之外，事业单位组织和政府组织也处于竞争的环境中。在一个社会中，虽然政府只有一个，但这个社会又处在更大范围的地区或全球社会中。其他社会政府组织的工作绩效，常常成为人们评估自己政府的依据。

（4）社会心态的影响。随着社会的发展和变化，人们的期望、价值观和抱负也在不断发生变化。过去人们只要找到一份工作就满意了，至于领导的专制、工作的单调都能容忍。但是，现代社会中人们开始追求自我价值、自我实现，自主主义的思潮正在发展，甚至个人主义也有了很大的市场。组织如果不能适应这方面的变化，就无法避免职员的高流动率所带来的副作用。

组织外部环境的变化，组织自身基本上无法加以控制，它属于客观实际。但是组织依然可以通过各种方式与外界环境保持联系，对总的外界环境进行监视。组织通常力图预测环境的变化，并做出相应的调整。然而，有些变化的发生是无法预测的，常常导致调整行动的混乱，除非组织能较好地做出回应而预先消除影响。经济上和技术上的预测和市场研究就是跨界活动，其宗旨就是使组织与环境保持联系，并能及时进行适应和革新。

## （二）影响变迁的内部环境

组织内部环境的变化，主要是指职工的需求、心态和行为方式的变化。职工的需求、利益和人际关系不断变化，一种需求和利益得到满足，又会产生新的需求和利益。当收入差距拉大时，职工又可能对差距过大而产生不满，如此等等。总之，从组织内部来看，影响变迁的因素主要有如下几个方面。

（1）经营业绩下降。组织是实现目标的手段，因此，组织的实际成绩与期望目标之间的差距可在一定程度上反映组织的运行状况。尽管组织状态的好坏并不是决定绩效水平的唯一因素，但是长时期的绩效滑坡若从深层次原因上进行分析，通常可以追究到组织状况不良这一根源。美国通用汽车公司按照“集中政策下的分散经营”思想改组组织，纵然被称作“近代组织管理的一次革命”，但在分析其背景时不难发现，该公司是在内部缺乏统一管理、外部面临经济恐慌的形势下，在财务上遭到惨重失败的紧要关头接受杜邦公司和摩根财团的金融援助才开始进行管理组织变迁的。而在皮埃尔·杜邦领导下的杜邦公司，是更早萌发分权管理思想的企业，但共公司管理组织改组方案从 1920 年 3 月提出到 1921 年 9 月被正式接受，整整经历了一年半的时间。这漫长的决策过程，使得杜邦公司在推行“事业部制”新组织方案方面落后于其参股的通用汽车公司。而组织改组方案最终在杜邦公司被决定付诸实施的直接原因，则是该公司新扩展的业务部门出现了严重的亏损。1921 年上半年，杜邦公司的老产品（火药）经营尽管面临不景气的形势，但仍获得近 250 万美元的盈利，而新产品却总计亏损了 380 多万美元，特别是染料部门的亏损额高达 100 万美元以上。严重的亏损使开展多样化经营的杜邦公司濒临破产。也就是在这种情况下，早先提出的对公司管理组织进行大规模改组的方案才最终得到认可和接受。通用汽车公司和杜邦公司在 20 世纪 20 年代初先后进行组织改组的事例表明，组织绩效不佳虽然可能是由受外部环境的冲击引起的，但它却能引发组织领导者和高层管理人员对组织现状的深思，从而成为大规模组织变迁的导火索。

（2）组织自身结构的缺陷。组织设计和运行不可能完美无缺，其结构也会随着外在环境的变化而变化。尽管它不是经营绩效大面积滑坡的直接原因，但它作为“先导”指标已经预示组织出现了需要变迁的先兆。这方面的问题主要包括：

第一，机构臃肿，人浮于事，效率低下。组织机构的设置和管理人员的配备本是为了职能的需要，如果因人设事，机构膨胀，势必会影响工作效率，因而精简机构和裁减人员就成为迟早的事情。

第二，相互关系不顺，推诿扯皮严重，冲突矛盾频发。良好的组织状态应允许相互冲突的目标融入组织的一个目标体系中。当组织成员的行动目标相悖，或为了实现本部门目标而不得不以牺牲整个组织的目标为代价时，通常就是组织结构出了毛病。这种目标可以表现为横向联系手段不足，或者纵向链条发生中断，基层出现的需要或问题不能得到有关部门和上层人员的支持、关注或解决。

第三，决策过于迟缓或失误过多，决策执行拖拉或反馈不及时，致使组织常常错失良机。组织的决策者可能因汇集的问题太多而负担过重，也可能因得到的授权不够，或者信息没有及时传达给合适的人，从而影响决策的及时做出。另一种情况可能是，纵向或横向的联系不充分，难以确保决策的质量或决策命令的传达。还有，决策者可能过于分散，或现有的组织机构无法把各类人员融入决策的制定和执行过程。

第四，组织不能对环境的变化做出灵活的、富有创造性的反应。组织缺乏创新的一个重要原因是，各部门没有在工作上相互协调。如市场营销部门对市场需求变化的判断，必须同研究开发部门对技术发展的预测以及生产制造部门在模具制造与工艺改进方面的进度相协调。为此，组织结构必须对各部门的职责和协作做出明确的规定，使之在做好本职工作的同时积极主动地进行相互沟通和协调。另外，对创新活动进行管理所采用的组织体制应该不同于日常生产经营活动的管理。美国著名管理学家德鲁克在对美、日汽车工业发展做了一番审视和比较后指出，最早应用事业部制形式改组取得成功的通用汽车公司，只能算是一个“日常管理性”的企业，而不是“创造性”的企业。事业部制虽然有利于管理者对已经存在和已经知道的事务加以出色的管理，但在提高企业创新能力方面却日益暴露出缺陷。事实上，正是创新组织方式不当，使底特律的汽车企业从 20 世纪 70 年代末以及整个 80 年代一直受到日本厂家的挑战和威胁。惯长于日常管理的组织，在日益严峻的挑战和竞争形势下，必须大胆地探索和采用新型组织模式来改进组织管理工作。

（3）产品市场变动。市场是组织环境的重要部分。市场需要的产品种类和数量的变化、消费者习惯和偏好的改变、竞争厂家数目的增加和竞争规则的改变等，都会对组织产生一定程度的影响。比如，在市场扩大的情况下，企业必须扩大生产规模，随之而来的便是管理人员和管理机构增多。相反，在市场收缩的情况下，企业要么减少，要么开拓新市场，前者意味着管理机构要相应精简，后者则要求增强市场营销和研究开发机构的能力并相应改组部门之间的关系。

（4）组织战略改变。“结构跟着战略变”，这是美国管理学家钱德勒早就提出的一个著名观点。组织在战略发展的每个阶段都需要相应的组织结构与之匹配。如在数量扩大战略阶段，企业的组织结构就比较简单，往往仅有一个办公室执行单纯的生产或销售职能；在地域扩张战略阶段，简单的组织结构已不适应企业的发展，需要代之以设有若干个职能部门的组织形式；在纵向一体化战略阶段，企业中出现了中央办公机构及众多职能部门，为保持各单位之间的密切联系，管理权力需要集中在上层，从而形成集权的职能型结构；而在多样化经营阶段，企业需要更多地分权，因此常采用分权的事业部制结构。

（5）组织规模扩大。大型企业与小型企业在组织上存在明显的区别。随着规模的扩大，管理层次增多，工作分工细化，部门数量增加，职能和技能日益专业化，这说明大型企业趋向复杂化。报表、文件和书面沟通增多，程序化规则取代直接监督而成为协调的主要手段，这表明大型企业趋于正规化。大型企业的集权程度通常较低，中层管理人员拥有较大的权力。同时，人员结构也发生变化，直线管理人员比率呈下降之势，而职能参谋人员的比率在逐渐扩大。所有这些特征都反映了随着规模的扩大，企业的组织设计需要在许多方面做相应的调整。

（6）人力资源变化。随着义务教育的普及和教育水平的提高，员工素质和能力也在不断提高。同时，随着社会文化的变迁，职员工作态度和需要也表现出了多元化特点，不仅个体对特定组织的忠诚度减弱，而且其人生目标和价值观亦有很大变化。这种趋势对任何一个组织设计而言，都是一个巨大的挑战。为适应人力资源开发的需要，组织设计和运行必须为人的能动性和创造性的发挥提供有利条件，使职员可以进行自我管理和相互协调，以便更好地调动他们的工作积极性，并提高组织对内外环境的应变能力。

## 二、组织变迁的内容

组织作为人群共同体，包括两个方面，即人的因素和物的因素，或者内在的人群结构和外在的物质利益。因此，组织变迁的内容也就围绕着这两个方面展开。

### （一）以人为中心的变迁

组织的最终任务是改变组织内的人的行动方式，提高组织的工作效率。以人为中心的变迁致力于变迁人员的态度，以此促成对人员行动方式的修正，从而达到提高工作效率的目的。

（1）在招收选拔新成员时严格标准。在组织内部，改变组织成员能力及动机的方法就是招收和选拔新成员。在选拔之前，要规定几条严格的标准，如工作能力、兴趣特长和动机等。在我国社会组织中，录用人员常用的两种测量技术为考察和面谈。

考察的内容也包括两个方面：一是智力测验和某些技巧测验，目的是考察个人执行工作的能力；二是面谈方法，近年来这种方法在录用人才方面应用得较为普遍，通常被称为供需见面。但是面谈的效果很难确定，它受许多因素的影响，如面谈环境、面谈者的能力、面谈双方的情绪和容貌等都会直接影响面谈效果。

（2）对组织成员进行各种训练，来改变他们的行动方式。在训练组织成员方面，主要包括技术性的、人际关系的和观念性的技巧。技术性的技巧是针对基层工人而言的，如对设备、方法、程序、步骤以及技术的了解；人际关系的技巧是针对中层管理人员的，他们必须具备在一个群体中能与别人合作的能力；而对于高层的管理人员，应使其具备一种观念性的技巧，要把组织看成是一个群体，了解各部门的职能，以及部门与部门之间的相互配合状况。这三种技巧相互作用、相互渗透，彼此都有各自强调的重点。下面是几种训练职员的方法。

第一种方法：接受学校的正规训练。由有关高等院校举办各种培训班，时间长短不限（几周乃至几年不等）。但这种训练费用较高，小型组织难以承受。不过这种方法优点很多。例如，由于与原有环境相脱离，职员能够更好地改变旧的观念和行为，同时有充足的时间学习知识和技术。

第二种方法：组织内部训练。这种训练基本是边工作、边学习。此种方法省时省力，但不如学校训练的效果好。这主要是因为他们没有脱离现有的工作环境。

第三种方法：人际关系的训练方法，也可称之为感受训练。它主要是把个人放置于一个漫无结构的小群体环境里，由一个专业性的训练员进行指导。其目的是使受训者能够利用受训所体会到的新经验来修正自己的行为，使自己的人际关系变得更好。通过相互感受，使职员能设身处地为别人着想，成为容易为别人接受和亲近的人，同样职员也能更加亲近和容易接受别人。当然这种方法也不是十全十美的，有些人会由此而受到心理上的伤害。此外，这种训练通常都是暂时性的，很容易反复。

## （二）以工作为中心的变迁

这种变迁方式不注重组织成员态度的改变，而是从组织结构、技术、沟通、奖励制度着手进行变迁。管理人员希望通过工作环境的改变而带动人的行为变化。这种方式忽视工作人员的态度，强调通过结构和程序的变迁来实现组织目标。组织变迁按照涉及的深度不同可划分为如下几个方面。

（1）精简机构与划小单位。精简机构主要是针对人浮于事、机构臃肿状况而采取的变迁措施。一般来说，组织都会随着业务和规模的扩张产生“官僚主义”现象，即出现机构臃肿、繁文缛节、公文旅行和人浮于事的组织问题，这就需要进行精简和调整。

然而，精简机构和人员还只是组织调整工作的第一步。随着企业组织对外部环境和市场变化的适应能力的要求不断增强，许多企业为了提高对外环境，尤其是市场环境的应变能力，在壮大和加强自身销售、经营力量的同时，将部分市场营销业务及其相应的决策权下放给基层单位，从而将高度集权的职能型组织调整为分权型组织。比较常见的做法是，按照产品或市场建立相对封闭的独立或半独立单位，通过划小核算单位、下放经营权限，使之成为利润中心。

（2）结构再设计或结构重组。精简机构与划小单位从某种意义上说也是结构重组的内容，但结构调整并不仅仅是组织中工作职位和部门机构设置的调整，更是这些要素之间纵向和横向相互关系的重新整合。我国企业在变迁过程中对关系结构的认识是随着“系统观念”的深入普及而不断得到强化的。过去，我国大型企业常设有七名副厂长分管生产、技术、销售、生活等各线的工作，虽然这种机构组合方式从表面上看似乎也能形成“系统”，但实际上各分系统间往往职能交错、职责不清，使组织在运行中频频出现扯皮问题，需要跨系统协调解决。

结构再设计与结构重组一样，也立足于调整系统要素之间的关系，所不同的是，结构重组的对象是职位和部门这些“实体”构件。在传统的以分工为导向、以结构为轴心的组织设计中，一项活动过程要由许多职位或部门来分别承担其中某一部门或某一步骤的工作，从而造成了跨部门衔接的困难和工作任务完成的低效率等问题。流程再造就是要打破传统“分工论”的束缚，以首尾相接的、完整连贯的整合性流程来取代以往被各部门割裂的、不易看见也难以管理的破碎式工作过程。

(3) 组织文化变迁与滞后。组织文化变迁是更深层次的组织变迁。组织文化是指组织成员关于如何开展业务、如何对待员工、应该奖赏哪些行为及如何解决冲突等问题的规范和价值观。这种被作为“行为准绳”的东西是由组织中相对稳定和持久的因素构成的，因此变迁起来具有相当的阻力。即便是在最有利的条件下，如组织创办时间短、规模比较小，或文化力量弱、具有较大的可塑性等，组织文化变迁也常需要经历若干年的时间（而不是几周或几个月）才能看出效果。不过，成功企业的实践证明，组织在面临大规模的危机时，或采取措施使员工们清楚地意识到所潜伏的危机，或更换高层领导，这些都会形成有利于组织文化变迁的情境条件。文化变迁既是最艰巨的变迁，也是最根本、最重要的变迁。

## 三、组织变迁的阻力

在认清了组织变迁的原因和内容之后，还必须进一步认识阻碍变迁的种种因素，如此才能实施有计划的变迁措施。

变迁已经成为我国社会生活中永恒的和越来越重要的因素。那些涉及技术方面的变迁，或者对整体社会有积极影响的变迁很容易被人们普遍接受。但是，涉及社会关系方面的变迁却常常需要很长时间才能被人们接受。一般认为，这种阻力来自人类本性中的惰性。人们总是习惯生活在“曾经的”或“他们自己的方式”中。实际上，如果外部环境发生了变化，那么人也会受到不断提高的愿望驱使而积极参加各种变迁活动。阿历克斯·英克尔斯（Alex Inkeles）认为，现代人是现代组织机构的产物，一个人在儿童时期形成的人格之所以不变，是因为生活环境的恒稳性，而不是因为人格本身具有不可改变的特点。因此，只要生活环境发生剧烈的变化，就必然会促使人格发生变化，甚至在环境变化中，有些因素对人格的影响十分强烈。

从我国社会的改革实践看，人心思定也是总的趋势，个人并非总能随环境而改变，它涉及一系列复杂因素。因此，一方面要了解组织变迁的动因，另一方面也要认清阻碍变迁的因素，以便推进组织变迁。阻碍变迁的因素主要表现在以下几个方面。

### （一）个人方面

组织成员出于个人原因，可能会反对或抵制变迁，如个人的能力、态度、性格和期望等都会导致他们反对变迁。

（1）心理方面的阻力。人们一般都有安于现状的特性，觉得生活在原有的组织中比较得心应手，而且一旦熟悉了某种工作方式和人际关系后，就倾向于保持它，任何改变都会使他们感到是对原有安全的威胁，从而丧失心理平衡。即使变迁带来了新的领导者和新同事，人们对他们也会存在诸多疑虑，采取不信任的态度，本能上就有一种排斥的倾向。甚至人们有时会仅仅因对改革者本人的不满和反感，而否定整个变迁进程。

（2）个人性格方面也存在一定阻力。有些组织成员不能容忍他人提出意见或别人率先进行变迁，因而只要不是他自己提出的变迁措施就一律反对。

（3）对大多数人来说，由于各种因素的限制，他们只能考虑眼前利益或短期事务，对于长远变化感到忧虑，缺乏兴趣或信心，而且当变迁不能马上带来收益时就会持反对态度。例如，人们很难预料未来变迁的结果，害怕自己的安全受到威胁，或者因自己的技术、技能已经不适应时代的需要而被淘汰，也害怕自己的权力、地位在变迁中消失。同时，人们也对前景表示担心，因为变迁措施都基于对未来的预测，而这些预测出自某些人之手，或者不能令人信服，或者缺乏足够的理论和现实依据，这样会导致组织成员对变迁的反对，信心丧失，形成抗拒变迁的强大力量。

### （二）经济方面

对于大多数人来说，工作基本上是谋生的手段，经济收入取决于成员在组织中的地位和工作性质。组织变迁基本上都会或多或少地改变组织的某些结构和工作方式。因此，那些被涉及的人会感到自己在经济上会有损失，因而反对组织变迁。

组织成员常常从投入费用和既得利益方面来计算自己的得失，进而反对变迁。投入费用一般包括时间、精力和金钱。无论一项改革建议有多少优点，让某些人（往往是有权且资格老的成员）忘掉自己花费在现存组织系统中的心血都是很困难的。投入费用可以说明不同年龄的人对变迁所持的不同态度。很显然，年纪大的成员投入费用的历史较长，从感情上来说，他们会认为自己比年轻人损失了更多的东西。这也从另一个角度说明了为什么组织顾问或管理者的参谋人员极力主张实施变迁，因为他们在组织变迁时所要承担的风险比在该组织中已经投入了大量时间和精力的直线管理人员少。

### （三）工作方面

如果组织变迁涉及工作性质和技术方面，例如调整工作内容，使用新机器或采用新技术，那么也会遭到职工的抵制。因为在职工刚刚熟悉了某一工作后，就调换他去另一个岗位或让他使用新技术，他的工作经验和技术知识就可能不适应，或者他需要重新进行培训才能胜任新的工作岗位，所以，他宁愿不变迁，也不愿意适应新的工作。这与人们学习后安于现状的心理是一致的，只不过是加上了更为实际的考虑。

### (四) 社会方面

社会方面是指各种社会关系的原因，导致组织成员反对变迁，主要表现在：

(1) 组织成员在工作中会形成多种多样的非正式人际关系，这些关系对于满足职工的各种需要能起到很大的帮助作用。当组织进行变迁时，尤其是进行结构和人事调整时，这些非正式人际关系会因此遭到破坏，在长期工作中培养起来的友谊、相互谅解和协调关系将不复存在，其中还包括组织领导和普通职工之间形成的某种特殊关系，因此，组织成员便可能抵制变迁。因为人们一般习惯于在建立起一种关系后，就竭力维持它，而不是毁坏它。

(2) 小群体的力量。霍桑实验表明，组织中的小群体或非正式群体，由于长期频繁交往，会形成独特的非正式规范。群体成员如果不能遵守这些规范，就会遭到其他群体成员的排斥、打击直至被驱逐出群体。小群体的凝聚力越强，对组织成员的影响越大。因此，有些组织成员抵制变迁，不是出于上述原因，而是因为他所在的小群体抵制变迁，或是因为他所在的小群体的领导抵制变迁，其他成员不敢表达相反的意见。

(3) 组织结构本身的缺陷。科层制结构本身就具有稳定性和普遍性特点，它一般适合稳定的外在环境，很难适应偶然的、特殊的因素，更不会因人因时而发生变化。因此，当组织变迁发生时，首先会遇到与组织现有体制的冲突。

(4) 组织中的既得利益者。无论组织在哪种状态下运转，它能存在下去的最主要原因之一都是组织满足了部分人的利益需要。因此，这些既得利益者希望组织依照现有的方式继续发展。一旦组织发生变迁，必然会导致各种关系和地位的调整，触动某些人的既得利益，或者很难保障他们的利益不受损害，由此他们就可能成为变迁的反对者。

此外，还有许多其他阻碍因素，如组织变迁步骤的安排，没有采取先易后难，而是相反，或者在变迁条件尚不具备的时候实施变迁，例如在没有建立起完善的社会保障制度之前就开始打破“铁饭碗”，或者选择的变迁时机不佳而遇到重重阻力。经验表明，当组织业绩处于上升阶段时，组织变迁较易推行，成功的可能性很大，反之则会阻力重重。

## 四、消除阻力的方法

应当承认，由变迁所引发的这些阻力都属于正常的、必然的反应。对变迁的抵制或阻力并非一件坏事，它常常具有重要的积极功能。

阻力可以成为一种使变迁保持稳定、安全的因素。如果一项变迁导致激烈的反对意见，就会促使变迁的推动者更加慎重地审核变迁方案，更加仔细地考察方案的准确性与可行性。同时阻力还提醒人们从事情的反面来思考变迁，使变迁的方案更加完备，少出错误。在一定意义上，错误的变迁同不变迁一样，都会给组织的生存与发展带来损害。

阻力的出现，预示着变迁过程中可能发生的问题，可以使变迁推动者早做准备，在一些问题没有扩大化之前就予以解决，保证整个组织变迁顺利完成。

组织变迁没有遇到阻力则是一种反常现象，它不但不能说明变迁的正确性，反而说明这项变迁从设计到实施的整个过程或某些环节存在问题，潜藏着巨大危机。组织领导者虽然可以运用权力压制反对意见，但无法运用权力保证自己决策的正确性，其结果可能给组织带来更大的灾难。

接下来将讨论克服阻力的一些措施，只有尽量减少阻力，变迁才能获得最大限度的成功。

### （一）参与沟通

鼓励职工积极参与变迁，是获得职工支持的基本手段。职工参与变迁是指允许他们对变迁方案提出自己的意见，发表自己的看法，并将这些意见吸纳到实际变迁中。对职工来说，变迁不再是领导强加给他们的任务，而是他们自己的事情，他们可以提出自己的要求，并对变迁的后果负责任；当变迁出现某些问题时，他们还可能帮助解决。研究证明，职工的参与程度与变迁的阻力成反比例关系。

参与不是走过场，必须实实在在地把职工提出的有价值的意见吸纳到变迁方案中。因此，参与活动从变迁设计之初而不是在变迁过程之中或变迁之后开始，它以“征求意见”的方式出现。因为在变迁设计之初，人们发表意见会有参与决策的感受，在那之后则可能有被人操纵或走形式的感觉。

沟通与参与的质量有着密切关系。组织沟通可以使成员有效地了解变迁的有关情况。参与，尤其是直接参与活动，只能涉及部分职工，并且受到时间和地点的限制，而主动积极的沟通则可以弥补这些不足，它可以让更多的职工了解变迁的目的和意义，以便提供更多的建议和意见，并使员工随时了解变迁过程，随时消除对变迁的误解和谣传，从而获得职工对变迁的广泛的支持。在日本社会组织中，在进行每项变迁之前往往都要花费很长时间，进行广泛的讨论，直到所有的成员都同意变迁的计划，这样的变迁计划和措施能够很顺利地在各个部门贯彻执行。美国社会的组织变迁则与此相反，它们为了抓住一个商机而来不及与所有的人进行讨论，或干脆不征求大家的意见，就开始变迁活动，结果常常遇到很大的阻力。近年来，美国这方面的工作也发生了一些变化，它们开始学习某些日本管理技术。但是，日本的这种技术是否具有普遍性，还有待于进一步研究，因为一项变迁计划能否得到有效实施取决于诸多复杂因素。

### （二）群体氛围

群体动力学的研究表明，一个群体的凝聚力越强，个人对群体的归属感、认同感也就越强，反过来，群体对个人的影响力（包括对个人的压力）也就越大。如果组织在日常工作中的气氛和谐，群体活动的目标能够得到积极的认同，组织成员能够形成共同的知觉，领导具有很高的权威，那么变迁就容易得到组织成员的支持。因此，日常工作和良好的组织氛围都是变迁的有利环境。

## （三）善待异己

在组织变迁中总有不同的意见，如何对待不同意见和提意见的职工是组织发展的动力根源。萧伯纳曾说过："理智的人顺从于世界，没有理智的人希望世界顺从于他。但是，所有进步都依赖于不理智的人。"①

对待不同意见，组织一般采取三种解决方法：（1）不允许存在；（2）接受并容忍；（3）理解和尊重。在实际生活中，多数组织倾向于采取第三种方法，因为现代社会人们很难达到完全一致，组织之间的合作基本上是建立在相互尊重和相互制约之上的。而且这种状况也并非能马上达到，它也要经历从不允许到容忍和接受、再到理解和尊重的过程。因此，若在组织系统中统一职员的行动和思想，无论是领导者还是下级成员都要具备如下素质：

（1）公开性。管理者和组织成员要面对现实，对组织工作成绩、出现的问题都要开诚布公地进行反馈，使每个人都能充分地发表意见，而且对环境保持高度的敏感性。因此，组织内部的公开性是形成一致性活动的基础。

（2）诚实可信。有些职工提出的意见正好切中时弊，这时候管理者应当乐于承认并加以检讨，而不是装作若无其事的样子。领导者应具有批评和自我批评的精神，允许发表不同意见，并对提出问题者加以保护。领导者还要把这种方式转变为制度化结构，比如设立专门委员会，使意见有更多被采纳的机会，等等。

（3）相互尊重。这种素质表现为领导者对待下级成员的能力、技术和人格的态度。通常，下级成员总希望被重视，也积极关心各种变迁，组织内部各阶层的管理者都应尊重下级成员的创造性。同时，上级领导应把实施变迁的原因告知下级成员，不要对下级成员的接受能力和认知能力表示怀疑，因为每一位成员都具有发表意见的权利和义务，若能在这点上做到相互尊重，就会使组织的许多事情好办一些。

## （四）协商对话

组织变迁涉及每一个人的利益，有时会使一些人或团体遭受损失，管理者要尽量与当事人进行协商，说明利害关系。如果变迁引起的是技能要求的变化，那就要对组织成员进行培训，使他们得到技术上的补偿。当补偿也不能解决问题时，那就耐心说服他们改换另一项工作，并从心理和情感上加以关照，使之能很快地接受这一现实。

## （五）安全保障

当职员的现有状况被改变，将面临一种新的情况时，他们就会对未来的工作

---

① 卡斯特，等．组织与管理．北京：中国社会科学出版社，1985：687.

内容、经济收入、能否适应新环境等表示担心，可能会由于恐惧而发展成为反对变迁的因素。因此，除了参与沟通外，变迁的推动者应当对未来的发展计划进行详细说明，并提出相应措施，保障职员的薪酬不低于变迁前的水平。对那些可能改变工作内容的职员，应提供再就业培训的机会。在变迁实施阶段，应该给职员一个熟悉新规则的时间，帮助他们尽快适应变迁，在此期间的不适应表现或失误应当得到谅解。

# 第二节 组织变迁的过程

组织变迁是一项十分复杂而长期的系统工程，它的成功与否直接关系到组织的生存与发展，因此，对变迁决不能草率行事，不能抱着走一步看一步的态度，而应按照一定的步骤和计划进行长远和周密的思考。有计划的组织变迁过程可划分为如下几个阶段。

## 一、准备与计划阶段

准备与计划阶段的内容包括：首先要创造变迁的气氛，然后正确诊断组织，针对要解决的问题制定相应的变迁方案。

### （一）创造气氛

组织变迁在准备阶段主要是创造变迁的气氛。组织变迁的气氛包括两种：一种是自然的、常规的变迁气氛，另一种是管理人员积极创造的变迁气氛。

自然的、常规的变迁气氛是一种组织特征，在这种气氛中没有任何人进行外在的干预或鼓动而自然形成一种有利于变迁的环境条件。它的特征一般有：组织成员的异质性很强，领导成员由年轻人构成，组织结构是复杂的和分权的，组织自身对变迁有很强的承受能力，组织的外在环境变化迅速，等等。这是一种先赋的组织特征，是组织变迁的良好环境。

但是，组织变迁仅有这些特征还不够，还需要创造特殊的气氛来适应组织变迁，一般来说可以通过这样几个途径：第一，开放各种信息交流渠道，包括组织在提供或开放各种资料、对各种调查提供方便的同时，在人际交往方面也要开通渠道，不能把人分成几个等级；第二，为组织变迁者提供宽松的工作环境，使他们能专心致志地从事变迁的研究工作；第三，不能只顾眼前利益，否则可能招致整个变迁的失败。

## （二）认清现状

组织变迁一般有两种情况，一种是随着社会的发展而产生的自然变迁，另一种是自觉的变迁。所谓自觉的变迁就是组织对外在环境有积极的反应，主动且有针对性地进行某项变迁，这种变迁的基本前提是认清组织现状。

（1）确诊问题。对企业组织的现状和内外条件的变化进行全面诊断、分析，以便确定需要变迁的问题和组织变迁的目标。诊断方法一般有两种：纵向比较法和横向比较法。纵向比较法是将组织自身活动的过去、现在和将来进行对比，找出差距和存在的问题；横向比较法则是一种发现自身问题的最有效的方法，它是将自身组织的活动及效果与其他组织的活动及效果进行对比的一种方法。运用横向比较法的一个基本条件是两个组织所面临的环境和其他因素相一致。当然，有时环境不同、行业和经营领域相同的组织也可进行对比。在此基础上，可把组织诊断具体分为三个步骤。

第一，调查现状，这是确诊问题的前提和基础。调查的内容包括两个方面：一是内外条件的变化，由此可以了解组织所承受的变迁压力；二是组织运行的状况，由此可以了解组织现在或未来的状态是否与内外条件的变化相适应。

第二，分析资料，确认差距。对问题的认识，一般是以差距的形式来表示的。差距包括绩效差距和状态差距，前者指组织运行的实际或预计结果与期望的绩效之间的差距，从这些差距中可以发现组织存在的缺陷和不足。当然，在确认问题时，不仅需要知道组织中是否存在差距，还应该了解差距的幅度及其发展趋向，这样才能确定是否有必要马上做出变迁的努力和付出一定的代价来消除这种差距。

第三，界定问题，分析原因，确定目标。如果对问题的性质、特点和范围没搞清楚，针对“问题”确定的变迁目标和方案就会偏离正确的方向。而要把问题抓准，就要在调查现状、确认差距的基础上，将组织中需要变迁的具体问题逐个排列出来，弄清各自的差距幅度、轻重缓急、价值大小、相互关系，及据此提出变迁的方向和目标。

（2）制订方案。需要特别注意的是：一方面，变迁方案必须满足既能适应当前的情势条件，又能适应未来情势条件的要求，要有一定的预见性；另一方面，变迁方案又必须具有可行性，认为组织变迁可以在“真空”中进行，那是危险的。情势条件不仅给变迁提供了机遇和压力，同时也带来了限制和阻力。因此，方案制订过程不仅仅要考虑方案本身的准确性和科学性，更要创造条件确保方案切实可行，这也就是“寓实施于计划之中”的实质之所在。变迁方案的制订应考虑如下五个关键的问题：

第一，谁（who）。变迁过程中涉及的利益团体是些什么人？他们的需要和动机是什么？他们对问题的认识及可望采取的解决方案是什么？如果让势态继续发展，谁将受到损害，谁又将受益？他们希望问题解决的迫切性如何？他们的权力各有多大？他们能对变迁决策者施加什么样的影响？

第二，什么（what）。产生冲突的重要问题是什么？该问题是否值得解决？如果问题没有得到解决将会造成什么样的损失？如果问题成功解决了，其收益如何？

第三，何时（when）。这一问题需要在什么时候开始解决？它需要在多长时间内解决完毕？它涉及的主要业务组成领域是哪些？范围有多大？该问题是否会因为其他问题的解决而在若干时间后自行消失？从长远看，该问题是否真的这么重要？如果不予以解决，该问题是否会对某些利益团体或负责该问题的管理者产生不利的影响？其后患是否会扩散并波及其他领域？

第四，为什么（why）。组织为什么没有取得预想的成果？是什么因素阻碍了理想结果的取得？是内部环境还是外部环境中的哪些因素导致了目前的问题？是否有哪些环境因素被忽略了，现在需要重新加以考虑？或者是否环境因素中出现了动态性变化，从而使目前的组织状态与之不相适应？

第五，怎么样（how）。变迁成功的可能性有多大？是否值得投入时间和金钱去解决现存的问题？有什么资源可用于推行变迁？变迁过程中可能存在什么障碍？拟采取什么措施予以克服？如此等等。

## 二、试验与推广阶段

当人们对待变迁的态度及相应的能力都有了充分准备之后，变迁过程就可以进入实施阶段，这一阶段，通常分为典型试验和全面实施两个步骤。

### （一）典型试验

典型试验的要求是审时度势、力求全胜。为此，需注意三个问题：第一，选择适宜的试验地点和规模。试验地点的选择要有典型性，能代表组织中的其他拟变迁单位；同时要将变迁控制在一定范围之内，并对投入的人力、物力、财力和时间进行科学的预算和控制，保证变迁取得良好效果。第二，选择适当时机及时发动变迁，努力在组织内部形成浓厚的变迁气氛，这样可以争取更多的成员在思想上、行动上支持变迁，并跻身于变迁行列之中。第三，尽快使变迁初见成效。对典型试验来说，虽然对变迁成效提出过高的要求固然不合理，但取得阶段性成果又是完全必要的。只有争取尽快取得成效，才能有力地证明变迁的必要性，并使一些对变迁持观望态度的人转而支持变迁。

### （二）全面实施

通过典型试验，变迁人员可以获得领导变迁所需的技能和本领，并根据试验过程的反馈信息对原变迁方案进行修正、完善，这样在试验取得成功之后，就可以转入大规模的全面实施阶段。然而，从典型试验推广到全面实施，虽然有前一阶段提供的经验作为基础，好像应该是水到渠成的，但实际上，阻挠变迁的力量依然存在，特别是随着变迁的深入，阻力会进一步增大。而且，在大规模全面实施过程中，由于涉及面更为广泛，面临的局势更为复杂，还会出现各种新情况、新问题，所以应该加强对实施过程的管理，以便将变迁持续进行下去，直至实现预期的目标。

## 三、评价与巩固阶段

变迁方案的实施并不是变迁过程的终结。无论是在典型试验阶段还是在全面实施阶段，都需要将变迁结果与变迁计划及期望目标进行对照，以保证变迁过程保持一种受控状态。

### （一）评价和监控

变迁方案在实施中可能遇到的问题有两类：一类是执行偏离了方案，即执行者没有严格按方案办事；另一类是方案偏离了实际，这可能是因为原方案有重大错误，与实际情况不符，也可能是因为原方案是正确的，但主客观条件发生了重大变化，使原方案与新的实际不相符。对于两类性质不同的问题，变迁推动者应善于区分。如果是执行问题，就应立即采取措施促使执行者坚决地贯彻执行方案；如果是方案本身的问题，就要从实际出发进行追踪决策，及时修正和完善变迁方案。

### （二）巩固和稳定

通过对实施过程的结果做出系统、客观的评价证实了变迁确已达到预期目标以后，变迁推动者还要采取必要的强化措施，使新的行为规范和行为方式巩固下来。在现实生活中，经常出现一些变迁方案在试行初期产生了明显的效果，但经过了一段时间的运行后，效果反而减弱，甚至恢复到原有状态的情况。为了保证变迁结果能巩固和稳定下来，需要采取某种合适的行为强化措施，使所希望的行为更经常、更可能地发生，所不希望的行为得到避免直至完全克服，从而使新的组织状态长久地保持。

# 第三节 组织变迁的方式

针对组织存在的问题和面临的内外环境变化，以及所选定的组织变迁方向和变迁内容，组织需要采取适当的方式对其现状进行改造。组织变迁的方式可以从多种角度进行划分。选择组织变迁方式应本着权变、适用的原则，根据所处的具体情境而采用相应的变迁方式。

## 一、量变式与质变式

按变迁程度，组织变迁可分为量变式和质变式两种。量变式是以改变组织机构和人员的数量为主的一种变迁方式。变迁的重点在于增设或撤销部门单位，增加或减少管理人员，等等。这种变迁简单易行，适合在组织关系结构、责权体制和行为规范等方面都基本适宜的情况下，用以解决机构臃肿、人员过多、管理费用开支过大等较为单一的问题，对管理职能强弱的调整也有一定的效果。但这种变迁，一般只涉及组织的表层问题，是一种以控制管理组织的规模为主要目的的变迁。

质变式是以解决组织深层次问题为重点的、能使组织效能和内部关系发生根本变化的一种变迁方式。按广度区分，质变可以是局部性的，也可以是全局性的。某个部门的组织形态发生质变，并不一定意味着整个组织也发生质变。部分质变对全局性质变的影响程度，不仅取决于这一部门在整个组织中所处的地位，同时还与它同其他部门联系的紧密程度有关。一个部门在组织中所处的地位越靠近中心，与其他部门的联系越紧密，它对整个组织变迁的影响也就越大。再从质变的深度来看，质变既可能发生于组织中较浅的层次，也可能发生在深层次，且越是深层次的变迁，越要涉及基本价值观念和制度体系的改变。机械式组织可以通过改变结构形式和规模以及划分职责权限等来提高组织运行的效率。而有机式组织除在结构设计上要给人的能动性的发挥留有适当的空间并下授某些重要的经营管理权限以外，更要侧重于人们社会心理因素的变迁，以使组织在创新方面取得高效能。

## 二、正式关系式、非正式关系式和人员式

按照变迁的对象，组织变迁可以区分为正式关系式、非正式关系式和人员式三种。

正式关系式，即以组织中经过正式筹划的、为实现组织的目标而围绕工作任务展开的、人与人或人与机构之间的关系为变迁对象；它主要是通过管理机构和管理体制的设计和再设计实现的，具体包括职位和部门组合、工作程序设计、等级层次划分、横向联系手段以及职责权限分配等。

非正式关系式以组织内部未经正式筹划而产生的相互影响和相互作用关系为变迁对象，具体技巧和方法包括相互交往分析、敏感性训练、群体发展、组际会议和组内人事调解等。

人员式以组织成员的知识、技能、态度和价值观等为变迁对象，具体变迁策略包括各种管理发展和教育培训计划。

## 三、主动思变式和被动应变式

按照变迁的力量来源不同，组织变迁可以区分为主动思变式和被动应变式两种。

主动思变式的动力来源于组织内部，而且是在事先预见的基础上做出变迁的决策。由于组织变迁通常需要一段较长的时间才能产生效果，组织若能在危机来临之前就着手进行变迁，如在预见环境变化、提出组织发展新战略的同时就考虑到现行组织的适应性及其所需要的改造，或者预料到当组织规模扩大、技术进步和人员素质提高后需要在组织方面进行哪些调整等，就可以避免在绩效大幅度滑坡或者生死存亡之际仓促地进行组织改组。

被动应变式是在迫于外部压力的情况下产生的，如由于经济绩效不佳的压力以及宏观行政干预和政治环境的压力而进行的组织变迁。

## 四、突变式和分阶段发展式

按照变迁的进程，组织变迁可以区分为突变式和分阶段发展式两种。

突变式是在短时间内一次性地变迁组织。这种变迁方式雷厉风行，一次到位，解决问题迅速。但由于涉及面广、速度快，它容易引起社会心理震荡，并招致成员抵制。特别是当其他配套措施未能及时跟上时，它容易造成疏漏，甚至半途夭折。因此，内容广泛而又深刻的突变式变迁，只能在对变迁的客观要求十分迫切的危机之际，且成员的社会心理承受能力和国家的政治经济条件都充分允许并做了认真准备和周密计划的基础上进行。

分阶段发展式既不是迅猛的革命，也不是逐步演变，而是在对组织现状和内外条件全面论断及综合分析的基础上，有计划、有步骤地逐个实现变迁的分阶段目标，最终促成变迁目标的实现。这种变迁的优点是：（1）可以随时加以调整，因为它是分阶段进行的，每阶段目标实现后可以及时总结经验教训，修正和完善下一阶段变迁的目标乃至总目标。（2）社会心理震荡较小，因为将变迁的总目标分解为若干个具体目标分阶段实施，可以逐步释放变迁可能引起的震荡，提高成员对变迁的承受力。但这种变迁见效比较慢，因为分阶段实现变迁总目标需要较长的时间，再加之前后阶段变迁的相互联系和相互制约使每一阶段变迁的效果不能很快显现出来，甚至可能产生某些副作用。因此，分阶段发展式一般适用于客观因素发生重大转折需进行广泛、深入、大规模的组织变迁，而内部承受能力和外部条件还不能一下子适应的情况。采用这种变迁方式要注意使每一阶段的变迁服从并服务于总体变迁的需求，并把各阶段之间的变迁有机地衔接起来，以保证有效实现变迁的总目标。

## 五、强制式、民主式和参与式

按照变迁方案的形成过程，组织变迁可以区分为强制式、民主式和参与式三种。强制式是指变迁涉及者不参加变迁方案的制订过程，这样形成的变迁方案往往需要通过强制命令来付诸实施。民主式是与强制式截然相反的方式，指在变迁有关人员相互协商的基础上形成变迁方案。参与式，亦称民主集中式，是在变迁方案形成过程中既广泛地动员各层次人员参与，又对人们的思想观念有意识地加以引导，以便尽快形成统一的方案。

这三种方式具有不同的效果。采取强制式，变迁方案的制订过程比较短，但由于有关人员对变迁没有事先准备，方案推行中可能面临很大的阻力。民主式是在有关人员对变迁有充分的思想和能力准备后才开始实施变迁方案，方案推行中的阻力较小，但变迁过程历时很长，因而整个变迁见效较慢。参与式的主要特点是把实施置于制定过程中，亦即在制定变迁方案时就充分考虑推行的各种条件，如变迁的时间紧迫性、变迁人员的权威以及变迁阻力等，所以其优缺点介于强制式与民主式之间。

### 六、自上而下式、自下而上式和上下结合式

组织变迁可以区分为自上而下式、自下而上式和上下结合式三种方式。

自上而下式是指先从变迁中上层管理入手，再扩展到整个组织。自下而上式则是先从基层变迁入手，再考虑中上层组织的变迁。上下结合式，即对组织的上下各方面同时进行变迁。一般而言，企业战略目标的改变要求自上而下地进行变迁，而生产技术的变化则要求自下而上地进行变迁。自上而下式便于对总体组织做出调整，但其涉及面大、范围广，需要进行周密的计划，而且从减少阻力方面考虑应限于较浅层次的变迁。自下而上式便于“分块”进行变迁，待收到局部效果后再扩及整个组织，不过，由于组织中许多问题往往相互牵扯，因此会拖延变迁的进程。鉴于组织是一个由高、中、基层构成的有机整体，通常的变迁推行过程需要将上下各方面结合起来，统筹安排。

上述从不同的侧面对组织变迁方式所做的区分是相对的，它们在实际中往往相互交叉。组织变迁不能绝对地采取某一种变迁方式，而应根据实际的情况灵活、综合地运用各种变迁方式，充分发挥它们各自的功效，使它们相互取长补短，相得益彰，最终取得整体最佳的变迁效果。

## 第四节 组织变迁应注意的问题

随着社会的发展，组织变迁已经成为大势所趋，但是，组织变迁有的成功，有的失败。我们这里所讲的组织变迁多数还处于理论假设阶段，很多措施要等待实践的检验。从组织变迁诸多的成功经验和失败的教训看，应当在实施变迁的过程中注意以下几个方面的问题。

## 一、变迁的措施问题

### （一）切勿把手段当成目的

手段与目的常常容易出现置换性错误，尤其在大型组织中或完成一项长期工作任务时容易出现这种情况。例如，组织变迁中搞好人际关系是提高组织效率的手段，不能把它作为最终目的。再如，对组织成员进行培训，是为了改进成员的观念和技术手段，但不能为了培训而培训，要使培训的内容始终与组织的实际需要相联系；也不能因为有了培训机构，就不考虑整体组织的利益，机构的存在是为组织目标做贡献的。

### （二）防止急躁冒进

在组织变迁过程中，应按照预定计划步步推进，以防止急躁冒进，尤其要注意高层管理人员为了某项目标而出现“急性病”的错误。由于环境变化越来越快，各种信息蜂拥而来，组织所面临的机会也越来越多，但危险和陷阱也同样增多。因此，在面对机会和抉择时一定要保持头脑清醒，避免犯急躁冒进的错误。

### （三）增进组织沟通，避免损失信息

在变迁过程中，为了能够消除阻力，实现预定的变迁目标，组织成员之间应保持密切沟通，避免损失信息，而影响组织变迁的成效。

### （四）重视制度化结构的确立

任何组织问题都是结构性问题，如果仅从人事关系的角度去认识和处理，而不改变根本的结构，就很难保证不重蹈覆辙。尤其在涉及重大变迁措施时，更要从结构上持续使之固定化，避免犯“断了香火不拆庙”的错误。

### （五）要针对实际情况提出适当的变迁措施

不能过分依赖咨询专家的意见，否则有可能使组织理论脱离实际，犯冒进的错误。

## 二、变迁的观念问题

### （一）组织规模不是越大越好

庞大复杂的结构已经越来越不受欢迎。对管理者来说，权力的无限扩展与组织效率并不存在正比例关系。现代社会环境变化迅速，使组织目标很难保持长久不变，而且组织规模的扩大还会给目标的转换带来诸多困难。目前在西方发达国

家，组织规模正在朝向小型化和灵活性方面发展，这种组织具有很高的自治权力，能够决定自己的服务方向，这就有利于效益和效率的提高。如项目组织，它是在一定时间内，集中了人才和资源完成某一特定项目的复杂组织。当任务完成后，组织便自行解散。这类组织的特点是目标集中明确，不受其他因素影响。而在我国社会中，人们更多地强调权力的作用，为了自身的利益，无限度地扩大组织规模，管理人员更多的是把管理和控制组织作为一个目标，而不是作为职员生产或生活的手段。

### （二）组织规则并不是越严密越好

以工作环境为中心的变迁往往强调规则的重要性，但并不是说规则是万能的。现代西方发达国家的社会组织多以权变论为基础，设计出灵活多样的组织形式，组织规则也多为弹性结构，规则和固定程序很少，即使有规则也属于非正式的。例如，自由型组织结构，它在特定时间、特定要求下是一种比较适宜的结构形式。这种设计要求尽量减少等级制和硬性的规章制度，以及定型的上下级关系和指挥系统。这种组织有两个特点，一是广泛应用计算机信息系统核评组织经营绩效，二是重视使用年轻有为、敢冒风险的管理人员。我国的社会组织变迁，由于非正式组织力量的强大，迫切要求新的体制以规则化的管理为主。况且由于国民教育水平的落后，也要求组织按照劳动分工和专业化规则确立基本结构形式，只有这样才能保证组织效率。但是长此以往也可能使职员养成死板、冷漠的官僚习气。因此，那种强调对人、对规则加以严格考核的措施也不宜无限度地推广，每个组织都应当按照自身的状况来指定变迁计划。

### （三）组织结构的优劣并非以效率为绝对标准

什么是一个优秀的组织形式？从组织发展史看，优劣标准也在不断发生变化。古典理论强调效率，当时的组织当然以效率为绝对标准。随着社会的发展，人们价值观念的变化，以及各种要求的日益增长，人们也不再仅仅满足于组织效率，而更多的是在组织中寻求良好的人际关系、归属感和自我实现。这是新古典理论时期的组织标准。到了现代多元文化的伦理时代，标准也就更加多样化。在组织中，人们开始强调“和谐”的人道主义精神，把组织看成是人类生活的共同体，反对那种只强调效率、强调规则、违反人性的组织形式。当然，人们的各种需要并不是在一个组织中就能够实现的，专门化的组织发挥着专门的功能。在这种以功能为目标的组织中，人的尊严、人的解放应始终放在首位。因为组织最根本的潜能是人的潜能，若想挖掘人的潜能就必须首先满足组织成员的各种需要。尤其发展中国家在现代化过程中，组织目标不应只注重实际效果的出现，而要在实现主要目标的同时，把人道主义标准放在一个很重要的位置。

以上三方面是组织变迁过程中不可忽视的基本观念。组织理论研究表明，没有哪一个组织是长期不变的，组织若想生存和发展，就必须不断改变自己，以适应环境需要。美国微软公司的成功就是在变化中取得的，而微软公司永远不变的就是变化。

任何组织在经过合理设计并运作一段时间后，往往要随着外部环境和内部条件的变化进行调整和变迁，这样才能更好地适应企业生存与发展的需要。

组织变迁是在已有组织基础上进行的“再设计”。这种再设计与新组织的设计相比，虽然原理同一、基本内容也很相似，但它已不是在一张完完全全的“白纸”上画最新最美的组织蓝图，而是在原有基础上做出改变，因而难免要遇到各种阻力。能否冲破阻力的障碍，甚至化阻力为动力，是组织变迁成败的一大关键。因此，组织领导者在推行组织变迁过程中，必须注意采取适当的变迁方式及克服阻力的有效措施，以实现对组织变迁过程的良好管理。

## 案例分析：“互联网＋”时代的无边界组织①

管理大师彼得斯在《追求卓越的激情》中提出：你的决策权要交给那些操作机器和整理货架的人，激烈的竞争和创新的步伐加快意味着，企业再也负担不起设计精细的登记架构和漫不经心的策划部门。移动互联网时代，需要企业的每一个节点、每一项资源，开展直接连接市场的协作。

在传统企业的内部沟通过程中，虽然存在会议、邮件等多种方式，但是真实的意见经常“被消失”，具有创意的想法经常“被遗忘”，整个体制已经把协作和沟通演化为一场人与人之间相敬如宾的大形式主义游戏。要做到高度灵活性、容错性，适应高度不确定性，开放、快捷的内部协作和沟通已经成为必备的充要条件；小团队、扁平化、平等、协作，是避免官僚主义和僵化体制的基础。

互联网“平等、协作、共享”的精神不可避免地映射到企业的内部；互联网带来的经济模式的变化也改变了企业的内外部协作方式；企业内部的节点和外部的节点通过协作一一相连。

(1) 对等生产。对等生产，是哈佛大学教授尤查·本科勒描述的在交易成本极大减少的情况下一个产业模式的新概念。在传统的产业中，生产一般来源于公司的中央决策（以中心化决策安排做什么、谁来做、做的质量要求）以及自由市场的无形之手（为每一项工作调整适合的价格，吸引人来工作）。而对等生产，即一定范围的群体利用互联网技术，随时随地地参与到一项共同的工作中。在这种崭新的生产方式中，用户以自由的方式组合，交易成本极低，已经完全突破了工业革命的等级体系、企业概念。从我们所熟知的 Linux 操作系统、维基百科、大众点评上的点评到豆瓣上数以百万计的影评和书评都可以算作对等生产。

(2) 合作的天性。这也是本科勒教授所揭示的人类本能，在移动互联网时代，只要重新设计制度和工具，“合作”的本能就能够驱动人类创造更大的价值。本科勒教授用“企鹅”寓意开放、分享、合作，用怪兽“利维坦”代表自私的人性观。在移动互联网时代，利用合作的力量，我们可以改善业务流程，设计更好

① “互联网＋”时代 无边界的组织更具有灵活性.（2015-05-14）[2020-05-10]. http: //www.sohu.com/a/15003332_115035.

的工艺，改革我们的经济体制。

(3) 协作的平台。推动协作的是一代新兴的网络技术和工具。可以想象一下，几年前在没有网络的情况下，我们必须在一个地方来交流、开会、分配、传递文件；如果涉及异地的工作，电话、传真和信函成为必要的工具。但是在今天，你不必整天待在办公室，甚至不需要拥有办公室，使用你的智能手机就可以开展在线协作，完全摆脱了物理空间和时间的限制。

在社交工具不普及的时代，金字塔形结构是企业管理效率的保证。但是在移动互联网时代，实现企业之间、领导与员工之间更快速地沟通不需要中介。上海梅花信息发布的“明道”软件和37signals的Basecamp就是这样的工具，它们将人与人之间的协作效率极大提高，减少了管理成本，使得企业与外部的交易成本和内部成本减少。将层级式的沟通，转化为协作性的合作，让企业的内部集体智慧和外部资源更加有效地组合。

请别一厢情愿地以为“协作的需求”推动了“协作的工具”发展，而应该认识到变化的驱动因素基于网络协作工具的发明。从BBS、聊天室这些初级的互联网工具开始，人类就运用分散的网络代替金字塔形结构、正式的等级制度。协作的工具在互联网协作精神和文化的强大催化之下，又开始不断催生网状结构的协作，文化和工具共同得到进步。正如谷歌的文化所说：并不是每个人都同意就能称之为“共识”，“共识”意味着每个人都能发声，每个人的意见都能被听到，最终大家团结地站在最好的决策那一边。

交流和制定决策同样重要。和决策一样，大多数领导者认为自己很擅长交流，当然，他们大多数错了。这时候，节点与节点的协作、节点与用户的联系、节点与市场直连的协作就非常重要。或者可以说，传统企业转型中需要更为广泛、更大规模、更加公开、更加透明的节点与节点之间的水平信息沟通、交流和协作——它们不可或缺。

虚拟的协同方式成就了现在开源世界的繁荣，成就了类似于维基、Linux、Apache和火狐（Firefox）等杰出的项目。那么，问题来了，当移动互联网技术的发展，让你能够和任何人一起工作的时候，为什么还要将自己限制在周围的几个人里面？如果新的协作工具产生，交易成本降低，那么是否还需要存在那么大型的企业？如果网络化组织协同，那么管理是否需要进化？

就像《失控》所言：未来的企业组织会更类似于一种混沌的生态系统。这也是一种典型的自组织，在管理学界被称作内部网络（internal network），因为这种企业内治理模式会从层级结构变成网络结构。组织结构的目标也发生变化：部门之间围绕一个市场目标形成利益共同体，将互联网化的企业组织结构变为网状，并与市场相连。未来的管理或许不是听领导的，而是直接听市场的。

直连协作，更需要有合适的团队协作工具。要提高效率和灵活性，就需要有一个合适的协作工具，用来降低沟通成本，并节省团队成员的宝贵时间。保证每一个成员个体与团队的同步，减少沟通协调的压力。

直连协作，需要保持透明的信任关系。“林子大了，什么鸟都有。”有时候并非是坏人存在于体制之中，而是体制造就了坏人。保持透明，能够有效地减少办公室政治，减少偷工减料、投机取巧的行为。保持透明，也能确保彼此相处融洽，工作态度积极，有效防止关系丧失。

直连协作，需要保持相互之间的紧密帮助。“胜则举杯相庆，败则拼死相救”，在其他内外部节点出现困难的时候，及时伸出援手，共同解决问题。

直连协作，需要保持实时的积极反馈。在透明、信任的管理文化下，需要积极提出问题并对每一个人的畅所欲言、付出给予欣赏与感谢，建立实时反馈的文化，而并非采取一年一度的绩效考核。

在大多数公司，有了好的办法、好的创意、好的创新思路，只能一级级向上找老板。在传统企业的科层体系中，因为组织结构属性的天然设定，信息的流动和沟通的渠道是垂直的而很少是水平的。信息流转的方式是从一线流到金字塔的顶端，而决策流转的方式是从金字塔的顶端流向一线。但是互联网新兴企业的信息流转并非垂直的，而是大规模的、持续的、广泛的水平沟通。在不同的人参与一项工作的时候，水平沟通会使工作相对更加容易开展。如果一个公司能从内部拿出预算，让用户对互联网化途中的创新策略说了算，或者帮助内部提出策略的员工寻求多种来源的支持，那么这种机制将不会让老板一个人说了算，而是用户和基层员工共同做出选择。

移动互联网的力量，推动了将外部性引入企业的内部并推动变革。以研究货币和经济周期成名的经济学家哈耶克曾经说过：市场最关键的优势不在于分配效率，而在于信息的自由流动。当外部和内部的信息可以自由流动的时候，当消费者可以直接和企业的节点一一沟通的时候，当生产型的消费者出现的时候，企业外部和内部就将融为一体，所有的资源将直面市场、直连用户，企业节点与用户的协作、企业节点与外部资源的协作、企业节点之间的协作将会成为未来很长一段时间的组织管理主题。

在传统企业互联网化转型的过程中，组织和管理的进化势在必行，但是管理的工具却未准备好。在协作方面，消费者的世界远远走在了企业的前面。任何时代的管理，都离不开整个时代的环境；任何时代的管理，都需要与整个时代相适应。

比较而言，工业时代的管理建立在大规模的基础之上，以分工为主的泰罗管理理论极大地提高了效率；但是在互联网时代，模仿型、排浪式消费已经结束，个性化、多样化的消费时代已经到来，互联网无穷尽的库存量（SKU）给消费者带来无穷无尽的选择和长尾市场，大数据、3D打印足以支撑个性化消费的产生，规模生产的效应随之减弱，管理随之变化。

工业时代的信息权掌握在品牌商或者生产者手中，但是互联网时代的到来，让信息变得无比透明，消费者实现了大幅度的赋权，并且有能力参与到企业的创意开发、设计、生产、销售的整个环节中来，甚至可以利用社交媒体主动进行口碑传播。生产者和消费者的边界模糊，产消者的角色发生改变，这就需要企业能够与消费者直接相连、与节点一一对接。

在工业时代，规模和效率获得竞争优势，创新体系也是以延续性创新为主要代表的，企业需要建立一套精细、严谨、稳定的管理体系保证规模化的生产，以提高效率和降低成本；但是在互联网时代，消费需求瞬息万变，这就需要高度的灵活性和创新活力来适应变化，烦琐、庞大的科层体系和金字塔形结构已经不能满足灵活性的需要，小型组织由此产生；颠覆性创新层出不穷，创意来源于大量的知识工作者，于是合伙人制和共享企业的发展成为主流。

在工业时代，企业边界的存在是因为科斯定律所说的交易成本过大，企业通过大量的一体化、资源尽可能自给自足来尽可能减少交易成本；但是在互联网时代，交易成本大幅度降低，使得企业边界开始模糊，以开发性创新为代表的外部资源可以被吸纳到企业中来。

这种无边界的组织形态，实际上就是传统企业面向整个“地球村”构筑起一个庞大的资源协同与价值创造网络，并使之具有更高的灵活性。

**要求**

1. 谈谈你对“互联网＋”时代无边界组织的认识，并通过具体案例进行呈现和分析。

2. 分工、协作规则：小组协作进行。

3. 学习成果形式：课堂展示。

4. 学习评定规则：学生互评；教师评价。

5. 时间要求：一周。

**讨论提示**

变迁与发展一直是组织面临的重要挑战，如何能够使组织更好地适应内外环境的变化，在具有更高灵活性的同时保证组织运行的稳定性和纪律性，是应对“互联网＋”时代组织变迁的重大课题。互联网时代的组织变迁趋势是什么、会呈现出怎样的结构特征、如何实际运作完成组织目标等是需要我们思考的问题。

**分析与说明**

组织变革是对现有状态的修正和改变，目的是更好地适应内外环境的变化，以便能顺利地实现组织目标。在互联网时代，交易成本大幅度降低，信息交流变得更加便捷和快速，这一方面给企业发展带来了极大机遇，打破了传统壁垒，但另一方面也使得企业边界开始模糊，内部结构出现混乱，人员之间因变革堕距产生冲突。因此，只有提前做好充分准备，使组织成员能够理解变革后可能的未来状况，形成一致的认同意识，循序渐进推进变革，才能够达到最好效果。

## 本章要点

1. 组织变迁是对组织现有状态的修正和改变，目的是使组织更好地适应内外环境的变化，以便能顺利地实现组织目标。变迁是一种自然的历史过程。

2. 组织变迁一般需要经历三个阶段，即准备与计划阶段、试验与推广阶段和评价与巩固阶段。

3. 组织变迁的方式有多种形式，要本着权变、适用的原则，根据所处的具体情境而采用相应的变迁方式。

4. 组织变迁应当注意两个方面的问题：一是措施得当，注意组织结构和沟通的重要性；二是观念正确，例如对组织的规模、规则及结构的功能等问题应有一个正确的认识。

## 推荐阅读书目

1. 伯克. 组织变革：理论和实践. 北京：中国劳动社会保障出版社，2005.

2. 李汉林，等. 组织变迁的社会过程：以社会团结为视角. 上海：东方出版中心，2006.

3. 李家晔. 进阶：变革引领组织的 7 次升阶. 北京：中国经济出版社，2005.

4. 李孔岳，钱锡红，谢琳. 私营企业：关系运作、组织变迁与家族制度研究. 广州：中山大学出版社，2011.

5. 帕尔默，邓福德，埃金. 组织变革管理. 2 版. 北京：中国人民大学出版社，2009.

6. 吴锦良等. 走向现代治理：浙江民间组织崛起及社会治理的结构变迁. 杭州：浙江大学出版社，2008.

# 第十三章
# 组织发展

上一章主要讨论了组织变迁及其如何管理，发展是组织寻求自身的改变的过程。本章集中讨论未来组织的发展，为此需要进行某些推测。由于组织外在环境存在许多不可预料的因素，例如，科学技术的飞速发展、电子通信技术的广泛使用等，这些因素都在急速改变着社会面貌和人们的价值观念，因此这些推断很可能只有一部分是正确的。同时，本章还讨论了未来组织发展给社会和管理带来的冲击和影响。

## 第一节 组织发展概述

正如任何事物的发生和发展的过程一样，组织本身也有其产生、发展和壮大的过程。应该说组织发展对组织自身来说很有必要，它将使组织不断地适应内外环境的变化，从而更有效地实现组织的目标。组织发展主要是由组织外部环境和组织内部环境的变化而引起的。

### 一、社会变迁与组织发展

纵观人类社会的发展进程，科学技术作为促进社会变革和社会发展的主要力量，已经越来越为世人所承认，邓小平的“科学技术是第一生产力”就是对这一事实的精练概括。无论是发达国家，还是发展中国家，在全球经济日趋一体化的今天，都纷纷把发展科学技术作为推动本国经济增长的一个重要源泉。

探讨现代科技革命对社会变革作用的著作有很多。西方未来学者认为科技对人类社会的影响基本分为两大派，即乐观派和悲观派，前者的代表人物为丹尼尔·贝尔和阿尔温·托夫勒等，后者则以海德格尔和哈贝马斯为代表。不管两大派的观点多么迥然相异，但有一点是共同的，即它们都承认科技对当代社会所产生的巨大作用。事实确实如此，任何一次科技革命都会使社会面貌发生巨变，而世界经济所经历的三次高经济增长期，无不以科学技术为先导。

第一次，以蒸汽机技术为先导，它引发了工业革命，人类走进了机械化时代，出现了“工厂化”的生产方式，社会生产率大幅度提高。在《共产党宣言》中，马克思说：“资产阶级争得自己的阶级统治地位还不到一百年，它所造成的生产力却比过去世世代代总共造成的生产力还要大，还要多。”[①]

第二次，以电气技术为先导，引发了一场电气产业革命，出现了“公司化”的生产方式，电力的普遍使用使工厂之间的联合成为可能。人类经济又出现了一次大飞跃，世界发生了巨大改变，最主要的表现是产生了一系列以美国为首的工业发达国家。

第三次，自第二次世界大战结束至今，科学技术几乎每 10 年就使产业面貌发生剧变。例如，20 世纪 50 年代科技革命的形式表现为钢铁技术方面，60 年代则体现在石油和发动机技术方面，70 年代表现在电子产业方面，80 年代表现在知识、信息方面，90 年代美国提出的“信息高速公路”计划更进一步影响了整个世界发展的趋势。

科技的发展无疑加速了社会发展的进程，也将对人类生活的方方面面产生重大影响。在经济领域，经济正在越过国界的限制，全球经济一体化的趋势已经成为不可抗拒的历史潮流，人们将享受到更多机会，更大的繁荣。经济一体化的发展必然在政治上有所体现，更多的民主、更多的自由将使社会更宽容，也更能容忍不同的观点，一个多元化社会已经形成。在这样的历史背景下，人类的许多东西都将随之而改变，人的需求、人的价值观念、人对自身的认识、人与人之间的关系、人与环境的互动模式等，都将呈现重大变化。

整体社会发生的巨大变化也必然对人类社会生活中最常见的、最普遍的社会现象——社会组织产生深刻影响。组织作为实现人类愿望的工具，必须服从于人类目标的实现，所以任何一种组织形式、组织结构都无法构成人类的最终目标，因此，世界上不存在最优化的组织形式，只存在比较适宜的组织形式。在实现人类愿望的过程中，组织将被权衡地使用。社会的发展、科技的进步，都将使组织相应地做出调整，并成为更有效率的工具。组织形式的不断调整和不断发展的变化历程就反映了这一点。如同变动不居的人类社会一样，组织也从来不是静止不变的。为了在不断变化的环境中实现组织目标，从而维护和巩固组织的存在与发展，组织就必须使其自身适应社会的发展，在组织结构、功能等方面不断进行调整，从而使组织在与社会的互动过程中，彼此适应，进而实现一种良性发展。

## 二、组织发展的含义

组织发展是近年来组织学家和社会学家研究的热点，但由于各国学者对组织发展研究的侧重点不同，从而形成了不同的理解，使组织发展这一概念呈现多样

① 马克思，恩格斯．马克思恩格斯全集：第 4 卷．北京：人民出版社，1958：471.

化和多元化，也很难进行精确定义。尽管如此，人们还是发现，对组织发展的理解正在不断变得丰富起来。

早期的最狭隘的观点是把组织的发展看成“敏感性训练”的同义词。另一种观点是把组织的发展看成改善组织中人的主要因素，例如认为，组织的发展专门致力于组织中的人事改革，处理诸如个人激励、权力、知觉、人际关系、群体内部和群体间的关系。

以贝格哈特为代表的组织发展理论家从目的论和方法论的角度提出了另一个定义，即认为组织发展是运用行为科学知识进行有计划的、全局的和自上发动的努力，其目的在于通过对组织内的各种过程的有计划干预以增进组织的有效性和健康发展。

近年来，组织发展的内容在实践中不断充实，它的含义也随之发展。丹尼尔·贝尔认为，组织发展是从收集资料、分析问题、做出行动计划、采取干预措施，到评价的整个系统活动过程。组织发展的目的在于：(1) 使组织的结构、活动过程、战略、人员，以及作风、制度更好地互相配合；(2) 提出新的和创造性的解决问题的方案；(3) 开发组织自我更新的能力。实现这些目的，要运用行为科学的理论、研究成果和技术，并通过组织成员和外来的变革咨询人员的共同努力。

研究表明，组织发展更强调组织的自我更新能力，以保持和促进组织的生命力和效率。它的前提是组织环境的瞬息万变，目标是解决组织向前发展的问题。

从上面的论述可以得知，虽然组织发展涉及大量改进组织效率的概念、技术、工具，但其核心是使组织在变动不居的环境中，能够适应外部环境的变化，实现更新组织结构、改进组织效能和实现组织目标的功能。

组织发展的原因概括起来可以分为外部原因和内部原因。外部原因一般是指社会、科技、经济、政治、法律等方面的变化。例如，生产的社会化程度日益提高，竞争加剧，迫使企业的组织职能发生变化，并根据市场的变化来设计组织结构。社会和政治的因素也会促使组织不断发展，甚至改变组织发展的方向。外部环境的变化，一方面给组织发展形成威胁，另一方面则给组织提供了发展的机会，应该说是好坏参半。

内部原因一般指人员的态度、工作期望、个人的价值观，以及组织的目标变化、权力结构的改变。外部环境的变化势必引起人们价值观念的变化，此外，组织成员的心理变化也是组织内部变化的一个原因。

## 三、现代组织发展模式

在远古时代，人类生产力水平极其低下，人类要想获得食物或者生存下去都异常艰难。这时，只有放弃个别的单独行动而采取联合方式，才能做到安全而有效。在原始社会阶段，组织的存在主要用于采集和狩猎。随着时间的推移和社会生产力的发展，人类文化亦不断完善，为追求特定目标的各种组织也随之扩大、严密且不断变革。到了 18 世纪 60 年代，英国工业革命的兴起，引起了整个社会关系的巨大变动，社会生产组织形式迅速从以家庭为单位转向以工厂为单位，组织水平大大提高，尤其是资本主义发展到 19 世纪末 20 世纪初，乃至当今的 21 世纪，社会化大生产的规模日益增大，经营范围已经国际化。而近几十年来，人类组织发展更是迅速，各类组织遍布世界，不但组织形式越来越多样，而且组织内部结构出现了多样化趋势，现代人已经完全生活在由组织构成的社会中了。

纵观组织发展历程，虽然组织的数量越来越多了，但是人数、功能、目标、规模等方面非常不同的组织，却隐含着某些相似性：从管理手段和程序看，这些组织毫无例外是官僚组织。组织结构是随着社会的发展而发展的，这是对外来挑战的回应。现代组织发展出新的模式，这些模式的基本特征是从原先的直线和职能结构发展到多维的、多层次的系统结构，其基本形式有以下几种。

### （一）事业部制结构

事业部制结构又称分权结构或部门化结构。它是在总公司的领导下，将组织内各项活动按产品、地区、用户、时间、设备或程度划分为各个部门，并设立相应的事业部，对职责范围内的工作全面负责。对最高管理层来说，事业部又是责任中心，在经营管理上具有独立的经济利益和充分的自主权，它最能体现分权管理的要求，应变能力较强。其缺点是容易造成各自为政，管理者很难控制这种不利的局面。

### （二）超事业部制结构

超事业部制结构又叫“执行部制结构”，是在事业部制结构基础上增加一层管理组织。它的出现是为了解决管理跨度过大，难以实现有效管理的问题。这一结构实际上相当于分公司，使管理体制在分权的基础上又适当地再度集中。但其适用范围较小，只能针对较大公司。

### （三）模拟分权式组织结构

这是一种介于直线职能制结构和事业部制结构之间的组织结构。这种结构的组织单元并不是真正的事业部门，只是模拟其独立经营、单独核算的性能，以达到改善经营管理的目的。它解决了规模大不易管理的问题，但无法使组织中的每个成员明确自己的任务，领导者也不易了解整个组织的全貌，因而也就不利于沟通。这种结构对于大型材料工业企业比较有效。

### （四）矩阵式组织结构

矩阵式组织结构又称“规划目标结构”，特点是组织中既有按管理职能设置的纵向组织系统，又有按目标规划划分的横向组织系统，两者结合形成一个矩阵。它克服了各个职能部门间的相互脱节的现象，有利于组织的信息传递，有灵活性。其缺点是容易因多头领导而造成管理上的矛盾。这种组织形式适用于以开发为主的组织和单位。

## （五）多维组织形式结构

它是在矩阵式组织结构的基础上发展起来的一种组织形式，采取了一种四维组织结构的形式：事业部、职能部门、地区和时间。这种结构一方面使事业部和职能部门的工作有机地结合起来，另一方面又考虑了地区和时间的因素，因此能使公司在不同时间和不同地点及时而准确地开展业务活动。

## （六）系统组织结构

系统组织结构是矩阵结构的一种发展形式，只不过它的范围更广，某项特定活动的参与者不仅来自组织内部的各个部门，而且包括组织外的部门和成员。其优点在于能够克服组织内部的局限性和视野的狭隘性，能够采纳和吸收多种意见与信息，促进组织目标的顺利实现。

## （七）扁平化组织结构

这是近年来出现的组织形式，其基本理念就是尽可能减少中间管理人员的数目，以此达到信息的畅通。其特点是提高组织的效率，降低管理的费用。但是它的要求也很高，而且管理跨度的增大，削弱了管理有效性的提高。

## （八）权变组织结构

这是根据明茨伯格权变思想提出的。该组织结构包括五个要素即战略层、中间层、基层、专家智囊团和辅助人员，强调根据具体情况合理安排五个要素。这五个要素的设置没有一个既定的模式，应根据组织结构的具体类型的性质，即工作需要来确定取舍。这里有五种具体类型可供选择：简单制、机械官僚制、专职官僚制、分部制和专题组制。

## （九）网络型组织结构

在现代信息技术、知识经济的背景下，网络型组织这一组织形态不断兴起。网络型组织的体征是具有规模相对较小的中心组织，依靠其他组织以合同为基础进行制造、分销、营销或开展其他关键业务的经营活动。在网络型组织结构中，组织的大部分职能从组织外“购买”，这给管理者提供了高度的灵活性，并使组织能够集中精力做它最擅长的事①。

从兴起的背景与条件来看，网络型组织结构是伴随第二次世界大战后，美国企业规模不断扩大、市场外包经营模式不断兴起而逐渐形成的。扩大化的企业规模与细分市场的发展使得企业不得不在经营模式和组织结构上进行调整，纵向整合一体化的生产模式面临着越来越大的风险与不确定性，这迫使企业更加注重发

① 吴伟浩，陈劲．现代企业组织创新：基于竞争和能力的再审视．技术经济，2008（9）．

挥自身的“核心专长”，并通过专业化的分工协作来组织市场。而恰逢此时，信息技术的发展又极大地降低了组织间的沟通成本，使得大规模的生产外包及网络式协作逐渐成为可能。[①] 相较于传统组织的层级结构，网络型组织强调各层级以及各职能模块内部子单元间的纵向及横向协作。子单元间的协商性纽带取代了行政指令，成为组织内管理的主要途径。在许多时候，为了协调不同部门或职能模块生产某些定制化的产品或提供特定服务，组织内长期的自上而下的指令往往让位于短期项目的需要。一般来说，经典的网络型组织可以被分为三类：

第一类是稳定网络，指的是“一个大型核心企业创立的、基于市场联系的、包括数量有限的上下游合作伙伴的网络”，参与合作的伙伴也可以向网络外的组织提供服务，这有助于它们保持竞争力。此类网络多存在于成熟的行业，如制鞋行业等之中。例如美国耐克公司将主要资源集中于研发与营销，而把大量生产制造环节外包给亚洲地区的制造商，耐克公司允许甚至鼓励这些制造商为其他公司，包括自己的竞争对手（如阿迪达斯）进行生产加工[②]。

第二类是动态网络，指的是“由同一价值链上众多潜在合作伙伴的独立业务要素形成的临时联盟”。这类网络通常存在于产品生命周期相对较短的行业，如高端时尚品行业等之中。例如美国纽约的服装行业，厂商为推出不同季节的新款服装，通常会由一家企业召集成立项目组进行开发，而下一季节系列的新款则可能对应的是新的项目组[③]。

第三类是内部网络，指的是“组织的内部单位之间按照外部市场的价格购买和销售产品及服务”。这类网络的特点是把市场交易机制引入组织内部。在企业中，内部网络也可以反映企业内各部门之间正式的资源流动渠道。组织内网络的形成与构建，将影响各部门之间的知识传递和创新性，从而作用于企业的绩效。

从实际的案例来看，戴尔公司就采取了典型的网络型组织结构。在20世纪80年代，戴尔在学生宿舍里建立了这家公司。与传统计算机生产-营销模式不同，戴尔创造了“戴尔直送”的网络运营模式：顾客首先定制订单，戴尔公司根据订单将配件生产需求转包给制造商，后由戴尔公司进行组装，最后委托快递公司运送产品到顾客手中。戴尔公司授权顶级供应商进入自己的供应商网络，并且与各种大型机构客户保持密切协作，甚至派人到对方公司进行现场工作，形成了某种“虚拟一体化”的网络协作体系[④]。事实上，此处仅给出了某一具体企业采取网络型组织结构的例子，而如果从更广阔的视野来看，网络化的组织趋势还表现在企业间的商业联盟、行业组织、产业集群等领域逐渐兴起上。

---

① MILES R E，SNOW C C. Causes of failure in network organizations. California management review，1992.

② MILES R E，SNOW C C. Fit，failure，and the hall of fame：how companies succeed or fail. New York：Free Press，1994.

③ UZZI B. Social structure and competition in interfirm networks：the paradox of embeddedness. Administrative science quarterly，1997.

④ 斯科特．组织理论：理性、自然与开放系统的视角．北京：中国人民大学出版社，2011：338.

综上所述，组织结构形式的演变过程反映出随着社会的发展，外界环境和内部环境日趋复杂的变化对组织产生的影响。当然这种变化也是人类理性选择的结果，通过不断地变换组织形式，以达到增强组织自我更新机能的目的，更有利于组织目标的实现，从而维系组织的存在与发展。

## 四、新时代背景下的中国社会组织变化及特点

中国自改革开放至今已有40多年，在总结时代经验的基础上，党的十九大报告曾明确指出："经过长期努力，中国特色社会主义进入了新时代，这是我国发展新的历史方位。"在这一宏观社会背景之下，当今中国社会组织发展也呈现出了新的变化及特点。

结构上主要体现为社会组织的整合与变革。在现代社会，政府职能履行已离不开发达的社会组织，无论是政府职能转变、行政机构改革还是为广大人民群众提供更优质的公共服务等，都离不开社会组织的参与。换言之，在新时代，无论是从国家层面进行全局治理体系建设，还是在地方层面落实满足人民对美好生活的需要，促进社会和谐稳定发展，社会组织都已被纳入且必须被纳入经济社会发展的全局设计和规划。而对企业来说，我国经济增长速度、发展方式、经济结构和发展动力等在新时代所出现的新转变也为其发展带来了机遇和挑战。在急速变化中，组织边界越来越模糊，传统职能型、矩阵型、事业部架构逐渐向网络式、交互式架构转变，协同作战、共享发展成为常态，创新和转型开始推动企业打破职能、部门和业务界限，组织结构日益扁平化。

综上而言，这一时期我国社会组织的发展特点主要表现为：第一，与"五位一体"总体布局相联系，社会组织被纳入建设现代化强国的政府管理总规划之中，各类社会组织在社会治理的各个环节均需发挥重要作用，既包括纵向行政控制，也包括横向整合和功能互补。第二，与时代发展和社会主义市场经济体制相适应，企业组织结构与形态逐渐趋向扁平化、市场化，共享经济等发展形式日益兴起。第三，与人民对美好生活的需要相吻合，我国社会组织发展已呈现出社会化、法治化、智能化和专业化趋势。

在新时代，中国社会的主要矛盾已经转化，未来中国将在经济、政治、社会、文化、生态文明建设方面实现更加均衡和全面的可持续发展。在这样的发展战略指引下，社会组织的发展潜力不可限量，其任务也越加艰巨。从组织角色转变任务看，其一，在政府、市场和社会多元治理中，新时代社会组织的新定位应该从政府"伙计"向"伙伴"转身，社会组织的管理能力和服务精准性亟待提高，应以新时代"亲清"关系为导向，构建政府、企业、社会组织之间良好协作、多元共治的良性关系。此外，信息化和全球化也为社会组织发展带来创新浪潮，在"一带一路"倡议中，需要有经验的社会组织参与运营。其二，新时代的社会组织必须承担具有新时代特色的"社会任务"。在不断提高生产力以满足社会对美好生活的需要、促进自身发展的基础上，不断优化产业结构，利用区位优

势，改变发展的不平衡趋势。而从组织结构调整任务看，新时代背景下的组织结构需要不断根据环境因素的变化进行创新。随着网络时代到来，以互联网为代表的信息技术、网络技术和数字化技术飞速发展，信息的自由流动和饱和使得组织内部等级结构逐渐弱化、结构弹性增强，需及时根据环境变化进行适当的结构和管理方式调整，以保证组织的团结稳定和可持续发展；同时，结构设计以创新发展为导向进行权力分化，无论是政府组织、企业组织还是社会组织都要不断开放权力，充分释放权力和分享权力，以此调动组织成员工作的积极性和创新性，不断增强组织活力、凝聚力。

# 第二节 科层制的发展前景

## 一、科层制的结构

科层制是现代社会组织管理的典型方式，从纯技术角度看，科层制是一种效率最高的组织形式，只有科层制组织才能像现代工业的机器一样，而其他类型的团体或组织的效率则无法与科层制相比。科层制强调知识化、专业化、制度化、正式化和权力集中化，强调精确性、工作的速度、任务的明确性，强调对文件的熟悉程度、活动的连续性、权限的划分、指挥的统一、严格的上下级关系、对人员间摩擦的控制，以及在物质和人员方面成本的减少等，这些都使科层制变成是可预测的，也即科层制举起的是理性主义和逻辑主义的大旗，反对的是个人专断、主观武断和感情用事，主张的是技术专长，而非一时的聪明才智。

## 二、科层制的运行环境

科层制作为17—18世纪工业革命的产物，主要是用来指导政府和企业活动的组织形式，至今这种组织形式依然运行于社会之中，并且成为无法逾越的存在。但是这并不意味着科层制会永远存在下去。

本尼斯就曾指出，科层制的组织形式在现代社会中，既无力应对内部环境的整合要求，也无法对外部环境的变化做出有效的反应。

科层制内部协调的困境主要体现在现代民主主义与现代文明的矛盾。也就是，一方面人们强烈地要求个人的权利得到保护，尊重个人作为人的尊严；另一方面人们又要求组织活动的理性化和制度化，以体现效率至上的信念。但是，实践证明这两个方面是相互矛盾的，技术的进步、理性的蔓延、对效率的要求，无疑压制着人的自由，人的工作变得越来越远离人的本来意图，非人性化已经充斥在工作的过程中。这种矛盾最终又表现为人的需要目标与组织的需要目标相互对立。马克思对人的异化曾做过深刻的分析，而科层制的理性主义又是作为它的一大优势和特点而存在的，其矛盾性更是无法调和。内部的危机意味着科层制无法做到“内适应”。

科层制之所以能够存在，是因为这种体系在对外界的适应方面还有一定的空间。应该说，面对那些稳定的、可预测的、相对均一的环境，科层制是最好的组织形式，在处理日常性的、重复发生的事件上，科层制组织是很有效率的组织。即使存在激烈竞争，只要环境相对稳定，科层制就能将人类的活动纳入常规体系，而且处于科层制顶端的管理者也总是能借助集权机制使组织适应环境的变化，从而使组织能够有效地维持和发展。

但是，到了20世纪下半期，组织环境发生了巨大变化，科学技术、智能技术以及管理者的职能都发生了变化，从许多方面重塑了组织的外部环境。

环境的迅速变化，使组织很难把握和进行有效预测，环境的复杂程度急剧增大，组织再也不能随心所欲地发展了，这就要求组织对外部环境所能提供的机会进行适应，否则就无法实现预期的目标。而且组织规模也在这一时期变得越来越大，出现了国际化趋向，它意味着组织经营活动的“边界条件”越来越模糊，甚至出现消失的现象。各种环境之间的因果关系也变得越来越不稳定，各种因素都处于动态之中，彼此相互作用、相互影响和相互依存。科学技术的发展又使组织间的合作与竞争加剧，外部环境越来越不稳定，从前的一些政策法规也失去了解决问题的效力。

从表面看，科层制的致命伤出在伦理方面，但是导致这种组织形式崩溃的则是它的外在环境。外在环境给这种体制带来的问题是组织所无法逾越的障碍。在两种挑战面前，科层制都无法做出适当的响应，既无法解决个人目标与组织目标相冲突的情况，也无法在外部环境发生变化的情况下快速应变。因此，有学者预言科层制体系将在不久的未来崩溃。

## 三、科层制的发展

科层制作为组织的一种结构形式，如同历史上出现过的其他结构形式一样，也都是作为一种历史现象而存在的。科层制既有其优势，也有其缺点。科层制是从中观的组织结构功能发展来的，为了弥补其缺陷，后来的许多管理学家和理论工作者从其他方面对其进行了补充和完善。例如，麦克格雷戈的X理论和Y理论，以及威廉·大内（William Ouchi）的Z理论，都从微观的角度，对组织成员的个性、人际关系进行了比较细致的研究。尽管如此，理论的发展永远落后于实践，无论考虑多么周全，总不可能十分完美。尤其是随着社会的飞速发展，人们的意识也不断发生变化，人们在改造社会的同时，也会相应地对各种组织形式重新判断。可以预料科层制一定会被改变、不断补充新的内容、变换结构，并被赋予新的含义。实际上组织发展已经使科层制越来越远离其最初的面目。

除了科层制之外，现代社会还出现了许多与科层制并行的组织形式，它们是在激烈的竞争中产生的一些新兴的组织形式。尽管现在并没有被广泛使用，但相信这些组织形式会随着组织环境的日趋复杂而越来越常见。

## （一）特设性组织

这是为了达到某个特定目标或一组特定目标而设立的暂时性组织，目标一旦实现，组织便自行解散，而它的人力和物力资源将还给社会。这种组织类似于委员会或自愿组织形式。特设性组织适合处理随时间而变化的社会问题，它既可以在政府中也可以在企业中建立。为解决一个特殊问题，可以设立一个很大的政府机构，比如就我国的西部大开发战略，国务院就成立了一个西部地区开发领导小组办公室，负责处理开发过程中遇到的各种问题，等西部开发的目标实现之后，这个组织便不复存在。特设性组织的另一种形式是联合风险战线，也即两个或更多的组织形成一个单独的组织以实现某种特别的工程或风险活动，任务完成即宣告解散。

特设性组织模式的问题之一，是组织成员高度的不稳定性和不受保障的情感，成员对于一旦组织实现预期目标后何去何从感到困惑与担忧。因此，他们可能拖延实现目标的进度，或更多地花费时间，组织效率也就随之降低，或者在原先目标还没有实现时就开始寻找新的目标。解决这个问题的方法有许多，例如，组织对职员承诺，帮助他们找到新的工作，解除他们的后顾之忧。此外，特设性组织的工作人员可从“母公司”中借用，完成工作任务后再回到“母公司”。

## （二）风险战线组织

在风险战线组织形式下，组织中的单位是作为利益或代价中心而存在的，并作为半自治的风险单位而运行。这种单位被授予对自身事务的大量决策权，并且以获利和损失向工作会议进行汇报，某些大型公司的分支机构就是以这种方式组织起来的。

风险战线组织形式在工商企业（特别是销售部门）中被广泛运用，但一直没有为政府机构所采用，其原因主要有三个方面：第一，政府机构由于没有一种能对自身组织运行实施评估的有效尺度（如利润），因此很难确定它的各个分支部门干得好还是坏。第二，立法机构和行政机构由于害怕失去对下级的控制从而无法向人们交代，所以在可能是必要的基础上，不愿下放权力。第三，政府功能交叠，使它很难建立起各个独立运行的单位。因此，在政府部门中不具有建立风险单位的现实的基础。

## （三）行业民主组织

任何与组织的运行方式有利害关系的团体，都可以对组织的运行情况具有发言权。行业民主组织存在的基础，是它能够为它的各个构成集团提供有效的服务，例如，为股东们、雇员们、消费者们、公众和政府提供服务。在这种组织模式中，集团都要通过某种正式的手段，使自身的愿望被人们知晓，或者要求雇员们选举出他们的直接上级机构。管理者在行使职权时要充分考虑各个集团的愿望。

在某些欧洲国家，这个模式被称为"共同决定模式"，因为工会在公司如何管理上有一定的作用，工会成员可以任职公司的理事。这种组织形式的优点是：它能确保所有的有关集团都能对组织运行方式产生影响，这使组织能更好地适应环境。这种模式的局限性表现为人们必须愿意参与，并有足够的技能和愿意花费更多的时间来参与管理，而且管理者本人必须精通于妥协、讨价还价和会议表决的过程。

### （四）科学模式组织

这是行业民主组织模式的一个变种，组织中的职业技术人员被看作组织成分中最主要的集团，这些职业技术人员可以包括科学家、工程师、医生、律师或其他专业技术人员和管理者。这个集团决定着组织的目标和政策，并任命执行这些目标和政策的管理者。管理者并不去形成目标和政策，他们的使命是执行业已形成的目标和政策。

现在许多专业性团体采用了这种组织模式。例如，一个大学或研究开发组织可能任命管理者去保管文件和资料，以使科学家能解脱出来进行知识的研究与开发。政府组织具有这种模式的某些方面的特点。科学模式的实际效果是能将职权交给非管理集团的其他基本集团，以确保基本集团的意志能被代表。

### （五）松散的耦合组织

松散的耦合组织是未来组织发展的一个方向，即组织之间的关系越来越以松散的方式结合在一起。它一般采取两种方式：一是从组织结构上看，组织的各单位的联结可能不像现在这么紧密，允许更为自由、更为独立的次级单位的存在；二是从功能方面来说，组织之所以与其他组织形成松散的耦合关系可能是因为某种特殊的目的，如共同抵御外在环境的侵害等。

松散的耦合组织的优势表现为：它能更好地应对环境的偶然事件，建立起一种应对环境力量的临时性组合力量。但是，在与其他组织进行联合时，自己的某些利益不可避免地会遭受损失。

## 第三节 未来网络组织的特征

组织的存在方式及形态主要由科学技术的发展决定，组织形式与结构也必须适应技术创新的要求而不断变革。这意味着组织根据环境条件的变化，对组织成员的责权关系加以重新构建，形成新的结构和新的人际关系，使组织功能得以发展。知识经济的到来，特别是计算机技术、信息技术、网络技术和数字化技术的飞速发展，使传统固有的组织结构和组织形态不再适应社会需要，因此必须以新的组织形式来取代它。可以预见，未来的组织形式将会发生从形式到内容、从结构到制度的全面更新，以与未来社会的变化相适应。

在未来的知识经济条件下，社会组织包括生产性组织和非生产性组织的形式，总的发展趋势应该是适应性越来越强，因为只有如此，才能适应知识经济时代的要求。这就使组织从以科层制为主的刚性结构转变成一种弹性的结构形态，而信息技术和网络技术无疑为组织形态的变更提供了技术基础。可以预见，在未来知识经济时代，重要的组织形态也可以概括为网络组织形态。著名管理学家彼得·德鲁克在谈到未来组织形态时指出：由于技术的发展和劳动队伍的专业化和知识化，企业组织势必以信息为中心，特别是计算机网络的形成将从根本上改变组织结构，企业组织的网络化成为必然的趋势。网络组织结构将成为企业创新的一种新的选择形式，这种网络组织形态，具有以下几个特征。

## 一、等级制逐渐消失

传统组织结构都是在韦伯意义上的科层制基础上组建起来的，表现为一种等级十分明显的组织结构形式。每个职位都有具体的工作，超过自己分内的就是越权；上级不适当地干涉下级分管的事情为代管。在未来社会中，网络技术的发展迫使每个组织只有在互联网络上才能求生存，求发展。而互联网络具有无比强大的威力和作用，其优点在于信息共享和高速的数据通信，互联网络的几种主要服务无不体现出这一优点，互联网络的运用将能极大地改变组织的面貌。如一个组织利用其内部的网络，把组织内部的所有信息连接起来，有了它，组织成员可以找到组织内部任何地方的信息，而这些信息从神秘的数据库中取出，变成人人都可运用的资料。计算机的这种网络连接，使组织很难找到一个中心点。各组织成员形成一个互相联结的网络，也就是由传统的一个中心，变成多个中心。鉴于此，未来电脑公司的首席执行官说："内部网打破了公司内部信息和行政壁垒。"这也就是说，互联网络的运用将使组织中的成员更多地在一种平等的基础上进行对话和交流。

## 二、组织形态的扁平化

组织结构简单化的一个重要标志在于尽量减少组织结构的中间层次，使指令下达、信息传递速度加快，保持决策与管理的有效执行，使组织变得灵活、敏捷，组织效率和效能提高。现在已经有越来越多的人认识到减少管理层次有助于提高信息传递效率。美国企业管理大师曾声称要摧毁公司等级结构，也有人曾预言：有十几个等级管理层次的组织是落伍的。一些公司组织纷纷进行组织形态扁平化的变革，同时这种扁平化的组织也有助于节约管理费用，降低成本。新的组织形式能为成员的工作提供最大限度的自由，并能增长士气，提高效率，为顾客更好地服务。当然，信息技术和电子技术的发展又为这种扁平化的组织结构提供了物质保证，使得信息的上传下达更为通畅。

## 三、组织权力的分权化

未来环境是变动不居的。大公司将尽可能地分散成若干小的相对独立的公司、分公司或部门，将决策权力下放到基层，使基层组织充满活力，以应对各种突变和适应各种变化的条件。采用扁平化的组织形式，管理人员减少，也使管理幅度增大，因而更多决策需要成员自己，而非传统的上级做出，这种要求更由于互联网络的引入而变得可能。互联网络使信息的获得变得极度广泛而且失去了层级的区别（或者层级区别很小），一些成员因更接近市场而往往能更快、更充分地掌握变化的信息，更主要的是一些决策的做出必须当机立断，不然就错失良机。因而，赋予这些成员一些权力，独立地代替组织其他成员做出决策对组织来说是有益的，组织从集权走向分权，也就成为不可避免的事情。

## 四、组织功能的多元化与全能化

在一般情况下，组织功能的分化也带来了专门化和专业化。涂尔干的“有机团结”取代“机械团结”说明了组织分化是现代社会的特点，而组织分化反映了韦伯所讲的“经济合理性”。在进入现代社会以前，经济组织与家庭、血缘紧密相连，但由于追求经济合理，组织越来越专门化、科层化，并以各种形式独立出来。而在未来的知识经济时代，不同工作由不同专业的人来完成的模式将受到挑战。由于网络技术和信息技术的使用，信息沟通壁垒将被打破，并不再存在，而且更多的组织成员将直接面对市场，需要独立的操作，而非联合其他组织成员，从而使组织转向对每个成员提出要求，要求他们具备多方面的专业知识和技能。在某种意义上，未来组织的成员基本上都是“多面手”和“全才”，精通和了解多个专业领域的技术知识，一个人能够胜任几个人的工作，而且效率非常高。

## 五、组织形式的虚拟化

当今科学技术的进步、信息网络技术的飞速发展推动着经济全球化的进程。产品生命周期日趋缩短，革新的步伐在加速，企业不得不在以多变和不确定为特征的市场环境中寻求生存和发展。而虚拟组织作为一个新概念应运而生，代表了人们对现代社会组织模式和管理方式的重新思考。它是指两个或两个以上，或者在法律意义上独立，并且具有核心能力的公司、机构、个人（包括供应商、制造商和客户），为迅速向市场或用户提供某种产品和服务，所组成的一种临时性（非永久性）、非固定化的互相信任、合作的组织联盟，即动态联盟；是那些欲结盟的企业在自愿互利的原则下，出于降低交易费用、减少不确定性、实现优势互补等目的，以契约方式结合起来的共同提高企业市场竞争力的合作模式。其实质是突破企业的有形界限，延伸和整合各企业的优势功能，创造超常的竞争优势，完成单个企业所不能实现的市场功能。虚拟组织不同于一般的跨国公司，其成员可以遍布世界各地，彼此也许并不存在产权上的联系，相互之间的合作关系是动态的，完全突破了以内部组织制度为基础的传统管理方法。

虚拟化主要有三种形式，它们分别是：人员虚拟化、功能虚拟化和企业虚拟化即虚拟企业。其中虚拟企业是以虚拟经营为经营策略的企业。所谓虚拟经营，是指企业以计算机网络通信设备为基础，将企业难以胜任或难以高效完成的生产或服务分包给其他企业，企业本身不再具备这样的功能；甚至是除实际的生产经营外，只利用网络来联系和管理与其业务有关的企业。虚拟企业分两种形式：一种是采用下包制的虚拟企业；另一种是完全依赖互联网，自身没有经营实体的虚拟企业，如虚拟商店、虚拟银行。

第二种形式的虚拟企业的特征表现在美国DEC公司总裁简·霍普兰德所发明的“虚拟公司”上。这是在电脑与通信的网络空间里出现的一种可以感觉到的新的企业组织形式。这种公司的组织结构也是虚拟的，也就是说，通过互联网等技术手段，把数百人乃至数万人联合在一起。但它既没有总部，也没有组织章程；既无职务等级，也无上下级关系。它通过不受任何限制的计算机体系，可以在任何时候、任何地方，以任何形式保持彼此的联系。在这种组织形式里，极有可能保证每个环节都是世界一流的，是人员组合最优化的。公司成员间彼此依赖，相互信任，往往为完成组织目标而协同工作。但这种组织并不持久，当机会来临时，便聚兵会战，问题解决后就分开，其灵活性和快速反应的特点完全适应未来社会的特点。

## 六、组织结构的弹性化

组织所面临环境的复杂程度大大增强了。传统的科层制企业，规模越大，组织行为就越僵硬，对外部变化的反应就越迟钝。在未来的知识经济社会，科技的飞速发展导致新产品不断问世，产品寿命同时缩短。组织结构必然对此做出反应，弹性化已成必然结果。组织会灵活地根据外部环境的变化，适时对组织结构、人员配置做出调整。而网络信息的水平、开放式交换既为组织成员参与信息交流提供了技术条件，也使组织在形式上更具多样性，而不局限于某一种。总之，这种由权变学派代表人物明茨伯格提出的理论模型，将因网络技术、信息技术和数字技术的发展而变得更具现实意义。

## 七、组织规模的小型化

小型化意味着组织的精良化发展趋势，它去掉一切多余无用的东西，留下最精干的，凡是不能为组织增加利益的部分就去掉。由于计算机等设备的运用，中层监督和控制部门中的大量工作的重要性降低，从而使组织管理的层次和机构明显减少，可以用网络的作用解决组织管理层次减少造成的管理幅度增大的困难。又因为组织成员不再受专门化和专业化的限制，而是一个个具有综合知识和综合能力的人，所以人员的规模也就不会很大。由于网络的使用，每个人所控制的领域都比传统的组织大很多，这样必然导致组织规模的小型化，让组织成员打破原有的部门界限，直接面对顾客和公司总体目标。在这一点上，要发挥群体和协作的优势，赢得组织的高效率，发挥“团队”的作用。这种小规模组织的出现，既是科技发展所产生的结果，也是面对激烈竞争的知识经济时代，小型化组织“船小好掉头”的机动灵活能力的充分发挥。

## 八、组织生命的周期性

在传统的组织形式中，组织一经形成就有惰性的特点。但是在未来的知识经济时代，网络的普遍存在将改变以往的这种组织特性。这一点与虚拟组织是有区别的。由于在未来社会，个人将通过网络收到更多的信息，这将增加其选择余地，增强其自主性，人的主体地位将被重视；而工作地点和工作形式也决定了任何一个组织都不能将这些组织成员长久地固定在同一个组织之中，个人也将没有必要长久地为一个组织效力。这一点与虚拟组织的那种有事即聚、无事即散的特点有些类似。组织这一形式未来将更多的是一个框架，而其人员、结构改组必将频繁发生。未来社会仍是组织社会，人也将是组织人，但不同性质的组织却是暂时的。

# 第四节 组织发展对管理者的要求

21 世纪是知识经济时代，全球范围内的信息化及电脑化的管理环境使传统的以物为中心的管理受到挑战，以人为本的管理思想不仅获得技术支持，而且具有经济学上的意义。有学者曾说过，任何一个组织成员，在没有管理的情况下，都不会自觉自愿地为组织目标的实现而进行长时间的努力。

在未来社会，组织形式将呈现出很多的不同于现代社会的新特点。但是组织管理对组织本身、对社会本身的意义丝毫不会降低，相反会更加重要。如果说“科学管理”取代“经验管理”是管理领域内的“第一次革命”，那么在经历了20世纪的科学管理、行为科学管理、现代管理等历史发展阶段后，在人类走入21世纪时，全球又将发生一次极其深刻的管理革命，即在以“人性化、知识化、信息化、电脑化、网络化”管理为标准的新时代里，管理思想、管理内容、管理模式等都将发生重大的变化。

未来的组织将以知识为基础，人员队伍也将由大量知识人构成，知识工人将会拒绝传统的控制模式。随着社会环境的巨大变化，管理对象也出现新的特征。而对于未来的管理者来说，所有这些意味着未来社会和组织的发展变化又将对其提出新的更高的要求。

## 一、超强的适应能力

当今社会瞬息万变，并且变化速度日益加快，被人称为10倍速时代。如何跟上时代的步伐，如何适应迅速变化的环境，如何对组织进行有效管理，已是摆在管理者面前的一大难题。而在未来社会中，对一个组织来说，无论是内部环境还是外部环境，变化和不确定性因素更是大为增加了，要想通过业已确立的规章制度和各种先例的做法去解决面临的问题，已经不太可能。这就要求管理者必须适应这种变动不居的环境，增强生活在这种变化和不确定中的能力，能够对组织的变化迅速做出反应，提高应变力。因此，管理者必须将效率作为衡量组织功能的首要标准，以一种超前和领先的经营理念和开拓精神果敢决断，力求适应这种不确定性。总之，在未来社会中，作为一名组织管理者，应该能娴熟地实施变革，以便管理由环境招致变化而产生的各种组织问题。

## 二、不断创新的能力

在未来的知识经济时代，产品寿命周期大大缩短，产品更新越来越快，产品创新的成果往往会因为知识更新速度加快、科技快速发展而失去价值，网络将使全球经济高速一体化。作为一个企业组织，产品创新的空间将更加缩小，创新的难度也将大为增加，网络技术与信息技术的广泛应用，将使现在大量存在的某个国家或地区的“新”产品现象基本不复存在。所以企业组织的生存环境将充满激烈的竞争。作为一名管理者，必须拥有发现未来的能力、战略性的思考和行动，以敏锐的观察力时刻面对未来、观测和预见未来，密切注视未来的变化和新的动向，从而为组织赢得生存的优先权和主动权。

## 三、掌握和运用信息的能力

未来的管理者是整个组织的神经中枢，他必须不断地从环境中接收大量信息

（包括关于组织内部运行的大量信息）。在未来的组织中，由于电脑的使用，每个成员都能接触到大量信息，而管理者所要做的是把重要的信息和不重要的信息区分开来，以免让一些不重要的信息干扰组织成员的正常工作，从而在更广泛的范围内做到组织成员间的信息交流。所以管理者首先应考虑组织成员需要什么样的信息，即需要什么样的数据：首先要了解他们在做什么，其次应该了解他们该怎样做，最后还要评价结果如何，这将使管理者成为结果中心，而非成本中心。而如何具有这种能力，就是未来时代对管理者提出的一个要求。从某种意义上说，提供有影响力的信息，也是管理者之所以成为管理者的原因，他使整个组织做到信息畅通从而促进组织目标的实现。

## 四、快速决策的能力

环境的变动主要来自单个事件变动速度的加快。知识进步产生了许多新技术，这些新技术的一个重大作用是使单个事件周期变短。例如，产品周期和未饱和市场时间周期都比以前明显缩短。管理者在进行决策时，需要解决何时决策和怎样利用收集来的信息进行决策。组织环境变动程度的提高要求更为连续地进行信息搜集，从而不致错过时机。管理者有权做出决定，使组织在发展中能够对变化适时做出反应，这不仅反映出管理者对信息的理解和判断，反映出管理者的素质，也关系到组织的生存和发展。在这一点上，管理者的责任相当重大。

## 五、终身学习的意愿和能力

美国麻省理工学院斯隆管理学院高级讲师彼得·圣吉在《第五次修炼——学习型组织的艺术和实务》一书中提出一个全新概念：学习型组织。该书认为学习型组织是未来知识经济时代的金矿。学习的真正目的是拓展创造力，而学习型组织就是一个具有持续创新能力，能不断创造未来的组织。在未来社会中，组织的角色、工作方式都在发生着巨变。组织成员在未来社会中必须不断学习。作为管理者，为了更有效率地进行信息综合和应对环境的变化，就要进行终身学习，不断提高自己作为一个管理者的反应速度和应变能力，使自己的组织在不断发展中，最终能较好地实现目标。

## 六、全球化的意识和能力

在未来的知识经济时代，由于网络技术的发展和运用，一个组织可以不受时间和空间的限制，所以同一个组织就可能同时吸纳不同地域、不同民族、不同种族的人，相互合作的成员在年龄、文化上的差异更是不必说。而且应该说，未来的社会是一个充分展示个性的社会，而作为组织，所吸纳的成员也就注定具有强烈的异质性色彩。要将众多的有特色的成员聚到同一个组织目标下，仅有利益刺激是不够的，还需要在实现目标的过程中，不断调整彼此间的关系。实际上，现代社会也是如此，准确把握协调的动因，灵活运用协调的各种渠道，有效开展协调活动，对于提高管理的效率有重要意义。而未来管理者协调的范围可能更广，协调的内容可能更多，因此跨文化、地域、国界的管理工作并非易事，这给管理者提出一项新的挑战。总之，能协调来自不同文化传统的成员关系，使组织成员间建立尊重彼此差异的气氛，将是管理成功的关键。

## 七、极强的沟通能力

管理者在组织中扮演着承上启下的作用，但管理的最终目标就是实现组织的目标。人际沟通与管理成效密切关联，对管理者来说，有效的人际沟通不容忽视。耶鲁大学管理学教授艾得佛认为影响力有权威和共识两种，而共识是影响未来管理方式的主要因素。在未来组织中，让组织成员了解管理者的意图已不是什么难事，网络通信设备的使用解决了这一困难，问题在于如何达成共识。要弄清楚分散的组织成员的真正想法是什么，他能为组织做出什么样的贡献，就需要管理者具有高超的沟通技巧，在不是面对面的接触，甚至从未谋面的情况下，在网络上与组织成员建立关系，这将使管理者获得更多的支持者，来共同完成组织目标。

## 八、发展人际关系的能力

未来组织大多是暂时性的，有任务则聚，任务完成则散。对同一个组织来说，组织成员的流入和流出是非常快的，这就要求管理者能够迅速适应这种流动性质的变化，快速建立新的联系。并且，精力上的限制也要求管理者适当地与已经不属于组织的、流动出去的成员中断社会联系，以保证能全力以赴地与新的组织成员进行合作，从而完成组织目标。这种能力在现在看来，或者在现实中来说，都与人希望保持原有关系或者拒斥外来者的习惯相反。

## 九、实现目标的能力

未来组织更加注重目标实现对组织的意义。组织成员之所以对组织尽义务，主要是由于组织目标对组织成员本身的影响。例如，几百名演奏者与他们的指挥之所以能在一起演奏，是因为他们在演奏同一个乐谱。无论是演奏者本人还是指挥，他们都有共同的使命：将乐谱变成具体的行动。要求组织有言简意赅、清晰明了而又毫无二致的目标，这也就要求管理者充分地理解组织目标，并且愿意为目标的制定负责任。同时它还意味着组织目标与个人目标相协调，个人不仅要献身于组织目标的实现，还要承担组织目标所带来的社会后果。这就意味着管理者对谁负责的问题。在未来的组织管理中，管理者的责任不仅仅限于组织内部，更强调管理者对整体社会应尽的责任和义务。

# 结　语
# 未来组织模式与社会秩序

在未来社会，科技发展将大大改变人们的生活面貌。未来组织结构形式的种种特点，以及人类对自身的反省，使人类有理由相信，在未来的社会中，组织对人类的消极作用将进一步减少。任何一个组织成员的目标都将成为组织的目标，两者将具有高度一致性。组织结构将变得扁平化，组织的授权和分权，将充分发挥组织成员的个人能力，使组织成员的主人翁地位得到确立，个人也将在工作中得到极大的承认，工作将成为人类生活的一种需要。工作的挑战性，将使组织成员掌握更多的知识和技能，不再局限于一个狭小的专业领域，不再只是作为组织的一个部分毫无个性地生活，从而使组织成员作为人的意义更为完整和丰富。而且在未来社会中，组织已经是网络时代的组织，信息权力、资源的获得将与以前大不相同，组织成员的选择机会大大增加了。组织数目也将大为增加，任何一个成员都可以不拘泥于一种组织形式，即使基于生存的需要，也不必为某一个组织长期效力。互联网使组织成为一个虚拟化的非实体，科学技术使未来社会的每一个人都将最大限度地发挥自己的个性，更多地实现愿望，不再受制于组织的限制。人们可以在家里工作，不必再每天奔跑于组织与家庭之间，足不出户就可以知道世界的变化。与人的交流手段也将更为多样和通畅。科技的发展、社会生产力的巨大进步，将使各类社会组织真正成为人类实现自己目的的手段。有学者预言，在未来社会中，人类将会更加注重自己的生活空间、生活质量，也会更多地开展人道服务，关心人类福祉，防止环境退化，保障公民权利，追求政府从前不曾考虑过的目标。社会组织将被彻底地改造成人类追求福祉的工具。

任何科学的发展都是双刃剑。科学技术在给人类社会带来种种益处的同时，也使人类背上沉重的包袱，这也体现在对社会组织的影响方面。我们必须承认，社会中的任何一个人都存在三种最基本的需求：集体生活、生活秩序和生活意义。集体生活可以消除人类的孤独感，并给予人们一种亲密感，而且集体生活不仅限于在情感上满足人与人之间的亲密无间，它还要求个人与组织之间保持牢固的忠诚关系。但是集体生活所赖以存在的组织机构及其制度，都将不复存在，人们再也找不到他们可以效忠、可以付出的组织机构了。与此同时，由于未来组织的特点，以及网络技术的广泛运用，不仅组织本身趋于小型化和多样化，而且组织有可能是虚拟的，这就是说，组织成员可以不在一个实体环境中，可以彼此相隔千里，维系他们的只是目标利益。这就增加了许多互不联系的活动，我干什么，别人不许过问，别人干什么，我也不用管，每个人都很少对身外的事感兴趣。组织成员真正面对的将是一台台电脑，网络的联系与现实中的互动是绝对不一样的，人与人之间的情感交流不再面对面，不再是直接的，这势必造成隔离。而那种“有任务即聚、完成任务即散”的组织形式也很难在组织成员之间建立起一种真正信任的互动关系，任何一个组织成员加入组织只是基于利益方面的考虑，离开时他也不会有什么不舍。人与人之间的冷漠也将随之发生，集体生活的感觉消失了，集体精神也消失了。

生活秩序对人类之所以重要，是因为它提供了人们所需要的相对固定的标准，使人类社会生活出现一种规律的因素，对人们的时间和精力提出了明确的要求，这一点更多地体现在工作的价值而非赚取的物质利益上。在未来社会中，某一个社会组织已经不能把一个人局限在其中了，组织本身的不确定性也提供给个人更多的选择机会。但是选择机会的增多并不意味着选择的有效性增加。由这种选择所带来的诱惑将大于选择目的所带来的实质内容。社会准则的改变使人们更加忙乱，经历的生活毫无秩序可言，组织已经起不到将个人社会生活秩序化的作用。除了丧失这种秩序之外，人们还将对生活缺乏信心。组织中的权威结构已经被摧毁，更主要的是组织成员将更多地依赖自己的主观理解，而这种多元理解又缺乏统一的评判标准，再加上组织的变动不居，人们对组织和社会的形象的认识已经改变，他们看到的将是杂乱无序、个人的无力和自以为是，以及生活的空虚乏味。这些方面的变化，将是未来人类所要面临的主要问题。

应该说，组织形式的演变和组织发展主要是社会变迁的结果，人们采取何种方式适应组织的变迁，则是人类理性的权衡结果。因为人们从科层制这种无视人们价值的组织形式中解脱出来后又进入另一种彼此冷冰冰的组织中，所以海德格尔等人对科学技术发展对人类未来的影响的看法十分悲观。

现代社会是一个组织化的社会，未来社会也将依然由组织构成，只不过组织的形式和结构、组织的形态和存在的外在方式将随着社会发展而呈现出与以往不同的特征。但是无论科技怎样变革、社会面貌怎样变化，无论未来组织形式与现代组织多么不同，对社会来说，社会组织都是保证社会井然有序的一个必不可少的运行“装置”。这个“装置”将继续发挥社会制度功能和价值取向功能，继续发挥使绝大多数社会活动制度化的功能，当然也包括作为中介使人和社会能够持续互动。总之，对个人来说，社会组织将依然发挥使个人完成社会化的功能，也将依然为个人提供更有效和更有益的服务，将依然是个人生活和发展的场所。

## 案例分析：变色龙组织[①]

要描述未来的组织，首先有必要观察一下变色龙。除了自然主义或生物系的

---

① 德鲁克基金会．变色龙组织//德鲁克基金会．未来的组织．北京：中国人民大学出版社，2006：116.

学生，大多数人认为变色龙并不好看。变色龙长着厚厚的皮，可怕的角和刺，还有鼓鼓的会独立转动的眼睛，它看上去活像大自然残忍的恶作剧。但这种动物却具备了生存的所有必要条件。变色龙侧面看起来身体扁平，它的肤色会随着光线、温度和情绪之类的刺激而发生变化。换言之，变色龙具有不断地适应周围环境变化的能力。

未来的组织也最终会成为适应性极强的生物。一旦环境发生了变化，对组织的要求发生了变化，组织的形状就会发生变化。

变色龙式的组织有五大重要特征：灵活善变、重视个人、最佳的团队协作、强大的核心能力以及多元化的品位。尽管最完美的变色龙式组织还不存在，但现在已有少数组织具备这五项中的某一项或多项特征。

**要求**

1. 结合上述材料，谈谈你对未来组织的理解。
2. 分工、协作规则：学生个体参与；小组协作进行、具体分工。
3. 学习成果形式：论文，2 000 字以上。
4. 学习评定规则：教师评价为主，学生互评为辅。
5. 时间要求：一周。

**讨论提示**

变色龙组织是一种新出现的形式，采取这种组织需要具备一定的条件，可以参考新型组织出现的背景。

变色龙组织的特征可以有多个方面，不见得具备了以上五个特征的组织就一定是变色龙组织，我们在分析一种组织时主要是看它的适应性及需要的环境条件。也许你所在的组织就具有变色龙组织的特征。

**分析与说明**

变色龙组织是时代发展的产物，具有极强的适应能力。这种组织的存在有两个必要条件：一是技术手段先进，二是有掌握这种手段的技术人才。

未来社会，在每个行业类别都可能出现类似的变色龙组织，包括政府组织，因为随着服务对象的变化，服务方式也将改变。

## 本章要点

1. 组织发展是近年来组织学家和社会学家研究的热点，虽然它涉及大量改进组织效率的概念、技术、工具，但其核心是使组织在变动不居的环境中，能够适应外部环境的变化，实现更新组织结构、改进组织效能和实现组织目标的功能。

2. 组织发展的原因有两个方面：外部原因一般是指社会、科技、经济、政治、法律等方面的变化；内部原因一般指人员的态度、工作期望、个人的价值观，以及组织的目标变化、权力结构的改变。

3. 科层制是现代社会组织管理的典型方式，它主要是用来指导政府和企业活动的组织形式，至今这种组织形式依然运行于社会之中，并且成为无法逾越的存在。但是这并不意味着科层制会永远存在下去。本尼斯就曾指出，科层制的组织形式在现代社会中，既无力应对内部环境的整合要求，也无法对外部环境的变化做出有效的反应。

4. 组织发展使科层制发生了很大变化，出现了许多新型的组织形式，例如特设性组织、风险战线组织、行业民主组织、科学模式组织、松散的耦合组织等。

5. 在未来社会，社会组织包括生产性组织和非生产性组织的形式，总的发展趋势应该是适应性越来越强，因为只有如此，才能适应知识经济时代的要求。这就使组织从以科层制为主的刚性结构转变成一种弹性的结构形态，而信息技术和网络技术无疑为组织形态的变更提供了技术基础。可以预见，在未来知识经济时代，重要的组织形态也可以概括为网络组织形态。

## 推荐阅读书目

1. 伯克．哥伦比亚大学组织发展课．北京：中国青年出版社，2013.

2. 赫塞尔本，戈德史密斯．未来的组织：全新管理时代的愿景与战略．北京：中信出版社，2012.

3. 乔杜里，等．21 世纪组织：组织的未来之路．北京：清华大学出版社，2004.

4. 贝尔滨．未来的组织形式．北京：机械工业出版社，2001.

5. 德鲁克基金会．未来的组织．北京：中国人民大学出版社，2006.

6. 奇达夫，蔡文彬．社会网络与组织．北京：中国人民大学出版社，2007.

7. 夏建中，等．社区社会组织发展模式研究：中国与全球经验分析．北京：中国社会出版社，2011.

8. 阎海峰．跨国公司网络组织．上海：复旦大学出版社，2007.

9. 张勤．中国公民社会组织发展研究．北京：人民出版社，2008.

10. 周小华，付平．社会组织发展与建设和谐社会．北京：中国社会出版社，2009.

11. 朱国云．组织理论：历史与流派．南京：南京大学出版社，1997.

# 研究文献与参考资料


[1] 刘玉照，应可为．社会学中的组织研究：在研习和交流中走向规范.社会，2007（2）.

[2] 龚平．宗教组织：宗教性与社会性相结合的载体．法制与社会，2007（4）.

[3] 费显政．组织与环境的关系：不同学派述评与比较．国外社会科学，2006（3）.

[4] 喻柔涓．我国行政服务中心建设的组织社会学反思．社会科学论坛（学术研究卷），2008（5）.

[5] 陈学军．新制度主义组织社会学视野下的教育组织研究．比较教育研究，2008（7）.

[6] 任敏．如何做中国组织社会学研究：2007年“组织社会学工作坊”综述．社会，2008（1）.

[7] 胡君．基于组织变革的员工关系管理研究．南昌：江西财经大学，2004.

[8] 张月，陆丹．组织的全新界说与释义．中州大学学报，2008（1）.

[9] 高焕喜．《中间性组织研究》评介．华东经济管理，2008（8）.

[10] 赵孟营．论组织社会学之建构性张力及其消解．人文杂志，2004（6）.

[11] 刘林平．社会组织的基本矛盾和组织社会学的内在逻辑．中山大学学报论丛，1997（6）.

[12] 李怀．组织社会学的研究视野与问题：“转型中国的组织现象研究”学术研讨会综述．社会，2005（2）.

[13] 斯科特．对组织社会学50年来发展的反思．国外社会科学，2006（1）.

[14] 曹正汉．无形的观念如何塑造有形的组织：对组织社会学新制度学派的一个回顾．社会，2005（3）.

[15] 段发明．PDS学校：美国教师专业发展的新组织：一种组织社会学视野．外国中小学教育，2003（11）.

[16] 周春发．集体行动的组织分析：对S大学研究生楼维权事件的实证分析．新学术，2007（4）.

[17] 司洪昌，徐阳．组织社会学视角下的大学管理中的矛盾．江苏高教，2005 (4).

[18] 孙同全．组织趋同现象的社会学新制度主义解释．北京工商大学学报（社会科学版），2004 (6).

[19] 覃思鼎．区域技术创新的组织问题研究．南宁：广西大学，2008.

[20] 翁定军．超越正式与非正式的界限：当代组织社会学对组织的理解．社会，2004 (2).

[21] 周雪光．西方社会学关于中国组织与制度变迁研究状况述评．社会学研究，1999 (4).

[22] 欧马田．信息技术与企业组织模式创新研究综述．市场论坛，2007 (4).

[23] 吴同．“形同质异”：组织变革后的运作．上海：华东师范大学，2006.

[24] 吴福强．认同理论视角下的个体组织化过程分析．哈尔滨：哈尔滨工程大学，2007.

[25] 吴俊．无边界组织与组织边界研究．北京：对外经济贸易大学，2007.

[26] 潘玉巧．基于资源交换的组织依赖研究．南京：河海大学，2007.

## 关联课程教材推荐

| 书号 | 书名 | 作者 | 定价 |
|---|---|---|---|
| 978-7-300-27592-5 | 社会学概论新修精编本（第三版） | 郑杭生　陆益龙 | 55.00 元 |
| 978-7-300-27593-2 | 社会调查教程精编本（第二版） | 江立华　水延凯 | 59.00 元 |
| 978-7-300-26861-3 | 社会调查研究方法（第四版） | 郝大海 | 48.00 元 |
| 978-7-300-26453-0 | 社会分层与社会流动 | 李路路 | 49.00 元 |
| 978-7-300-22109-0 | 社区概论（第二版） | 于显洋 | 48.00 元 |

## 配套教学资源支持

尊敬的老师：

衷心感谢您选择人大版教材！相关的配套教学资源，请到中国人民大学出版社官网（www.crup.com.cn）下载。部分教学资源需要验证您的教师身份后，才可以下载，请您登录出版社官网后，点右上角“注册”，填写“会员中心”的“我的教师认证”项目，等待后台审核。我们将尽快为您开通下载权限。

如您急需教学资源或教材样书，也可以直接与我们的编辑联系：

龚洪训　　电话：010-62515637　　电子邮箱：6130616@qq.com

专业教师 QQ 群：

195761402（全国社会学教师 QQ 群）

欢迎您登录浏览人大社网站，了解图书信息，共享教学资源

期待您加入专业教师 QQ 群，开展学术讨论，交流教学心得

**图书在版编目（CIP）数据**

组织社会学/于显洋著．—4版．—北京：中国人民大学出版社，2020.9
新编21世纪社会学系列教材
ISBN 978-7-300-28456-9

Ⅰ.①组…　Ⅱ.①于…　Ⅲ.①组织社会学-高等学校-教材　Ⅳ.①C936

中国版本图书馆CIP数据核字（2020）第141336号

普通高等教育“十一五”国家级规划教材
北京高等教育精品教材
新编21世纪社会学系列教材
**组织社会学（第四版）**
于显洋　著
Zuzhi Shehuixue

| | | | |
|---|---|---|---|
| 出版发行 | 中国人民大学出版社 | | |
| 社　　址 | 北京中关村大街31号 | 邮政编码 | 100080 |
| 电　　话 | 010－62511242（总编室） | | 010－62511770（质管部） |
| | 010－82501766（邮购部） | | 010－62514148（门市部） |
| | 010－62515195（发行公司） | | 010－62515275（盗版举报） |
| 网　　址 | http://www.crup.com.cn | | |
| 经　　销 | 新华书店 | | |
| 印　　刷 | 北京密兴印刷有限公司 | 版　　次 | 2001年1月第1版 |
| 规　　格 | 185 mm×260 mm　16开本 | | 2020年9月第4版 |
| 印　　张 | 24.5 | 印　　次 | 2025年6月第4次印刷 |
| 字　　数 | 504 000 | 定　　价 | 59.00元 |